历史
500
巨星
ALL TIME GREATEST
NBA PLAYERS

图书在版编目（CIP）数据

NBA历史500巨星：全新升级版 /（美）斯塔克（Stark, A.）编著；傅婧瑛，佘琳琦译．
—南京：译林出版社，2018.1（2021.2重印）

ISBN 978-7-5447-7065-1

I.①N… II.①斯… ②傅… 佘… III.NBA－优秀运动员－生平
事迹－世界－现代 IV.①K815.47

中国版本图书馆 CIP 数据核字（2017）第 223658 号

NBA历史500巨星：全新升级版 ［美国］艾伦·斯塔克 / 编著 傅婧瑛，佘琳琦 / 译

责任编辑 王 蕾
特约编辑 张 诚
装帧设计 李向红
校　　对 孙玉兰
责任印制 罗华军

出版发行 译林出版社
地　　址 南京市湖南路 1 号 A 楼
邮　　箱 yilin@yilin.com
网　　址 www.yilin.com
市场热线 025-86633278
印　　刷 鸿博昊天科技有限公司
开　　本 787 毫米 × 1092 毫米 1/16
印　　张 23
版　　次 2018 年 1 月第 1 版 2021 年 2 月第 7 次印刷
书　　号 ISBN 978-7-5447-7065-1
定　　价 68.00 元

500的标准

这是一个从篮球诞生时就存在的传统：争论不同球员的优劣强弱。比尔·拉塞尔和威尔特·张伯伦谁更强？拉里·伯德和"魔术师"约翰逊你选谁？科比·布莱恩特还是艾伦·艾弗森？凯文·杜兰特还是拉塞尔·威斯布鲁克？

(这里没提迈克尔·乔丹不是偶然，下文会提到原因。)

1994年创刊时，*SLAM*就一直秉持这个理念。六年前，我们再进一步，专门推出了一份名为《*SLAM*呈现：篮球史上最强500人》的特刊。这份特刊取得了巨大成功，现在，我们很高兴地推出全新版本。

这份特刊的创意源自艾伦·斯塔克，他是纽约城孕育出的铁杆篮球迷。2011年，斯塔克向当时*SLAM*的主编本·奥斯本提出了这个创意：我们做一本讲述篮球历史上最伟大的1000名球员的特刊吧。这个创意的初衷，是让球迷了解那些技术出众，但知名度没有顶级明星那么高的出色球员。*SLAM*的编辑认为，介绍1000人的野心过大了(其中很多名字，球迷可能基本没听过)，500倒是个很合理的数字。*SLAM*特刊就此诞生。

6年后，我们又站在了这个起点。美版*SLAM*有了新主编(也就是本人)，我们重新找来艾伦，让他更新这份名单。

编辑这份名单时，艾伦采用了和第一次同样的系统。这个名为"索引卡"的系统，并不复杂。

"我说，让我用老派的做法，给每个球员写一份索引。"斯塔克对我说，"也就是说，我会写下得分、助攻和篮板，如果盖帽和抢断数据突出的话，我也会写下来。接着我会写下他们的荣誉，比如MVP、最佳防守球员、最佳新秀、进步最快球员等。在这些索引卡上，我几乎可以找到所有信息。我会查看、比较这些信息，将球员分为不同组别——场均超过20分的、超过15分和10分的。再在每一组球员间做出排名。还有不好衡量的因素，比如怎么评判防守专家？这是最难的。"

最终，经过数日的思考与自辩，斯塔克确定了最终名单。他把这份名单发给了我，我们挨个讨论，最终敲定了正式版本。

艾伦自称"老派人"，他指的是不会过于依赖如今很多NBA球员使用的高阶数据和分析工具。相反，他靠的是直觉，靠的是50多年观看篮球的经历。他相信自己的眼睛，再配合基础数据、个人荣誉和历史地位，对球员做出评价。“数据的作用总有限制。”他说，“我觉得，如果其他人把名单上的500个人放进电脑分析，自然会得出一份确定的名单。如果换成我，你就会得到不同的名单。不同的名单肯定有差别，这里面没有科学。”

最难的部分，就是对比不同时代的球员。比赛方式出现彻底变化时，你怎么对比1970年代的球员和1990年代的球员？“人们总是说，现在的球员不如1960年代和1970年代，但我知道他们同样出色。”斯塔克笑着说，“篮球已经有了变化。1950年代末1960年代初有人能进入全明星，但那时候只有8到10支球队，现在却有30支。所以现在入选全明星的难度更大。我查看了一些过去曾三四次入选全明星的球员数据，那真的算不上漂亮。原因就是球队和球员数量不够。”

斯塔克对篮球有着深刻的理解。他成长于20世纪中期，看过费城勇士和早期纽约尼克斯的比赛。他和朋友在皇后区的公园里打球，而他的父亲会带着他前往位于50街和第八大道交界处的老麦迪逊广场花园球馆（后来搬到了34街），坐在一群戴着鸭舌帽，抽着雪茄的成年人身边，他会和这些人一起观看尼克斯的比赛。20岁出头，他就在当地电台做起了体育节目制作人。

有一次斯塔克在皇后区的室外球场打球时，场边坐着威尔特·张伯伦。“我朋友和我当时跟威尔特的一个朋友打球。说真的，这是最好的经历。我清楚地记得，他穿着一双白色高帮的匡威球鞋，上面写着尼克松——那是给理查德·尼克松总统的鞋。我永远也不会忘记，威尔特就那样坐在场边。我们甚至没想到去要签名。他只是和朋友在一起。这真的让我爱上了篮球。”

现年65岁的斯塔克在皇后区的弗莱什梅多运营着一个青少年社区中心，那里距离他在皇后区的老家并不远，他在那里把篮球传授给年青一代。斯科特自称勇士球迷，他对这支球队的爱可以追溯到搬迁至加州前的费城时期。球队搬到加州后，斯塔克并未脱粉，时至今日，他始终支持勇士。“我这辈子都在支持他们，看了50年糟糕的比赛，除了1975年，那真是现象级的表现。”斯塔克提到了勇士1970年代中期的那次夺冠。

尽管很想自我表扬，但*SLAM*绝非第一个对NBA球员进行排名的媒体。这是一种无时无刻不在进行的对比。其实这很美好，因为相比其他任何运动，篮球本质上非常适合球员对比。足球和棒球运动员有位置之分，不同位置的球员比赛目前完全不同，而所有篮球运动员拥有一个相似的目标：尽可能多地得分，尽一切所能限制对方得分。

人群集中的地方就会产生争论，比如在理发店和体育酒吧。每个人都有自己的偏爱：也许你更喜欢看科比·布莱恩特单挑对手，不喜欢勒布朗·詹姆斯用精妙的传球找到空位的队友。你也有可能偏爱比尔·拉塞尔的11枚戒指，而不是威尔特·张伯伦令人咋舌的个人数据。这里不存在对错，而这恰好是最美好的原因。

斯塔克想起了一个故事，能够完美地反映上述态度：“六年前，*SLAM*给了我一箱《最强500人》特刊，让我发给青少年中心的人。发完后，我会听观众席中年龄较大的人的讨论，也就是高中联赛里的教练和球员父亲的讨论。他们看到名单后会说，你怎么能把这个家伙排到这个人之前?!”斯塔克回忆，“我很喜欢这种情况，我觉得好极了。我喜欢听到那样的话，我喜欢听年轻人的观点。在我看来，没有对错，除非你说出真的很蠢或者很疯狂的话。”

能做出这份杂志里的排名，实际上非常不容易。很快你就会注意到，张伯伦的排名比拉塞尔高，一个第二，一个第三——无论谁排在前面，都有合理的理由。至于勒布朗，考虑到他过去几年的统治级表现，我们把他排在了第五。如果再拿一个、两个甚至三个冠军，谁又能知道他能达到怎样的高度？会是第二吗？还是第一？谁知道呢。

“因为勒布朗的生涯还没结束，你可以看着他一步一步向上爬升，我差点就把他排在第二了。”斯塔克表示，“到最后一刻，我们决定还是不能把他排在张伯伦和拉塞尔前面。让我们看看未来几年会发生什么吧。”

排在第一的毫无悬念——如果把任何人排在乔丹之前，我们的信誉想必也会跌到谷底。没必要再提篮球之神的各种成就了，我们不觉得勒布朗已经超越了他。

至于其他人的排名，翻过这一页，你就可以慢慢研究了。看完后，你完全可以和朋友、陌生人或者任何对篮球有兴趣的人争论。我们不认为你会认同所有排名……全部认同，才是不正常的。

希望你们喜欢。

*SLAM*杂志总编辑 亚当·费格曼

1-100

迈克尔·乔丹威尔特·张伯伦比尔·拉塞尔勒布朗·詹姆斯
卡里姆·阿布杜—贾巴尔奥斯卡·罗伯特森埃尔文·约翰逊拉里·伯德
科比·布莱恩特蒂姆·邓肯沙奎尔·奥尼尔杰里·韦斯特
埃尔金·贝勒朱利叶斯·欧文哈吉姆·奥拉朱旺摩西·马龙卡尔·马龙
鲍勃·佩蒂特里克·巴里约翰·哈夫利切克查尔斯·巴克利
阿伦·艾弗森伊塞亚·托马斯凯文·杜兰特斯蒂芬·库里克里
斯·保罗德克·诺维茨基约翰·斯托克顿贾森·基德埃尔文·海耶斯鲍勃·库西
凯文·加内特沃尔特·弗雷泽大卫·罗宾逊凯文·迈克海尔乔治·麦
肯威利斯·里德斯科蒂·皮蓬德怀恩·韦德内特·瑟蒙德杰里·卢卡斯戴
夫·考恩斯奈特·阿奇博尔德多尔夫·谢伊斯帕特里克·尤因乔
治·格文厄尔·门罗韦斯·昂塞尔德康尼·霍金斯皮特·马拉维奇比利·康
宁汉姆克莱德·德雷克斯勒多米尼克·威尔金斯加里·佩顿丹尼斯·罗
德曼大卫·汤普森史蒂夫·纳什保罗·加索尔拉塞尔·威斯布鲁克
丹尼斯·约翰逊雷·阿伦戴夫·宾哈尔·格里尔雷吉·米勒保罗·皮尔
斯乔·福尔克斯萨姆·琼斯格斯·约翰逊鲍勃·雷尼尔詹姆斯·沃西伯纳
德·金杰克·特威曼罗伯特·帕里什汤姆·海因索恩比尔·沙曼
詹姆斯·哈登保罗·阿里金阿朗佐·莫宁科怀·伦纳德比尔·沃
顿鲍勃·麦卡杜沃尔特·贝拉米特雷西·麦克格雷迪戴夫·德布斯
切尔乔·杜马斯克里斯·韦伯阿历克斯·英格利什阿德里安·丹特利阿蒂
斯·吉尔摩克里斯·穆林米奇·里奇蒙德蒂姆·哈达威悉尼·蒙克利夫兰
尼·威尔肯斯迪肯贝·穆托姆博鲍伯·丹德里奇克利夫·哈根鲍
勃·乐福卡梅洛·安东尼托尼·帕克

1 MICHAEL JORDAN 迈克尔·乔丹

生日:1963.2.17　身高:1.98米　位置:后卫　号码:23, 45
职业生涯:1984—1993, 1995—1998, 2001—2003
球队:芝加哥公牛, 华盛顿奇才
场均数据:30.1分, 6.2篮板, 5.3助攻, 2.3抢断, 0.8盖帽

荣誉

2次奥运冠军(1984, 1992)
6次总冠军(1991, 1992, 1993, 1996, 1997, 1998)
总抢断第三, 单场抢断第二(1988年1月29日公牛对篮网, 10次)
10次得分王, 3次抢断王
5次MVP, 6次总决赛MVP, 3次全明星MVP
14次全明星, 10次最佳阵容, 9次最佳防守阵容

1984年以探花秀身份进入NBA的迈克尔·乔丹是公认的历史最佳球员。在他的推动下, 篮球真正成为世界运动。除了拥有极强的得分能力, 乔丹也是历史上少数夺得年度最佳防守球员奖的外线球员。尽管晚年在奇才复出的成绩不够理想, 但6进总决赛无一失手, 6夺总决赛MVP, 算得上前无古人, 后也难有来者。除了10次成为联盟得分王, 乔丹还3次拿到联盟抢断王, 5次拿到MVP。有意思的是, 尽管从未效力过热火, 但热火仍然为了表示敬意而退役了他的23号球衣。此外, 乔丹还分别以个人身份和1992年梦之队成员身份, 2次入选篮球名人堂。

UTAH JAZZ
BULL
23
1998 NBA FINAL
HORNACEK
14
KUKOC
7

绰号: Air Jordan 飞人

最后一投: 这并不是乔丹职业生涯的最后一投，却是他个人乃至NBA联盟历史上最经典的最后一投之一。1998年总决赛第六场，公牛大比分3比2领先爵士，距离比赛结束还有41.9秒，爵士86比83领先3分，菲尔·杰克逊叫了暂停之后，乔丹先用一个上篮将比分迫近，随后从卡尔·马龙手里断球，带球突破，在罚球线上方弧顶处，面对对方一对一防守他的拜伦·拉塞尔，他急停变高，推开面前的拉塞尔，不过，裁判并没有吹罚，随后，用一个堪称完美的出手，稳稳将球投中，87比86，公牛领先一分，而约翰·斯托克顿没能在最后的时间里投中三分，公牛完成第二次三连冠。

三次退役: 1993年10月6日，乔丹第一次宣布退役；1995年3月18日宣布复出，并发出著名的复出声明："I'm back"；1999年1月13日，第二次宣布退役；2001年9月25日，乔丹宣布将第二次复出，并为奇才队效力。2003年4月6日，奇才客场对阵76人的比赛是乔丹职业生涯的绝响，他得到13分，并在距离第三节比赛还有4分13秒结束时回到板凳席。第四节开始之后，第一联合中心回响起"我们要迈克"的喊声，在第四节还剩2分35秒时，乔丹换下拉里·休斯，再次返回赛场，在比赛还剩下1分45秒时，乔丹两罚两中，随后被替换下场，接下来迎接他的是全场21257名球迷和他的队友、对手以及全部工作人员长达3分钟的起立欢呼。

职棒生涯: 1993年第一次宣布退役之后，乔丹为了纪念死去的父亲，投身到父亲詹姆斯·乔丹热爱的棒球中去。他加入了小联盟的芝加哥白袜队。

退役球衣: 共有两支球队退役了乔丹的球衣，公牛以及乔丹从未效力过的热火。

乔丹法则: 公牛与活塞交战时，活塞采取的战术，简单来说就是用尽一切招数限制乔丹。

Chicago
23

2 Wilt Chamberlain
威尔特·张伯伦

生日:1936.8.21 身高:2.13米 位置:C 号码:13
职业生涯:1959—1973
球队:费城勇士,费城76人,洛杉矶湖人
场均数据:30.1分,22.9篮板,4.4助攻

荣誉

2次总冠军(1967,1972)
总篮板第一,单场得分第一(1962年3月2日费城勇士对阵纽约尼克斯,100分),单场得分第三(1961年12月8日费城勇士对阵洛杉矶湖人,78分),单场篮板第一(1960年11月24日费城勇士对阵波士顿凯尔特人,55篮板)
7次得分王,11次篮板王
7次最佳阵容,2次最佳防守阵容
13次全明星
4次MVP,1次总决赛MVP,1次全明星MVP

威尔特·张伯伦拥有堪称篮球史上最强的身体素质,这也让他在进攻端上成为无人能挡的得分机器。除了著名的单场100分外,张伯伦还是NBA历史上唯一一个单赛季场均得分能够超过40分和50分的球员——对后来者而言,这将是比单场100分更难以突破的成就。从1960年到1966年,他7次蝉联联盟得分王。而在最高荣誉上,张伯伦仅在1967年和1972年获得过2次总冠军,并且只在1972年拿到了总决赛MVP。尽管没能从一而终效力一支球队,但张伯伦的13号球衣在他效力过的勇士、76人和湖人全部得到了退役的待遇。

亮点

绰号: The Big Dippe 大北斗

单场100分: 1962年3月2日,张伯伦在费城勇士与纽约尼克斯的比赛中得到100分,帮助勇士以168比147获胜。有消息说,这场比赛前整晚他都在尽情享受夜生活。在那场比赛中,张伯伦一向糟糕的罚球竟然也有32罚28中的命中率,要知道,那个赛季他的罚球命中率只有50.6%。当然,队友的帮助也很大。那场比赛的最后,勇士的其他队友近乎疯狂地给张伯伦喂球,并最终帮助他完成了这空前绝后的纪录。

得分机器: 和张伯伦生在同一个年代是一种悲哀,埃尔金·贝勒场均达到37分时仍然无法染指得分王,就因为张伯伦。作为史上最强的得分机器,张伯伦留下了太多后人难以赶超的纪录,除了单场100分,他还曾在1961—1962赛季场均得分50.4分,职业生涯有118场50+,连续7年问鼎联盟的得分王。

修改规则: 为了削弱张伯伦在球场上过分强大的统治力,联盟不止一次针对他制定和修改规则,包括将三秒区从12英尺加宽至16英尺,引入进攻干扰球的概念,以及罚球时禁止落地后双脚在罚球线以内。

和谐比赛: 尽管外表粗犷,但是在张伯伦14年的职业篮球生涯里,他从未被罚出过场外。与球员的冲突只有一次,当时一名西雅图超音速队的球员在连续2次被他盖帽之后向他冲了过来,但张伯伦只是用手将他推到了一边。

LAKERS
13

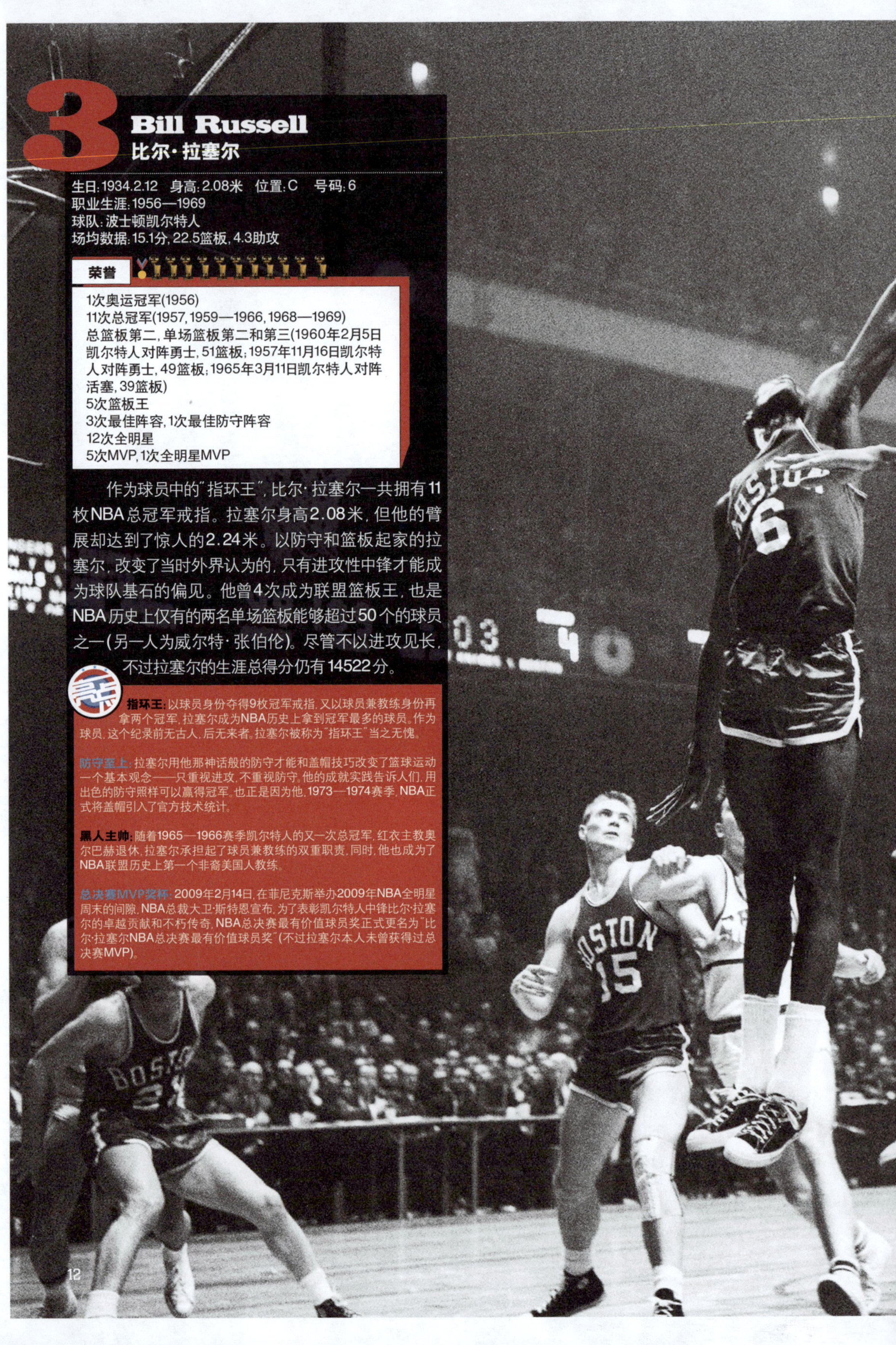

3 Bill Russell 比尔·拉塞尔

生日:1934.2.12 身高:2.08米 位置:C 号码:6
职业生涯:1956—1969
球队:波士顿凯尔特人
场均数据:15.1分,22.5篮板,4.3助攻

荣誉

1次奥运冠军(1956)
11次总冠军(1957,1959—1966,1968—1969)
总篮板第二,单场篮板第二和第三(1960年2月5日凯尔特人对阵勇士,51篮板;1957年11月16日凯尔特人对阵勇士,49篮板;1965年3月11日凯尔特人对阵活塞,39篮板)
5次篮板王
3次最佳阵容,1次最佳防守阵容
12次全明星
5次MVP,1次全明星MVP

作为球员中的"指环王",比尔·拉塞尔一共拥有11枚NBA总冠军戒指。拉塞尔身高2.08米,但他的臂展却达到了惊人的2.24米。以防守和篮板起家的拉塞尔,改变了当时外界认为的,只有进攻性中锋才能成为球队基石的偏见。他曾4次成为联盟篮板王,也是NBA历史上仅有的两名单场篮板能够超过50个的球员之一(另一人为威尔特·张伯伦)。尽管不以进攻见长,不过拉塞尔的生涯总得分仍有14522分。

亮点

指环王: 以球员身份夺得9枚冠军戒指,又以球员兼教练身份再拿两个冠军,拉塞尔成为NBA历史上拿到冠军最多的球员。作为球员,这个纪录前无古人,后无来者。拉塞尔被称为"指环王"当之无愧。

防守至上: 拉塞尔用他那神话般的防守才能和盖帽技巧改变了篮球运动一个基本观念——只重视进攻,不重视防守。他的成就实践告诉人们,用出色的防守照样可以赢得冠军。也正是因为他,1973—1974赛季,NBA正式将盖帽引入了官方技术统计。

黑人主帅: 随着1965—1966赛季凯尔特人的又一次总冠军,红衣主教奥尔巴赫退休,拉塞尔承担起了球员兼教练的双重职责,同时,他也成为了NBA联盟历史上第一个非裔美国人教练。

总决赛MVP奖杯: 2009年2月14日,在菲尼克斯举办2009年NBA全明星周末的间隙,NBA总裁大卫·斯特恩宣布,为了表彰凯尔特人中锋比尔·拉塞尔的卓越贡献和不朽传奇,NBA总决赛最有价值球员奖正式更名为"比尔·拉塞尔NBA总决赛最有价值球员奖"(不过拉塞尔本人未曾获得过总决赛MVP)。

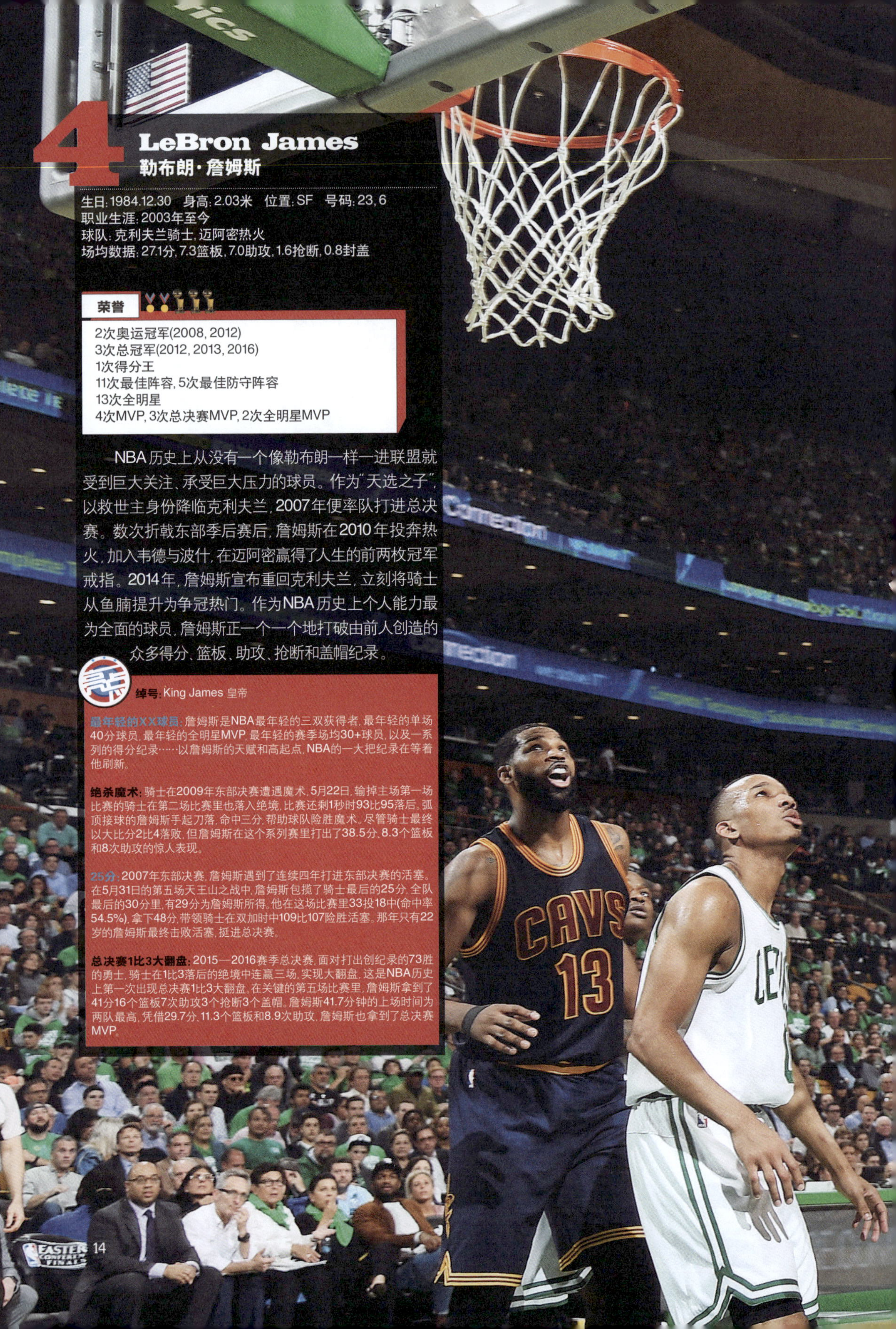

4 LeBron James
勒布朗·詹姆斯

生日：1984.12.30　身高：2.03米　位置：SF　号码：23，6
职业生涯：2003年至今
球队：克利夫兰骑士，迈阿密热火
场均数据：27.1分，7.3篮板，7.0助攻，1.6抢断，0.8封盖

荣誉

2次奥运冠军(2008，2012)
3次总冠军(2012，2013，2016)
1次得分王
11次最佳阵容，5次最佳防守阵容
13次全明星
4次MVP，3次总决赛MVP，2次全明星MVP

NBA历史上从没有一个像勒布朗一样一进联盟就受到巨大关注、承受巨大压力的球员。作为“天选之子”，以救世主身份降临克利夫兰，2007年便率队打进总决赛。数次折戟东部季后赛后，詹姆斯在2010年投奔热火，加入韦德与波什，在迈阿密赢得了人生的前两枚冠军戒指。2014年，詹姆斯宣布重回克利夫兰，立刻将骑士从鱼腩提升为争冠热门。作为NBA历史上个人能力最为全面的球员，詹姆斯正一个一个地打破由前人创造的众多得分、篮板、助攻、抢断和盖帽纪录。

亮点

绰号：King James 皇帝

最年轻的XX球员：詹姆斯是NBA最年轻的三双获得者，最年轻的单场40分球员，最年轻的全明星MVP，最年轻的赛季场均30+球员，以及一系列的得分纪录……以詹姆斯的天赋和高起点，NBA的一大把纪录在等着他刷新。

绝杀魔术：骑士在2009年东部决赛遭遇魔术，5月22日，输掉主场第一场比赛的骑士在第二场比赛里也落入绝境，比赛还剩1秒时93比95落后。弧顶接球的詹姆斯手起刀落，命中三分，帮助球队险胜魔术。尽管骑士最终以大比分2比4落败，但詹姆斯在这个系列赛里打出了38.5分、8.3个篮板和8次助攻的惊人表现。

25分：2007年东部决赛，詹姆斯遇到了连续四年打进东部决赛的活塞。在5月31日的第五场天王山之战中，詹姆斯包揽了骑士最后的25分，全队最后的30分里，有29分为詹姆斯所得。他在这场比赛里33投18中(命中率54.5%)，拿下48分，带领骑士在双加时中109比107险胜活塞。那年只有22岁的詹姆斯最终击败活塞，挺进总决赛。

总决赛1比3大翻盘：2015—2016赛季总决赛，面对打出创纪录的73胜的勇士，骑士在1比3落后的绝境中连赢三场，实现大翻盘，这是NBA历史上第一次出现总决赛1比3大翻盘。在关键的第五场比赛里，詹姆斯拿到了41分16个篮板7次助攻3个抢断3个盖帽。詹姆斯41.7分钟的上场时间为两队最高，凭借29.7分、11.3个篮板和8.9次助攻，詹姆斯也拿到了总决赛MVP。

SPALDING
JAMES
23
Connection
10:18
22
CAVS
5

5 Kareem Abdu-Jabbar
卡里姆·阿布杜—贾巴尔

生日:1947.4.16　身高:2.18米　位置:C　号码:33
职业生涯:1969—1989
球队:密尔沃基雄鹿,洛杉矶湖人
场均数据:24.6分,11.2篮板,3.6助攻,0.9抢断,2.6盖帽

荣誉

6次总冠军(1971, 1980, 1982, 1985, 1987—1988)
总得分第一,总篮板第三,总盖帽第三
2次得分王,1次篮板王,4次盖帽王
10次最佳阵容,5次最佳防守阵容
19次全明星
6次MVP,2次总决赛MVP

1969年以状元秀身份进入NBA的贾巴尔,拥有内线球员罕见的柔和手感,以38387分的生涯总得分位列NBA历史第一。除此之外,贾巴尔还在参赛场次(1560)、上场时间(57446)、投篮命中数(15837)、出手总数(28307)等多项数据上位列联盟历史第一。贾巴尔的传奇早在大学时就开始了,那时还叫卢·阿尔辛多的他在约翰·伍登教练手下连续三年夺得NCAA冠军,他个人也连续三年获得MOP荣誉。职业生涯前五个赛季,效力于雄鹿的贾巴尔为球队带去了一个总冠军。但是因为对球队不满,他最终在1975年被交易到湖人。从1979年开始,贾巴尔与"魔术师"约翰逊共同开创了湖人著名的"表演时刻"。

亮点

绰号: Sky Hook 天勾

硬币决胜: 在1969年的NBA选秀大会上,菲尼克斯太阳与密尔沃基雄鹿用猜硬币的方式来争夺贾巴尔。后者幸运地赢得了贾巴尔的加盟,加入雄鹿第一年,贾巴尔就把雄鹿的战绩由头一年的27胜55负提升为56胜26负。

改名换姓: 1971年,贾巴尔第一次获得了MVP之后,宣布改变宗教信仰,由信奉天主教改为信奉伊斯兰教,并将自己原来的名字改为卡里姆·阿布杜—贾巴尔。这个新名字的意思是"强大的英雄"。

长寿生涯: 贾巴尔之所以创造了很多无人能及的纪录,也与他超长的职业生涯有关,从1969年进入NBA,到1989年宣布退役,他整整在这个联盟里奋斗了20年,效力时间之长仅次于罗伯特·帕里什的21个赛季。

多才多艺: 在篮球场外,贾巴尔还有着许多成就。他是已故功夫片巨星李小龙的徒弟,曾经跟随李学习截拳道,是李小龙的得意弟子,并留有在电影《死亡游戏》中与李小龙对打的经典瞬间。此外,他还曾经出版过多本书籍,包括《站在巨人肩膀上:我的黑人文化复兴观》《卡里姆》等多部著作。

33

6 Oscar Robertson
奥斯卡·罗伯特森

生日:1938.11.24　身高:1.96米　位置:PG　号码:14,1
职业生涯:1960—1974
球队:辛辛那提皇家,密尔沃基雄鹿
场均数据:25.7分,7.5篮板,9.6助攻

荣誉

1次奥运冠军(1960)
1次总冠军(1971)
总得分第十,总助攻第五
6次助攻王
9次最佳阵容
12次全明星
1次MVP,3次全明星MVP

以全能著称的罗伯特森从1960年进入联盟开始就是一台数据机器。进入联盟的第二年,也就是1961—1962赛季,"大O"就拿下了30.8分12.5个篮板11.4次助攻的赛季三双。在很多人眼中,"大O"是NBA历史上第一个真正的高大型控卫,他为后来"魔术师"约翰逊的出现奠定了基础。此外,他也是头部假动作和后仰跳投的发明者。罗伯特森在辛辛那提皇家队度过了个人职业生涯巅峰,但直到1971年和贾巴尔在雄鹿搭档,"大O"才拿到人生中的第一个,也是唯一一个总冠军。尽管没能在皇家夺得总冠军,但他的1号球衣仍然高高悬挂在了现国王队的主场上空。

亮点

绰号: Big O 大O

场均三双: 1961—1962赛季,大O在皇家队打出前无古人后无来者的场均30.8分、12.5个篮板、11.4次助攻——场均三双的数据。为了纪念罗伯特森,在辛辛那提大学男篮熊猫队的主场鞋匠中心竖立了一座高达2.74米的铜像,铜像中的罗伯特森在侧身运球,与韦斯特和库西的正身颇有不同。

Oscar Robertson suit: 奥斯卡·罗伯特森试图通过他的诉讼,阻止可能会发生的ABA-NBA合并。并试图结束一名球员永久绑定一支球队之间的选项条款(reserve clause,将球员绑死在球队合约的条款),以及停止NBA进行的球队指定球员的大学选秀制度和当时存在的对自由球员签约的限制。这是为了试图推翻当时压在NBA球员肩头的选项条款。罗伯特森的诉讼阻碍了1970年计划中的ABA-NBA合并。在诉讼案结束之前,法院没有接受任何的合并请求。ABA-NBA合并也因此推迟到1976年进行。

ROYALS
4
14

7 Earvin Johnson
埃尔文·约翰逊

生日：1959.8.14　身高：2.06米　位置：PG　号码：32
职业生涯：1979—1991，1995—1996
球队：洛杉矶湖人
场均数据：19.5分，7.2篮板，11.2助攻，1.9抢断，0.4盖帽

荣誉

1次奥运金牌(1992)
5次总冠军(1980，1982，1985，1987—1988)
总助攻第四，4次助攻王，2次抢断王
12次全明星，9次最佳阵容
3次MVP，3次总决赛MVP，2次全明星MVP

尽管"魔术师"的职业生涯只有短短13个赛季，但他以前锋身材担任组织后卫，以华丽而令人目眩的球风带动了NBA和篮球的变革，和贾巴尔、帕特·莱利一起开创了"表演时刻"，帮助NBA摆脱了野蛮、粗暴的印象。1979年带领密歇根州立大学赢得NCAA冠军后，"魔术师"在第1顺位被湖人摘下。新秀赛季的总决赛第六场，由于贾巴尔脚踝扭伤无法上场，"魔术师"客串中锋，全场打满五个位置，不仅率队赢下总冠军，也拿到了职业生涯第一个总决赛MVP。1991年因为感染HIV病毒而早早退役后，"魔术师"并没有远离赛场，多年来他一直是湖人的小股东，2017年正式成为湖人篮球事务总裁，开始重塑紫金王朝。

亮点

绰号： Magic 魔术师

阴错阳差： 1976—1977赛季前，湖人放走吉尔·古德维奇，后者与新奥尔良爵士队签约。作为补偿，爵士队付出了三个未来选秀权，其中包括1979年首轮选秀权。而1978—1979赛季，刚搬迁到犹他的爵士战绩倒数第一，并得到了当年的状元签。手握这个状元签的湖人立刻选来了密歇根州立大学的"魔术师"约翰逊。

No Look Pass： 不看人传球，这是一种兼具花巧和迷惑性比较强的传球手法，"魔术师"这个绰号绝非浪得虚名，No Look Pass正是他的绝技之一。

Showtime： 湖人在80年代为球迷奉上了极为出色和华丽的表演，后来这段时期被称为湖人队史的"表演时刻"(showtime)，其中，"魔术师"约翰逊在球场上的表现出神入画，精妙绝伦，正是"表演时刻"中最为重要的一员。

代打中锋： 在1980年对阵76人的总决赛中，贾巴尔因为在第四场比赛中脚踝严重受伤，不得不缺席了第六场在费城进行的比赛。年仅20岁的新秀约翰逊代替他成为了主力中锋，并且凭借他的小天勾和篮板拼抢得到42分15个篮板7个助攻和3次抢断，最终帮助湖人取得胜利。他甚至为湖人开场跳球。约翰逊也成为历史上第一个新秀的总决赛MVP。

迷你天勾： 1987年总决赛第四场，湖人半场就落后了16分，直到比赛结束前3分钟才将比分追到102比103。但是伯德的三分球几乎将湖人置于死地，比赛还剩12秒时，湖人以104比106落后2分，贾巴尔两罚中一，凯尔特人碰球出界，湖人获得球权。内线的贾巴尔被包夹，"魔术师"只得自己出手，在麦克海尔、伯德、帕里什三人中间，用一记贾巴尔式的勾手将球命中，107比106，湖人绝地重生。赛后，约翰逊得意地声称，自己那个投篮可以叫作"迷你天勾"。

竖碑立像：2004年全明星周末期间，湖人主场斯台普斯中心门口揭幕了一座新的雕塑，正是"魔术师"约翰逊标志性的"No Look Pass"。

8 Larry Bird
拉里·伯德

生日:1956.12.7　身高:2.06米　位置:F　号码:33
职业生涯:1979—1992
球队:波士顿凯尔特人
场均数据:24.3分,10.0篮板,6.3助攻,1.7抢断,0.8盖帽

荣誉

1次奥运冠军(1992)
3次总冠军(1981, 1984, 1986)
9次最佳阵容
12次全明星
3次MVP,2次总决赛MVP,1次全明星MVP

奥尔巴赫慧眼识珠,早在1978年便用六号签选下了当时尚未离开大学的伯德。1979年进入联盟后,他立刻展现出了惊人的实力,当年力压"魔术师"约翰逊拿下最佳新秀。伯德拥有惊人的记忆,这为他赢得了"柯达相机"的绰号。他还拥有强大的预判能力,经常准确地出现在对方的传球线路上,NBA历史上最有名的抢断很多都出自他之手。此外,伯德的垃圾话功力也是前无古人,后无来者的,连乔丹、佩顿这样的垃圾话高手都在与他的较量中败下阵来。因为严重的背伤而早早退役的伯德回到了家乡印第安纳,无论是做教练,还是球队管理层,都取得了相当不错的成绩。

亮点

绰号:Kodak 柯达相机　Larry Legend 拉里传奇

三分为王:连续3次全明星周末三分球大赛的冠军,这个荣誉在NBA历史上是绝无仅有的。当然,他也对自己的能力非常自信。据说在三分球大赛开始之前,他甚至在更衣室里直接藐视其他对手:"你们都是来争第二名的吗?"

伯德条款:球队可以不受工资限额的规定与本球队的自由球员续约,但是,续约的自由球员必须在该球队效力三年以上。这样的自由球员每年工资可以提高12.5%,而签其他球队只能提高10%。这个条款之所以被叫作"伯德条款"是因为,第一个被允许超过工资帽而留住的自由球员就是伯德。

黑白争霸:湖人和凯尔特人的纠葛在1980年代达到了顶峰,而两队的领军人物"魔术师"约翰逊和拉里·伯德肤色一黑一白,所以常有人将那个年代称为黑白争霸的年代。他们的联袂演出甚至挽救了处于低谷的NBA。

9 Kobe Bryant
科比·布莱恩特

生日:1978.8.23　身高:1.98米　位置:SG　号码:8,24
职业生涯:1996—2015
球队:洛杉矶湖人
场均数据:25.0分,5.2篮板,4.7助攻,1.4抢断,0.5盖帽

荣誉

2次奥运冠军(2008,2012)
5次总冠军(2000,2001,2002,2009,2010)
总得分第三,单场得分第二(2006年1月22日湖人对阵猛龙,81分)
2次得分王
11次最佳阵容,9次最佳防守阵容
18次全明星
1次MVP,2次总决赛MVP,4次全明星MVP

1996年,湖人总经理杰里·韦斯特用球队的首发中锋迪瓦茨换来了当年的13号秀,得到了未满18岁的科比。尽管这笔交易当时颇受争议,但科比最终是用20年职业生涯,回报了韦斯特的信任。早年的科比从角色球员一步一步做起,逐渐展现出攻防两端恐怖的实力。三连冠后,OK分崩离析,科比又开始了恐怖的得分表演,用无可争议的表现,挽回了因性侵案而丢失的公共形象。2008年,等来保罗·加索尔的科比又一次走上巅峰,三进总决赛,两夺总冠军。职业生涯晚期的科比遭遇了跟腱断裂的重大伤病,但坚持到最后的他仍然在退役战为球迷奉上了60分的经典表现。

亮点

绰号: Black Mamba 黑曼巴

最佳高中生: 在1996年首轮第13顺位被选中进入联盟,以高中生身份进入NBA的科比·布莱恩特显然在最初并没有引起关注。但是在他随后的职业生涯证明了,他大概是联盟历史上最出色的高中生球员。

从替补席进入全明星: 1998年,科比职业生涯的第一次全明星赛就是先发,可是值得回味的是,那一年,他还只是湖人的替补球员。但是球迷们对他的喜爱显而易见。从那时起,科比每年都会被选进全明星,而且年年都是先发。

接过大北斗的班: 早在科比高中时期,就曾经打破了由"大北斗"张伯伦创造的宾夕法尼亚州高中生得分纪录,而2006年,科比连续4场50+的表现再次将张伯伦沉睡四十多年的纪录重新翻了出来。而作为NBA单场得分第二名的保持者科比,他的前面,也只有张伯伦一个人而已。

触底反弹: 在经历了2004年官司缠身、球队折戟总决赛、奥尼尔出走、菲尔·杰克逊离开之后,湖人在2004—2005赛季连季后赛都没进。但是科比从来不畏惧挑战。在随后的几年里,他拿下两届得分王,1次MVP,并连续三年把湖人重新带回总决赛,并且拿下两个总冠军。

10 Tim Duncan
蒂姆·邓肯

生日:1976.4.25　身高:2.11米　位置:C/PF　号码:21
职业生涯:1997—2016
球队:圣安东尼奥马刺
场均数据:19.0分,10.8篮板,3.0助攻,0.7抢断,2.2盖帽

荣誉

5次总冠军(1999, 2003, 2005, 2007, 2014)
10次最佳阵容,8次最佳防守阵容
15次全明星
2次MVP,3次总决赛MVP,1次全明星MVP

邓肯最初的梦想并非打篮球,而是成为奥运级别的游泳运动员。只是因为维京群岛的室内游泳馆被台风摧毁,因为害怕鲨鱼而不敢下海,他才放弃游泳改打篮球。1997年,通过摆烂如愿得到状元签的马刺选下了邓肯。邓肯的球风低调而实用,个人性格也不喜张扬,他的个人风格影响到了马刺全队。19年职业生涯,邓肯经历过双塔时代,和托尼·帕克、吉诺比利组建GDP,也见证了马刺从以自己为核心平稳过渡到伦纳德时代。

退役时,邓肯已经是公认的历史最佳大前锋。

绰号: The Big Fundamental 大基本原理

幼担大任:在邓肯进入马刺的时候,大卫·罗宾逊已经开始呈现老态。事实上,也正是罗宾逊的伤势,才让马刺有得到邓肯的机会。于是,初入联盟的邓肯就担负起了扛起马刺的任务,而邓肯也没有让大家失望,在进入联盟的第二个赛季,他就帮助马刺夺得了队史第一个冠军,而他也成了无可置疑的总决赛MVP。

稳如泰山:邓肯的表现一直非常稳定,稳定到从进入联盟的第一年到如今,他的数据几乎都相差无几。就像他的绰号一样——大基本原理。他始终是马刺稳定地保持在联盟巅峰最重要的基础。也正因此,马刺主帅波波维奇曾经开玩笑道:"邓肯退役10分钟后我就退休。"可以说,如果没有邓肯,马刺将会变得面目全非。

心理学家:NBA球员中,就读名牌大学的不少,但是能够拿到硕士学位的不多。邓肯就拿到了维克森林大学的硕士学位,而且他的专业是:心理学。邓肯认为,心理学会让他比较冷静,这一点,从他球场上的表现能看得出来。

SPURS
21
SACU
www.sacu.com
HomeStore
Frost Bank

11 Shaquille O'Neal
沙奎尔·奥尼尔

生日:1972.3.6 身高:2.16米 位置:C 号码:32, 34, 33, 36
职业生涯:1992—2011
球队:奥兰多魔术,洛杉矶湖人,迈阿密热火,菲尼克斯太阳,克利夫兰骑士,波士顿凯尔特人
场均数据:24.0分,11.0篮板,2.5助攻,0.6抢断,2.3盖帽

荣誉

1次奥运冠军(1996)
4次总冠军(2000—2002, 2006)
总得分第五,总篮板第五,总盖帽第七,单场盖帽并列第二(1993年11月20日魔术对阵篮网,15次)
2次得分王
8次最佳阵容
15次全明星
1次MVP, 3次总决赛MVP,3次全明星MVP

他开启了一个巨型中锋的时代。"大柴油机"是这个时代最有统治力的大个子。就像是闯入了瓷器店里的一头公牛一样,奥尼尔用自己的方式赢得了8次入选最佳阵容、1个常规赛MVP、3次总决赛MVP的殊荣。

亮点

绰号: Shaq 鲨鱼

扣碎篮筐: 1993年2月7日,在魔术对阵太阳的比赛中,作为新秀的奥尼尔在一次补篮过程中拉倒篮架,造成比赛中断;同年4月23日对篮网的比赛中,他的一记双手暴扣之后,整个篮架都倒了下来,篮板玻璃也破碎成无数小块。随后联盟各球馆都纷纷加固了篮架。

修改规则: 和传奇中锋麦肯、张伯伦一样,联盟为了限制奥尼尔,也曾经修改过比赛规则。允许联防,引入防守三秒都是为了奥尼尔。

过亿合同: 大鲨鱼也有大身价。奥尼尔曾经签下两份价值过亿的合同,包括1999年与湖人签下的7年1.2亿的合同,2005年与热火签下的5年1亿的合同。

twitter退役: 奥尼尔的特立独行从来没有改变过。包括他的退役声明都是如此。2011年6月2日,奥尼尔在推特上发布了一个视频,告诉球迷们自己退役的决定:"我最终下定决心了。在打了19个赛季之后,是时候结束了。我非常感谢你们,正因为此我首先告诉你们这个消息。谢谢你们。"

LAKERS
34
PHOENIX
3
PHOENIX
1
PHOENIX
43

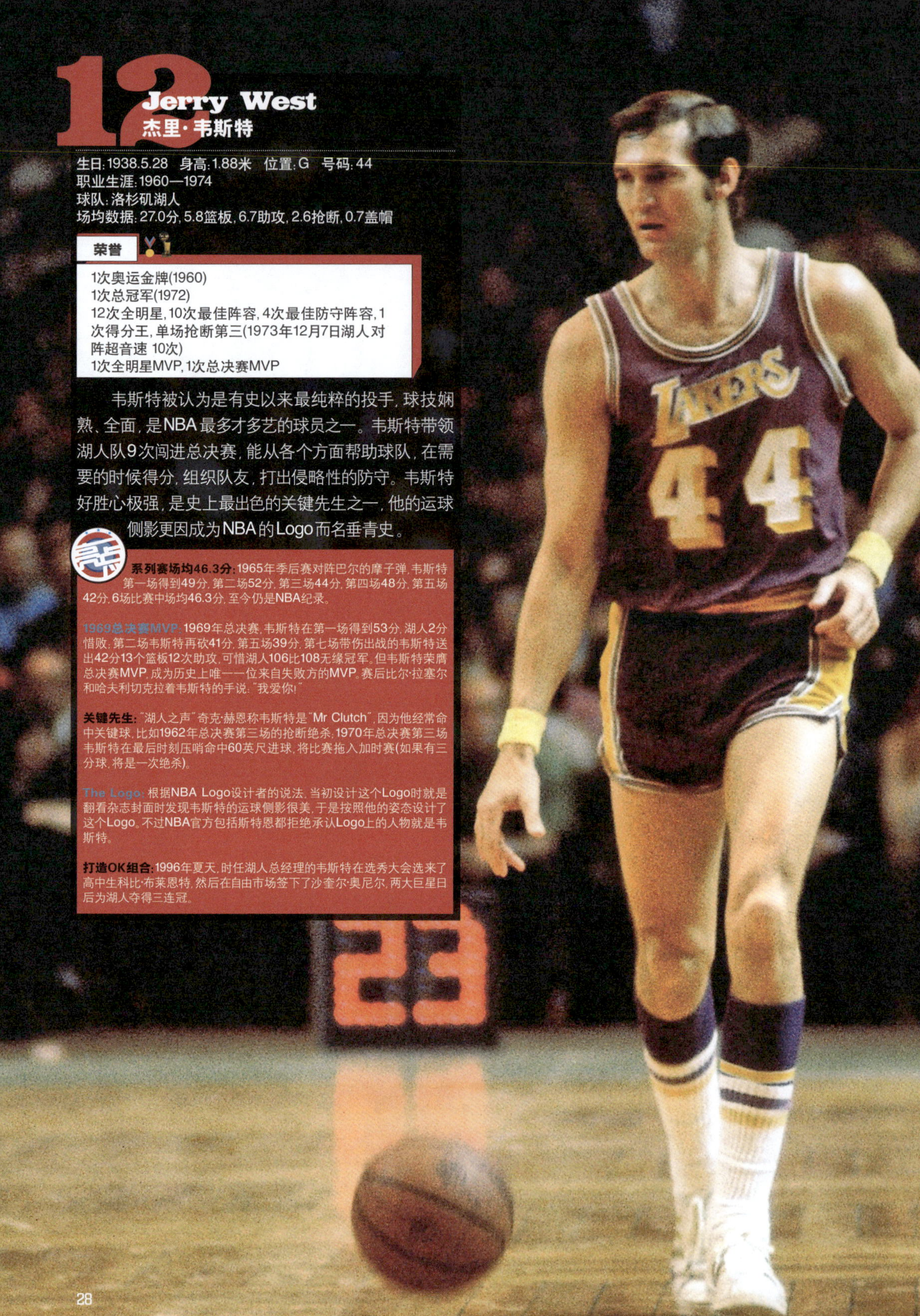

12 Jerry West 杰里·韦斯特

生日:1938.5.28 身高:1.88米 位置:G 号码:44
职业生涯:1960—1974
球队:洛杉矶湖人
场均数据:27.0分,5.8篮板,6.7助攻,2.6抢断,0.7盖帽

荣誉

1次奥运金牌(1960)
1次总冠军(1972)
12次全明星,10次最佳阵容,4次最佳防守阵容,1次得分王,单场抢断第三(1973年12月7日湖人对阵超音速 10次)
1次全明星MVP,1次总决赛MVP

韦斯特被认为是有史以来最纯粹的投手,球技娴熟、全面,是NBA最多才多艺的球员之一。韦斯特带领湖人队9次闯进总决赛,能从各个方面帮助球队,在需要的时候得分,组织队友,打出侵略性的防守。韦斯特好胜心极强,是史上最出色的关键先生之一,他的运球侧影更因成为NBA的Logo而名垂青史。

亮点

系列赛场均46.3分: 1965年季后赛对阵巴尔的摩子弹,韦斯特第一场得到49分,第二场52分,第三场44分,第四场48分,第五场42分,6场比赛中场均46.3分,至今仍是NBA纪录。

1969总决赛MVP: 1969年总决赛,韦斯特在第一场得到53分,湖人2分惜败;第二场韦斯特再砍41分,第五场39分,第七场带伤出战的韦斯特送出42分13个篮板12次助攻,可惜湖人106比108无缘冠军。但韦斯特荣膺总决赛MVP,成为历史上唯一一位来自失败方的MVP。赛后比尔·拉塞尔和哈夫利切克拉着韦斯特的手说:"我爱你!"

关键先生: "湖人之声"奇克·赫恩称韦斯特是"Mr Clutch",因为他经常命中关键球,比如1962年总决赛第三场的抢断绝杀;1970年总决赛第三场韦斯特在最后时刻压哨命中60英尺进球,将比赛拖入加时赛(如果有三分球,将是一次绝杀)。

The Logo: 根据NBA Logo设计者的说法,当初设计这个Logo时就是翻看杂志封面时发现韦斯特的运球侧影很美,于是按照他的姿态设计了这个Logo。不过NBA官方包括斯特恩都拒绝承认Logo上的人物就是韦斯特。

打造OK组合: 1996年夏天,时任湖人总经理的韦斯特在选秀大会选来了高中生科比·布莱恩特,然后在自由市场签下了沙奎尔·奥尼尔,两大巨星日后为湖人夺得三连冠。

13 Elgin Baylor
埃尔金·贝勒

生日：1934.9.16　身高：1.96米　位置：F　号码：22

职业生涯：1958—1972

球队：洛杉矶湖人

场均数据：27.4分，13.5篮板，4.3助攻

荣誉

11次全明星，10次最佳阵容，1次全明星MVP

埃尔金·贝勒革新了篮球打法，他是第一位真正在篮筐之上打球的家伙。他有无与伦比的身体控制力、超越常人的运动素质以及出色的比赛理解能力，贝勒拿过最佳新秀，是1959年全明星赛的MVP，8次带领湖人进入总决赛，职业生涯前10个赛季，他全部入选第一阵容，从未得分低于24.8分或者篮板低于10个。1960—1961赛季，贝勒成为第一个单场得分超过70分的球员，身高1.96米的他还场均掠下19.8个篮板。

亮点

总决赛单场61分：1962年4月14日，总决赛的第五战，贝勒46投22中，罚球19罚17中得到创纪录的61分，时至今日还是总决赛单场最高分和季后赛第二高分，湖人126比121赢下天王山之战。

八入总决赛：新秀赛季，贝勒就扮演了救世主，他率领还在明尼阿波利斯的湖人闯进总决赛，从此之后，贝勒还曾7次带队杀进总决赛，可惜未能夺冠，其中7次是倒在凯尔特人脚下，1971—1972赛季初，贝勒重伤宣布退役，讽刺的是，湖人却在当年夺冠。

篮板最强小前锋：身高1.96米的贝勒是史上篮板能力最强的小前锋，职业生涯场均13.5个篮板，1960—1962年间，贝勒场均得到34.8分19.8个篮板和38.3分18.6个篮板，历史上只有5名球员单赛季场均篮板超过19.8个，而且身高全在2.06米以上。

14 Julius Erving
朱利叶斯·欧文

生日:1950.2.22　身高:1.98米　位置:F/G　号码:32,6
职业生涯:1971—1987
球队:弗吉尼亚侍卫,纽约篮网,费城76人
场均数据:22.0分,6.7篮板,3.9助攻,1.8抢断,1.5盖帽

荣誉

1次总冠军(1983)
11次全明星,5次最佳阵容
1次MVP,1次全明星MVP

欧文可能是史上最具观赏性的球员,1976年,他把ABA的开放式的自由、飞翔的球风带到了NBA,让球迷真实体会到什么叫违背地心引力。J博士这种跳起来再思考的风格让他难以防范,同时也是NBA集锦的常客。当时间开始限制他的飞翔,J博士用全面的球风,把76人带到了联盟顶级球队,并最终在1983年夺冠。

亮点

绰号: Dr. J　J博士

ABA第一巨星: 在ABA短短的10年历史上,J博士是绝对的第一巨星,他2次拿到ABA冠军,2次季后赛MVP,3次ABA常规赛MVP,5次全明星,4次最佳阵容,1次最佳防守阵容,3次得分王。

第一次罚球线飞扣: 1976年,J博士第一次在扣篮大赛上演了罚球线飞扣,这一动作成为了NBA扣篮大赛的招牌,日后乔丹曾凭借这一动作的完美再现夺冠,皮蓬、卡特、霍华德、伊巴卡都曾经模仿过这个动作。

The Baseline Move: 1980年总决赛,J博士从右边底线过掉湖人前锋马克·兰德伯格,贾巴尔的补防堵住了正在飞行中的J博士,只见J博士在空中躲开贾巴尔,从篮板后飞跃到另一侧,在整个身体,包括肩膀都在球场外的情况下,用右手完成低手挑篮进球。

Rock The Baby: 1983年和湖人的一场常规赛,J博士抢断得球,踏进三分线内一步立即起飞,前臂将球夹在腰部,然后将球拉起藏于脑后,面对闪躲不及的迈克尔·库珀,上演了一记惊天暴扣,这球被"湖人之声"奇克·赫恩称作是"Rock The Baby"。

15 Hakeem Olajuwon 哈吉姆·奥拉朱旺

生日:1963.1.21　身高:2.13米　位置:C　号码:34
职业生涯:1984—2002
球队:休斯敦火箭,多伦多猛龙
场均数据:21.8分,11.1篮板,2.5助攻,1.7抢断,3.1盖帽

荣誉

2次总冠军(1994,1995)
12次全明星,6次最佳阵容,5次最佳防守阵容,2次年度最佳防守球员,2次篮板王,3次盖帽王,总盖帽第一,总抢断第八,总得分第九
1次MVP,2次总决赛MVP

尽管奥拉朱旺的运动生涯始于尼日利亚的足坛,但他在休斯敦大学立即成为篮坛明星,他开发出一套灵活的舞步,他的"梦幻舞步"能晃晕几十名防守人。扎实的脚步让他在攻防两端都是统治级的,获得2次年度最佳防守球员,他是史上盖帽次数最多的球员。

亮点

绰号: The Dream 大梦

盖帽王: 奥拉朱旺职业生涯总共3830次盖帽,高居历史首位,单赛季场均最高盖帽达到4.6次,3次获得盖帽王。查尔斯·巴克利曾经说过:"奥拉朱旺会把篮筐附近的圆状物体盖帽掉,包括我的光头。"

梦幻舞步: 奥尼尔曾说"大梦"的进攻脚步像是"移动了二十多步",事实上,奥拉朱旺的速度和脚步让他成为NBA最为另类的中锋之一,他不仅在得分、篮板、盖帽上颇有建树,他也是史上最擅长抢断的球员之一,抢断总数史上第八,没有任何一名中锋能在抢断数上接近他。

传奇两冠: 1994、1995年两年间,奥拉朱旺确定了他90年代第一中锋的地位,两年内他击败了帕特里克·尤因、大卫·罗宾逊和沙奎尔·奥尼尔,尤其是在1995年,47胜35负的火箭先后击败了60胜的爵士,59胜的太阳,62胜的马刺和57胜的魔术夺冠。

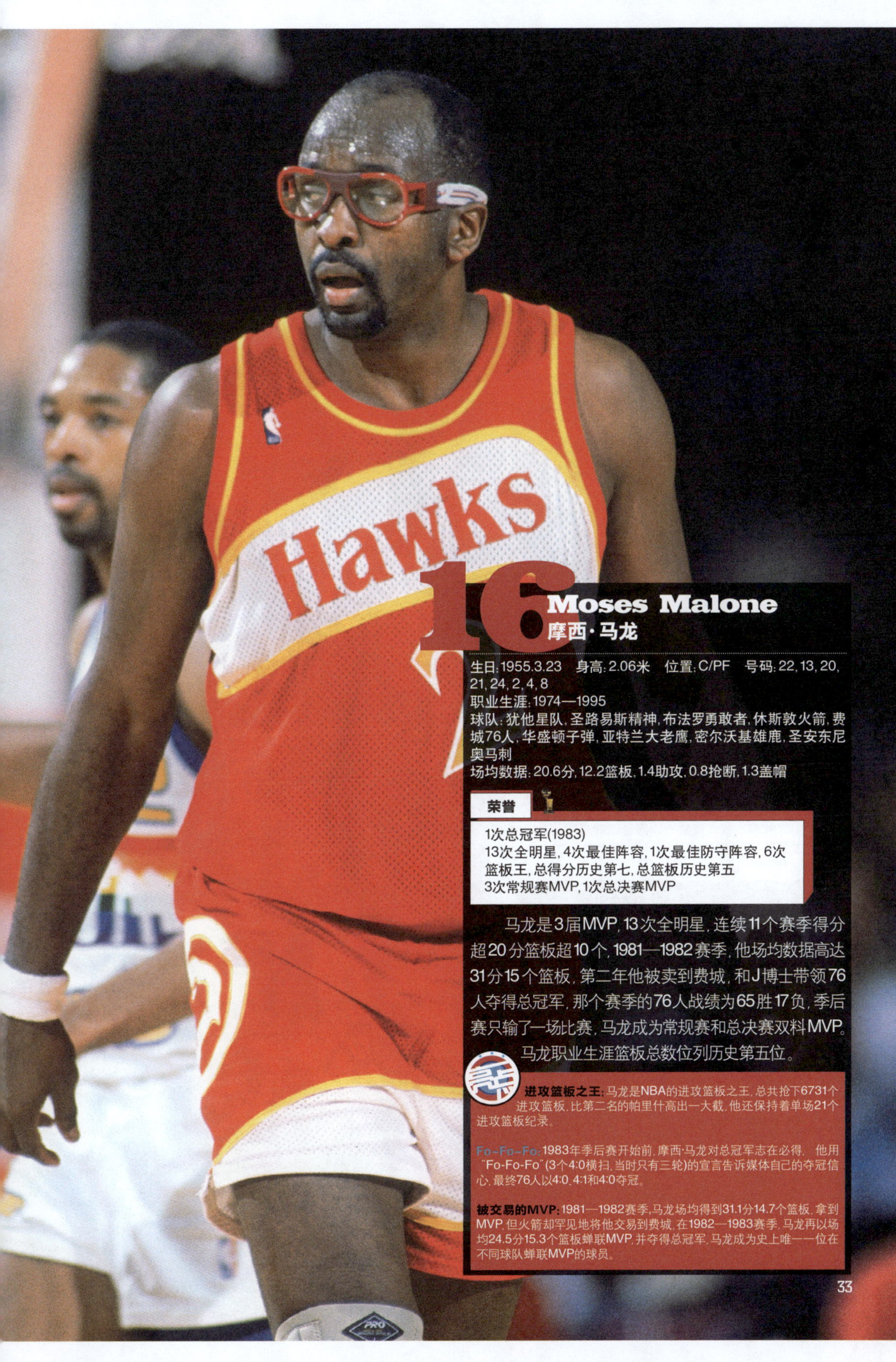

16 Moses Malone

摩西·马龙

生日:1955.3.23　身高:2.06米　位置:C/PF　号码:22, 13, 20, 21, 24, 2, 4, 8

职业生涯:1974—1995

球队:犹他星队、圣路易斯精神、布法罗勇敢者、休斯敦火箭、费城76人、华盛顿子弹、亚特兰大老鹰、密尔沃基雄鹿、圣安东尼奥马刺

场均数据:20.6分, 12.2篮板, 1.4助攻, 0.8抢断, 1.3盖帽

荣誉

1次总冠军(1983)

13次全明星, 4次最佳阵容, 1次最佳防守阵容, 6次篮板王, 总得分历史第七, 总篮板历史第五

3次常规赛MVP, 1次总决赛MVP

马龙是3届MVP, 13次全明星, 连续11个赛季得分超20分篮板超10个, 1981—1982赛季, 他场均数据高达31分15个篮板, 第二年他被卖到费城, 和J博士带领76人夺得总冠军, 那个赛季的76人战绩为65胜17负, 季后赛只输了一场比赛, 马龙成为常规赛和总决赛双料MVP。

马龙职业生涯篮板总数位列历史第五位。

亮点

进攻篮板之王: 马龙是NBA的进攻篮板之王, 总共抢下6731个进攻篮板, 比第二名的帕里什高出一大截, 他还保持着单场21个进攻篮板纪录。

Fo-Fo-Fo: 1983年季后赛开始前, 摩西·马龙对总冠军志在必得, 他用"Fo-Fo-Fo"(3个4:0横扫, 当时只有三轮)的宣言告诉媒体自己的夺冠信心, 最终76人以4:0、4:1和4:0夺冠。

被交易的MVP: 1981—1982赛季, 马龙场均得到31.1分14.7个篮板, 拿到MVP, 但火箭却罕见地将他交易到费城, 在1982—1983赛季, 马龙再以场均24.5分15.3个篮板蝉联MVP, 并夺得总冠军, 马龙成为史上唯一一位在不同球队蝉联MVP的球员。

17 Karl Malone

卡尔·马龙

生日:1963.7.24　身高:2.06米　位置:PF　号码:32,11
职业生涯:1985—2004
球队:犹他爵士,洛杉矶湖人
场均数据:25.0分,10.1篮板,3.6助攻,1.4抢断,0.8盖帽

荣誉

2次奥运冠军(1992,1996)
14次全明星,11次最佳阵容,3次最佳防守阵容 总得分史上第二,总篮板历史第六,总抢断史上第十
2次常规赛MVP,2次全明星MVP

没错,邮差总是及时送信,18个赛季的爵士岁月,2次常规赛MVP,他和约翰·斯托克顿的挡拆经典、高效,一次次的单手扣篮、中距离跳投,将球送入篮筐。更难以置信的是,在爵士他从未在任何赛季因伤缺席超过两场以上,当他退役时,总得分36928分,仅次于贾巴尔。

亮点

绰号: Mailman 邮差

集大成者: 卡尔·马龙拿到了除总冠军外所有的荣誉,史上总得分第二,总篮板第六,防守篮板第一,总罚球第一,总抢断第二,总出场第二,2届常规赛MVP,2次全明星MVP,可谓真正的功勋彪炳。

季后赛50分: 2000年4月和超音速的季后赛中,36岁的马龙得到50分12个篮板,成为季后赛史上拿到单场50分的年龄最大的球员,50分同时是爵士队季后赛纪录。

最年长三双球员: 2003年11月,效力湖人的卡尔·马龙在对阵马刺时,26分钟内得到10分11个篮板10次助攻,成为史上唯一一位40岁高龄的三双获得者。

生日:1932.12.12　身高:2.06米　位置:C/PF　号码:9
职业生涯:1954—1965
球队:圣路易斯老鹰
场均数据:26.4分,16.2篮板,3.0助攻

荣誉

1次总冠军(1958)
11次全明星,10次最佳阵容,2次得分王
2次MVP,4次全明星MVP

NBA真正在全美风行之前,身高2.06米,体重却只有97公斤的佩蒂特就已经是史上最具威胁的进攻机器。他是2次联盟MVP,11次全明星(4夺全明星MVP),1958年总决赛第六场,佩蒂特射下50分,为老鹰赢得唯一的总冠军,这位名人堂成员绝对是史上最伟大的大前锋之一。

亮点

4次全明星MVP: 佩蒂特职业生涯的11个赛季全部入选全明星,在1958年和1962年,他分别抢下26和27个篮板,至今仍是全明星纪录,11场全明星赛场均20+12。1956年,佩蒂特得到20分24个篮板7次助攻夺得全明星MVP,1958年,佩蒂特28分26个篮板,以输球一方身份夺得MVP;1959年,他再以25分16个篮板5次助攻和贝勒共享MVP;1962年,佩蒂特25分27个篮板,第4次摘走MVP。近50年后,科比曾追平这个纪录。

第一个20000分先生: 佩蒂特在退役时是历史上第一位20000分先生,他曾2次夺得得分王,1960—1961赛季砍下27.9分20.3个篮板。

总决赛50分: 1957年总决赛老鹰不敌凯尔特人,1958年佩蒂特卷土重来,第六场他在第四节包办了老鹰队最后21分中的19分,最后时刻补篮得手为老鹰锁定胜利,老鹰4比2夺冠。

19 Rick Barry 里克·巴里

生日：1944.3.28　身高：2.01米　位置：F　号码：24，2，4
职业生涯：1965—1980
球队：旧金山勇士，奥克兰橡树，华盛顿国会，纽约篮网，金州勇士，休斯敦火箭
场均数据：23.5分，6.5篮板，5.1助攻，2.0抢断，0.5盖帽

荣誉

1次总冠军(1975)
1次得分王，1次抢断王
8次全明星，5次最佳阵容
1次总决赛MVP，1次全明星MVP

巴里在他鼎盛时期加盟了刚刚兴起的ABA联盟，因为合同纠纷他还停赛了一年，但他仍然拥有一个伟大的NBA生涯。性格直率的巴里赢得过1975年的总决赛MVP，勇士队大爆冷门，4比0横扫华盛顿子弹。巴里用他"端尿盆"的方式6次领跑罚球命中率榜。

亮点

端尿盆罚球：巴里罚球姿势是NBA最诡异的：双手持球放低，然后将球抛向篮筐……可是巴里这样的罚球却让他职业生涯拥有90%的罚球命中率，包括ABA在内一共7次罚球王。

1967年总决赛：1967年，该赛季巴里场均35.6分，勇士在总决赛2比4不敌76人，但巴里第三场一举射下55分，系列赛场均40.8分，这一纪录保持了近30年，直到乔丹在1993年打破。

1975总决赛MVP：1975年总决赛，48胜34负的勇士大爆冷门，4比0横扫60胜22负的华盛顿子弹。巴里简直是子弹队的噩梦，系列赛场均得到35分，尤其是第四场，0比3落后的子弹队恼羞成怒，派遣迈克·里奥丹上场暗算巴里，勇士队主帅阿尔·阿特尔斯挺身而出，火并里奥丹保护爱将，最终巴里率队夺冠，并拿到总决赛MVP。

20 John Havlicek
约翰·哈夫利切克

生日:1940.4.8　身高:1.96米　位置:F/G　号码:17
职业生涯:1962—1978
球队:波士顿凯尔特人
场均数据:20.8分,6.3篮板,4.8助攻,1.2抢断,0.3盖帽

荣誉

8次总冠军(1963—1966,1968—1969,1974,1976)
13次全明星,4次最佳阵容,5次最佳防守阵容
1次总决赛MVP

哈夫利切克是球场的永动机器,凯尔特人王朝的关键人物,每场比赛他都给比赛带来了无限能量和高产数据,他是伟大的防守者,进攻端让对位球员精疲力尽,大赛下沉着冷静。早期哈夫利切克是凯尔特人的冠军拼图,后期则成长为球队灵魂。

亮点

绰号: Hondo(约翰·韦恩电影,中文译名:蛮国战笳声)

世纪一偷: 1965年东部决赛第七场最后5秒,76人的哈尔·格里尔的界外发球被哈夫利切克抢断,比赛解说员约翰尼·莫斯特疯狂地大喊:"哈夫利切克断球了!哈夫利切克断球了!比赛结束了!比赛结束了!"成为NBA季后赛最精彩时刻之一。

1974年总决赛MVP: 总决赛第六场,哈夫利切克跳投将比赛拖入加时赛,第一个加时赛中,哈夫利切克面对贾巴尔跳投不中后抢下篮板,第二次出手命中,将比赛拖入第二个加时。第二个加时赛中,哈夫利切克砍下凯尔特人11分中的9分,包括最后7秒面对贾巴尔投中反超一球,可惜被"天勾"反绝杀。但是哈夫利切克在加时赛得到的9分创下了总决赛纪录,并最终拿到1974年总决赛MVP。

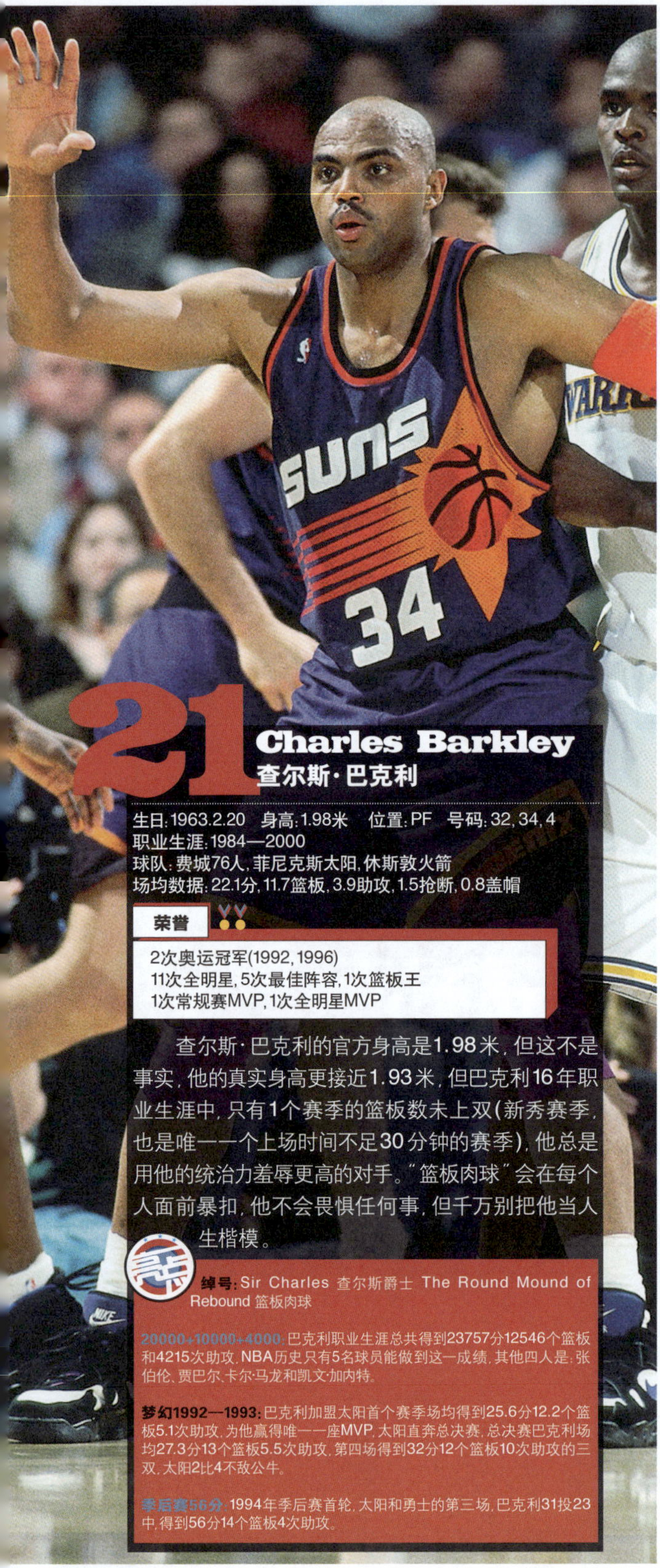

21 Charles Barkley
查尔斯·巴克利

生日:1963.2.20　身高:1.98米　位置:PF　号码:32, 34, 4
职业生涯:1984—2000
球队:费城76人,菲尼克斯太阳,休斯敦火箭
场均数据:22.1分,11.7篮板,3.9助攻,1.5抢断,0.8盖帽

荣誉

2次奥运冠军(1992, 1996)
11次全明星,5次最佳阵容,1次篮板王
1次常规赛MVP,1次全明星MVP

查尔斯·巴克利的官方身高是1.98米,但这不是事实,他的真实身高更接近1.93米,但巴克利16年职业生涯中,只有1个赛季的篮板数未上双(新秀赛季,也是唯一一个上场时间不足30分钟的赛季),他总是用他的统治力羞辱更高的对手。"篮板肉球"会在每个人面前暴扣,他不会畏惧任何事,但千万别把他当人生楷模。

亮点

绰号: Sir Charles 查尔斯爵士 The Round Mound of Rebound 篮板肉球

20000+10000+4000: 巴克利职业生涯总共得到23757分12546个篮板和4215次助攻,NBA历史只有5名球员能做到这一成绩,其他四人是:张伯伦、贾巴尔、卡尔·马龙和凯文·加内特。

梦幻1992—1993: 巴克利加盟太阳首个赛季场均得到25.6分12.2个篮板5.1次助攻,为他赢得唯一一座MVP,太阳直奔总决赛,总决赛巴克利场均27.3分13个篮板5.5次助攻,第四场得到32分12个篮板10次助攻的三双,太阳2比4不敌公牛。

季后赛56分: 1994年季后赛首轮,太阳和勇士的第三场,巴克利31投23中,得到56分14个篮板4次助攻。

22 Allen Iverson 阿伦·艾弗森

生日:1975.6.7　身高:1.83米　位置:G　号码:3,1
职业生涯:1996—2010
球队:费城76人,丹佛掘金,底特律活塞,孟菲斯灰熊
场均数据:26.7分,6.2助攻,3.7篮板,2.2抢断,0.2盖帽

荣誉

4次得分王,3次抢断王
3次最佳阵容
11次全明星
1次MVP,2次全明星MVP

虽然只有1.83米的身高,但阿伦·艾弗森可能是史上最伟大的得分手,从不畏惧杀入禁区,直捣黄龙。他是4次得分王,场均得分位列史上第六位,尽管这些成就的代价是一次次的跌倒、受伤,但这位2001年MVP职业生涯场均出战超过41分钟。

亮点

绰号: The Answer 答案

Crossover之王: 艾弗森的速度之快,恐怕无人能出其右,初入联盟时,NBA甚至因为艾弗森速度太快,特意向裁判发放针对他的判罚册子。而艾弗森的运球突破技巧更是登峰造极,经常用胯下运球戏耍对手。

2001年传奇: 2000—2001赛季是属于艾弗森的一年,他在全明星赛上力挽狂澜,帮助东部在第四节实现大逆转,最终拿到全明星MVP,同时收获常规赛MVP。当年和猛龙的东部半决赛中,艾弗森两场轰下50+,总决赛第一场对阵如日中天的湖人,艾弗森疯狂飙下48分偷得一胜。

斗士: 虽然只有1.83米的身高,艾弗森身上蕴藏的能量却是无穷的,他一次次突破到禁区,一次次跌倒又爬起,满身伤痕的他从未退缩。4次得分王,3次抢断王,单场最高60分,沙奎尔·奥尼尔曾说:"艾弗森就是小号的我。"

23 Isiah Thomas

伊塞亚·托马斯

生日:1961.4.30　身高:1.85米　位置:PG　号码:11
职业生涯:1981—1994
球队:底特律活塞
场均数据:19.2分,3.6篮板,9.3助攻,1.9抢断,0.3盖帽

荣誉

2次总冠军(1989,1990)
12次全明星,3次最佳阵容,1次助攻王,总助攻第七
1次总决赛MVP,2次全明星MVP

史上最伟大的矮个子球员之一,托马斯迷人的微笑总是带有欺骗性,他是活塞"坏孩子"军团的心脏、灵魂和发动机。关键时刻最冷血的杀手,有一颗刺客的心,托马斯能够突破到禁区取分,分球组织队友。他入选过新秀最佳阵容,是12次全明星,拿过总决赛MVP。

亮点

绰号: Zeke　Baby-faced assassin 微笑刺客

总决赛单节25分:1988年,总决赛第六战,托马斯脚踝严重扭伤,但是他仍然带伤出战,第三节疯狂砍下25分,创造了NBA季后赛纪录,全场送出43分8次助攻,但是湖人凭借贾巴尔争议性的罚球103比102击败活塞。

总决赛MVP:1990年,活塞4比1击败开拓者完成卫冕,托马斯场均27.2分8次助攻5.2个篮板,拿到总决赛MVP,托马斯赛后说:"你可能对我有一堆不满,但你不得不承认我是赢家。"

24 Kevin Durant 凯文·杜兰特

生日：1988.9.29 身高：2.06米 位置：F 号码：35
NBA生涯：2007年至今
西雅图超音速，俄克拉荷马雷霆，金州勇士
场均数据：27.2分，7.2篮板，3.8助攻，1.1抢断，1.6盖帽

荣誉

2次奥运冠军(2012，2016)
1次总冠军(2017)
5次最佳阵容，4次得分王
8次全明星，
1次MVP，1次全明星MVP，1次总决赛MVP

身为2007年的榜眼秀，杜兰特不仅有着中锋级别的身高，还拥有和后卫一样的控球与突破技术，他是一个天生的得分天才。只在得州大学打了一个赛季，杜兰特的35号球衣就得到了退役的待遇。2007年被超音速选中后，杜兰特曾经因为身材单薄吃了不少亏。但他很快适应了NBA的强度，成为防守球员的噩梦。尽管杜兰特和威斯布鲁克、哈登的年轻雷霆组合曾经打入过总决赛，但球队成绩自那后始终无法再取得突破。2016年，杜兰特做出了加入勇士的惊人决定。

亮点

钟爱猛龙：尽管在华盛顿出生并长大，但杜兰特从小最喜欢的球队是多伦多猛龙，他最爱的球星是文斯·卡特。中学时在马里兰地区参加AAU联赛期间，杜兰特的队友包括比斯利和泰·劳森等NBA球员。

35号：之所以选择35号，是为了纪念从8岁时就进入杜兰特的生活，几乎和父亲一样的AAU教练查尔斯·克雷格。杜兰特16岁那年，克雷格遭枪击身亡，去世时年仅35岁。

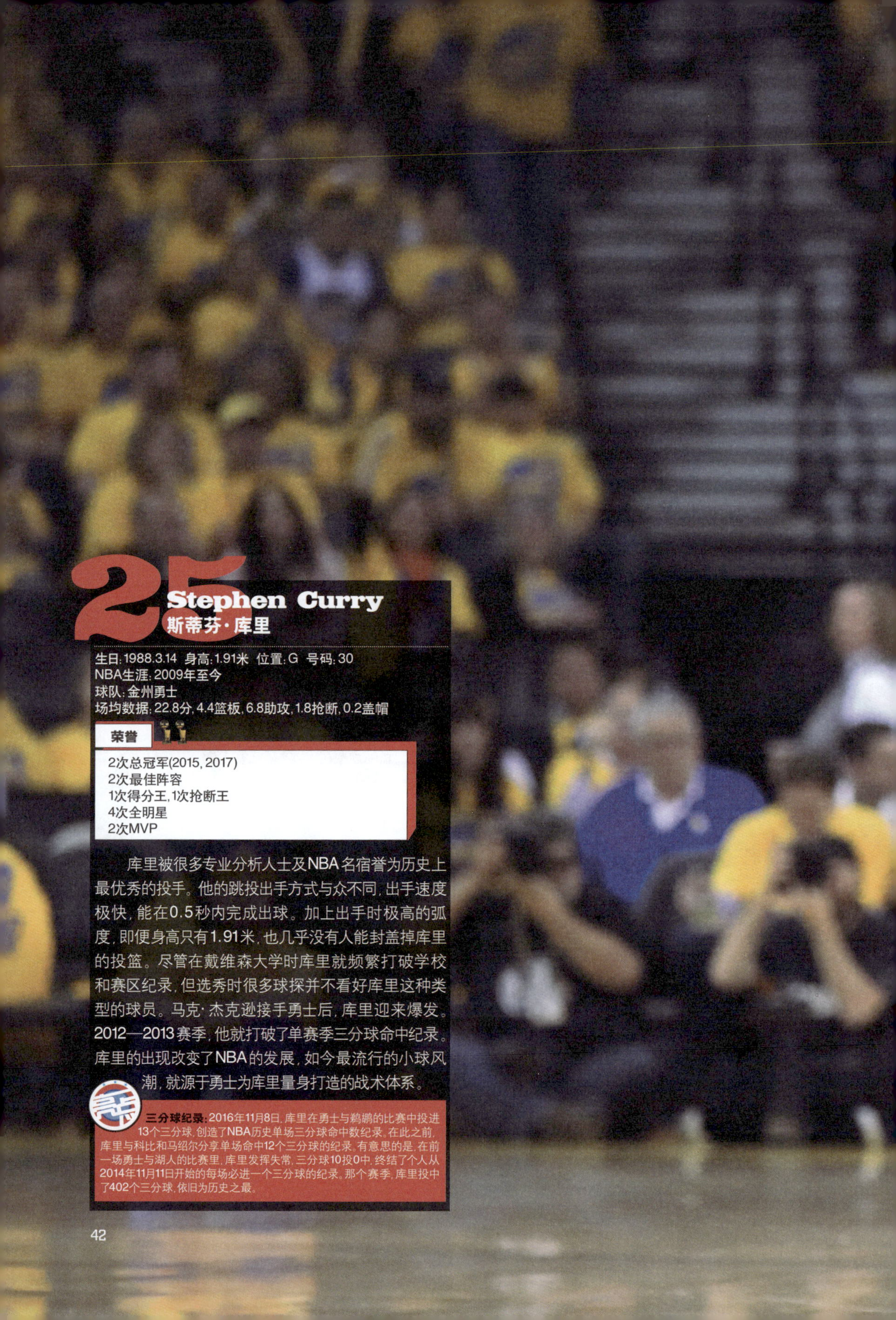

25 Stephen Curry 斯蒂芬·库里

生日：1988.3.14 身高：1.91米 位置：G 号码：30
NBA生涯：2009年至今
球队：金州勇士
场均数据：22.8分，4.4篮板，6.8助攻，1.8抢断，0.2盖帽

荣誉

2次总冠军(2015, 2017)
2次最佳阵容
1次得分王，1次抢断王
4次全明星
2次MVP

库里被很多专业分析人士及NBA名宿誉为历史上最优秀的投手。他的跳投出手方式与众不同，出手速度极快，能在0.5秒内完成出球。加上出手时极高的弧度，即便身高只有1.91米，也几乎没有人能封盖掉库里的投篮。尽管在戴维森大学时库里就频繁打破学校和赛区纪录，但选秀时很多球探并不看好库里这种类型的球员。马克·杰克逊接手勇士后，库里迎来爆发。2012—2013赛季，他就打破了单赛季三分球命中纪录。库里的出现改变了NBA的发展，如今最流行的小球风潮，就源于勇士为库里量身打造的战术体系。

亮点

三分球纪录：2016年11月8日，库里在勇士与鹈鹕的比赛中投进13个三分球，创造了NBA历史单场三分球命中数纪录。在此之前，库里与科比和马绍尔分享单场命中12个三分球的纪录。有意思的是，在前一场勇士与湖人的比赛里，库里发挥失常，三分球10投0中，终结了个人从2014年11月11日开始的每场必进一个三分球的纪录。那个赛季，库里投中了402个三分球，依旧为历史之最。

GOLDEN STATE
30
WARRIORS

LA
3

26 Chris Paul
克里斯·保罗

生日:1985.5.6　身高:1.83米　位置:G　号码:3
职业生涯:2005年至今
球队:新奥尔良黄蜂,洛杉矶快船
场均数据:18.7分,4.4篮板,9.9助攻,2.3抢断,0.1盖帽

荣誉

2次奥运冠军(2008,2012)
4次助攻王,6次抢断王
4次最佳阵容,6次最佳防守阵容
9次全明星

虽然2005年才进入联盟,但保罗的球风却更接近1990年代的老派球员,他那略显凶狠的动作总能让人想起1990年代的斯托克顿。和防守端的强硬相左,进攻端的保罗是华丽且实用的代名词,他的持球进攻及组织能力均属联盟顶级。2011年黄蜂、湖人和火箭的三方交易被前总裁斯特恩以"篮球原因"否决后,保罗被交易到了快船,和格里芬、德安德鲁·乔丹一起组成了新铁三角,让建队以来就是西部鱼腩成为季后赛常客。

亮点

抢断不间断:从2007年4月13日到2008年12月23日期间,保罗连续至少有1次抢断的比赛达到108场,为NBA历史之最。

酷爱保龄球:保罗曾经开玩笑,保龄球才是他最爱的运动,篮球只能算业余爱好,他甚至还在职业保龄球协会拥有一支球队。每年夏天,保罗都会主办慈善保龄球比赛,邀请NBA球星和各界名人参加。

工会主席:保罗在球员中的人缘一向很好,担任了四年工会执行委员后,他在2013年当选工会主席。2014年快船老板斯特林被爆出种族歧视丑闻时,作为工会主席的保罗在驱逐斯特林的过程中扮演了非常重要的角色。

27 Dirk Nowitzki
德克·诺维茨基

生日:1978.6.19　身高:2.13米　位置:PF　号码:41
职业生涯:1998年至今
球队:达拉斯小牛
场均数据:23.0分,8.4篮板,2.7助攻,0.9抢断,1.0盖帽

荣誉

1次总冠军(2011)
4次最佳阵容,13次全明星
1次MVP,1次总决赛MVP

身高2.13米,却拥有丝滑的手感,凭借着近乎无解的投篮,他成为了联盟历史上唯一能够进入50—40—90俱乐部的内线球员。诺维茨基是第一个进入全明星先发的欧洲球员,唯一成为MVP的欧洲球员,以及得分最多的非美国球员,NBA史上最强欧洲球员他当之无愧。球队方面,从1998年进入联盟开始,诺维茨基15次率领小牛打进季后赛,2001—2002季后赛,他曾连续4场比赛完成得分30+、篮板15+的比赛,这一壮举只有贾巴尔完成过。

亮点

最恐怖的投手: 2.13米身高,比任何后卫都要精准的投篮,这就是诺维茨基的杀手锏,与历史上任何一位成名内线都截然不同,他是最高的三分王,"金鸡独立"的跳投令人胆寒。

2011传奇之旅: 黑八,2006年冲冠失利,诺维茨基的成就险些就此被掩埋,就在人们即将给诺维茨基贴上"Loser"的标签时,德国战车在2011年季后赛用一次次投篮带领小牛披荆斩棘,在总决赛击败热火夺得队史首座冠军。媒体才终于正视了诺维茨基的季后赛生涯:11年124场季后赛场均得到25.9分10.4个篮板(常规赛23分7.2个篮板),谁还敢说他是软蛋?

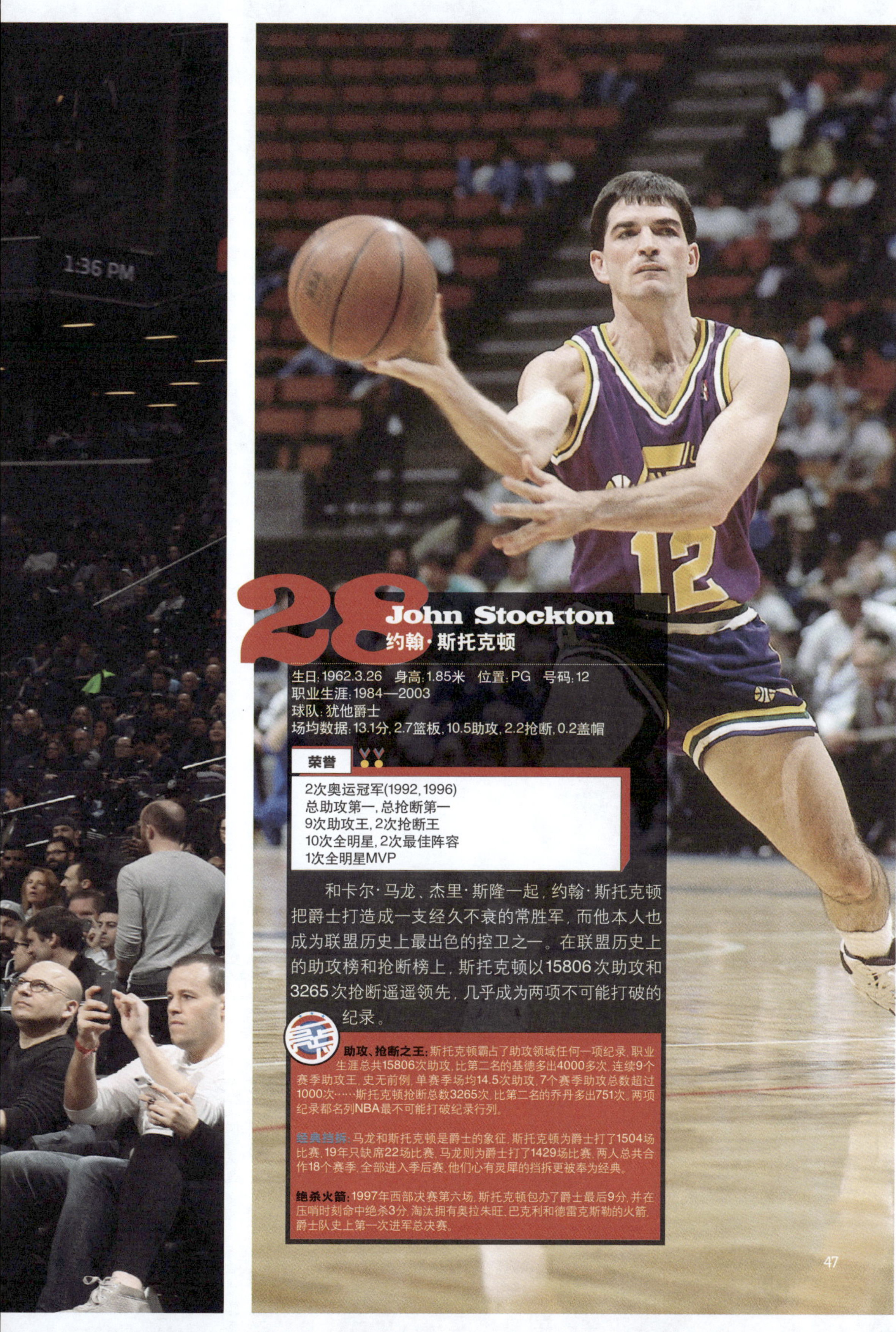

28 John Stockton

约翰·斯托克顿

生日:1962.3.26　身高:1.85米　位置:PG　号码:12
职业生涯:1984—2003
球队:犹他爵士
场均数据:13.1分,2.7篮板,10.5助攻,2.2抢断,0.2盖帽

荣誉

2次奥运冠军(1992,1996)
总助攻第一,总抢断第一
9次助攻王,2次抢断王
10次全明星,2次最佳阵容
1次全明星MVP

和卡尔·马龙、杰里·斯隆一起,约翰·斯托克顿把爵士打造成一支经久不衰的常胜军,而他本人也成为联盟历史上最出色的控卫之一。在联盟历史上的助攻榜和抢断榜上,斯托克顿以15806次助攻和3265次抢断遥遥领先,几乎成为两项不可能打破的纪录。

亮点

助攻、抢断之王:斯托克顿霸占了助攻领域任何一项纪录,职业生涯总共15806次助攻,比第二名的基德多出4000多次,连续9个赛季助攻王,史无前例,单赛季场均14.5次助攻,7个赛季助攻总数超过1000次……斯托克顿抢断总数3265次,比第二名的乔丹多出751次。两项纪录都名列NBA最不可能打破纪录行列。

经典挡拆:马龙和斯托克顿是爵士的象征,斯托克顿为爵士打了1504场比赛,19年只缺席22场比赛,马龙则为爵士打了1429场比赛,两人总共合作18个赛季,全部进入季后赛,他们心有灵犀的挡拆更被奉为经典。

绝杀火箭:1997年西部决赛第六场,斯托克顿包办了爵士最后9分,并在压哨时刻命中绝杀3分,淘汰拥有奥拉朱旺、巴克利和德雷克斯勒的火箭,爵士队史上第一次进军总决赛。

SPALDING
DALLAS
2
THE TIME IS NO

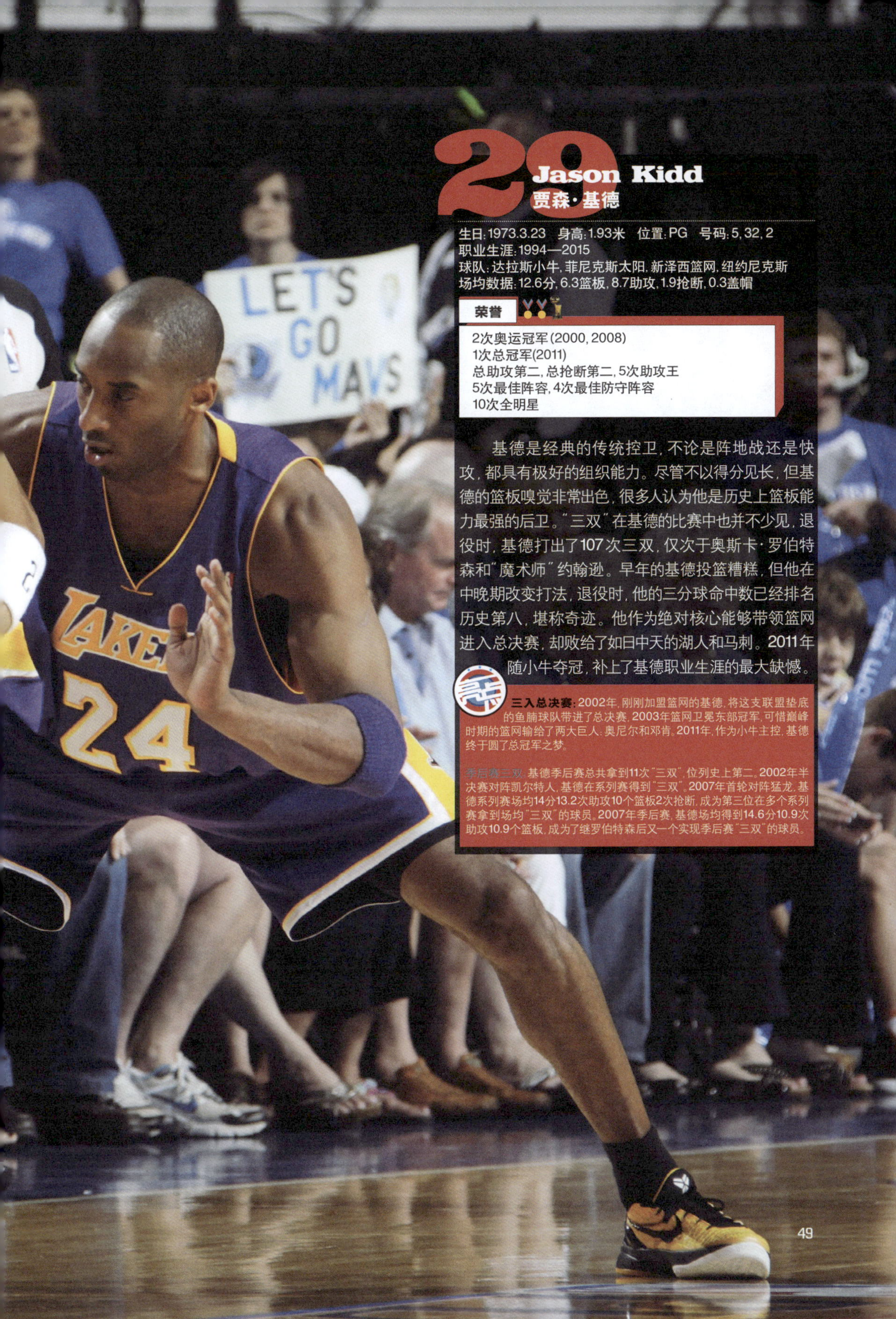

29 Jason Kidd 贾森·基德

生日：1973.3.23 身高：1.93米 位置：PG 号码：5，32，2
职业生涯：1994—2015
球队：达拉斯小牛，菲尼克斯太阳，新泽西篮网，纽约尼克斯
场均数据：12.6分，6.3篮板，8.7助攻，1.9抢断，0.3盖帽

荣誉

2次奥运冠军（2000，2008）
1次总冠军（2011）
总助攻第二，总抢断第二，5次助攻王
5次最佳阵容，4次最佳防守阵容
10次全明星

基德是经典的传统控卫，不论是阵地战还是快攻，都具有极好的组织能力。尽管不以得分见长，但基德的篮板嗅觉非常出色，很多人认为他是历史上篮板能力最强的后卫。"三双"在基德的比赛中也并不少见，退役时，基德打出了107次三双，仅次于奥斯卡·罗伯特森和"魔术师"约翰逊。早年的基德投篮糟糕，但他在中晚期改变打法，退役时，他的三分球命中数已经排名历史第八，堪称奇迹。他作为绝对核心能够带领篮网进入总决赛，却败给了如日中天的湖人和马刺。2011年随小牛夺冠，补上了基德职业生涯的最大缺憾。

三入总决赛：2002年，刚刚加盟篮网的基德，将这支联盟垫底的鱼腩球队带进了总决赛，2003年篮网卫冕东部冠军，可惜巅峰时期的篮网输给了两大巨人：奥尼尔和邓肯。2011年，作为小牛主控，基德终于圆了总冠军之梦。

季后赛三双：基德季后赛总共拿到11次"三双"，位列史上第二。2002年半决赛对阵凯尔特人，基德在系列赛得到"三双"。2007年首轮对阵猛龙，基德系列赛场均14分13.2次助攻10个篮板2次抢断，成为第三位在多个系列赛拿到场均"三双"的球员。2007年季后赛，基德场均得到14.6分10.9次助攻10.9个篮板，成为了继罗伯特森后又一个实现季后赛"三双"的球员。

30 Elvin Hayes
埃尔文·海耶斯

生日:1945.11.17　身高:2.06米　位置:C/PF　号码:11,44
职业生涯:1968—1984
球队:休斯敦火箭,华盛顿子弹
场均数据:21.0分,12.5篮板,1.8助攻,1.0抢断,2.0盖帽

荣誉

1次总冠军(1978)
总篮板第四,总得分第八
12次全明星,3次最佳阵容

NBA历史上最具统治力的大个子之一,同时也是位铁人,16年职业生涯只缺席了9场比赛,他是伟大的篮板手和防守者。海耶斯既可以内线强攻,也会中距离跳投,12次入选全明星,他是力量、运动力和技巧的结合体。

亮点

绰号: Big E

得分王+篮板王: 1968—1969赛季,菜鸟海耶斯拿到28.4分17.1个篮板,摘走该赛季得分王,该赛季还拿到职业生涯最高的54分;第二个赛季海耶斯又拿到篮板王;1973—1974赛季,转战华盛顿的海耶斯以18.1个篮板拿到第二个篮板王。

1978年总冠军: 海耶斯和昂塞尔德3次带领子弹进总决赛,1978年,海耶斯在21场季后赛中场均得到21.8分12.1个篮板,子弹击败超音速夺冠。尽管昂塞尔德拿到总决赛MVP,但相较于昂塞尔德的长期缺阵,海耶斯职业生涯仅缺席过9场比赛,16个赛季每年至少出战80场以上。

31 Bob Cousy 鲍勃·库西

生日:1928.8.9　身高:1.85米　位置:G　号码:14,19
职业生涯:1950—1970
球队:波士顿凯尔特人,辛辛那提皇家
场均数据:18.4分,5.2篮板,7.5助攻

荣誉

6次总冠军(1957,1959—1963)
10次最佳阵容,8次助攻王
13次全明星
1次MVP,2次全明星MVP

在纽约的皇后区长大,库西把街球风带到了NBA。"篮球场魔术师"是1956—1957赛季的MVP,10次最佳阵容,8次助攻王。他是凯尔特人标志性快攻的发起人,他的球场视野已经是身体五官的一部分。他乘坐时光机,把背后运球和花式传球带到了1950年代,更重要的是,他一直是个赢家。

亮点

绰号: The Cooz; Houdini of the Hardwood

视觉系控卫鼻祖: 库西是第一位超级控卫,同时也是视觉系控卫的鼻祖,他将街球风带到了NBA,背后运球,不看人传球,半场长传……早期他凭借一己之力撑起了凯尔特人的球市。

助攻王八连庄: 从1951—1952赛季开始,到1959—1960赛季,库西连续8年霸占助攻王。一举奠定了超级控卫的地位,这一纪录直到斯托克顿在40年后完成助攻王九连庄才被打破。

季后赛单场50分: 1953年,库西独力支撑凯尔特人,季后赛对阵民族队第二场,两队打了4个加时,拖着一条伤腿的库西在首个加时赛得到全队9分中的6分,包括最后一秒的关键罚球,第二个加时赛,库西又包办了凯尔特人全部4分;第三个加时赛他再砍8分,压哨时刻命中超远跳投(7.6米)扳平,第四个加时赛库西再次拿到9分,全场库西出战66分钟拿到50分,30次罚球命中至今还是NBA季后赛纪录,凯尔特人2比0晋级。

CELTICS
5

32 Kevin Garnett

凯文·加内特

生日:1976.5.19 身高:2.11米 位置:PF 号码:21,5
职业生涯:1995—2016
球队:明尼苏达森林狼,波士顿凯尔特人,布鲁克林篮网
场均数据:17.8分,10.0篮板,3.7助攻,1.3抢断,1.4盖帽

荣誉 

1次奥运冠军(2000)
1次总冠军(2008)
1次最佳防守球员,4次篮板王
4次最佳阵容,9次最佳防守阵容
15次全明星
1次MVP,1次全明星MVP

1995年加内特在联盟成功站稳脚跟,为后续如科比、麦迪、詹姆斯和霍华德这些高中球员,铺平了进入NBA的道路。加内特既有低位单打能力,也有一手漂亮的中距离,可谓大前锋模板。森林狼时期的加内特将个人能力发挥到了极致,但球队成绩始终不理想。2007年,加内特在森林狼与凯尔特人的大交易中被交易到绿军,和皮尔斯、雷·阿伦组成三巨头,当赛季就拿到了总冠军。2015年被重新交易回森林狼后,加内特做起了为唐斯等年轻球员担任导师的工作。

2016年,加内特在森林狼功成身退。

亮点

绰号: The Big Ticket 大球票

全能之王: 加内特是史上最全面的内线球员,几乎无所不能。在森林狼时期,他曾经连续六个赛季做到20+10+5,这在NBA历史上独一无二。

MVP之年: 2003—2004赛季,卡塞尔、斯普雷维尔的加盟让加内特如虎添翼,加内特场均得到24.2分13.9个篮板5.0次助攻1.5次抢断2.2次盖帽,如愿拿到常规赛MVP,连续7年止步首轮的森林狼闯进西部决赛,在半决赛第七场,加内特打出季后赛生涯最佳战役:32分21个篮板4次抢断5次盖帽。

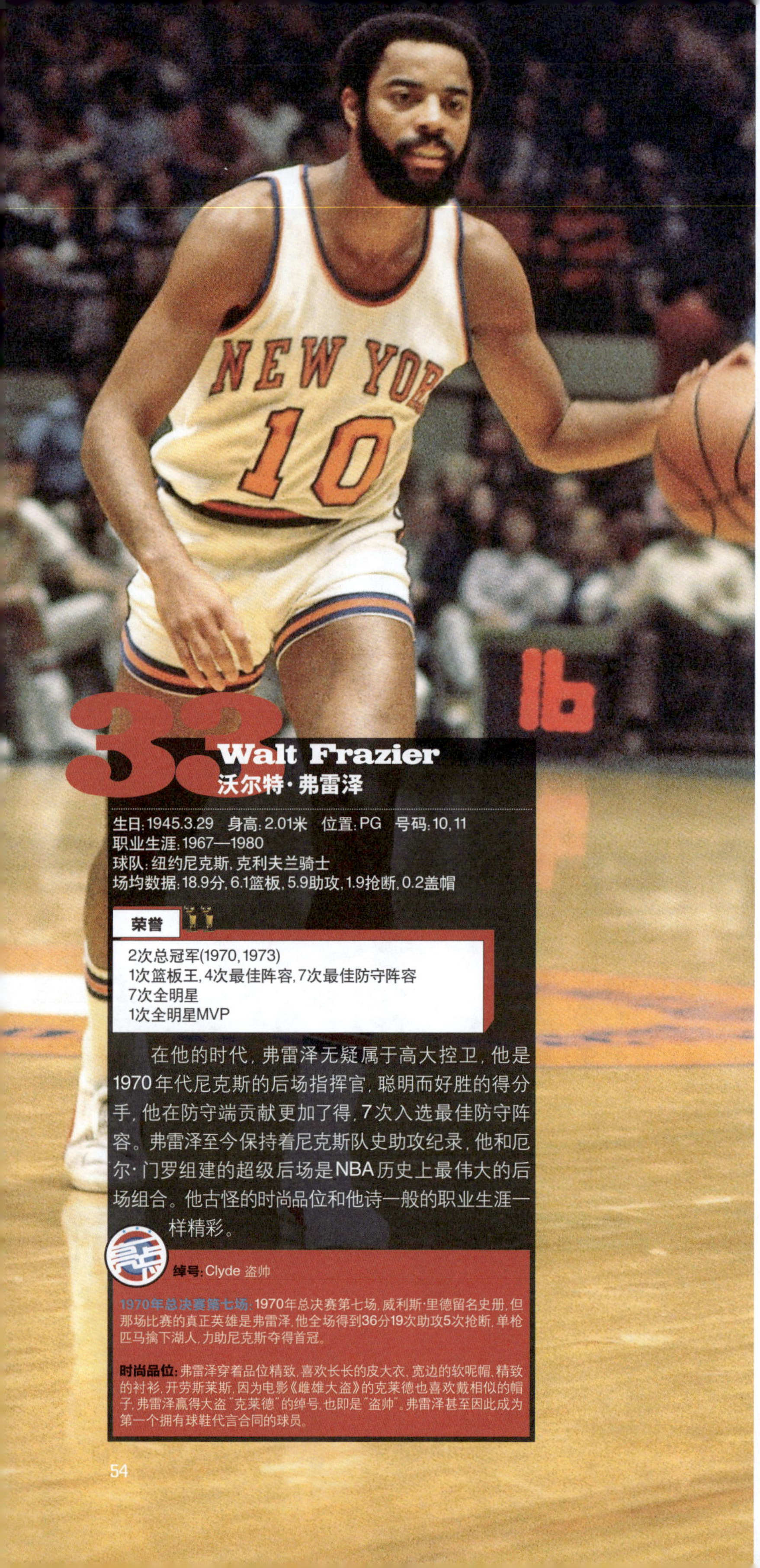

33 Walt Frazier 沃尔特·弗雷泽

生日:1945.3.29　身高:2.01米　位置:PG　号码:10,11
职业生涯:1967—1980
球队:纽约尼克斯,克利夫兰骑士
场均数据:18.9分,6.1篮板,5.9助攻,1.9抢断,0.2盖帽

荣誉

2次总冠军(1970,1973)
1次篮板王,4次最佳阵容,7次最佳防守阵容
7次全明星
1次全明星MVP

在他的时代,弗雷泽无疑属于高大控卫,他是1970年代尼克斯的后场指挥官,聪明而好胜的得分手,他在防守端贡献更加了得,7次入选最佳防守阵容。弗雷泽至今保持着尼克斯队史助攻纪录,他和厄尔·门罗组建的超级后场是NBA历史上最伟大的后场组合。他古怪的时尚品位和他诗一般的职业生涯一样精彩。

亮点

绰号: Clyde 盗帅

1970年总决赛第七场: 1970年总决赛第七场,威利斯·里德留名史册,但那场比赛的真正英雄是弗雷泽,他全场得到36分19次助攻5次抢断,单枪匹马擒下湖人,力助尼克斯夺得首冠。

时尚品位: 弗雷泽穿着品位精致,喜欢长长的皮大衣、宽边的软呢帽、精致的衬衫,开劳斯莱斯,因为电影《雌雄大盗》的克莱德也喜欢戴相似的帽子,弗雷泽赢得大盗"克莱德"的绰号,也即是"盗帅"。弗雷泽甚至因此成为第一个拥有球鞋代言合同的球员。

34 David Robinson 大卫·罗宾逊

生日:1965.8.6　身高:2.16米　位置:C　号码:50
职业生涯:1989—2003
球队:圣安东尼奥马刺
场均数据:21.1分,10.6篮板,2.5助攻,1.4抢断,3.0盖帽

荣誉

2次奥运冠军(1992,1996)
2次总冠军(1999,2003)
1次得分王,1次篮板王,1次盖帽王,总盖帽第五
4次最佳阵容,4次最佳防守阵容,1次最佳防守球员
10次全明星
1次常规赛MVP

大学毕业后,罗宾逊在海军完成了两年服役,但一进入联盟他就大杀四方。顶级运动力,惊人的速度,让罗宾逊可以在人头顶肆虐,也能如风一般过掉对手。10次全明星,拿过MVP和最佳防守球员,马刺在他的带领下长盛不衰。

亮点

绰号: The Admiral 海军上将

全能怪物: 90年代四大中锋可谓风华绝代,罗宾逊以速度惊人著称,和奥拉朱旺堪称一时瑜亮,罗宾逊拿过得分王、篮板王和盖帽王三项荣誉,在NBA历史上,只有"天勾"贾巴尔做到过。

四双: 1994年2月17日,罗宾逊在与活塞的比赛中拿下四双:34分,10个篮板,10次助攻,10次盖帽,历史上仅有4人拿过四双,其他三位是奈特·瑟蒙德、埃尔文·罗伯特森和奥拉朱旺。

单场71分: 1994年4月24日,马刺赛季收官战,赛前罗宾逊场均得到29.27分,落后于奥尼尔的29.31分,结果罗宾逊在和快艇的比赛41投26中,罚球25罚18中得到71分14个篮板5次助攻,成为历史上第四位单场70+的球员,罗宾逊反超奥尼尔拿到得分王。

35 Kevin McHale
凯文·迈克海尔

生日:1957.12.9　身高:2.08米　位置:PF　号码:32
职业生涯:1980—1993
球队:波士顿凯尔特人
场均数据:17.9分,7.3篮板,1.7助攻,0.4抢断,1.7盖帽

荣誉

3次总冠军(1981,1984,1986)
1次最佳阵容,3次最佳防守阵容,2次年度最佳第六人
7次全明星

迈克海尔的一双长臂看起来可以在任何人头顶上完成投篮,这让他成为低位攻防兼备的伟大球员。他经常以第六人身份出战,把对方疲惫的首发一阵羞辱,或者痛扁他们的替补,而比赛最后时刻,他总是和拉里·伯德、罗伯特·帕里什一起站在场上,用他的关键投篮、盖帽和罚球赢得胜利。

亮点

两次最佳第六人: 迈克海尔在1984和1985年两夺最佳第六人,两个赛季场均得分均超过20分,1984—1985赛季,他还砍下凯尔特人队史最高的单场56分(12天后被拉里·伯德所打破)。

两届命中率之王: 1986—1988期间,迈克海尔两个赛季的命中率达到60.4%,蝉联联盟投篮命中率之王,迈克海尔职业生涯命中率为55.4%,他不具备奥尼尔的身体优势,也不像张伯伦那样鹤立鸡群,作为一名得分手,迈克海尔的武器就是长臂和脚步。

36 George Mikan 乔治·麦肯

生日:1924.6.18　身高:2.08米　位置:C　号码:99
职业生涯:1948—1956
球队:明尼阿波利斯湖人
场均数据:23.1分,13.4篮板,2.8助攻

荣誉

5次总冠军(1949—1950,1952—1954)
3次得分王,3次篮板王
6次最佳阵容
4次全明星

史上第一位巨人,他先统治了BAA,然后在湖人加盟NBA后5年内夺得4冠。身高2.08米的麦肯有一手勾手投篮,外加2.08米的身高,他根本就不可阻挡。

亮点

史前巨星:麦肯是第一位超级巨星,在数据统计不够完整的当年,他拿到过3次得分王和3次篮板王,两届NBL总冠军,1届BAA冠军和4届NBA冠军(NBA是由BAA和NBL合并而成,目前只有BAA的数据和荣誉纳入NBA统计),而在麦肯退役后的第一年,他们连季后赛门槛都没摸到。

麦肯法则:由于麦肯的实力过于强大,NBA为了限制麦肯,1951—1952赛季将禁区从以前的6英尺扩大到12英尺,这根本就是针对麦肯设定的规则,结果麦肯得分从28.4分降到了23.8分,失去了得分王。而在更早时候,因为麦肯的存在,NCAA和NBA都先后出台了干扰球。

37 Willis Reed
威利斯·里德

生日:1942.6.25　身高:2.06米　位置:C/PF　号码:19
职业生涯:1964—1974
球队:纽约尼克斯
场均数据:18.7分,12.9篮板,1.8助攻,0.6抢断,1.1盖帽

荣誉

2次总冠军(1970,1973)
1次最佳阵容,1次最佳防守阵容
7次全明星
1次MVP,1次全明星MVP,2次总决赛MVP

这位尼克斯队长是在路易斯安那出生和成长的,但是纽约人却将其视如己出。1970年的总决赛第七场,里德从麦迪逊广场花园的阴暗角落里现身,然后全场只命中两记跳投,但那一刻被视作尼克斯队史中最伟大的时刻,他们击败了张伯伦、韦斯特、贝勒领军的湖人。伤病拖累了里德的职业生涯,但他拥有2次总决赛MVP,7次入选全明星,任何教练、球队或者球迷都无法对他短短10年的生涯要求更多。

亮点

MVP大三元:1969—1970赛季,威利斯·里德先后夺取了全明星赛MVP、常规赛MVP和总决赛MVP,成为历史上第一位实现MVP大三元的球员,同年他还入选了年度最佳阵容第一队和最佳防守阵容第一队。

永远的队长:纽约人将威利斯·里德称作"永远的队长",一切源于1970年的总决赛第七场,里德在总决赛第五场只打了8分钟就因受伤离场,并因此缺席了第六场比赛,生死关头,就在所有人以为他会缺席第七战时,里德在比赛开始前几分钟出现了,并投中了开场两球,尼克斯士气大振,一鼓作气夺下首个总冠军,里德荣膺总决赛MVP。

38 Scottie Pippen 斯科蒂·皮蓬

生日:1965.9.25 身高:2.03米 位置:SF 号码:33
职业生涯:1987—2003
球队:芝加哥公牛,休斯敦火箭,波特兰开拓者
场均数据:16.1分,6.4篮板,5.2助攻,2.0抢断,0.8盖帽

荣誉

2次奥运冠军(1992,1996)
6次总冠军(1991—1993,1996—1998)
1次抢断王,总抢断第六
3次最佳阵容,8次最佳防守阵容
7次全明星
1次全明星MVP

我们总是说乔丹如何督促皮蓬成为巨星,但甚少谈及皮蓬如何让乔丹变得更伟大。无论是在正式训练,还是臭名昭著的"早餐俱乐部"(乔丹发起的一个晨练),皮蓬充当的都不只是小弟角色,我们不可能知道皮蓬牺牲了多少,但结果摆在眼前。

亮点

颜扣尤因: 1994年季后赛第六场,皮蓬罚球线接球直接起飞,面对篮下防守的尤因,在后者手臂打在脸上的情况下,用右手狠狠将球砸进篮筐,两人身体在空中激烈碰撞,尤因直接被撞翻在地,这是皮蓬职业生涯最著名的扣篮。

周日邮差不送信: 1997年总决赛第一场,最后9.2秒,皮蓬三分追平比分,卡尔·马龙造成罗德曼犯规罚球,皮蓬走近站在罚球线的马龙,在他耳边说:"记住,邮差(马龙的绰号)周日不送信。"结果马龙两罚全丢,乔丹绝杀得手,皮蓬是役砍下27分。

6座总冠军: 6座总冠军成就了乔丹史上第一人,皮蓬同样功不可没,1997年总决赛第三场他追平了NBA总决赛单场7个三分的纪录(后被雷·阿伦所打破),第六场又是他抢断了拜伦·拉塞尔的界外发球,为公牛锁定第5座总冠军。

39 Dwyane Wade 德怀恩·韦德

生日：1982.1.17 身高：1.93米 位置：SG 号码：3
职业生涯：2003年至今
球队：迈阿密热火，芝加哥公牛
场均数据：23.3分，4.8篮板，5.7助攻，1.6抢断，0.9盖帽

荣誉

1次奥运冠军(2008)
3次总冠军(2006，2012，2013)
1次得分王，2次最佳阵容
12次全明星
1次总决赛MVP，1次全明星MVP

韦德以神鬼难测的进攻步法和极快的启动速度成为防守球员的噩梦。大学时代的韦德曾经因为成绩达不到要求而无法上场比赛，2003年带领马奎特大学打进最终四强后，韦德宣布参加选秀。虽同为2003黄金一代，但人们最初对以第5顺位进入联盟的韦德不抱有高期望，但他却先于詹姆斯和安东尼夺得总冠军，拿到总决赛MVP。与好友詹姆斯、波什组成三巨头后，韦德又在2012年和2013年两夺总冠军。韦德堪称热火队魂，但是在2016年夏天，由于无法和球队在续约薪金上达成一致，韦德转投家乡球队。莱利事后称，这是他犯下的大错。

亮点

绰号：Flash 闪电侠

总决赛杀神：2006年，总决赛第三场第四节，热火落后13分，眼看要大比分0比3落后，韦德挺身而出，最后6分钟砍下12分逆转，此后热火连下三城，以4比2夺得队史首冠。而韦德整个系列赛如同天神下凡：6场总共97次走上罚球线，每晚16.2次罚球；系列赛场均34.7分7.8个篮板3.8次助攻2.7次抢断，后4场胜仗场均39.3分8.3个篮板3.3次抢断。

重返巅峰：在经历了严重的伤病后，韦德在北京奥运会打了个漂亮的翻身仗。2008—2009赛季，韦德场均30.2分5.0个篮板7.5次助攻2.2次抢断1.3次盖帽，打出生涯最壮丽的一年。

48分主场双加时险胜公牛：韦德在2009年3月9日的这场比赛里，完美展现了他恐怖的攻防能力和大心脏。他全场比赛21投15中，三分球6投5中，全场得到48分12次助攻6个篮板4次抢断4次盖帽。第二个加时还剩3秒，双方打成127平。韦德抢断约翰·萨尔蒙斯，加速冲到三分线，哨响前完成三分绝杀。比赛结束后，韦德跳上技术台，大声喊出了著名的"这是我的地盘"。

40 Nate Thurmond 内特·瑟蒙德

生日:1961.7.25　身高:2.11米　位置:C/PF　号码:42
职业生涯:1963—1977
球队:旧金山勇士队,芝加哥公牛　克利夫兰骑士
场均数据:15.0分,15.0篮板,2.7助攻,0.5抢断,2.1盖帽

荣誉

总篮板第八
2次最佳防守阵容
7次全明星

NBA历史上最被低估的球员之一,他拥有娴熟高效的进攻、恐怖的篮板和令人生畏的防守,至今还保持一项NBA纪录:单节18个篮板,在其职业生涯中,瑟蒙德以他的力量、速度和技巧闻名。

亮点

四双:1974—1975赛季,瑟蒙德转战芝加哥公牛,在为公牛效力的第一场比赛中,瑟蒙德出战45分钟得到22分14个篮板13次助攻12次盖帽的"大四双",这是NBA有统计以来的第一次,公牛120比115击败老鹰队,在瑟蒙德之后,只有三名球员拿到过四双。

篮板怪兽:即使是张伯伦和拉塞尔,瑟蒙德在巅峰时期也堪与一战,1966—1967赛季,瑟蒙德场均得到18.7分21.3个篮板,第二个赛季则是20.5分22.0个篮板,他是历史上仅有的5位职业生涯场均篮板在15个以上的球员,曾经单场摘下42个篮板,这一成绩只有4人做到。

41 Jerry Lucas
杰里·卢卡斯

生日:1940.3.30　身高:2.03米　位置:C/F　号码:16,47,32
职业生涯:1963—1974
球队:辛辛那提皇家,旧金山勇士,纽约尼克斯
场均数据:17分,15.6篮板,3.3助攻

荣誉

1次奥运冠军(1960)
1次总冠军(1973)
3次最佳阵容
7次全明星
1次全明星MVP

当卢卡斯在1974年退役时,他拿过高中冠军、NCAA冠军、奥运冠军和NBA总冠军,在俄亥俄州立大学,他两夺年度最佳大学球员奖。卢卡斯是伟大的篮板手和外围跳投手,1964年摘下年度最佳新秀,3次入选最佳阵容第一队,7次全明星经历。他在一场NBA比赛中抢下40个篮板。退役后与人合著的记忆书籍大卖,睿智的他在1980年被选进篮球名人堂。

亮点

双20+: 和张伯伦、拉塞尔同时代是一个悲剧,尤其是你和他们打同一个位置,不仅意味着无缘冠军,连第一阵容、篮板王之类的荣誉恐怕都没戏,卢卡斯就是如此,身高2.03米,绝对怪兽级别的篮板能力,连续两个赛季送出21.4分20个篮板和21.5分21.1个篮板。卢卡斯是历史上唯一一位单场拿过40个篮板的前锋球员。

记忆大师: 卢卡斯的记忆能力非常惊人,ESPN评价他像《雨人》一样只看一眼就能算出撒在地上的牙签数。退役后卢卡斯在电视直播中背出了曼哈顿地区前500页的电话号码,据卢卡斯自己透露,他能在球场上记住对手的出手习惯。

42 Dave Cowens 戴夫·考恩斯

生日:1948.10.25 身高:2.06米 位置:C/PF 号码:18,36
职业生涯:1970—1983
球队:波士顿凯尔特人,密尔沃基雄鹿
场均数据:17.6分,13.6篮板,3.8助攻,1.1抢断,0.9盖帽

荣誉

2次总冠军(1974,1976)
1次最佳防守阵容
7次全明星
1次MVP,1次全明星赛MVP

场下的考恩斯怎么样我们暂且不提,但在球场上,他是凯尔特人的灵魂,比尔·拉塞尔的真正传人。考恩斯在球场从未停止跑动,他是1970—1971赛季的最佳新秀,1972—1973赛季的联盟MVP。考恩斯作为低位中枢身高偏矮,但没人可以阻止他的低位进攻,是他帮助波士顿重返光荣。

拉塞尔传人:作为"红衣主教"奥尔巴赫钦点的拉塞尔传人,考恩斯确实有"指环王"的几分风采,他们都擅长防守、篮板和助攻。身高相同,很会利用强壮的身体在禁区占据位置,正是考恩斯的出现,才有了凯尔特人在70年代重回王朝模式。

怪人考恩斯:考恩斯是凯尔特人的基石,但也是一位怪人。1974年击败雄鹿夺冠后,第二天考恩斯被发现睡在公园椅子上,据说是他跟着庆祝队伍走着走着回不了家……1977年,28岁的考恩斯宣布退役,跑去开出租车,他因此缺席了32场比赛。

43 Nate Archibald
奈特·阿奇博尔德

生日:1948.9.2　身高:1.85米　位置:PG　号码:10,1,7
职业生涯:1970—1984
球队:辛辛那提皇家,纽约尼克斯,波士顿凯尔特人,密尔沃基雄鹿
场均数据:18.8分,2.3篮板,7.4助攻,1.1抢断,0.1盖帽

荣誉

1次总冠军(1981)
3次最佳阵容
6次全明星
1次全明星赛MVP

1972—1973赛季,24岁的阿奇博尔德场均得到34分11.4次助攻,成为联盟的得分王和助攻王,这是空前绝后的壮举,这就是阿奇博尔德位列于此的资本。1980—1981赛季,阿奇博尔德拿到全明星赛MVP,并随凯尔特人夺得总冠军。

亮点

绰号: Tiny 微尘

双料王:1972—1973赛季,阿奇巴尔德场均得到34分11.4次助攻,拿下常规赛的得分王和助攻王,这在NBA历史上还是唯一的一次。

冠军后卫:和罗伯特森一样的宿命,他们都在皇家队独挑大梁,但基本与冠军无缘。生涯后期转战凯尔特人的阿奇巴尔德洗尽铅华,专司组织,并在1980—1981赛季帮助凯尔特人夺得冠军。

44 Dolph Schayes

多尔夫·谢伊斯

生日:1928.5.19　身高:2.03米　位置:C/PF　号码:55,4
职业生涯:1949—1964
球队:锡拉丘兹民族
场均数据:18.5分,12.1篮板,3.1助攻

荣誉

1次总冠军(1955)
1次篮板王
6次最佳阵容
12次全明星

NBA1950年代的巨星之一,谢伊斯毕业于德·威尔特—克林顿高中和纽约大学,他被视作NBA的第一代铁人,1949—1961年,他连续出战706场。他的攻击范围覆盖全场,因为优美的投篮弧度被称作"彩虹男孩",6次入选NBA最佳阵容第一队,12次全明星,谢伊斯从未停止前进步伐,即使是在退役之后。1972年,谢伊斯入选奈史密斯篮球名人堂。

亮点

罚球圣手: 谢伊斯职业生涯罚球命中率达到84.9%,其中有三个赛季罚球命中率领先全联盟,两个赛季罚球命中率突破90%。这要得益于谢伊斯的刻苦训练,他总喜欢用直径14英寸的篮球练习罚球(篮球正规的直径是18英寸)。

队史第一冠: 1954—1955赛季,民族队老板丹尼·拜亚松提出了24秒进攻时限规则,当年民族和活塞队会师总决赛,双方厮杀至第七场才分出胜负,7场分差全部在7分以内,4场在4分以内,谢伊斯在第六场得到28分,民族队连扳两场夺冠,拿下队史第一冠。

45 Patrick Ewing
帕特里克·尤因

生日:1962.8.5　身高:2.13米　位置:C　号码:33, 6
职业生涯:1986—2002
球队:纽约尼克斯, 西雅图超音速, 奥兰多魔术
场均数据:21.0分, 9.8篮板, 1.9助攻, 1.0抢断, 2.4盖帽

荣誉

1次篮板王, 总盖帽第六
1次最佳阵容
11次全明星

帕特里克·尤因, 他将以"永远没有给纽约带来一座冠军"的方式被人铭记, 这是他的生涯污点。从乔治城大学毕业的尤因是防守怪物, 他的跳投成为尼克斯球场每晚的标志性动作。他是真的勇士, 尼克斯的失败不应该淹没他的个人成就。

亮点

火锅高手: 尽管尤因从未拿过盖帽王, 但他的盖帽实力确实惊人, 在1988—1990年期间, 尤因连续145场送出盖帽; 1994年的总决赛七场大战中, 尤因总共送出30次盖帽, 创造了7场系列赛盖帽纪录, 其中单场8次盖帽创造了总决赛纪录, 直到15年后才被弟子霍华德所打破。

90年代四大中锋: 虽然尤因没有达到纽约球迷的期望, 但那主要是因为尤因在选秀时声势过于吓人。在1990年代, 尤因和奥拉朱旺, 大卫·罗宾逊, 奥尼尔一起并称四大中锋, 尤因攻防俱佳, 标志性的跳投, 盖帽, 篮板球堪称一绝。

46 George Gervin
乔治·格文

生日:1952.4.27 身高:2.01米 位置:SG/SF 号码:44,8
职业生涯:1972—1986
球队:弗吉尼亚侍卫队,圣安东尼奥马刺,芝加哥公牛
场均数据:26.2分,4.6篮板,2.8助攻,1.2抢断,0.8盖帽

荣誉

2次总冠军(1974,1976)
4次得分王
5次最佳阵容
9次全明星
1次全明星MVP

如果乔治·格文只会做一件事,那一定是手指拨球上篮。格文是一位纯粹的得分手,活跃在20世纪70年代末80年代初,是圣安东尼奥马刺的核心,骨瘦嶙峋的"冰人"在5年内4次拿到得分王,看起来不费吹灰之力。

亮点

绰号: Iceman 冰人

得分王之战: 格文4次得分王以第一个最为艰险:1977—1978赛季,临近赛季收官,掘金的大卫·汤普森在最后一场破天荒砍下73分,格文则需要在最后一场至少飙下58分才能拿到得分王。马刺收官面对爵士,格文上来就是6投0中,但他在第二节疯狂射下33分,下半场大部分时间作壁上观的情况下进账63分,以27.22分比27.15分的微弱优势保住得分王。

手指拨球上篮: 手指拨球上篮(Finger roll)是格文的标志性动作,和许多人的拨指上篮仅限于禁区使用不同,格文的射程范围包括罚球线在内。

47 Earl Monroe
厄尔·门罗

生日:1944.11.21　身高:1.91米　位置:G　号码:33,10,15
职业生涯:1967—1980
球队:巴尔的摩子弹,纽约尼克斯
场均数据:18.8分,3篮板,3.9助攻,1.0抢断,0.3盖帽

荣誉

1次总冠军(1973)
1次最佳阵容
4次全明星

那个时代的传奇人物,在20世纪六七十年代,门罗是篮球场一道独特的风景线,极具街球风格。他华丽的控球、刁钻的传球和高难度的投篮动作,深受当时的球迷和媒体追捧。相较"黑珍珠","黑耶稣"才更能体现门罗的受欢迎度。

亮点

街球大师: 门罗是街球场的传奇,他早先被人称作"托马斯·爱迪生",正是因为他发明了很多假动作。门罗非常善于利用转身过人,喜欢与对手制造身体接触后出手,一对一的技巧让球迷大呼过瘾,今天的德维恩·韦德就颇有几分门罗的风采。

劳斯莱斯后场: 子弹时期门罗是尼克斯的死敌,但子弹队在1971—1972赛季初将其送到了大苹果城,两大超级后卫门罗携手弗雷泽打造了梦幻后场,并于1973年为纽约再夺一冠。

48 Wes Unseld
韦斯·昂塞尔德

生日:1946.3.14 身高:2.01米 位置:C/PF 号码:41
职业生涯:1969—1981
球队:华盛顿子弹
场均数据:10.8分,14.0篮板,3.9助攻,1.1抢断,0.6盖帽

荣誉

1次总冠军(1978)
1次篮板王,总篮板第十
1次最佳阵容
5次全明星
1次MVP,1次总决赛MVP

尽管只有2.01米,昂塞尔德是NBA历史上最伟大的篮板手之一,他的职业生涯一炮双响,1968—1969赛季包揽最佳新秀和常规赛MVP,他用他的强硬、力量和扎实的挡拆带领子弹队4次闯进总决赛,并在1978年夺得总冠军。昂塞尔德的贡献远不是数据能够体现的。1981年退役后他担任过主教练和子弹队的副总裁,入选过名人堂,他被视作篮球史上最善于摘板后长传的球员。

亮点

碎骨机:昂塞尔德身高不足,但是他体格健壮,力量惊人,下肢相当强壮,挡拆稳如磐石,而且能在抓下篮板后第一时间找到反击队友,他的卡位被形容是"职业拳击手",让对手苦不堪言。

黑马冠军:昂塞尔德职业生涯四闯总决赛,但以1977—1978赛季最为神奇,当年两支超级黑马子弹队和超音速相遇,前者只有44胜38负,后者则是47胜35负,子弹队以4比3的总比分夺冠,昂塞尔德夺得总冠军MVP,翌年两支球队再度在总决赛相逢,超音速复仇成功。

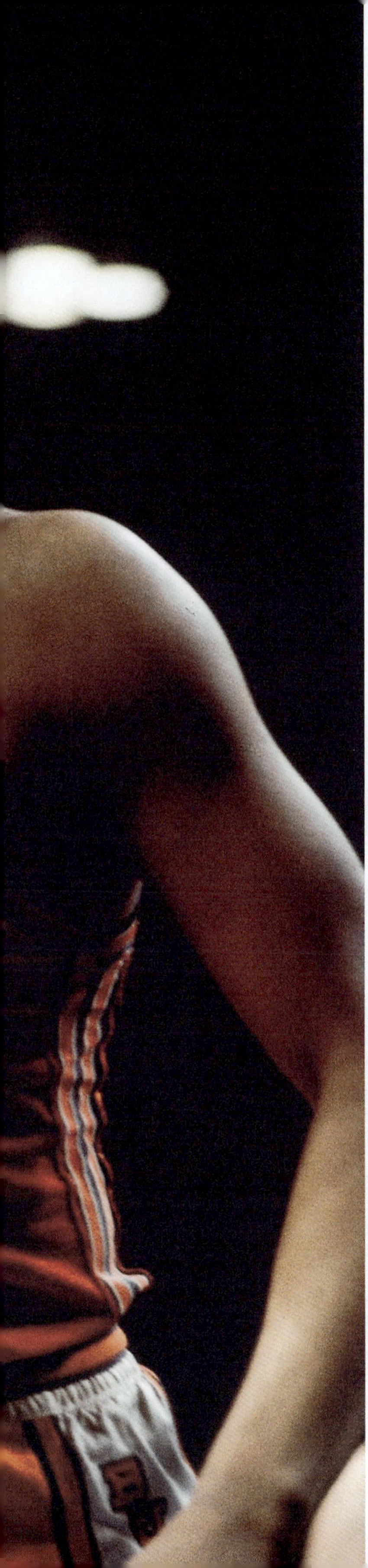

49 Connie Hawkins 康尼·霍金斯

生日:1942.7.17 身高:2.03米 位置:F 号码:42
职业生涯:1967—1976
球队:匹兹堡风笛,菲尼克斯太阳,洛杉矶湖人,亚特兰大老鹰
场均数据:16.5分,8.0篮板,4.1助攻,1.2抢断,0.8盖帽

荣誉

1次最佳阵容
4次全明星

霍金斯是伟大的篮球先驱,从布鲁克林男子高中出来的纽约街球传奇,在1967—1969年为ABA效力之前,他遭受了赌博丑闻的不公正审判,直到28岁才加盟NBA,他的弹跳和速度都下滑了,但他仍是太阳队史上最好的球员之一。

亮点

绰号: The Hawk 黑鹰

飞人: 霍金斯是街球场的神,传闻11岁就能扣篮,是第一批脱离地球引力的飞人,在进入NBA之前,他已经是最伟大的表演家,曾在和湖人的比赛中上演了最初版本的"The Move"。

太阳神: 霍金斯在太阳的第一个赛季就有24.6分10.4个篮板4.8次助攻,当年季后赛他带领球队和张伯伦、韦斯特、贝勒的湖人大战七场,场均砍下25.4分13.9个篮板5.9次助攻,可惜霍金斯因为严重的伤病迅速凋零。

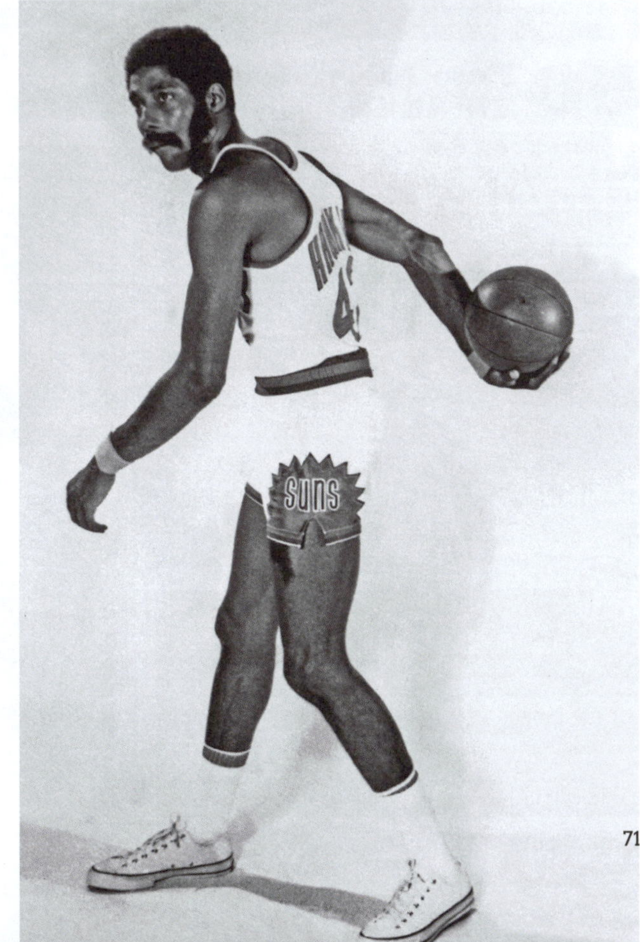

50 Pete Maravich 皮特·马拉维奇

生日:1947.4.22 身高:1.96米 位置:G 号码:44,7
职业生涯:1970—1980
球队:亚特兰大老鹰,新奥尔良爵士,波士顿凯尔特人
场均数据:24.2分,4.2篮板,5.4助攻,1.4抢断,0.3盖帽

荣誉

1次得分王,2次最佳阵容
5次全明星

"手枪"根本就是为篮球而生,在路易斯安那州立大学的三年,当时还没有三分线的背景下,马拉维奇场均得到44.2分,3次入选全美第一阵容。进入NBA后他5次场均得分突破25分,其中1977年以31.1分摘走得分王。但马拉维奇的人生却以悲剧结束:伤病终结了他的职业生涯,而在40岁时,他在一场训练赛中猝死。

绰号: Pistol 手枪

华丽舞者:马拉维奇的球风在1970年代大受欢迎,他喜欢半场击地传球,喜欢胯下分球,经常在快攻中用一个背后运球引爆球迷的热情,名人堂对他的评语是:可能是史上最富创造力的进攻球员。而名宿哈夫利切克说他是"史上最棒的持球人"。

疯狂得分手:马拉维奇在NCAA场均44.2分的疯狂事不说,进入NBA后的"手枪"直到加盟爵士才完全释放了自己的进攻才华,1976—1977赛季场均31.1分揽下得分王,面对防守悍将弗雷泽轰下惊人的68分,职业生涯6次得分上50分。

51 Billy Cunningham 比利·康宁汉姆

生日:1943.6.3 身高:1.98米 位置:F 号码:32
职业生涯:1965—1976
球队:费城76人,卡罗莱纳美洲狮
场均数据:21.2分,10.4篮板,4.3助攻,1.8抢断,0.5盖帽

荣誉

1次总冠军(1967)
3次最佳阵容
5次全明星
1次ABA最佳阵容,1次ABA常规赛MVP

尽管康宁汉姆入选了官方认定的五十大巨星,而且他的球风观赏性十足,可康宁汉姆的知名度并不高。这位布鲁克林人的球员时代在力量和弹跳方面拥有绝对优势,当他从侧翼发起攻击时几乎不可阻挡。中途跳槽到ABA和膝盖伤病缩短了康宁汉姆在NBA的寿命,但在1968—1972年期间,康宁汉姆在前锋位置难逢敌手。

绰号: Kangaroo Kid 袋鼠男孩

ABA之MVP:1972年,康宁汉姆在NBA连续4年进入全明星后,忽然跳槽到ABA联赛(76人因此在1972—1973赛季只拿到9胜73负,创造单赛季最少胜场纪录),康宁汉姆在ABA翻雨覆云,1972—1973赛季,场均得到24.1分12个篮板6.3次助攻,拿到ABA的联赛MVP。

名帅风范:1977年,康宁汉姆成为76人主教练,他的球队是史上最有天赋的队伍,拥有摩西·马龙、J博士、鲍比·琼斯、莫里斯·奇克斯、安德鲁·托尼,康宁汉姆迅速取得一系列成功,并最终在1983年季后赛以12胜1负的骄人战绩夺冠。

52 Clyde Drexler 克莱德·德雷克斯勒

生日:1962.6.22　身高:2.01米　位置:SG/SF　号码:22
职业生涯:1983—1998
球队:波特兰开拓者,休斯敦火箭
场均数据:20.4分,6.1篮板,5.6助攻,2.0抢断,0.7盖帽

荣誉

1次奥运冠军(1992)
1次总冠军(1995)
总抢断第七,1次最佳阵容
10次全明星

纯粹的运动力,致命的投篮手感,优雅的德雷克斯勒,对防守者而言,他是一个梦魇,他的身高就是巨大的错位,突破羞辱大个子,干拔硬欺小个子。德雷克斯勒同样是顶级防守人,10次全明星和92梦一队成员,退役时他是史上第三位能达到得分20000+篮板6000+助攻3000的球员,其余两位是奥斯卡·罗伯特森和约翰·哈夫利切克。

亮点

绰号: Clyde The Glide 滑翔机

全能悍将: 德雷克斯勒的全面毋庸置疑,25+6+6信手拈来,得分、篮板、助攻、抢断无所不能,曾有两场比赛险些完成四双(分别拿到26分9个篮板11次助攻10次抢断和25分10个篮板9次助攻10次抢断)。

三次总决赛之旅: 早在开拓者时期,德雷克斯勒就带队2次杀入总决赛,可惜先后败于活塞和公牛,1992年和乔丹的终极对决中,德雷克斯勒场均得到24.8分7.8个篮板5.3次助攻。1995年随火箭重返总决赛终夺冠军,德雷克斯勒场均得到21.5分9.5个篮板6.8次助攻。

Hawks
21

53 Dominique Wilkins
多米尼克·威尔金斯

生日:1960.1.12 身高:2.03米 位置:SF 号码:21,12
职业生涯:1982—1999
球队:亚特兰大老鹰,洛杉矶快船,波士顿凯尔特人,圣安东尼奥马刺,奥兰多魔术
场均数据:24.8分,6.7篮板,2.5助攻,1.3抢断,0.6盖帽

荣誉

1次得分王
1次最佳阵容
9次全明星

对很多1990年代的球迷而言,威尔金斯定义了什么叫"篮筐之上打球"。他早期的比赛最纯粹地诠释了运动力,球风威猛,但是威尔金斯总是生活在同辈的阴影之下,尤其是伯德、乔丹、魔术师。威尔金斯总共9次入选全明星,2次夺得扣篮王,退役时总共得到26668分,如果YouTube在他的时代就存在,威尔金斯的排名会更高。

绰号: The Human Highlight Film 人类电影精华

暴力灌篮: 威尔金斯早期打的纯粹是暴力篮球,他走的是阳刚威猛路线,讲究势大力沉。战斧扣和大风车是他的拿手绝活,不仅是在全明星扣篮赛,实战扣篮同样极具观赏性。1985年击败乔丹夺得扣篮王,1990年拿下第二个扣篮王。

老鹰之星: 在老鹰队史上,除了50年代的鲍勃·佩蒂特,还没有人地位能超过威尔金斯,他的出场次数(882)位列第一,总共为老鹰得到23292分,超出佩蒂特3000多分。1985—1986赛季,他以30.3分拿到得分王,场均为老鹰砍下26.4分,同样是队史第一。

54 Gary Payton
加里·佩顿

生日:1968.7.23 身高:1.93米 位置:PG 号码:2,20
职业生涯:1990—2007
球队:西雅图超音速,密尔沃基雄鹿,洛杉矶湖人,波士顿凯尔特人,迈阿密热火
场均数据:16.3分,6.7助攻,3.9篮板,1.8抢断,0.2盖帽

荣誉

2次奥运冠军(1996,2000)
1次总冠军(2006)
总助攻第八,总抢断第四
1次最佳防守球员
2次最佳阵容,9次最佳防守阵容
9次全明星

他是1990年代最伟大的外围防守球员,9次入选最佳防守阵容第一队,不用说他的绰号就是由此而生的。佩顿在进攻端同样伟大,他的侵略性和组织带动了超音速。在他的巅峰期,他的攻击性、垃圾话帮助球队称霸西北,无论是进攻还是防守。

绰号: The Glove 手套

Dominique Wilkins

防守大师: 在90年代,他被认为是控卫中最能得分的,同时也被认为是史上最伟大的防守球员,他是历史上唯一一个以控卫身份拿到最佳防守球员的,连续9次入选最佳防守阵容,这一纪录和迈克尔·乔丹共享,并因此获得"手套"美名。1996年总决赛,佩顿错位防守乔丹,此前3次总决赛场均36.3分的乔丹场均只有27.3分,乔丹所有总决赛得分最低的3场比赛都是拜佩顿所赐。

背身单打: 90年代的佩顿一直是控卫中最能得分的典型,名宿盖尔·古德里奇甚至评价他"可能是有史以来最伟大的控卫",佩顿刁钻的低位背身单打相当了得。

垃圾话: 大嘴,球痞,老兵油子,这就是佩顿在球场给人的印象,他会跟所有人碎碎叨叨个不停,不管前面站的是迈克尔·乔丹或者刚入行的"初哥"。

55 Dennis Rodman 丹尼斯·罗德曼

生日:1961.5.13 身高:2.01米 位置:PF/SF 号码:10, 91, 73, 70
职业生涯:1986—2000
球队:底特律活塞,圣安东尼奥马刺,芝加哥公牛,洛杉矶湖人,达拉斯小牛
场均数据:7.3分,13.1篮板,1.8助攻,0.7抢断,0.6盖帽

荣誉

5次总冠军(1989, 1990, 1996, 1997, 1998)
2次年度最佳防守球员,7次篮板王
7次最佳防守阵容
2次全明星

联盟历史最独一无二的球员,罗德曼在篮板和防守端是伟大的天才。2.01米的身高,体型弱不禁风,罗德曼的比赛风格就是抢位和拼技巧,他同时知道如何激发对手的弱点。他是真正不靠得分却能统治比赛的球员。

绰号: The Worm 大虫

篮板之王: 罗德曼可能是史上篮板能力最强的球员,没有之一,而是比张伯伦、拉塞尔还要强。曾连续两个赛季篮板超过18+,张伯伦最强的赛季场均超过27分,但那时候每支球队场均篮板接近70个(节奏快,投篮不准,自然产生了更多的篮板,而罗德曼时期的活塞场均篮板不足50个),其次,张伯伦每晚要比罗德曼多打接近10分钟,根据数据转换,张伯伦当年的27.2个篮板转换到罗德曼时期大致相当于15.4个篮板。

防守至上: 罗德曼两夺最佳防守球员,为了限制对手,他无所不用其极,抱摔,暗绊……而且他有一个习惯:抢板不要分,曾有八场常规赛上演"0分20+篮板"的奇迹。

56 David Thompson 大卫·汤普森

生日:1954.7.13 身高:1.93米 位置:C 号码:33, 44
职业生涯:1975—1984
球队:丹佛掘金,西雅图超音速
场均数据:22.1分,3.8篮板,3.2助攻,0.9抢断,0.8盖帽

荣誉

2次最佳阵容
4次全明星
1次全明星MVP

因为吸毒,汤普森过早地终结了职业生涯,但这些抹不去他的功绩。他是北卡州立大学的传奇,8年炫目的NBA生涯,身高1.93米的汤普森就是第一批"飞行家",他和J博士在ABA就上演了终极扣篮PK的好戏。在掘金这支史上最擅长进攻的队伍中,汤普森的进攻才华发挥得淋漓尽致,但他的职业生涯过早地在29岁时画上句号。

绰号: Skywalker 天行者

空中飞人: 汤普森的绰号可见他的飞翔能力,他在NCAA创造了空中接力战术,拥有1.22米的垂直弹跳,迈克尔·乔丹从小就是他的粉丝。ABA扣篮大赛中,他和J博士上演了飞人大战,其中一记"Cradle the Baby"技惊四座。

两次全明星MVP: 1976年ABA全明星赛,掘金队VS全明星联队,汤普森最后一节得到12分,掘金队144比138逆转获胜,汤普森29分夺得MVP。1979年的NBA全明星赛,汤普森在上半场拿到14分,帮助西部队以80比58大比分领先,全场拿到25分的汤普森再赢得一座MVP。

57 Steve Nash 史蒂夫·纳什

生日:1974.2.7 身高:1.91米 位置:PG 号码:13,10
职业生涯:1996—2014
球队:达拉斯小牛,菲尼克斯太阳,洛杉矶湖人
场均数据:14.3分,3.0篮板,8.5助攻,0.7抢断,0.1盖帽

荣誉

5次助攻王,3次最佳阵容
8次全明星,2次MVP

高中时的纳什并不受篮球强校的关注,连为他提供奖学金的圣克拉拉大学都没能预估他的能力。进入NBA后,纳什几乎重复了大学时的经历。在太阳度过平淡的两个赛季后,被交易到小牛的纳什开始崭露头角。2004年成为自由球员后,纳什重返太阳。他与崇尚进攻的主教练德安东尼一拍即合,掀起了一股席卷全联盟的"七秒或更少"的进攻方式。纳什将个人生涯巅峰献给了太阳,2012年加入湖人后,纳什饱受伤病困扰并最终在这里退役。

亮点

最伟大射手: 纳什职业生涯投篮命中率49.0%,三分命中率42.8%,罚球90.4%,三项数据之和超过了180,这在NBA历史上绝无仅有(其他球员顶多偶尔在某个赛季做到)。

凤凰传奇: 在重返凤凰城之前,纳什甚至算不上球队大当家,但从2004—2005赛季开始,年过三旬的纳什在太阳队连夺2届MVP,5届助攻王,太阳在其带领下成为联盟进攻质量最高的队伍。

58 Pau Gasol 保罗·加索尔

生日:1980.7.6 身高:2.16米 位置:C/PF 号码:16
职业生涯:2001年至今
孟菲斯灰熊,洛杉矶湖人,芝加哥公牛,圣安东尼奥马刺
场均数据:17.9分,9.4篮板,3.2助攻,0.5抢断,1.7盖帽

荣誉

2次总冠军(2009, 2010)
6次全明星

作为内线长人,加索尔却异常灵活,低位单打和中距离投篮俱佳,还有一手极好的策应能力。2001年,加索尔在第3顺位被老鹰选中,随后被交易到灰熊。新秀赛季加索尔就展现出了极强的能力,拿下最佳新秀。尽管常规赛发挥出色,但加索尔的灰熊始终无法在季后赛取得成功,灰熊时期0胜12负的季后赛战绩也让加索尔背上了软蛋的包袱。2008年被交易到湖人后,加索尔进入职业生涯巅峰。和科比搭档,他连续三年打进总决赛,两获总冠军。加索尔随后几年的状态让他与湖人管理层交恶,尽管科比在2014年做出了挽留努力,但加索尔还是选择离开,继续游走世界。

亮点

灰熊领袖: 加索尔在灰熊拿到一系列荣誉,从最佳新秀到全明星,是他带领灰熊实现了队史首次季后赛。

冠军内核: 加索尔和湖人的三角进攻简直是天作之合,出色的策应能力让加索尔成为湖人进攻枢纽,他不仅帮助湖人夺得两个总冠军,个人能力也达到巅峰。

59 Russell Westbrook 拉塞尔·威斯布鲁克

生日:1988.11.12 身高:1.91米 位置:G 号码:0
职业生涯:2008年至今
球队:俄克拉荷马雷霆
场均数据:22.7分,6.2篮板,7.9助攻,1.7抢断,0.3盖帽

荣誉

1次奥运冠军:2012
2次得分王
6次全明星,2次最佳阵容

威斯布鲁克是NBA历史上运动能力最为出色的球员之一,他的打法劲爆,冲击力极强。威斯布鲁克进攻技术全面,突投俱佳,也被认为是最全能的球员之一。2016—2017赛季,他在常规赛拿下了42次三双,打破了之前由奥斯卡·罗伯特森保持的历史纪录。此外,凭借31.6分10.7个篮板10.4次助攻的表现,他成为自1961—1962赛季的"大O"后,第一个拿到赛季三双的球员。当年季后赛他再次拿下场均三双,成为了继基德后的第二人。

热爱时尚: 威斯布鲁克对时尚的爱,可以追溯到他的学生时代。不过他对时尚的热爱真正引起外界关注的,还是2012年总决赛。那时穿着Prada花衬衣,戴着红色眼镜的他引起了巨大轰动。从那之后,他就成了时尚界的红人。尽管外界对威斯布鲁克的时尚评价褒贬不一,但不可否认的是,他开启了NBA与时尚结合的先河。

怒怼记者: 和很多圆滑的球员不同,如果采访中听到无聊或者不喜欢的问题,威斯布鲁克总会直白地表现出不满。2017年季后赛,他就在新闻发布会上与提出"队友不好"问题的记者爆发冲突。

60 Dennis Johnson 丹尼斯·约翰逊

生日:1954.9.18 身高:1.93米 位置:PG/SG 号码:24,3
职业生涯:1976—1990
球队:西雅图超音速,菲尼克斯太阳,波士顿凯尔特人
场均数据:14.1分,3.9篮板,5.0助攻,1.3抢断,0.6盖帽

荣誉

3次总冠军(1979,1984,1986)
1次最佳阵容,6次最佳防守阵容
5次全明星
1次总决赛MVP

约翰逊的贡献经常会被他两位伟大的队友所掩盖:名列第9位的拉里·伯德和第26位的凯文·麦克海尔。约翰逊有他成名的手段,尤其是在防守端,他经常负责看守对方的最强后卫。约翰逊在进攻端同样可圈可点,这位2010届名人堂成员在提高队友水平方面总有独到之处。

1979年总决赛MVP: 1978年总决赛,二年级生丹尼斯·约翰逊在总决赛第七场14投0中致使超音速负于子弹无缘冠军,1979年,超音速总决赛再战子弹,约翰逊以场均23分6个篮板6次助攻荣膺总决赛MVP,为超音速带来队史唯一一座总冠军。

防守大闸: 约翰逊从一进入联盟起就以防守起家,职业生涯连续9次入选最佳防守阵容(包含第二队),后期来到凯尔特人改打控卫的他是盯防魔术师的御用人选,1984年总决赛第七场,约翰逊最后时刻从魔术师手中盗球,为凯尔特人锁定总冠军。

61 Ray Allen 雷·阿伦

生日:1975.7.20　身高:1.96米　位置:SG　号码:34, 20
职业生涯:1996—2014
球队:密尔沃基雄鹿,西雅图超音速,波士顿凯尔特人,迈阿密热火
场均数据:18.9分,4.1篮板,3.4助攻,1.1抢断,0.2盖帽

荣誉

1次奥运冠军(2000)
1次总冠军(2014)
10次全明星

雷·阿伦是最优秀的三分投手之一,但作为1996年黄金一代的五号秀,他并非只会投三分。从大学开始,雷·阿伦就以全面的进攻能力著称,生涯初期,他曾在密尔沃基与"大狗"罗宾逊组成双枪,对抗联盟其他超级强队。2007年加入凯尔特人后,雷·阿伦第一次品尝到总冠军的滋味。2013年效力热火时,他又用绝杀拯救了勒布朗,并拿下了生涯第二冠。雷·阿伦的性格在球员中颇有争议,早年他曾与科比爆发口水战,生涯后期又与凯尔特人队友交恶让人不明就里。

第一射手:雷·阿伦是历史上的三分王,他不仅是在数量上超越米勒,在"质量"上也不遑多让,屡次用三分上演绝杀,他是史上最冷血,也是最优雅的三分手。

季后赛刺客:早期的阿伦拥有联盟顶级的运动能力,2001年曾在东部决赛和艾弗森上演飙分大战,一人包办了雄鹿队连续19分。2009年首轮,阿伦在第三场三分绝杀公牛,第六场更是射落9个三分,全场豪取季后赛生涯最高的51分。2013年总决赛第六场,又是他用三分球让热火续命并最终夺冠。

62 Dave Bing 戴夫·宾

生日:1943.11.24　身高:1.91米　位置:G　号码:21, 44
职业生涯:1966—1978
球队:底特律活塞,华盛顿子弹,波士顿凯尔特人
场均数据:20.3分,3.8篮板,6.0助攻,1.3抢断,0.2盖帽

荣誉

7次全明星,3次最佳阵容,1次全明星MVP

宾是优雅的得分手、坚韧的领袖和无私的团队球员。1966—1967赛季获得最佳新秀,1971年他的视网膜脱落,医生诊断他将就此终结运动生涯,但仅仅三个月后,他就在比赛中砍下21分宣告了他的回归。尽管视力受损,但宾还是打了7个出色的赛季。离开球场的宾同样精彩,他已经是底特律的市长。

1976年全明星MVP:1976年全明星赛,32岁的戴夫·宾在下半场得到16分4次助攻,率领东部队在最后两节轰下78分,戴夫·宾荣膺全明星MVP。

汽车城领袖:宾一共为底特律效力过9个赛季,在那里拿到过最佳新秀、得分王(单赛季总得分),9年场均得到22.6分7.8次助攻,退役后他又通过选举成为底特律市长。

63 Hal Greer 哈尔·格里尔

生日:1936.6.26　**身高**:1.85米　**位置**:G　**号码**:15
职业生涯:1958—1973
球队:费城76人
场均数据:19.2分,5.0篮板,4.0助攻

荣誉

1次总冠军(1967)
10次全明星
1次全明星MVP

哈尔·格里尔的中距离投篮精准,但球的弧线却极低极平,即使在格里尔罚球时也是如此,然而格里尔的罚球命中率高达80.1%。职业生涯8次场均得分突破20分,更是76人在1966—1967赛季夺冠的后场支柱,他们终结了凯尔特人的八连冠。格里尔10次入选明星赛,1968年摘下全明星赛MVP,这位名人堂成员是1960年代罗伯特森和韦斯特之外最伟大的后卫。

亮点

全明星单节19分:1968年,格里尔在纽约举办的全明星赛上大发神威,第三节疯狂掠下19分,创造了全明星赛单节得分纪录,格里尔全场17分钟内8投8中得到21分,拿到全明星赛MVP。

冠军之魂:1966—1967赛季的76人终结了凯尔特人的八连冠,张伯伦是球队基石,格里尔场均22.1分则是后场支柱。那个赛季的15场季后赛中,格里尔场均得到全队最高的27.7分。

64 Reggie Miller 雷吉·米勒

生日:1965.8.24　**身高**:2.01米　**位置**:SF/SG　**号码**:31
职业生涯:1987—2005
球队:印第安纳步行者
场均数据:18.2分,3.0篮板,3.0助攻,1.1抢断,0.2盖帽

荣誉

5次全明星

米勒漫长的18年生涯给人的印象是:覆盖全场的射程、冷血和史上最伟大的三分手。职业生涯39.5%的三分命中率,总共命中历史第二多的2560记三分,以及季后赛最多的320个三分。米勒在季后赛关键时刻的绝杀更应该为他的生涯添彩,尤其是对阵尼克斯。

纽约公敌:1994年的东部决赛第五战,米勒在末节疯狂爆发,最后一节三分球5投5中单节砍下25分,步行者在客场以93比86拿下第五战。1995年半决赛再度遇上尼克斯,比赛最后16.4秒,步行者落后6分,米勒命中一记三分球,然后尼克斯发球失误,米勒抢到球权,回身立即命中一记三分,比分被追至105平,步行者对尼克斯的斯塔克斯犯规,后者两罚不中,米勒抢到防守篮板造成犯规,两罚全中,时间仅剩7.5秒,步行者107比105领先2分,米勒8.9秒内射下8分。

印城英雄:尽管未能给步行者带来冠军,但18年的付出,一次次在关键时刻力挽狂澜,让米勒成为步行者的英雄。2005年5月19日,步行者在东部决赛第六场遭淘汰,米勒16投11中得到27分,步行者球迷集体为了送别米勒,很多人都眼含泪水,就连与步行者结下仇恨的活塞球员也为其起立鼓掌。

INDIANA
31
NBA PLAYOFFS

65 Paul Pierce 保罗·皮尔斯

生日:1977.10.13　身高:1.98米　位置:SF　号码:34
职业生涯:1998—2017
球队:波士顿凯尔特人,布鲁克林篮网,华盛顿奇才,洛杉矶快船
场均数据:19.7分,5.6篮板,3.5助攻,1.3抢断,0.6盖帽

荣誉

1次总冠军(2008)
1次总决赛MVP
10次全明星

身为洛杉矶人,皮尔斯却加入了湖人死敌凯尔特人,从此成为洛杉矶公敌。皮尔斯以扎实的进攻技术著称,最初与安东尼·沃克搭档,组成波士顿双子星。沃克离开波士顿后,皮尔斯独守凯尔特人,尽管球队糟糕,他仍不离不弃,最终在2007年迎来加内特和雷·阿伦。2008年凯尔特人夺冠,皮尔斯拿到了人生中唯一一个总决赛MVP。2013年,选择重建的凯尔特人将皮尔斯交易到了篮网。凯尔特人总经理丹尼·安吉的这一操作在当时引起了不小的争议。2017年,皮尔斯在快船结束了19年的职业生涯。

亮点

绰号: The Truth 真理

关键先生: 皮尔斯全面的进攻技巧,让他成为凯尔特人当仁不让的关键先生。2002年东部决赛第三场,他在第四节得到19分,凯尔特人末节实现21分大逆转;2008年东部半决赛第七场,他和詹姆斯展开对飙射下41分,率队晋级。2010年首轮第三场,皮尔斯又对热火上演绝杀好戏。2015年在奇才,他又在系列赛中连续两场完成绝杀。

2008年总决赛MVP: 2008年总决赛,皮尔斯在首战上演王者归来,整个系列赛攻防俱佳,最终摘走总决赛MVP。

66 Joe Fulks 乔·福尔克斯

生日:1921.10.26　身高:1.96米　位置:F　号码:10
职业生涯:1946—1954
球队:费城勇士
场均数据:16.4分,5.3篮板,1.2助攻

荣誉

1次总冠军(1947)
2次得分王
3次最佳阵容
2次全明星

一部投篮机器,跳投先驱者之一,福尔克斯可以左右开弓,自小在肯塔基长大,福尔克斯在BAA的勇士队曾经单场射下过63分,在当时20分已经是球星的高标准线。他独特的球风和伟大人格让他成为NBA早期的传奇。

亮点

首座总冠军: 1947年,勇士与芝加哥牡鹿会师总决赛,福尔克斯在首战下半场独砍29分,全场得到37分;第三、四、五场福尔克斯再砍下26分、21分和34分,勇士以4比1夺得NBA首座总冠军。

得分机器: 在福尔克斯的年代,命中率低下,每场比赛得分不到70分,而福尔克斯的首个赛季场均就砍下23.2分,他4次打破联盟单场得分纪录:37分、41分、47分以及1949年震惊全美的单场63分。

67 Sam Jones 萨姆·琼斯

生日:1933.6.24 身高:1.93米 位置:SF/SG 号码:24
职业生涯:1957—1969
球队:波士顿凯尔特人
场均数据:17.7分,4.9篮板,2.5助攻

荣誉

10次总冠军(1959—1966,1968—1969)
5次全明星

无论是在NBA还是世界体坛,能够两只手戴满冠军戒指的人屈指可数,萨姆·琼斯就是。在凯尔特人,琼斯负责打板投篮,比尔·拉塞尔则负责盖帽,而且关键时刻的琼斯从不让人失望。5次全明星的琼斯从未缺席过季后赛,一旦进入季后赛,琼斯将进一步提升战斗力:常规赛场均能17.7分的琼斯在154场季后赛场均得到18.9分。

绝杀张伯伦: 1962年东部决赛,凯尔特人大战76人,两队杀至第七场,比赛最后2秒钟,琼斯跳投出手,张伯伦飞扑盖帽,球跃过张伯伦的指尖入网,总决赛第七场凯尔特人再次与湖人杀得难解难分,琼斯在加时赛中得到5分,助凯尔特人完成4连冠。

最后一冠: 1969年,凯尔特人王朝即将落幕,总决赛他们再次遇上老对手湖人队,第四场比赛还剩7秒,琼斯接到球执行最后一击,球应声落网,凯尔特人将比分扳平,最终夺得总冠军。

68 Gus Johnson 格斯·约翰逊

生日:1938.12.13 身高:1.93米 位置:F/C 号码:25,13
职业生涯:1963—1973
球队:巴尔的摩子弹,菲尼克斯太阳,印第安纳步行者
场均数据:17.1分,12.7篮板,2.6助攻

荣誉

2次最佳防守阵容
5次全明星

“蜂巢”身高1.98米,104公斤,强力大前锋,对2米以下的身高而言,约翰逊可能是最好的篮板手,曾有过单季场均17.1个篮板。在盖帽统计出现之前,约翰逊已经是一名火锅高手,同时也是第一批将扣篮变成艺术的球员,是J博士、大卫·汤普森、迈克尔·乔丹等飞人的先驱。约翰逊职业生涯至少扣碎过三块篮板。

全能前锋: 格斯·约翰逊很像埃尔金·贝勒,他们都具备大前锋的力量和篮板能力,同时又能和后卫一样敏捷,他们是早期的飞人,垂直弹跳达到1米,运动能力高人一等,约翰逊的低位单打能力同样出色,他的速度可以防守奥斯卡·罗伯特森。

ABA夺冠: 约翰逊没有能够带领子弹队夺得总冠军,但在1972—1973赛季转战ABA后,约翰逊跟随步行者夺得了ABA总冠军。

69 Bob Lanier
鲍勃·雷尼尔

生日:1948.9.10 身高:2.11米 位置:C 号码:16
职业生涯:1970—1984
球队:底特律活塞,密尔沃基雄鹿
场均数据:20.1分,10.1篮板,3.1助攻,1.1抢断,1.5盖帽

荣誉

8次全明星
1次全明星MVP

在巨人统治的世界里,谁能被称作"Big"呢?自然是鲍勃·雷尼尔。雷尼尔在他前9个赛季场均得到22.9分11.9个篮板,尽管满身伤病,膝盖经历了8次手术,雷尼尔的职业生涯仍然有19248分9698个篮板进账。

亮点

底特律门神: 活塞队史上伟大中锋寥寥无几,雷尼尔是个异类,攻防俱佳,连续7个赛季场均得到20+10,第二个赛季就有25.7分14.2个篮板,但他孤掌难鸣,个人又被贾巴尔这样的超级中锋压制,始终未能入选第一阵容。

1974年全明星MVP: 鲍勃·雷尼尔在1974年的全明星赛砍瓜切菜般拿到24分10个篮板,其中第四节得到12分,带领西部队134比123大胜,雷尼尔拿到全明星赛MVP。

70 James Worthy
詹姆斯·沃西

生日:1961.2.27 身高:2.06米 位置:SF 号码:42
职业生涯:1982—1994
球队:洛杉矶湖人
场均数据:17.6分,5.1篮板,3.0助攻,1.1抢断,0.7盖帽

荣誉

3次总冠军(1985,1987,1988)
7次全明星
1次总决赛MVP

仅仅赢得1982年NCAA冠军后几周,北卡大学前锋詹姆斯·沃西就被湖人队在选秀大会上摘走,卫冕冠军投机取巧的状元签就是富人越富的典型案例,沃西加入了湖人1980年代的"ShowTime王朝",成为魔术师身边的最佳终结者,帮助湖人再夺三座总冠军,沃西也7次入选全明星。

亮点

绰号: Big Game James 大赛詹姆斯

关键先生: 沃西的职业生涯常规赛场均得到17.6分5.1个篮板3次助攻,而在143场季后赛中,他的数据提升到21.1分5.2个篮板3.2次助攻,总决赛数据则是22.2分53%的投篮命中率。

经典第七战: 1988年的总决赛,卫冕冠军湖人遇上"坏孩子军团"活塞。湖人总比分2比3落后,沃西在第六场得到28分9个篮板,第七场送出36分16个篮板10次助攻的大三元,沃西赢得了他唯一一座总决赛MVP,7场总决赛场均得到22分7.4个篮板4.4次助攻,第七战更是被奉为经典。

71 Bernard King 伯纳德·金

生日:1956.12.4 身高:2.01米 位置:F 号码:22,30
职业生涯:1977—1991
球队:新泽西篮网,犹他爵士,金州勇士,纽约尼克斯,华盛顿子弹
场均数据:22.5分,5.8篮板,3.3助攻,1.0抢断,0.3盖帽

荣誉

1次得分王
2次最佳阵容
4次全明星

金身上有种特殊的魅力,能吸引球迷的目光:他是爆发力十足的得分手,场均32.9分摘下1985年得分王,那个赛季他的膝盖被毁,最终只打了55场。金接下来缺席将近2个赛季,重返赛场的金不再有巅峰期的爆发力,但球技更为精进,他后来又打了4个赛季,1991年,34岁的他场均仍有28.4分进账。

纽约之王: 纽约尼克斯这支队伍实际上很少出现得分如砍瓜切菜般的攻击手,伯纳德·金是尼克斯队史上最强得分手。1983—1984赛季,他连续两场砍下50分,1984年的圣诞节,他单场劈下60分,创下圣诞单场最高得分。1984—1985赛季,金以场均32.9分拿下得分王。

重返全明星: 生涯最巅峰的金遭到致命膝伤,并因此缺席了一个多赛季,转战华盛顿,在子弹队连续两个赛季出战超过80场,1990—1991赛季,金场均得到28.4分,重返全明星赛。

72 Jack Twyman 杰克·特威曼

生日:1934.5.11 身高:1.98米 位置:SG/SF 号码:10,27,31
职业生涯:1955—1966
球队:辛辛那提皇家
场均数据:19.2分,6.6篮板,2.3助攻

荣誉

6次全明星

11年职业生涯中,杰克·特威曼证明了他是顶级大前锋和人道主义者。6次全明星,4次场均得分超过20分,1959—1960赛季场均得到31.2分。在场外,特威曼还是队友莫里斯·斯托克斯的合法监护人,斯托克斯受外伤患上脑病后,脖子以下全部瘫痪,并丧失了语言能力。特威曼每年都会组织慈善赛为斯托克斯筹款,在斯托克斯去世后,剩余款项也用于帮助其他经济困难的球员。

首位赛季30+: 特威曼是NBA历史上首位单赛季场均得分超过30分的球员,1959—1960赛季,特威曼场均得到31.2分8.9个篮板。

不离不弃: 特威曼的队友斯托克斯在一场和湖人的比赛中摔倒,并因此患上颅脑损伤后引发脑炎,从此瘫痪在床,特威曼担负起了他的医疗费用,组织慈善篮球赛为他筹款。特威曼照顾斯托克斯一直到他去世。

73 Robert Parish
罗伯特·帕里什

生日:1953.8.30　身高:2.13米　位置:C　号码:00
职业生涯:1976—1997
球队:金州勇士,波士顿凯尔特人,夏洛特黄蜂,芝加哥公牛
场均数据:14.5分,9.1篮板,1.4助攻,0.8抢断,1.5盖帽

荣誉

4次总冠军(1981,1984,1986,1997)
总篮板第七,总盖帽第十
9次全明星

目前出战场次纪录保持者(1611场),论起运动寿命无人可及。在80年代,他是凯尔特人铁三角成员,职业生涯投篮命中率达到54%,7尺中锋却在篮筐附近有很好的手感,这也解释了为何他能横跨70,80,90年代,并拿到四座总冠军。

亮点

绰号: The Chief 酋长

常青树: 罗伯特·帕里什是NBA运动寿命最长的球员,他一共出战21个赛季,总共打了1611场比赛,是NBA出场次数最多的球员。

跳投巨人: 精准的跳投可能是帕里什长寿的秘诀之一,由于伯德和麦克海尔的存在,帕里什往往是凯尔特人进攻的第三选择,但他的高位跳投准度惊人,外加7尺身高,几乎无法防范。比尔·沃顿曾经说过,帕里什是史上最擅投射的大个子。

74 Tommy Heinsohn 汤姆·海因索恩

生日:1934年8月26日 身高:2.01米 位置:PF/C 号码:15
职业生涯:1956—1965
球队:波士顿凯尔特人
场均数据:18.6分,8.8篮板,2.0助攻

荣誉

8次总冠军(1957,1959—1965)
6次全明星

从马萨诸塞州伍斯特的圣十字学院出来后,海因索恩入选过名人堂,当过主教练,做过解说员,很受球迷欢迎。他在凯尔特人夺得8次冠军,是球队的重要支柱,1956—1957赛季夺得最佳新秀,4次入选最佳阵容第二队,6次进入全明星。

1957年抢七大战: 1957年和圣路易斯老鹰总决赛第七场,库西、沙曼两大后场组合总共40投5中,这场比赛的第一功臣是海因索恩,他全场砍下37分,同时抢到23个篮板,凯尔特人经过两个加时以125比123险胜夺得队史首个冠军。

伟大教练: 1969—1970赛季,海因索恩成为凯尔特人教练,1972—1973赛季带队打出68胜14负,荣膺最佳教练。海因索恩在70年代带领凯尔特人两夺总冠军。

75 Bill Sharman 比尔·沙曼

生日:1926.5.25 身高:1.85米 位置:SG 号码:10,21
职业生涯:1950—1961
球队:华盛顿国会,波士顿凯尔特人
场均数据:17.8分,3.9篮板,3.0助攻

荣誉

4次总冠军(1957,1959—1961)
4次最佳阵容
8次全明星
1次全明星MVP

NBA历史上最伟大的射手之一,比尔·沙曼在球场上从不会停止移动,他有7个赛季罚球命中率领跑联盟,4次全联盟第一阵容,1955年的全明星MVP,沙曼还是伟大的防守球员,在1957—1961年期间,凯尔特人四夺冠军,沙曼都是主力得分后卫。退役后的沙曼又成为名人堂级的主帅,先后带队在三个联盟夺冠(NBA,ABA和ABL)。

传奇射手: 比尔·沙曼是最早一批将投篮命中率提高到40%以上的球员,他的罚球命中率7次领跑联盟,1958—1959赛季甚至创下了93.2%的纪录,直到18年后才被打破,至今还保持着季后赛连续罚中56球的纪录。

名帅风范: 1971年,沙曼带领犹他星队拿到ABA冠军,之后他成为湖人队教练,并带领湖人打出空前绝后的33连胜,湖人在8次杀进总决赛无缘冠军后,终于在沙曼带领下夺得后麦肯时代首座总冠军。

76 James Harden
詹姆斯·哈登

生日:1989.8.26　身高:1.96米　位置:PG　号码:13
职业生涯:2009年至今
球队:俄克拉荷马雷霆,休斯敦火箭
场均数据:22.1分,5.0篮板,5.7助攻,1.5抢断,0.4盖帽

荣誉

1次奥运冠军(2012)
3次最佳阵容,1次助攻王
5次全明星

雷霆时期的哈登只是第六人,2011—2012赛季他收获了第一座个人荣誉奖杯,最佳第六人。2012年杀入总决赛后,所有人都认为他能与杜兰特、威斯布鲁克一起开创雷霆时代。但那个夏天,哈登顶薪加盟火箭,就此开启个人的超巨之路。从2012—2013赛季开始,哈登的赛季场均得分就再未低过26分,并于2015年率队杀入西部决赛。2016年,火箭起用德安东尼担任主教练,转型控卫的哈登收获助攻王。

大号三双:2017年1月,在火箭129比122战胜尼克斯的比赛里,哈登26投14中,三分球16投9中,拿下了53分16个篮板17次助攻的大号三双。凭借这个数据,哈登成为NBA历史上第一个单场拿到50分15个篮板15次助攻的球员。53分不仅创下哈登个人的单场得分纪录,也追平张伯伦的三双最高得分纪录。

钟爱夜店:哈登对夜店的爱可以说无人不知,2012年总决赛期间他都被曝出曾出现在夜店。被交易到火箭后,哈登更是频繁被狗仔抓拍到进出夜店的照片。

77 Paul Arizin 保罗·阿里金

生日:1928.4.9 身高:1.96米 位置:F/G 号码:11
职业生涯:1950—1962
球队:费城勇士
场均数据:22.8分,8.6篮板,2.3助攻

荣誉

1次总冠军(1956)
3次最佳阵容
1次全明星
1次全明星MVP

在大多数人还在双手投篮时,"跳投之父"阿里金已经所向披靡。他是1951—1952,1956—1957赛季的得分王,尽管身患哮喘,这位维拉诺瓦大学毕业的费城人在1949—1950赛季就成为NCAA得分王,进入NBA后10次入选全明星,他是20世纪50年代最伟大的前锋之一。

亮点

绰号:'Pitchin' Paul

跳投之父:阿里金被称作是"跳投之父",他像是那个时代的迈克尔·乔丹,第二个赛季场均得到25.4分,摘走得分王。1956—1957赛季,服完兵役重回NBA的阿里金再次以25.6分夺得第二个得分王。1961—1962赛季,他场均得到21.9分,因为不愿意跟随勇士搬迁到旧金山,他选择了退役。

勇士再夺冠:福尔克斯为勇士拿到NBA首个冠军后,另一位得分王阿里金在1956年为勇士再取一冠,阿里金在当年的10场季后赛中场均得到28.9分8.4个篮板,打破了乔治·麦肯保持的季后赛得分纪录。

78 Alonzo Mourning 阿朗佐·莫宁

生日:1970.2.8 身高:2.08米 位置:C 号码:33
职业生涯:1992—2005
球队:夏洛特黄蜂,迈阿密热火,新泽西篮网
场均数据:17.1分,8.5篮板,1.1助攻,0.5抢断,2.8盖帽

荣誉

1次总冠军(2006)
2次盖帽王,2次最佳防守球员
1次最佳阵容,2次最佳防守阵容
7次全明星

阿朗佐·莫宁的比赛极富对抗性和个人魅力,他的天赋并不比别人高,但他有着更彻底的求胜欲望。莫宁是历史上最伟大的防守者之一,2次拿到年度最佳防守球员,进攻端贡献也很稳定,帮助新军热火在1990年代成长为一股新锐势力。2000年,肾病几乎毁掉了莫宁的生涯,但他坚持回到球场,并成为热火2006年夺冠的关键人物。

亮点

防守大师:尽管只有2.08米,但莫宁两度以场均3.9次盖帽和3.7次盖帽领跑联盟,帮助他蝉联联盟最佳防守球员。巅峰时期的莫宁是1990年代第五大中锋。2006年总决赛第六战,他送出5次盖帽,为热火夺冠立下汗马功劳。

生命之歌:莫宁的篮球生涯就是一部生命传奇,2001年莫宁查出患有局灶性节段性肾小球硬化症,这是威胁到生命的疾病,莫宁因此缺席了5个月,之后强行复出的莫宁病情恶化,让他缺席了2002—2003赛季。2003年11月,莫宁成功接受肾移植手术后重回球场,并助热火夺冠。

79 Kawhi Leonard 科怀·伦纳德

生日:1991.6.29 身高:2.01米 位置:SF 号码:2
职业生涯:2011年至今
球队:圣安东尼奥马刺
场均数据:16.4分,6.2篮板,2.3助攻,1.8抢断,0.7盖帽

荣誉 

1次总冠军(2014)
2次最佳阵容,2次最佳防守阵容,1次抢断王
2次全明星
1次总决赛MVP

2011年,马刺用乔治·希尔与步行者交换选秀权得到伦纳德,这次操作当时让人费解。2014年总决赛,随着伦纳德对位巅峰期的詹姆斯不落下风,并帮助马刺夺冠,一切质疑烟消云散。最初进入马刺时,伦纳德只是外线防守专家,随着他进攻能力的不断提升,如今他已经成为马刺的建队基石。现在的伦纳德已经成为公认的联盟TOP5球员,在2017年的MVP候选人名单中,他顶替詹姆斯位列三甲。

不成功的试训: 2011年选秀前,拥有13号签的太阳甚至没有对伦纳德进行单独试训。这是因为太阳球探在联合试训时发现伦纳德一接受采访就紧张,甚至会全身冒汗,这让太阳认为伦纳德的性格有问题,再加上那时的他投篮不稳定,菲尼克斯就这样和他失之交臂了。

父亲之死: 2008年,伦纳德的父亲在自家的洗车房里遭人枪杀,此案至今未破。

80 Bill Walton 比尔·沃顿

生日:1952.11.5 身高:2.11米 位置:C 号码:32,5
职业生涯:1974—1987
球队:波特兰开拓者,洛杉矶快船,波士顿凯尔特人
场均数据:13.3分,10.5篮板,3.4助攻,0.8抢断,2.2盖帽

荣誉

2次总冠军(1977,1986)
1次篮板王,1次盖帽王,1次最佳第六人
1次最佳阵容,2次最佳防守阵容
2次全明星
1次常规赛MVP,1次总决赛MVP

沃顿原本该有更高的地位,他是约翰·伍登的UCLA王朝的领军人,伟大的篮板手、传球手和得分王,但是他一生饱受伤病摧残。1986年,沃顿在凯尔特人拿到最佳第六人,宣布了他的重生。

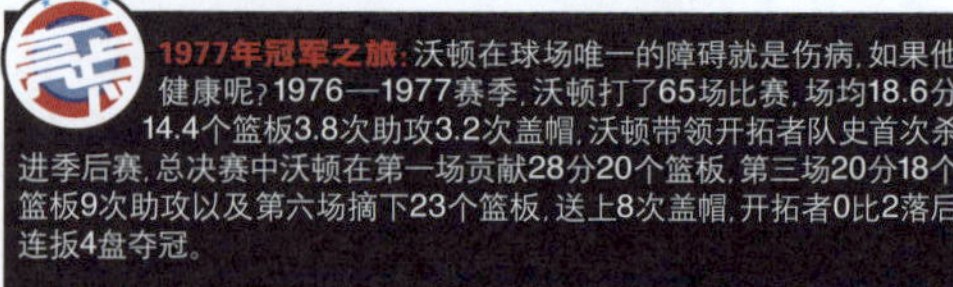

1977年冠军之旅: 沃顿在球场唯一的障碍就是伤病,如果他健康呢?1976—1977赛季,沃顿打了65场比赛,场均18.6分14.4个篮板3.8次助攻3.2次盖帽,沃顿带领开拓者队史首次杀进季后赛,总决赛中沃顿在第一场贡献28分20个篮板,第三场20分18个篮板9次助攻以及第六场摘下23个篮板,送上8次盖帽,开拓者0比2落后连扳4盘夺冠。

最佳第六人: 1985—1986赛季,沃顿打了80场比赛,这是他职业生涯首次单季出场超过67场,他拿到最佳第六人,并随凯尔特人夺得总冠军。

81 Bob Mcadoo
鲍勃·麦卡杜

生日:1951.9.25　身高:2.06米　位置:C/PF　号码:11, 21
职业生涯:1972—1986
球队:布法罗勇敢者,纽约尼克斯,波士顿凯尔特人,底特律活塞,新泽西篮网,洛杉矶湖人,费城76人
场均数据:22.1分,9.4篮板,2.3助攻,1.0抢断,1.5盖帽

荣誉 

2次总冠军(1982, 1985)
3次得分王
1次最佳阵容
5次全明星
1次MVP,1次全明星MVP

麦卡杜是NBA历史上仅有的四位连续三年蝉联得分王的中锋之一,他在1973—1976赛季分别砍下30.6分、34.5分和31.1分,1975年摘下联盟MVP,那个赛季场均还有14.1个篮板。麦卡杜职业生涯前7年,场均得到27.2分12.2个篮板。1981年,麦卡杜加盟湖人,作为第六人为湖人提供火力支援,帮助球队拿到两座总冠军,之后又在意大利打了7年职业联赛。

亮点

得分王三连庄: 在职业生涯前4年,麦卡杜完成了得分王的三连庄,并且拿到1975年的常规赛MVP,此时的麦卡杜意气风发,他的外围投篮震惊了联盟,伟大的拉塞尔站出来说:“他不是有史以来最伟大的大个子得分手,根本就是最伟大的得分手。”

洛杉矶第六人: 早期气吞山河的麦卡杜命运多舛,沦落到被裁地步,但在洛杉矶他找到了第二春,作为替补,麦卡杜为80年代湖人的“Showtime”提供充沛的火力支援。

82 Walt Bellamy
沃尔特·贝拉米

生日:1939.7.24　身高:2.11米　位置:C　号码:8
职业生涯:1961—1975
球队:巴尔的摩子弹,纽约尼克斯,底特律活塞,亚特兰大老鹰,新奥尔良爵士
场均数据:20.1分,13.7篮板,2.4助攻,0.7抢断,0.6盖帽

荣誉 

1次奥运冠军(1960)
总篮板第九
4次全明星

当他从印第安纳大学毕业时,已经是奥运金牌得主,随即又在NBA打出了堪称史上最伟大的菜鸟赛季,在1961年被芝加哥包装工选中后,贝拉米场均得到31.6分19个篮板。尽管他是一位超级得分手、篮板手,并且出勤率极佳,但人们在讨论1960年代的伟大中锋时,贝拉米的名字总是被用来凑数。

亮点

超级新秀: 贝拉米在1961—1962赛季的横空出世令人瞠目结舌,场均31.6分19个篮板,可谓是一鸣惊人,堪比伟大的张伯伦、罗伯特森的处子秀。31.6分排名史上新秀第二,仅次于张伯伦,19个篮板则仅次于张伯伦和拉塞尔。

内线巨人: 尽管职业生涯处于高开低走,但不能否认贝拉米在内线的巨大威力,他敏捷的脚步让他在内线为所欲为,职业生涯命中率高达51.6%。

83 Tracy McGrady
特雷西·麦克格雷迪

生日:1979.5.24　身高:2.03米　位置:SF　号码:1, 3
职业生涯:1997—2012
球队:多伦多猛龙, 奥兰多魔术, 休斯敦火箭, 纽约尼克斯, 底特律活塞, 亚特兰大老鹰
场均数据:19.6分, 5.6篮板, 4.4助攻, 1.2抢断, 0.9盖帽

荣誉

2次得分王, 2次最佳阵容
7次全明星

麦克格雷迪在高中时便已成名, 曾被多家媒体评为最强高中生。他曾考虑进入肯塔基大学, 但最终还是在1997年跳级参加了选秀。作为锋卫摇摆人, 麦克格雷迪球风飘逸, 巅峰时期攻防俱佳, 还可胜任组织前锋。连科比、皮尔斯这些同代巨星, 都盛赞他是最难防守的球员。16年职业生涯, 麦克格雷迪的巅峰期集中在魔术与火箭时期。2001年, 从猛龙转到魔术的第一个赛季, 他就拿下了进步最快球员奖。2004年, 他在涉及七人的大交易中被交易到火箭, 开始和姚明搭档, 他也因此成为了在中国认知度和球迷数最高的NBA球员。

亮点

两届得分王: 2002—2003赛季, 麦克格雷迪场均得到32.1分6.5个篮板5.5次助攻, 打破了艾弗森对得分王的垄断, 2003—2004赛季, 麦克格雷迪蝉联得分王, 该赛季对阵奇才, 他单场射下生涯最高的62分。

35秒13分: 2004年12月和马刺的比赛, 最后35秒, 火箭落后8分, 麦克格雷迪连续命中4记三分, 包括一记"打四分"和最后1.7秒抢断德文·布朗后的三分绝杀, 他在丰田中心上演了惊天逆转。

84 Dave Debusschere 戴夫·德布斯切尔

生日:1940.10.16　身高:1.96米　位置:F/G　号码:22
职业生涯:1962—1974
球队:底特律活塞,纽约尼克斯
场均数据:16.1分,11.0篮板,2.9助攻

荣誉

2次总冠军(1970,1973)
6次最佳防守阵容
8次全明星

作为底特律出产的1.98米大前锋,德布斯切尔在1962年被家乡球队活塞选中,他在底特律入选了新秀最佳阵容,3次全明星。1968—1969赛季,他被交易到尼克斯,并成为纽约人在1970年和1973年夺冠的重要筹码。1974年,这位8次全明星宣布退役,1988年入选名人堂。

分身有术: 迪巴斯切尔在1962年被活塞选中,在为活塞效力的同时,他还和美国职业棒球(MLB)的芝加哥白袜队签约,他同时为美国最顶级的篮球联赛和棒球联赛效力,1964—1965赛季,24岁的德布斯切尔还兼任了活塞主教练,成为NBA历史上最年轻的主帅。

铁血前锋: 迪巴斯切尔因为他的防守被人称作大D,NBA从1968年开始设立最佳防守阵容,德布斯切尔在他生涯最后6年全部入选防守第一阵容。

85 Joe Dumars 乔·杜马斯

生日:1963.5.24 身高:1.91米 位置:G 号码:4
职业生涯:1985—1999
球队:底特律活塞
场均数据:16.1分,2.2篮板,4.5助攻,0.9助攻,0.1盖帽

荣誉

2次总冠军(1989,1990)
6次全明星,4次最佳防守阵容,1次总决赛MVP

杜马斯是伊塞亚·托马斯的"坏孩子"军团中最低调的搭档,他能应付场上各种情况,并愿意为胜利付出任何代价——抢断,传球,篮板,防守,突破或者三分。他没有短板,当杜马斯拿到1989年的总决赛MVP,整个世界才意识到活塞球迷早就指出的事实:他是一名伟大的、不可或缺的球员。今天的杜马斯则躲在活塞板凳席后覆雨翻云。

总决赛MVP:1988—1989赛季,在和湖人的总决赛中,杜马斯在五届最佳防守阵容成员迈克尔·库珀的防守下,场均射下27.3分,命中率58%,第三场第三节,杜马斯连续砍下17分,活塞队4:0横扫湖人,杜马斯拿到总决赛MVP。

活塞掌门人:2000年杜马斯成为活塞总经理。他用格兰特·希尔换来了籍籍无名的本·华莱士,送走了杰里·斯塔克豪斯,交易来理查德·汉米尔顿,又挖来郁郁不得志的昌西·比卢普斯,2002年选来了泰夏安·普林斯,然后请来拉里·布朗,2003—2004赛季中期从老鹰换来"烫手山芋"拉希德·华莱士。活塞当年大爆冷门,在总决赛4:1解决湖人夺冠。

86 Chris Webber 克里斯·韦伯

生日:1973.3.1 身高:2.06米 位置:PF/C 号码:4,2
职业生涯:1993—2008
球队:金州勇士,华盛顿奇才,萨克拉门托国王,费城76人,底特律活塞,金州勇士
场均数据:20.7分,9.8篮板,4.2助攻,1.4助攻,1.4盖帽

荣誉

1次篮板王
1次最佳阵容
5次全明星

克里斯·韦伯的全能才华惊为天人,2.06米的身高,111公斤的韦伯从小以密歇根校友"魔术师"约翰逊为偶像,他把自己当成是控卫,结果就成为史上最会传球的大个子。韦伯能从各个领域掌控比赛,高位,篮板,跳投,或者在禁区来个势大力沉的灌篮。

国王中的国王:得到韦伯之前,国王在13年内只有2次季后赛经历,但是韦伯带领这支队伍走到了西部决赛,距离总冠军只有一步之遥,他们是湖人三连冠时期最强大的对手。

最华丽大前锋:篮球场上没有韦伯不会做的,也没有谁能比他做得更漂亮。他可以像魔术师一样传球,像后卫一样控球,背身,高位无所不能。2000—2001赛季,他场均得到27.1分11.1个篮板4.2次助攻,使国王队成为联盟最具观赏性的队伍。

87 Alex English 阿历克斯·英格利什

生日:1954.1.5　身高:2.01米　位置:F　号码:23, 22, 2
职业生涯:1976—1991
球队:密尔沃基雄鹿,印第安纳步行者,丹佛掘金,达拉斯小牛
场均数据:21.5分, 5.5篮板, 3.6助攻, 0.9抢断, 0.7盖帽

荣誉

1次得分王
8次全明星

经历了前几年的挫折后,英格利什在掘金大放光芒,他的跳投手感极佳,他是史上最能得分球队的得分王,1982—1983赛季甚至还是联盟得分王。尽管体型偏瘦,但英格利什很喜欢在内线进攻,用他标志性的飞翔大个子头顶完成进攻。

连续8个赛季2000+: 英格利什是第一位连续8个赛季得分达到2000+的球员,他的运动力平平,但总能用跑动和技巧击败对手,1982—1983赛季,他以场均28.4分摘得得分王。

丹佛第一球星: 英格利什是掘金队历史头号球星,连续9年带领球队进入季后赛,在他退役时保持着球队31项纪录,至今还是球队历史得分王。在他率领下,掘金在80年代成为联盟最擅进攻的队伍,至今保持着单赛季场均126.5分纪录。

88 Adrian Dantley 阿德里安·丹特利

生日:1956.2.28　身高:1.96米　位置:F/G　号码:44, 4, 45, 7
职业生涯:1976—1991
球队:布法罗勇敢者,印第安纳步行者,洛杉矶湖人,犹他爵士,底特律活塞,达拉斯小牛,密尔沃基雄鹿
场均数据:24.3分, 5.7篮板, 3.0助攻, 1.0抢断, 0.2盖帽

荣誉

2次得分王
6次全明星

阿德里安·丹特利退役时是联盟第九号得分手,总共砍下23177分,投篮命中率达到惊人的54%,连续4个赛季得分超过30分。这位身高1.96米,体重95公斤的前锋并没有惊人的弹跳,但他却能在篮筐附近用各种狡诈手段将球命中,他的进攻匪夷所思。

连续4年30+: 丹特利在爵士时期曾经连续4个赛季场均砍下30+,1980—1981赛季他以30.7分拿到得分王,1983—1984赛季,他以30.6分再将得分王收入囊中。

单打王: 丹特利能得分,而且能高效的得分,他被称作是单打王,因为他能用各种方式得分,职业生涯54%的投篮命中率,81.8%的罚球命中率,他有5个赛季是联盟罚球命中数之王。

89 Artis Gilmore 阿蒂斯·吉尔摩

生日:1949.9.21　身高:2.18米　位置:C　号码:53
职业生涯:1971—1988
球队:肯塔基上校,芝加哥公牛,圣安东尼奥马刺,波士顿凯尔特人
场均数据:18.8分,12.3篮板,2.3助攻,0.6抢断,2.4盖帽

荣誉

6次全明星

如果算上头发的高度,吉尔摩的身高可能达到2.18—2.26米。他的巅峰岁月奉献给了ABA,在那儿他4次荣膺篮板王,即使在1976年加盟NBA,吉尔摩的能力仍旧不可小视,为公牛场均砍下18.6分13个篮板,在他第九个赛季之前,他从未缺席过比赛。

绰号: The A-Train 火车

称霸ABA:肯塔基上校才是吉尔摩的巅峰时期,5次篮板王,3次盖帽王,场均22.3分17.1个篮板,5次ABA全明星,5次ABA最佳阵容,4次最佳防守阵容,一次常规赛MVP和1次季后赛MVP。

公牛支柱:1976年ABA并入NBA,吉尔摩在ABA解体后以"状元"身份加入公牛,几乎每个赛季都保证两双,1977—1979年期间,他连续送出22.9+13.1和23.7+12.7的超级数据。

90 Chris Mullin 克里斯·穆林

生日:1963.7.30　身高:1.98米　位置:SF/PG　号码:17
职业生涯:1985—2000
球队:金州勇士,印第安纳步行者
场均数据:18.2分,4.1篮板,3.5助攻,1.6抢断,0.6盖帽

荣誉

2次奥运冠军(1984,1992)
1次最佳阵容
5次全明星

作为90年代初期的RUN TMC跑轰组合中的"C",克里斯·穆林是唐·尼尔森时期的勇士队核心成员,他的左手跳投堪称一绝,篮筐附近的柔和手感堪称是教科书。这位纽约人在圣约翰学院拥有辉煌的成就,也入选过梦一队。穆林生涯命中率超过50%,三分命中率38%,罚球86%,5次入选全明星。

上帝左手:穆林是个左撇子,媒体称其拥有一只"黄金左手",其投篮准度相当惊人。作为一名投射为主的小前锋,穆林职业生涯命中率达到50.9%,三分球38.4%,罚球命中率86.5%。

连续5个赛季25+:1988—1993赛季,穆林连续5个赛季得分超过25分,并在1991—1992赛季入选第一阵容,勇士队也全部进入季后赛。

91 Mitch Richmond
米奇·里奇蒙德

生日:1965.6.30 身高:1.96米 位置:SG 号码:23,2
职业生涯:1988—2002
球队:金州勇士,萨克拉门托国王,华盛顿子弹,洛杉矶湖人
场均数据:21.0分,3.9篮板,3.5助攻,1.2抢断,0.3盖帽

荣誉

1次奥运冠军(1996)
1次总冠军(2002)
6次全明星,1次全明星MVP

尽管在萨克拉门托这样的小球市打了很多年球,里奇蒙德还是以其稳定的进攻火力广受赞誉。他可以随时发炮,也能用他1.96米的身体冲击篮筐,就像是瑞士军刀,而其他人只是生锈的铁锤。里奇蒙德是稳定的代言人,从他和哈达威、穆林一起跑轰的第一年到退役时,他的得分从未低于16分,最后一个赛季,他还跟随湖人夺得总冠军。

连续10个赛季场均20+: 里奇蒙德是联盟最出色的射手之一,在他职业生涯的前10个赛季,他的场均得分全部突破20分,1996—1997赛季场均25.9分为生涯最高,连续7年都是国王队得分王。

1995年全明星MVP: 1995年全明星赛上,里奇蒙德13投10中,砍下23分,西部队以139比112大胜,里奇蒙德也将全明星MVP收入囊中。

92 Tim Hardaway
蒂姆·哈达威

生日:1966.9.1 身高:1.83米 位置:PG 号码:5,10,14
职业生涯:1989—2003
球队:金州勇士,迈阿密热火,达拉斯小牛,丹佛掘金,印第安纳步行者
场均数据:17.7分,3.3篮板,8.2助攻,1.6抢断,0.1盖帽

荣誉

1次奥运冠军(2000)
1次最佳阵容
5次全明星

哈达威的早期生涯中,他和米奇·里奇蒙德、克里斯·穆林组建的进攻三头怪(RUN TMC)震惊联盟,他的杀手锏——交叉步过人闻名江湖。之后效力热火,这位身高1.83米的控卫又开发出一手精准的三分球。哈达威职业生涯总共1次入选第一阵容,3次第二阵容。

突破之王: 哈达威的胯下运球,擅用假动作的变向突破,被电视评论员称之为"UTEP Two-Step"(UTEP是哈达威就读的大学),这是哈达威职业生涯的商标,他会面对你先来一阵眼花缭乱的胯下运球,然后忽然一个变向就把你甩在了身后。

20+10: 赛季场均能做到20分+10助攻的球员不多,哈达威是其中一员,1991—1993赛季,哈达威连续两个赛季达到这一标准。他是历史上罗伯特森之外最快达到5000分+2500助攻的球员。

93 Sidney Moncrief 悉尼·蒙克利夫

生日:1957.9.21 身高:1.91米 位置:G 号码:4,15
职业生涯:1979—1991
球队:密尔沃基雄鹿,亚特兰大老鹰
场均数据:15.6分,4.7篮板,3.6助攻,1.2抢断,0.3盖帽

荣誉

2次最佳防守球员
1次最佳阵容,4次最佳防守阵容
5次全明星

当蒙克利夫从阿肯色大学毕业进入NBA时,他以他的弹跳力和扣篮闻名之后不久,他的持球进攻成为联盟最难防守的绝招,同时还有一手精准的中距离投篮。蒙克利夫的速度和运动能力让他成为最顶级的防守员,他是1980年代雄鹿队崛起的中流砥柱。

后场盾牌: 1983年,NBA首次设立最佳防守球员,媒体称之为"颁给蒙克利夫的奖项",果不其然,蒙克利夫连夺1983,1984年最佳防守球员。乔丹曾经评价蒙克利夫的防守说:"你和蒙克利夫对位,那整晚都不得安生,你到哪儿他都会死盯你。"

雄鹿领袖: 在唐·尼尔森还不那么痴迷进攻时,他成功带领雄鹿队在1980年代成为东区劲旅,而蒙克利夫就是雄鹿队的攻防核心,他连续10个赛季带队进入季后赛。1982—1983赛季,蒙克利夫场均22.5分5.8个篮板3.9次助攻,入选第一阵容。

94 Lenny Wilkens 兰尼·威尔肯斯

生日:1937.10.28 身高:1.85米 位置:G 号码:32,15,14,19,17
职业生涯:1960—1975
球队:圣路易斯老鹰,西雅图超音速,克利夫兰骑士,波特兰开拓者
场均数据:16.5分,4.7篮板,6.7助攻

荣誉

1次总冠军(1956)
9次全明星
1次全明星MVP

伟大的持球决策人,1969—1970赛季的助攻王、名人堂教练,威尔肯斯在NBA的地位非常特殊,这位毕业于布鲁克林男子高中、普罗维登斯学院的球员非常睿智,他是圣路易斯老鹰的主控,之后还是开拓者和超音速的球员兼教练。

睿智指挥官: 威尔肯斯九入全明星,拿过全明星MVP,是防守派控卫的开山鼻祖,1967—1968赛季他在MVP评选中仅次于威尔特·张伯伦,1969—1970赛季拿过助攻王,他在球场的镇定自若让他在生涯后期屡次担任球员兼教练。

千胜名帅: 威尔肯斯的教练生涯长达三十多年,1332场胜场很长时间都是联盟第一,他带领超音速拿到过队史唯一总冠军,1996年还曾带领梦三队出征亚特兰大奥运会。

95 Dikembe Mutombo 迪肯贝·穆托姆博

生日:1966.6.25 身高:2.18米 位置:C 号码:55
职业生涯:1991—2009
球队:丹佛掘金,亚特兰大老鹰,费城76人,新泽西篮网,纽约尼克斯,休斯敦火箭
场均数据:9.8分,10.3篮板,1.0助攻,0.4抢断,2.8盖帽

荣誉

2次篮板王,总盖帽第二,4次最佳防守球员
3次盖帽王
3次最佳防守阵容
8次全明星

出生于刚果的迪肯贝·穆托姆博·莫普兰多·穆卡姆巴·让·雅克·沃姆托博,从乔治城大学出发,然后在NBA成为最伟大的防守球员之一,除了在篮板、防守、挡拆中做出贡献,穆托姆博还将盖帽演绎成为艺术,每一次盖帽都要摇一次手指,凭着这手"摇手指"功夫,穆托姆博4次拿到最佳防守球员。

亮点

黑八奇迹: 1994季后赛,42胜40负的掘金上演了NBA历史上首个黑八奇迹,他们在首轮扳倒了领头羊超音速,后者常规赛战绩63胜19负,穆托姆博在5场比赛送出31次盖帽,第五场比赛哨响后,他眼含泪水,紧紧抱住篮球躺在地上。

火锅大师: 穆托姆博职业生涯总共3289次盖帽,历史上仅次于奥拉朱旺。3次拿到盖帽王,连续5个赛季盖帽数领跑联盟,1995—1996赛季场均4.5次盖帽。穆托姆博每次盖帽完都喜欢"摇手指"挑衅对手,这已是他的商标。

四届最佳防守球员: 穆托姆博分别在1995,1997,1998和2001年4次夺得年度最佳防守球员,后来的本·华莱士曾经追平这个纪录。

96 Bobby Dandridge 鲍伯·丹德里奇

生日:1947.11.15 身高:1.98米 位置:F/G 号码:10
职业生涯:1969—1981
球队:密尔沃基雄鹿,华盛顿子弹
场均数据:18.5分,6.8篮板,3.4助攻,1.3抢断,0.6盖帽

荣誉

2次总冠军(1971,1978)
1次最佳防守阵容
4次全明星

身高1.98米,丹德里奇是70年代技术流锋卫代表,他能在外围精准地命中篮筐。出身于籍籍无名的诺福克州立大学,在第四轮才被选中的丹德里奇职业生涯总共得到15530分,4次入选全明星,他为雄鹿和子弹队夺得队史仅有的总冠军立下了汗马功劳。

亮点

1971年总冠军: 1970—1971赛季,贾巴尔和罗伯特森是雄鹿无可争议的核心,鲍勃·丹德里奇则是第三号球星,场均18.4分8个篮板3.5次助攻,当年的季后赛中他场均得到19.2分9.6个篮板。

1978年总冠军: 1977—1978赛季,子弹队拥有两大顶级内线昂塞尔德和海耶斯,丹德里奇仍旧是第三号球星,但他的作用非常重要,他是球队二号得分手,当年季后赛场均21.2分6.5个篮板3.9次助攻,第七场正是他在最后时刻的扣篮帮助子弹105比99险胜夺冠。

97 Cliff Hagan 克利夫·哈根

生日：1931.12.9　身高：1.93米　位置：F/G　号码：7, 17, 16
职业生涯：1956—1970
球队：圣路易斯老鹰，达拉斯丛林
场均数据：17.7分，6.6篮板，3.2助攻

荣誉

1次总冠军(1958)
5次全明星

在肯塔基大学，哈根2次入选全美阵容，如果不是和埃德·麦考利一起被交易到老鹰换取比尔·拉塞尔，哈根或许可以成为凯尔特人王朝的一员。在圣路易斯老鹰，哈根同样打出名人堂级生涯，5次全明星，除了新秀赛季，职业生涯得分全部上双，包括1959—1960赛季的24.8分，他的职业生涯是在ABA结束，当时他是达拉斯丛林队的球员兼教练。

亮点

连续5次全明星：从1957年到1962年，哈根连续5个赛季入选全明星，最具代表的赛季是1959—1960赛季，哈根场均得到24.8分10.7个篮板4次助攻。此外，哈根还是第一位同时参加过NBA和ABA全明星的球员。

1958年冠军：1958年老鹰队在佩蒂特的率领下4比2击败凯尔特人夺冠，哈根正是球队首发，他在该赛季场均19.9分10.1个篮板，那年的季后赛，哈根疯狂掠下27.7分10.5个篮板3.4次助攻，50.2%的命中率，其中得分、命中率为联盟之最。

98 Bob Love 鲍勃·乐福

生日：1942.12.8　身高：2.03米　位置：F　号码：21, 9, 10
职业生涯：1966—1977
球队：辛辛那提皇家，密尔沃基雄鹿，芝加哥公牛，纽约尼克斯，西雅图超音速
场均数据：17.6分，5.9篮板，1.4助攻，0.8抢断，0.2盖帽

荣誉

3次全明星

在辛辛那提皇家、密尔沃基雄鹿，乐福并未找到自己的位置，但回到家乡芝加哥，乐福接连送上场均25.2分和25.8分的惊艳表现，3次全明星，3次入选第二防守阵容。乐福克服了严重的口吃并成为激昂的演说家，是同样的决心和胆识让他成为伟大的NBA球员。

亮点

连续6年20+：乐福是一名左右手都能投射的前锋，1969—1975年期间，他连续6个赛季得分突破20分，包括1970—1971赛季的25.2分和1971—1972赛季的25.8分。

连续6年带领公牛进入季后赛：在迈克尔·乔丹之前，乐福可能是公牛队史上最伟大的球员，他连续6年带队进入季后赛，1975年、1976年两年进入西部决赛，乐福在这6年的季后赛数据是：22.9分7.5个篮板。

99 Carmelo Anthony 卡梅洛·安东尼

生日:1984.5.29 身高:2.03米 位置:F 号码:15,7
职业生涯:2003年至今
球队:丹佛掘金,纽约尼克斯
场均数据:24.8分,6.6篮板,3.1助攻,1.1抢断,0.5盖帽

荣誉 

3次奥运冠军(2008,2012,2016)
1次得分王,10次全明星

安东尼虽荣誉欠缺,但他却拥有历史顶级的个人进攻技术。作为锋线摇摆人,他既可以持球突破,又能低位单打,尤以中投见长。进入联盟前,安东尼是NCAA当之无愧的第一人,之后经历过和艾弗森的"双枪"时期,也曾独自带队和西部众多强队肉搏。由于和掘金谈判失败,加上一心想回家乡纽约,2011年2月他被交易到尼克斯。但安东尼在纽约的生涯并不顺利,特别是菲尔·杰克逊成为球队总裁后。

绰号:Melo 梅洛

天才:安东尼在自己的第六场NBA比赛中便得到了30分,成为NBA史上得到30分以上第二年轻的球员(19岁151天,仅次于科比)。

追逐纪录:2008年12月11日对森林狼的比赛中,安东尼在第三节单节得到33分,打平乔治·格文保持了30年的NBA单节得分纪录。

100 Tony Parker 托尼·帕克

生日:1982.5.17 身高:1.88米 位置:G 号码:9
职业生涯:2001年至今
球队:圣安东尼奥马刺
场均数据:16.2分,2.8篮板,5.8助攻,0.9抢断,0.1盖帽

荣誉

4次总冠军(2003,2005,2007,2014)
6次全明星,1次总决赛MVP

进攻是帕克的标志,速度则是他的杀手锏。急速让他成了最好的禁区得分手,他的篮下杀伤力不逊于拥有强大身体素质的明星。帕克和马刺的开始源于一场意外,2001年夏天,帕克选秀前试训马刺,他的糟糕表现让波波维奇只看了不到10分钟就叫停了。不过,经过第二次试训,马刺决定赌博,用当年的28号签选下了帕克。从新秀赛季开始,帕克就坐稳了马刺首发控卫的位置,并逐渐成长为马刺的进攻发动机,他也是马刺近20年来能够保持稳定的重要因素。

欧洲第一人:2007年总决赛中,帕克以场均24.5分、56.8%投篮命中率和57.1%三分命中率荣膺总决赛MVP,他也成为获得这一荣誉的欧洲第一人。

101-200

凯文·约翰逊约翰·沃尔安东尼·戴维斯尼尔·约翰斯顿达米恩·利拉德凯里·欧文爱德华·麦考利■斯雷特·马丁贾马尔·威尔克斯吉姆·波拉德文斯·卡特格兰特·希尔瓦尔特·戴维斯■巴克·威廉姆斯丹·伊塞尔乔治·麦金尼斯切特·沃克■凯文·波特盖尔·古德里奇诺姆·范莱尔马奎斯·约翰逊克里斯·波什乔·乔·怀特乔治·亚德里莫里斯·奇克斯本·华莱士昌西·比卢普斯德马库斯·考辛斯■姚明布拉德·多尔蒂查理·斯科特保罗·乔治鲁迪·汤姆贾诺维奇马努·吉诺比利里奇·盖伦威利·诺尔斯■盖伊·罗杰斯安芬尼·哈达威斯潘塞·海伍德■卢·哈德森菲尔·谢尼埃德怀特·霍华德泽尔莫·比蒂杰克·希克马汤姆·钱伯斯巴里·霍威尔■鲍伯·戴维斯格斯·威廉姆斯迪克·麦奎尔哈里·盖拉汀莫莱斯·卢卡斯阿玛雷·斯塔德迈尔迈克尔·库帕保罗·塞拉斯布雷克·格里芬保罗·韦斯特法尔菲尔·史密斯■拉马库斯·阿尔德里奇韦恩·米克尔森约翰尼·科尔凯文·乐福特里·卡明斯肖恩·坎普霍勒斯·格兰特■梅塔·沃尔德皮斯肖恩·马里昂吉恩·舒马克·普莱斯鲍比·温泽尔拉希德·华莱士卡尔文·墨菲马克·加索尔伊塞亚·托马斯拉简·朗多■克莱·汤普森特里·波特杰里·斯隆德雷蒙德·格林鲍比·琼斯奥蒂斯·伯德松约翰·德鲁拉里·南斯拉里·福斯特克莱德·罗维拉坦K.C.琼斯■汤姆·古拉鲁迪·拉鲁索约翰尼·格林兰迪·史密斯安德鲁·托尼比尔·布拉德利雷吉·托伊斯布鲁克·洛佩斯■拉里·约翰逊马克·杰克逊罗兰多·布莱克曼乔·考德威尔诺姆·尼克松马克·奥古尔迈克尔·雷·理查德森

101 Kevin Johnson 凯文·约翰逊

生日:1966.3.4　身高:1.85米　位置:G　号码:11,7
职业生涯:1987—2000
球队:克利夫兰骑士,菲尼克斯太阳
场均数据:17.9分,3.3篮板,9.1助攻,1.5抢断,0.2盖帽

荣誉

3次全明星

在来到NBA的第二个赛季,约翰逊场均便得到20.4分和12.2次助攻,此后连续三年得分和助攻场均"20+10",联盟历史上只有5人能有如此优异的数据。另外4人?伊塞亚·托马斯、蒂姆·哈达威、"魔术师"约翰逊和奥斯卡·罗伯特森。约翰逊在太阳的前七个赛季,球队的胜场都在54至62场之间,并且他一路把太阳带到了1993年的总决赛舞台,与公牛展开了6场大战。更为难得的是,曾经3次入选全明星赛的约翰逊在场外干得同样出色,现在他是萨克拉门托市市长。

亮点

绰号:KJ

永不停歇:1992—1993赛季总决赛第三场三加时的比赛中,约翰逊出场时间达62分钟,为总决赛历史之最。

以小欺大:1995年西部半决赛对阵火箭的第七场中,尽管太阳输掉了比赛,但约翰逊得到46分和10次助攻,而在之前的比赛中,矮小的他在2.13米的火箭中锋奥拉朱旺头上扣篮的镜头让人印象深刻。

102 John Wall 约翰·沃尔

生日：1990.9.6　身高：1.83米　位置：G　号码：2
职业生涯：2010年至今
球队：华盛顿奇才
场均数据：18.8分，4.4篮板，9.2助攻，1.7抢断，0.6盖帽

荣誉

4次全明星

沃尔拥有NBA历史上罕见的速度和爆发力。选秀前的联合试训，他跑完3/4块场地仅用时3.14秒。速度优势让沃尔偏爱冲击篮筐的进攻方式，他在篮下2米内的命中率最高时曾达到61.9%。进入NBA后，尽管个人数据出色，但奇才多次与季后赛无缘，这让很多人对沃尔的带队能力产生怀疑。不过从2014年开始，奇才3次进入季后赛，成熟的沃尔更是让球队成为了东部上半区的强队。

亮点

艰苦的童年：沃尔很小的时候，父亲就因为持械抢劫被判刑入狱。8岁那年父亲被释放，但出狱一个月后就因肝癌去世。沃尔的母亲做着多份工作，抚养沃尔和两个姐姐。因为父亲的原因，沃尔抵制“权威长者”的观念，导致他在中学时喜欢采取暴力解决问题，多次陷入斗殴纠纷。

柔软的内心：进入NBA后，沃尔热衷于慈善事业。2014年时他曾帮助自己一个患有淋巴瘤的6岁小粉丝见到说唱明星Nicki Minaj。在这个小粉丝最终因病去世后，沃尔在一场打出26分和17次助攻的比赛后接受采访时泣不成声，他表示，自己的表现就是为了向小粉丝表达敬意。

103 Anthony Davis 安东尼·戴维斯

生日:1993.3.11　身高:2.11米　位置:F　号码:23
职业生涯:2012年至今
球队:新奥尔良鹈鹕
场均数据:22.4分,10.2篮板,1.8助攻,1.3抢断,2.4盖帽

荣誉

1次奥运冠军(2012)
4次全明星,2次最佳阵容
2次盖帽王,1次全明星MVP

戴维斯集身高、臂长、爆发力、速度、柔和手感于一身,防守嗅觉更是出众。在成为状元秀当年,他便随美国队征战伦敦奥运会并获得金牌。从进入NBA开始,戴维斯就是黄蜂/鹈鹕的绝对核心。新秀赛季,他就多次打出惊人的数据。5年职业生涯,安东尼已经成为最佳阵容的常客。戴维斯的阿克琉斯之踵,就是伤病。从新秀赛季开始,他的脚踝、膝盖、肩膀就频繁出现问题,一定程度上限制了他的发展。

一字眉:连在一起的眉毛一直是戴维斯的标志,尽管高中时曾因此被人嘲笑,但是进入大学和职业联盟后,一字眉却为戴维斯带来了很多意想不到的好效果。他也因此在2012年把"Fear The Brow"和"Raise The Brow"连带自己的一字眉一起注册成了商标。戴维斯对此解释道,"我不希望别人因为我留一字眉,然后再靠那赚钱。我和家人决定注册商标,因为那很独特。"

104 Neil Johnston 尼尔·约翰斯顿

生日:1929.2.4　身高:2.03米　位置:C　号码:6
职业生涯:1951—1959
球队:费城勇士
场均数据:19.4分,11.3篮板,2.5助攻

荣誉

1次总冠军(1956)
3次得分王,1次篮板王
4次最佳阵容
6次全明星

人们在讨论1950年代最伟大球员时,约翰斯顿的名字并不常被提及,这显然是个错误。约翰斯顿来自俄亥俄州立大学,一生只为费城勇士队效力,6次入选全明星,曾在1953—1955赛季三夺联盟得分王,这得益于他精准的勾手投篮。约翰斯顿还是1955年的篮板王,尽管约翰斯顿的统治力是在拉塞尔和张伯伦加盟之前,但这并不能否认他在1950年代中期的成就,包括一座总冠军。1990年,已逝世的约翰斯顿入选了名人堂。

得分王三连庄:打过职业棒球的约翰斯顿在进入联盟的第二个赛季就拿到得分王,在1952—1957年间,约翰斯顿连续5个赛季得分超过22分,1954—1955赛季,他以22.7分15.1个篮板包揽得分王和篮板王。

1956年冠军:1955—1956赛季,约翰斯顿作为勇士内线核心,带领球队在总决赛击败活塞夺冠。

105 Damian Lillard 达米恩·利拉德

生日:1990.7.15 身高:1.91米 位置:G 号码:0
职业生涯:2012年至今
球队:波特兰开拓者
场均数据:22.4分,4.0篮板,6.2助攻,0.9抢断,0.3盖帽

荣誉

2次全明星

利拉德在韦伯州立大学打满四年,作为大龄新秀,他并不被外界看好。但职业生涯第一场比赛,面对湖人,他就拿下23分11次助攻,成为自奥斯卡·罗伯特森和伊赛亚·托马斯后第三个能在生涯首秀拿到至少20分和10次助攻的球员。阿尔德里奇2015年离开后,利拉德成为球队领袖,在之后一个赛季,他率领失去四位先发球员的开拓者打进季后赛,震惊了联盟。

亮点

0号: 因为数字0与字母O相似,而字母O则代表了利拉德的人生经历:奥克兰(Oakland)、奥格登(Ogden,韦伯州立大学所在地)和俄勒冈(Oregon,波特兰所在州)。

说唱: 利拉德在推特上发起的Four Bar Friday(周五四句词)早已成为美国社交媒体上的知名活动,以此为起点,利拉德开始得到说唱界关注。2015年,他推出了个人首个说唱单曲Soldier in the Game,2016年,他又推出了个人的第一张专辑。利拉德甚至还有自己的唱片公司,他已经签下了一些歌手,准备在说唱界大展身手。

106 KYRIE IRVING
凯里·欧文

生日:1992.3.23 身高:1.91米 位置:G 号码:2
职业生涯:2012年至今
球队:克利夫兰骑士
场均数据:21.6分,3.4篮板,5.5助攻,1.3抢断,0.3封盖

荣誉

1次总冠军(2016)
1次奥运冠军(2016)
4次全明星,1次全明星MVP

高中时便是公认的五星后卫,2009年通过电视直播,他宣布加入杜克大学。2011年以状元秀身份进入NBA后,以持球进攻能力闻名的欧文便一直是骑士的建队基石。2014年詹姆斯回归克利夫兰,在他的影响下,欧文能力稳步提升,关键时刻的能力更是跻身联盟最佳之列。2012年,欧文曾经考虑过代表出生地澳大利亚参加奥运会,放弃了这一念头之后,2016年他随美国男篮站在了奥运领奖台的最高处。

亮点

文艺青年:欧文喜欢读书,还喜欢写日记。在杜克大学时,他就有一份公开的日记。除此之外,欧文还喜欢唱歌、跳舞,会吹低音萨克斯。2016年初曝出的欧文新女友Kehlani也是一名歌手。

德鲁大叔:2012年作为百事可乐的宣传策略,欧文以"德鲁大叔"的形象出现在野球场上。这个系列广告引起了巨大轰动,"德鲁大叔"也因此成为欧文的绰号。有意思的是,德鲁大叔的第二集和第四集是欧文自己创作的剧本,他还是该作的导演。

CLEVELAND
2
SPALDING

107 Ed Macauley 爱德华·麦考利

生日：1928.3.22　身高：2.03米　位置：C　号码：50，22，20
职业生涯：1949—1959
球队：圣路易斯轰炸机，波士顿凯尔特人，圣路易斯老鹰
场均数据：17.5分，7.5篮板，3.2助攻

荣誉 

1次总冠军(1958)
1次奥运冠军(2016)
3次最佳阵容，7次全明星
1次全明星MVP

麦考利是与乔治·麦肯齐名的NBA早期著名巨人。1950—1956年在凯尔特人时期是他的巅峰期，他的22号球衣如今也高挂在凯尔特人主场顶棚。有意思的是，1956年，奥尔巴赫正是用他从老鹰交易得到了比尔·拉塞尔。更有意思的是，1958年，正是麦考利在总决赛击败了前东家拿到了职业生涯唯一的总冠军。

绰号：Easy Ed 轻松艾德

慵懒的巨人：麦考利得分能力强，还有着一手精准的传球。1948年，作为圣路易斯大学的核心，麦考利在全国冠军邀请赛中击败纽约大学，全场比赛41比24，麦考利独得24分。但全场比赛，他几乎没有流汗，你完全不会认为他是在全力拼搏。

108 Slater Martin 斯雷特·马丁

生日：1925.10.22　身高：1.78米　位置：G　号码：22，7
职业生涯：1949—1960
球队：明尼阿波利斯湖人，纽约尼克斯，圣路易斯老鹰
场均数据：9.8分，3.4篮板，4.2助攻

荣誉

5次总冠军(1950, 1952–1954, 1958)
7次全明星

马丁是1950年代那支冠军球队明尼阿波利斯湖人中的一名真正的控卫，他掌控着整支球队。有麦肯、米克尔森和波拉德这些得分能力超强的队友，他并不需要得太多分。另外，他还随圣路易斯老鹰在1957—1958赛季夺得总冠军。马丁7次参加全明星赛，并入选篮球名人堂，被认为是NBA前十年最优秀的控卫之一。

绰号：Dugie 道奇

得分好手：1949年，马丁在代表得克萨斯长角队对阵得克萨斯基督大学的比赛中得到49分。

109 Jamaal Wilkes 贾马尔·威尔克斯

生日:1953.5.2　身高:1.98米　位置:F-G　号码:41, 52
职业生涯:1974—1986
球队:金州勇士,洛杉矶湖人,洛杉矶快船
场均数据:17.7分,6.2篮板,2.5助攻,1.3抢断,0.3盖帽

荣誉

4次总冠军(1975, 1980, 1982, 1985)
3次全明星

柔和如丝，这便是威尔克斯，他的投篮柔顺得看上去如同时装的缎面，让你赏心悦目。球场上，威尔克斯所做的一切都是那样的优雅而平静，几乎要掩盖住这项运动的激烈竞争本质。除此之外，作为1980年代早期湖人“表演时刻”的重要组成部分，威尔克斯不管是快攻还是半场阵地进攻，都很在行。

绰号: Smooth as Silk 柔和如丝

88连胜: 作为UCLA金熊队的成员，威尔克斯是该队取得创纪录的88连胜的见证者之一。

110 Jim Pollard 吉姆·波拉德

生日:1922.7.9　身高:1.93米　位置:F/C　号码:17
职业生涯:1948—1955
球队:明尼阿波利斯湖人
场均数据:13.2分,7.8篮板,3.2助攻

荣誉

5次总冠军(1949, 1950, 1952—1954)
2次最佳阵容
4次全明星

最初版的“袋鼠男孩”已经离开了篮球场，作为明尼阿波利斯湖人王朝的重要成员，波拉德和乔治·麦肯、维恩·米克尔森组建的超级前场统治了四五十年代。“袋鼠男孩”4次入选全明星，5次夺得总冠军。

绰号: The Kangaroo Kid 袋鼠男孩

第一代飞人: 波拉德是真正意义上的第一代飞人，在四五十年代，扣篮在比赛中是禁止的，但根据报道，波拉德在训练中可以摸到篮板上沿，他还经常在热身时来一记罚球线飞扣。

王朝基石: 从40年代开始，波拉德和乔治·麦肯、维恩·米克尔森组建的前场组合大杀四方，包括NBL在内，他们一共夺得了6个冠军，5个是湖人在加盟NBA以后获得的。在冰天雪地的明尼阿波利斯，他们建造了NBA史上第一个王朝。

111 Vince Carter 文斯·卡特

生日:1977.1.26　身高:1.98米　位置:SF/SG　号码:15, 25
职业生涯:1998年至今
球队:多伦多猛龙, 新泽西篮网, 奥兰多魔术, 菲尼克斯太阳, 达拉斯小牛, 孟菲斯灰熊
场均数据:18.2分, 4.6篮板, 3.3助攻, 1.1抢断, 0.6盖帽

荣誉

1次奥运冠军(2000)
8次全明星

1998年, 猛龙第5顺位摘下卡特, 多伦多自此确立了自己加拿大篮球中心的位置。在猛龙成为联盟一线超级明星后, 2004年他为追逐总冠军去到篮网, 在新泽西, 卡特打出了职业生涯最稳定的数据, 场均得分长年维持在20分以上。2009年加入魔术后, 卡特转型为角色球员, 这让他的职业生涯长度达到了化石级。

亮点

2000年扣篮王: 2000年扣篮大赛被视作最精彩、最华丽的扣篮大赛, 卡特甚至超过了乔丹VS威尔金斯联手演绎的PK大戏。360°转体扣篮, 接麦迪传球完成的胯下换手扣, 单臂挂筐扣, 双手罚球线飞扣。卡特总共5个扣篮分别得到50分、49分、50分、50分、48分。

死亡之扣: 2000年奥运会, 美国对阵法国, 卡特在前场抢断后, 面对法国2.18米的中锋韦斯, 直接起跳从韦斯头顶飞跃过去, 以一记战斧扣将球砸进篮筐。这一扣被视作史上最伟大的扣篮, 法国媒体将其称为"死亡之扣"。

46+16+10: 因为2000年过于耀眼, 人们忽视了卡特其实不只是一名扣将, 31岁的他还曾在篮网时期场均送出过20+6+5的数据。2007年, 卡特和基德同场送出三双, 卡特得到46分、16个篮板和10次助攻, 两人成为18年内完成这一成绩的第一对队友。

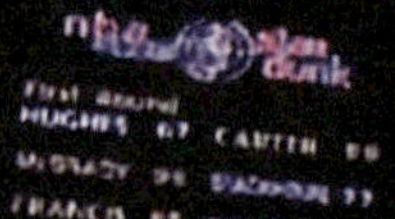

15

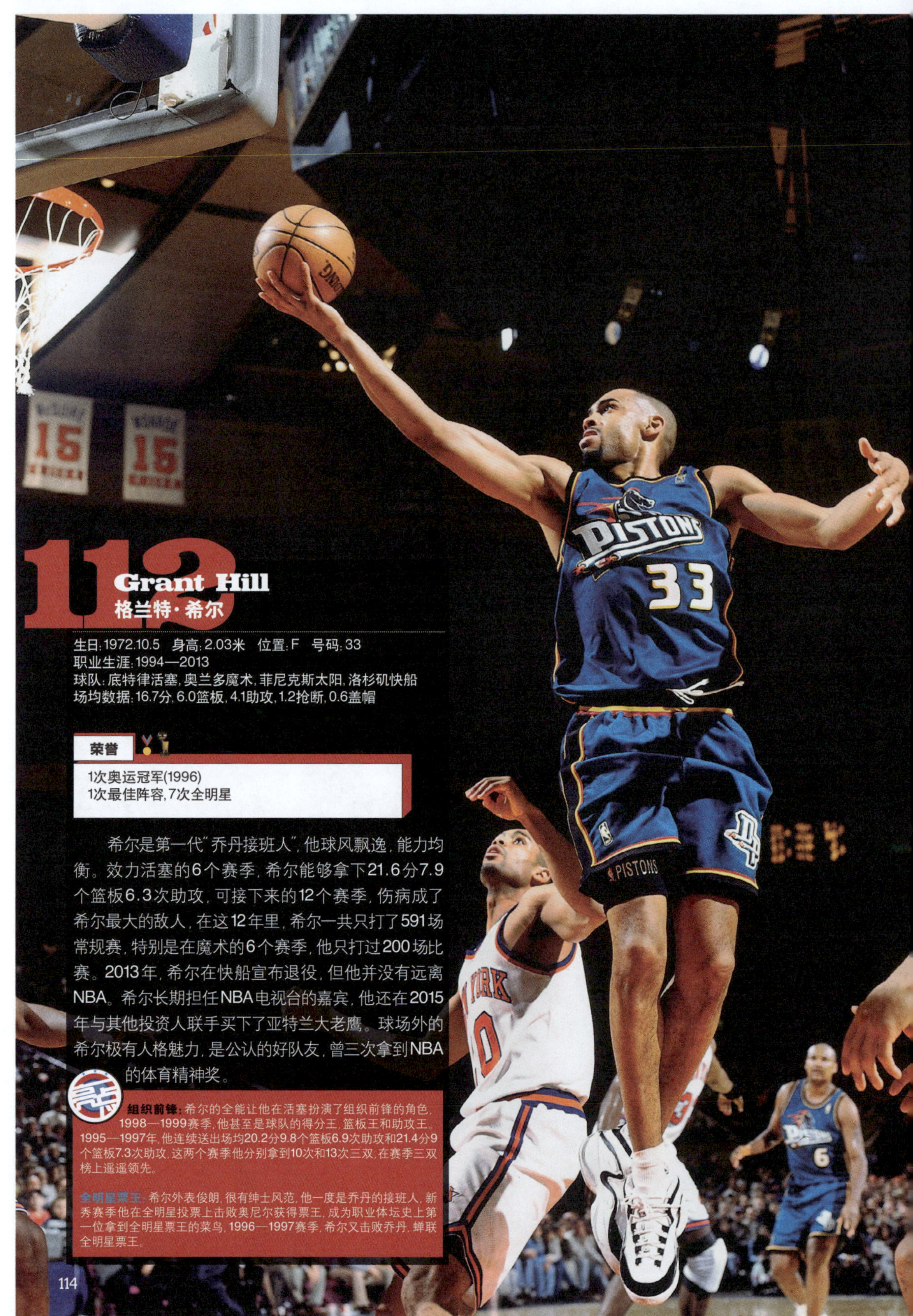

112 Grant Hill 格兰特·希尔

生日:1972.10.5　身高:2.03米　位置:F　号码:33
职业生涯:1994—2013
球队:底特律活塞,奥兰多魔术,菲尼克斯太阳,洛杉矶快船
场均数据:16.7分,6.0篮板,4.1助攻,1.2抢断,0.6盖帽

荣誉

1次奥运冠军(1996)
1次最佳阵容,7次全明星

希尔是第一代"乔丹接班人",他球风飘逸,能力均衡。效力活塞的6个赛季,希尔能够拿下21.6分7.9个篮板6.3次助攻,可接下来的12个赛季,伤病成了希尔最大的敌人,在这12年里,希尔一共只打了591场常规赛,特别是在魔术的6个赛季,他只打过200场比赛。2013年,希尔在快船宣布退役,但他并没有远离NBA。希尔长期担任NBA电视台的嘉宾,他还在2015年与其他投资人联手买下了亚特兰大老鹰。球场外的希尔极有人格魅力,是公认的好队友,曾三次拿到NBA的体育精神奖。

亮点

组织前锋: 希尔的全能让他在活塞扮演了组织前锋的角色,1998—1999赛季,他甚至是球队的得分王,篮板王和助攻王。1995—1997年,他连续送出场均20.2分9.8个篮板6.9次助攻和21.4分9个篮板7.3次助攻,这两个赛季他分别拿到10次和13次三双,在赛季三双榜上遥遥领先。

全明星票王: 希尔外表俊朗,很有绅士风范,他一度是乔丹的接班人,新秀赛季他在全明星投票上击败奥尼尔获得票王,成为职业体坛史上第一位拿到全明星票王的菜鸟,1996—1997赛季,希尔又击败乔丹,蝉联全明星票王。

113 Walter Davis
瓦尔特·戴维斯

生日:1954.9.9 身高:1.98米 位置:G-F 号码:6
职业生涯:1977—1992
球队:菲尼克斯太阳,丹佛掘金,波特兰开拓者
场均数据:18.9分,3.0篮板,3.8助攻,1.2抢断,0.1盖帽

荣誉

1次奥运冠军(1976)
6次全明星

在新秀赛季,戴维斯就出场81次,场均得到24.2分和总得分1959分均为职业生涯最高,毫无疑问地当选为最佳新秀。6次入选全明星赛的他同样也有6个赛季场均得分超过20分,更重要的是,作为联盟史上最具有传奇色彩的进攻效率机器之一,其球风也深深影响过迈克尔·乔丹。

亮点

绰号: The Greyhound 灰狗 Sweet D

太阳丰碑:戴维斯以15666分成为太阳队史得分第一人,也是该队80年代的一座丰碑。

114 Buck Williams
巴克·威廉姆斯

生日:1960.3.8 身高:2.03米 位置:F/C 号码:52
职业生涯:1981—1998
球队:新泽西篮网,波特兰开拓者,纽约尼克斯
场均数据:12.8分,10.0篮板,1.3助攻,0.8抢断,0.8盖帽

荣誉

2次最佳防守阵容
3次全明星

没人记得威廉姆斯真名叫查尔斯,而不是巴克,他是经典大前锋代表。1979年,威廉姆斯在马里兰大学夺得ACC联盟年度最佳新秀,1981年第3顺位被选中,并拿到最佳新秀。从1981—1989年期间,威廉姆斯3次入选全明星,总共得到10440分和7576个篮板,命中2476记罚球,场均11.9个篮板,这些数据至今还是篮网纪录。离开篮网后威廉姆斯先后效力过开拓者和尼克斯,在场外威廉姆斯是一名绅士,1994—1997年,他担任过球员工会主席,现在他是开拓者的助理教练。

亮点

篮网板王:巴克·威廉姆斯一共为篮网效力了8个赛季,前两个赛季场均至少贡献12个篮板,他是篮网队史上的篮板王,总共抢下7576个篮板,领先第二名超过3000个。不仅如此,威廉姆斯还是队史得分王(10440分),至今他还保持着篮网13项数据。

两入总决赛:离开篮网后,威廉姆斯在开拓者效力了7个赛季,是阿德尔曼手下"五黑宝"成员之一。此时的威廉姆斯专司防守,两次入选最佳防守阵容,帮助开拓者在1990年和1992年2次杀进总决赛。

115 Dan Issel 丹·伊塞尔

生日:1948.10.25　身高:2.06米　位置:C-F　号码:44,25
职业生涯:1976—1985
球队:丹佛掘金
场均数据:20.4分,7.9篮板,2.5助攻,1.0抢断,0.6盖帽

荣誉

1次全明星

在ABA联赛的6个赛季,伊塞尔一直都是中坚分子,转投NBA后他也是最高产的前场球员之一,这要得益于其坚韧的职业精神和强硬个性,这些弥补了他自身天赋方面的不足。除了强硬的防守和不俗的篮板能力外,伊塞尔在低位和底线附近都有不错的得分能力,他帮助大家定义了现代大前锋的位置。退役后作为主教练,他在掘金执教了6个赛季。

亮点

绰号:The Horse

历史第四:退役时,伊塞尔在ABA和NBA联赛得分合计超过27000分,当时得分超过他的人只有贾巴尔、张伯伦和欧文。

116 George McGinnis 乔治·麦金尼斯

生日:1950.8.12　身高:2.03米　位置:F-C　号码:30
职业生涯:1975—1982
球队:费城76人,丹佛掘金,印第安纳步行者
场均数据:17.2分,9.8篮板,3.8助攻,1.7抢断,0.4盖帽

荣誉

3次全明星,1次最佳阵容

这位印第安纳人在高中时代就被大家称为篮球先生。而在印第安纳大学读了一年之后,麦金尼斯就去了ABA联赛,在这里他度过了4个统治性的赛季,收获了两座冠军奖杯。最后一个赛季他带着场均29.8分的成绩单转投NBA的76人,接下来的一年,他和J博士组成的高效锋线把球队带到了总决赛中。值得一提的是,这位杀伤力十足的前锋连续7个赛季打出了场均"20+10"的数据。

亮点

绰号:Big Mac 巨无霸 The Baby Bull 牛犊

称霸ABA:作为ABA联赛的风云人物,麦金尼斯不仅收获两座联赛冠军奖杯,还于1975年和朱利叶斯·欧文一起荣膺MVP。

117 Chet Walker 切特·沃克

生日:1940.2.22 身高:1.98米 位置:F-G 号码:25
职业生涯:1962—1975
球队:锡拉丘斯民族/费城76人,芝加哥公牛
场均数据:18.2分,7.1篮板,2.1助攻,0.7抢断,0.1盖帽

荣誉

1次总冠军(1967)
7次全明星

在球场上,切特号喷气机能在任何人面前把球送进篮筐。成为布拉德利大学校史最佳得分手的同时,沃克的知名度也享誉全美。进入NBA后,沃克和张伯伦、卢克·杰克逊、比利·坎宁安、哈尔·格瑞尔和瓦利·琼斯等人一起击败了八连冠球队凯尔特人,夺得1967年总冠军。沃克本人7次成为NBA全明星,并在1970—1971赛季领衔联盟罚球命中率。

绰号: The Jet 喷气机

罚球机器: 在1970—1971赛季,沃克以85.9%的罚球命中率位列联盟第一,另有5个赛季他的罚球命中率都位列联盟前十。

118 Kevin Porter 凯文·波特

生日:1950.4.17 身高:1.83米 位置:G 号码:10,1
职业生涯:1972—1983
球队:巴尔的摩/首都/华盛顿子弹,底特律活塞,新泽西篮网
场均数据:11.6分,1.8篮板,8.1助攻,1.4抢断,0.1盖帽

荣誉

4次助攻王

同为芝加哥本地人,波特跟随NBA前辈莫里斯·斯托克斯和诺曼·范莱尔的步伐加入了圣弗朗西斯大学。波特是一名纯控卫,他曾4个赛季领衔联盟助攻榜,其中就包括1978—1979赛季他职业生涯最高的场均13.4次助攻。同样,他在1978年的一场比赛中奉献29次助攻也为当时单场助攻之最,另外,他在1975年随球队杀进总决赛。波特知道何时将球传给队友,也知道何时自己带球进攻,速度、弹跳、控球,这些出色控卫应该具备的素质他一样不缺。

单场助攻王: 1978年2月24日对阵火箭的比赛中,波特单场奉上29次助攻,为当时NBA纪录。这一纪录直到1990年12月30日才被斯科特·斯凯尔斯(30次)所打破。

119 Gail GoodRich
盖尔·古德里奇

生日:1943.4.23 身高:1.85米 位置:G 号码:11, 25
职业生涯:1965—1979
球队:洛杉矶湖人,菲尼克斯太阳,新奥尔良爵士
场均数据:18.6分,3.2板,4.7助攻,1.3抢断,0.2盖帽

荣誉

1次总冠军(1972)
1次最佳阵容,5次全明星

1965年通过地域选秀被湖人队选中的古德里奇,尽管身高只有1.85米,身体素质却相当不错,常依靠爆发力强行突破到内线赚取罚球。在湖人豪取33连胜并最终赢取总冠军的1971—1972赛季,他是队内得分王。

绰号:Stumpy 矮胖子

奠基"表演时刻":1976年签约爵士后,爵士送给湖人三个选秀权。其中1978—1979赛季爵士战绩垫底,湖人得到状元签,洛杉矶因此选到了"魔术师"约翰逊。

120 Norm Van Lier
诺姆·范莱尔

生日:1947.4.1 身高:1.85米 位置:G 号码:23, 2, 4
职业生涯:1969—1979
球队:辛辛那提皇家,芝加哥公牛,密尔沃基雄鹿
场均数据:11.8分,4.8篮板,7.0助攻,1.8抢断,0.2盖帽

荣誉

1次助攻王
3次全明星,3次最佳防守阵容

作为3次全明星和3次最佳防守阵容成员,范莱尔还有6次在联盟助攻榜上位列前五,其中在1970—1971赛季位列榜首。他和杰里·斯隆的后场组合成就了狂野公牛,也是20世纪70年代中期最具攻击力的后场组合之一。同时,范莱尔还保持着官方最远投篮纪录(25.6米)近24年之久。

绰号:Stormin' Norman 暴风诺曼人

121 Marques Johnson
马奎斯·约翰逊

生日:1956.2.8　身高:2.01米　位置:F-G　号码:8
职业生涯:1977—1990
球队:密尔沃基雄鹿,洛杉矶快船,金州勇士
场均数据:20.1分,7.0篮板,3.6助攻,1.3抢断,0.8盖帽

荣誉

5次全明星,1次最佳阵容

在帮助约翰·伍登带领UCLA赢得第十个NCAA冠军之后,2.01米的得分机器约翰逊来到NBA联盟,当时他的得分能力就让对手胆寒。随后,他迅速提升了自己的射程和持球能力,让自己也成为了一个真正的摇摆人,并在那个时代建立了自己的独特风格。仅在进入联盟的第二个赛季,约翰逊就以场均25.6分名列联盟得分榜第三位。

亮点

绰号: Big Marq

组织前锋: 在唐·尼尔森的调教下,身为小前锋的约翰逊担任起雄鹿全队的组织重任,因为他的出现才有了"组织前锋"一词。

122 Chris Bosh
克里斯·波什

生日:1984.3.24　身高:2.11米　位置:C　号码:4,1
职业生涯:2003年至今
球队:多伦多猛龙,迈阿密热火
场均数据:19.2分,8.5板,2.0助攻,0.8抢断,1.0盖帽

荣誉

1次奥运冠军(2008)
2次总冠军(2012,2013)
11次全明星

波什是集速度,运动能力和超远射程于一身的当代大个子球员模板。猛龙时期,作为球队核心,波什依靠低位背打和面筐突破跻身联盟一线球员。转会热火,与勒布朗、韦德组成三巨头后,他转型成为杰出的无球进攻空间型内线。正是他的牺牲与超群,热火得以四进总决赛,两夺总冠军。2016年,波什因血凝块病症职业生涯暂离NBA。

亮点

投篮之星: 在2013—2015连续三年的全明星大赛上,他所带领的球队完成了投篮之星三连冠,历史第一人。

123 Jo Jo White 乔·乔·怀特

生日:1946.11.16 身高:1.91米 位置:G 号码:10,12
职业生涯:1969—1981
球队:波士顿凯尔特人,金州勇士,堪萨斯城国王
场均数据:17.2分,4.0篮板,4.9助攻,1.3抢断,0.2盖帽

荣誉 

1次奥运冠军(1968)
2次总冠军(1974,1976)
7次全明星
1次总决赛MVP

怀特名为约瑟夫,但其绰号"乔一乔"更为有名,被13年里11次夺得总冠军的凯尔特人选中应属幸事,然而当怀特来到这里时正赶上比尔·拉塞尔退役,凯尔特人进入重建模式。感谢怀特,让这支球队的重建不需要花费太长时间,他们只经历了一个迷失的赛季,就在这位7次全明星的带领下重新杀了回来,并在1970年代再夺两座总冠军奖杯,而怀特本人更是斩获1976年总决赛MVP奖杯。

绰号:Jo-Jo 乔一乔

铁人:在1972—1977年连续5个赛季,怀特未曾缺席一场常规赛,均打满了82场。

超级棒:1976年总决赛对阵太阳第五场的比赛中,怀特出场60分钟,得到33分9次助攻,最终经历三个加时帮助凯尔特人以128比126战胜对手。

124 George Yardley 乔治·亚德里

生日:1928.11.3 身高:1.96米 位置:F-G 号码:12
职业生涯:1953—1960
球队:福特韦恩/底特律活塞,锡拉丘斯民族
场均数据:19.2分,8.9篮板,1.7助攻

荣誉

1次得分王
6次全明星,1次最佳阵容

作为6次全明星,并且是联盟首位单赛季得分超过2000分的球员,亚德里在1950年代众所周知,他的比赛不乏速度和活力。在1957—1958赛季,亚德里以场均27.8分成为联盟得分王,相对而言他7个赛季的职业生涯有点短暂,但是他还是两次把活塞带到总决赛。在31岁选择退役前的那个赛季,亚德里仍然场均得到20.2分,他也因此成为NBA史上第一位主动退役前一个赛季场均得分仍在20+的球员。

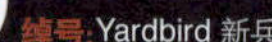

绰号:Yardbird 新兵

得分狂:1957—1958赛季,亚德里共计得到2001分,成为联盟首位单赛季得分超过2000分的球员,同时他的808次罚球和罚中655球均为联盟之最。

125 Maurice Cheeks 莫里斯·奇克斯

生日:1956.9.8 身高:1.85米 位置:G 号码:10,1
职业生涯:1978—1993
球队:费城76人,圣安东尼奥马刺,纽约尼克斯,亚特兰大老鹰,新泽西篮网
场均数据:11.1分,2.8篮板,6.7助攻,2.1抢断,0.3盖帽

荣誉

1次总冠军(1983)
总抢断第五,总助攻第十
4次全明星,4次最佳防守阵容

尽管职业生涯一共效力过5支球队,但奇克斯最广为人知的是他效力于76人期间保持球队在东部联盟的强势地位。奇克斯是一名完美的"传球第一"的控卫,正是在他的引领下,76人从冠军候选者成为了真正的冠军球队。76人阵中并不需要奇克斯得太多分,然而他的中距离和致命一击能力仍值得信赖,另外他破坏性的防守也让对手头痛不已。

绰号: Mo

1993年退役: 奇克斯在当时抢断和助攻分别位列联盟历史第一和第五。

126 Ben Wallace 本·华莱士

生日:1974.9.10 身高:2.06米 位置:C 号码:30,4,3,6
职业生涯:1996—2012
球队:华盛顿子弹/奇才,奥兰多魔术,底特律活塞,芝加哥公牛,克利夫兰骑士
场均数据:5.7分,9.6篮板,1.3助攻,1.3抢断,2.0盖帽

荣誉

1次总冠军(2004)
2次篮板王,1次盖帽王
4次全明星,5次最佳防守阵容

防守标兵,这可能是对华莱士最准确的描述。他4次赢得年度最佳防守球员,和迪肯贝·穆托姆博一起成为NBA史上赢得这一荣誉最多的人。本最恐怖的单赛季防守数据是2001—2002赛季场均3.5个盖帽和2002—2003赛季场均15.4个篮板,同时他也是活塞队史盖帽纪录的保持者。不过由于罚球命中率较低,他常被对手以"砍鲨战术"送上罚球线。

绰号: Big Ben 大本钟

盖帽王: 2001—2002赛季,华莱士场均13个篮板3.5次盖帽均位列联盟榜首。2003年全明星赛上,华莱士作为东部首发中锋出场,他也因此成为NBA史上唯一没有参加过选秀的全明星首发球员。

127 Chauncey Billups 昌西·比卢普斯

生日:1976.9.25 身高:1.91米 位置:G 号码:4,3,1,7
职业生涯:1997—2014
球队:波士顿凯尔特人,多伦多猛龙,丹佛掘金,明尼苏达森林狼,底特律活塞,纽约尼克斯,洛杉矶快船
场均数据:15.2分,2.9篮板,5.4助攻,1.0抢断,0.2盖帽

荣誉 

1次总冠军(2004)
5次全明星
1次总决赛MVP

比卢普斯的职业生涯从旅行开始,在与活塞签约前的5年时间里他4次更换了东家。在底特律,他证明了自己是一个优秀的领袖,有着强大的心脏,他帮助球队夺得一座总冠军奖杯,自己也荣膺总决赛MVP,另外还有一次带领球队杀进总决赛。球场上的比卢普斯是拥有强壮体魄的球场组织者,以高罚球命中率和三分球著称。在场上位置颇为多面的他,是球队的大脑,还是关键时刻一锤定音的家伙。

亮点

绰号: Mr. Big Shot 大心脏先生

闪耀总决赛: 2004年对阵湖人的总决赛中,比卢普斯场均得到21分和5.2次助攻帮助球队获胜,个人荣膺总决赛MVP。

三分先生: 2008—2009赛季季后赛首轮对阵黄蜂的比赛中,比卢普斯以场均22.6分7.4次助攻3.8个三分球的优异表现帮助掘金淘汰对手,他的单场8个三分和系列赛19个三分均为球队季后赛历史之最。

128 DeMarcus Cousins 德马库斯·考辛斯

生日:1990.8.13 身高:2.11米 位置:C 号码:15,0
职业生涯:2010年至今
球队:萨克拉门托国王,新奥尔良鹈鹕
场均数据:21.2分,10.8篮板,3.0助攻,1.4抢断,1.2盖帽

荣誉

1次奥运冠军(2016)
3次全明星

考辛斯拥有宽阔壮硕的身形、配合出色的单打脚步和杰出的中远距离跳投技术,进攻端,他几乎是不可阻挡的杀器。不过,考辛斯从未作为球队领袖证明过自己,他甚至没有打过季后赛,即使2017年转会鹈鹕和安东尼·戴维斯组成"独角兽组合"后也依旧没有改变这一尴尬局面。

亮点

技术犯规: 从进入联盟伊始,考辛斯就是技术犯规排行榜前十的钉子户。迄今为止,他在2012—2013,2013—2014,2015—2016和2016—2017赛季都占据了技术犯规排行榜的榜首。

129 Yao Ming 姚明

生日：1980.9.12　身高：2.26米　位置：C　号码：11
职业生涯：2002—2011
球队：休斯敦火箭
场均数据：19.0分，9.2篮板，1.6助攻，0.4抢断，1.9盖帽

荣誉

8次全明星

对于一名身高达到2.26米的大个子而言，姚明在NBA舞台上的表演绝对让人震惊，他有着精准的中距离投篮、美妙的传球和超高的罚球命中率。这名来自中国上海的中锋在21岁时就成为2002年的NBA状元，前三个赛季他只缺席了两场比赛，而在之后的5年里饱受伤病困扰。尽管只有8年的NBA生涯，但这位一度是联盟最优秀的中锋最伟大的成就是成为篮球全球化的大使，他让NBA走进了13亿中国人的生活中。

亮点

绰号：大姚

击碎质疑：2002年11月17日，姚明在对阵湖人的比赛中得到20分，迫使查尔斯·巴克利履行亲驴屁股的诺言。

41分：2004年2月一场对阵老鹰的比赛中，姚明得到职业生涯最高的41分，另有7个助攻入账。

130 Brad Daugherty 布拉德·多尔蒂

生日:1965.10.19　身高:2.13米　位置:C　号码:43
职业生涯:1986—1994
球队:克利夫兰骑士
场均数据:19.0分,9.5篮板,3.7助攻,0.8抢断,0.7盖帽

荣誉

5次全明星

在北卡度过了难以置信的四年时光后,多尔蒂在1986年以状元身份被骑士选中,并一直待到NBA生涯的结束。这名7尺长人5次入选全明星,在1994年退役时他是骑士队史的得分王和篮板王——虽然现在这两个荣誉已经不属于他。反复的背伤让多尔蒂在28岁时就选择了退役,现在,他的身份是ESPN电视台纳斯卡汽车拉力赛的解说员。

绰号: Hooch 烈酒 Big Dukie

最佳骑士: 作为在骑士30周年庆典(1999—1900赛季)的一部分,多尔蒂入选骑士历史最佳阵容。

精准: 1992—1993赛季多尔蒂以63.5%的投篮命中率位列联盟第一。

131 Charlie Scott 查理·斯科特

生日:1948.12.15　身高:1.96米　位置:G/F　号码:33,11
职业生涯:1970—1980
球队:菲尼克斯太阳,波士顿凯尔特人,洛杉矶湖人,丹佛掘金
场均数据:17.9分,3.6篮板,4.8助攻,1.3抢断,0.3盖帽

荣誉 

1次奥运会冠军(1968)
1次总冠军(1976)
3次全明星

斯科特是纽约城街球场的传奇人物,他被阿奇巴尔德奉为胯下运球的发明者,被J博士称作是街球圣地洛克公园最伟大的球手。同时,他也是北卡罗莱纳大学第一位拿到篮球奖学金的黑人球员。身高1.96米的斯科特在1969—1970赛季以场均27.1分获得ABA联赛的最佳新秀。他的NBA生涯始于太阳,在1976年帮助凯尔特人夺得总冠军的第六场比赛中,他贡献25分和11个篮板。

在1971—1972赛季,斯科特以场均34.6分荣膺ABA联赛得分王。

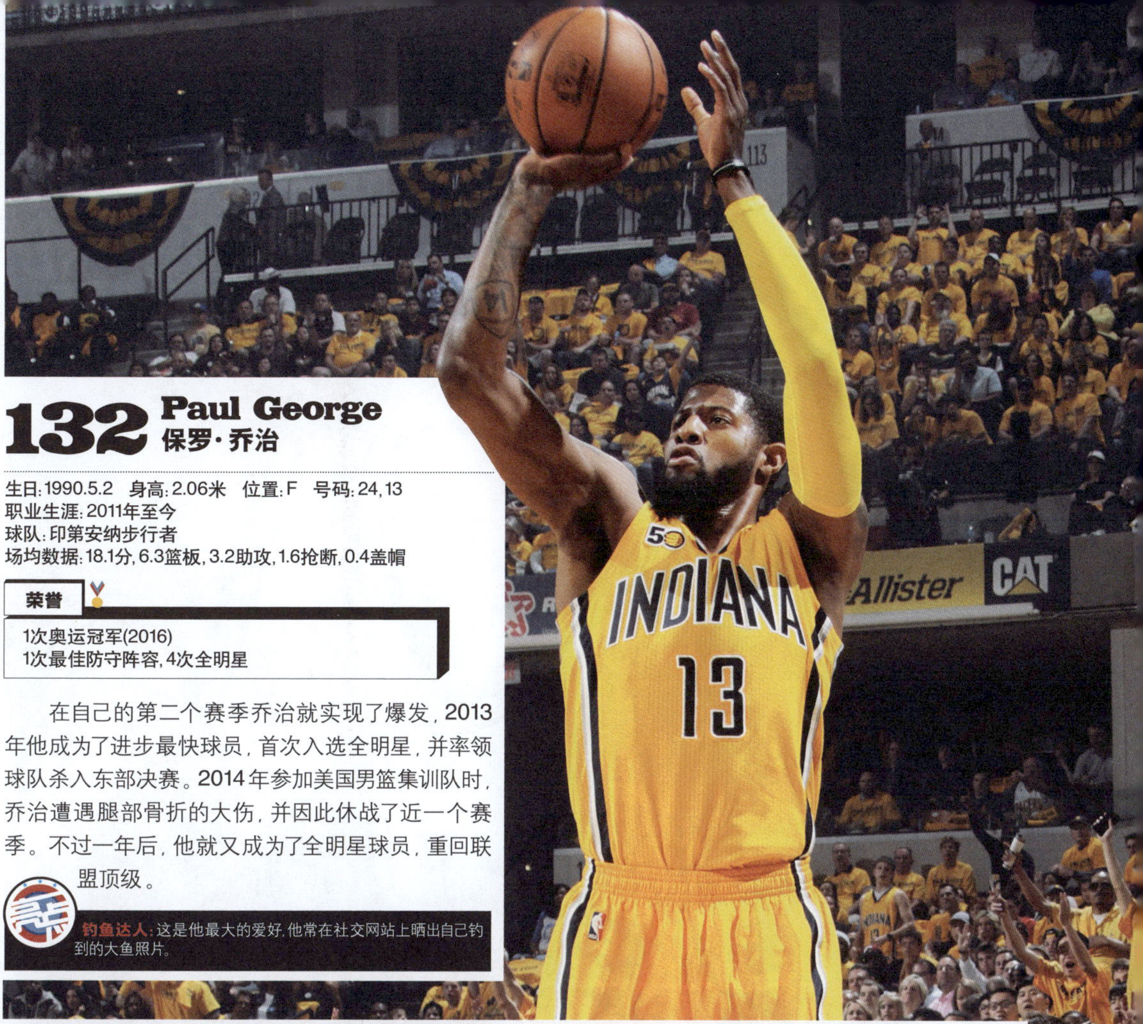

132 Paul George 保罗·乔治

生日:1990.5.2 身高:2.06米 位置:F 号码:24,13
职业生涯:2011年至今
球队:印第安纳步行者
场均数据:18.1分,6.3篮板,3.2助攻,1.6抢断,0.4盖帽

荣誉

1次奥运冠军(2016)
1次最佳防守阵容,4次全明星

在自己的第二个赛季乔治就实现了爆发,2013年他成为了进步最快球员,首次入选全明星,并率领球队杀入东部决赛。2014年参加美国男篮集训队时,乔治遭遇腿部骨折的大伤,并因此休战了近一个赛季。不过一年后,他就又成为了全明星球员,重回联盟顶级。

亮点

钓鱼达人:这是他最大的爱好,他常在社交网站上晒出自己钓到的大鱼照片。

133 Rudy Tomjanovich 鲁迪·汤姆贾诺维奇

生日:1948.11.24 身高:2.03米 位置:F 号码:45
职业生涯:1970—1981
球队:圣地亚哥/休斯敦火箭
场均数据:17.4分,8.1篮板,2.0助攻,0.7抢断,0.3盖帽

荣誉

5次全明星

在1977年克米特·华盛顿事件之前,汤姆贾诺维奇一直都是一名身体素质出众的白人前锋,他能里能外,不会回避任何身体对抗,他也是一名极富侵略性的篮板手,拥有不错的传球能力。可以说,只要球队需要,汤姆贾诺维奇可以在球场上充当任何角色。而在其后的教练生涯里,他还带给火箭两座总冠军奖杯。

亮点

绰号:Rudy T

高效得分手:职业生涯投篮命中率高达50.1%。

134 Manu Ginobili
马努·吉诺比利

生日:1977.7.28　身高:1.98米　位置:G　号码:20
职业生涯:2002年至今
球队:圣安东尼奥马刺
场均数据:13.6分,3.6篮板,3.9助攻,1.4抢断,0.3盖帽

荣誉

1次奥运冠军(2004)
4总冠军(2003, 2005, 2007, 2014)
2次全明星

作为最好的国际后卫之一,阿根廷人吉诺比利把自己的比赛带到了NBA。作为一个左手球员,他擅于蛇形突破和远射,并拥有独门绝技欧洲步。球风富有观赏性,拥有出色的突破视野和传球能力,常凭借自己的出色进攻撕裂对手防线。心理素质出色的他在关键时刻常有爆发表现。更让人吃惊的是,39岁高龄的他在本赛季依旧犀利无比,似乎岁月没在他身上留下痕迹。

亮点

蝙蝠侠:2009年10月31日对阵国王的比赛中,一只飞入AT&T中心的蝙蝠让比赛不得不中止,敏捷的吉诺比利把蝙蝠拍到地上。

盖帽哈登:2017年5月9日对阵火箭的西部半决赛第五场,加时赛最后1秒,在被哈登晃过后,吉诺比利从身后完成了盖帽绝杀,帮助马刺拿下胜利。这也成为了系列赛的转折点。

135 Richie Guerin 里奇·盖伦

生日:1932.5.29　身高:1.93米　位置:G　号码:9, 5, 18, 19
职业生涯:1956—1970
球队:纽约尼克斯, 圣路易斯/亚特兰大老鹰
场均数据:17.3分, 5.0篮板, 5.0助攻

荣誉

6次全明星

这位生于纽约布朗克斯区，毕业于新罗谢尔市爱奥纳学院的后卫也算得上是半个纽约人，因此也深得尼克斯球迷的喜爱。作为1960年代最好的后卫之一，盖伦6次在全明星赛上亮相。篮球场上的盖伦无所不能，他是一名进攻组织者，同时其篮板能力在后卫中是顶级的，另外他的投篮能力不容小觑，其职业生涯有4个赛季场均20+。

助攻纪录: 1958年12月12日，盖伦在对阵老鹰的比赛中拿下21次助攻，至今仍为尼克斯队史纪录。

再破纪录: 1959年12月11日，盖伦在对阵锡拉丘斯民族时砍下57分，打破之前47分的队史最高单场得分，保持至今。

136 Willie Naulls 威利·诺尔斯

生日:1934.10.7　身高:1.98米　位置:F-C　号码:33, 6, 71, 12
职业生涯:1956—1966
球队:圣路易斯老鹰, 纽约尼克斯, 旧金山勇士, 波士顿凯尔特人
场均数据:15.8分, 9.6篮板, 1.6助攻

荣誉

3次总冠军(1964, 1965, 1966)
4次全明星

虽然身高只有1.98米，但诺尔斯打的是大前锋和中锋的位置，并且干得相当出色，他曾连续5个赛季场均篮板过双。在NBA生涯里，诺尔斯4次入选全明星，3个赛季场均得分超过20分。他大部分时间是在尼克斯度过，当被球队任命为队长时也创造了一个历史：成为美国四大联盟中第一位非洲裔的球队队长。

绰号: The Whale 鲸鱼

非洲队长: 在尼克斯时诺尔斯被任命为球队队长，他也是四大联盟中第一位非洲裔的球队队长。

137 Guy Rodgers 盖伊·罗杰斯

生日:1935.9.1 身高:1.83米 位置:G 号码:25, 5
职业生涯:1958—1970
球队:费城/旧金山勇士,芝加哥公牛,辛辛那提皇家,密尔沃基雄鹿
场均数据:11.7分,4.3篮板,7.8助攻

荣誉

2次助攻王
4次全明星

在1960年代的勇士队中,如果说张伯伦是蝙蝠侠的话,那么罗杰斯就是他身边的罗宾。在12年的职业生涯里,这名身高只有1.83米的坦普尔大学毕业生凭借着高超的进攻组织和持球能力4次入选全明星,并且有3个赛季场均助攻超过10次。1963年3月14日,罗杰斯追平鲍勃·库西创造的单场28次助攻的联盟纪录,这一纪录直到15年后才被打破。

最佳副手: 作为威尔特·张伯伦的队友,在张伯伦单场砍下100分的比赛中,罗杰斯奉献了20次助攻。

138 Anfernee Hardaway
安芬尼·哈达威

生日:1971.7.18　身高:2.01米　位置:G/F　号码:1,7
职业生涯:1993—2007
球队:奥兰多魔术,菲尼克斯太阳,纽约尼克斯,迈阿密热火
场均数据:15.2分,4.5篮板,5.0助攻,1.6抢断,0.4盖帽

荣誉

1次奥运冠军(1996)
4次全明星,2次最佳阵容

唉,世事难料,你永远都不知道会发生什么。在职业生涯的前三个赛季,"便士"哈达威即2次入选联盟最佳阵容,并和奥尼尔一起率领魔术分别取得50、57和60场胜利,1次杀进总决赛。他是一名致命的复合型后卫,能从比赛第一秒开始冲击对手篮筐,直至最后一秒…… 他还没有完全展示自己的才华,伤病就让这一切停滞了下来,这对他本人和喜爱篮球的人来说都是悲剧性的打击。

亮点

绰号: Penny 便士

闪耀总决赛: 尽管被火箭横扫,但在1995年的总决赛中哈达威场均得到24.5分、4.8个篮板、8次助攻,命中率超过50%。

背靠背40+: 1996—1997赛季季后赛首轮魔术在0比2落后热火的情况下,哈达威在接下来两场比赛中分别砍下42分和41分,他也成为联盟第一个在季后赛本队得分少于100分的情况下,背靠背砍下40+的球员。

139 Spencer Haywood 斯潘塞·海伍德

生日:1949.4.22　身高:2.03米　位置:F　号码:24, 42, 31
职业生涯:1969—1983
球队:丹佛火箭, 西雅图超音速, 纽约尼克斯, 新奥尔良爵士, 洛杉矶湖人, 华盛顿子弹
场均数据:20.3分, 10.3篮板, 1.8助攻, 0.6抢断, 1.1盖帽

荣誉

1次奥运冠军(1968)
1次总冠军(1980)
2次最佳阵容, 4次全明星

由于当时NBA不允许大学未毕业球员参赛, 斯潘塞在1969年大二结束后先加入了ABA, 然后在1970年加入NBA, 与超音速签下6年合同。在1968年, 在大学时表现出色的他代表美国参加了当年度的奥运会, 场均拿到16.1分的他是冠军球队的头号得分手。1980年, 他作为打酱油的存在随湖人夺冠。

亮点

与NBA对簿公堂: 在与超音速签约后, 联盟与NBA各支球队都认为他并不合法, 将其和超音速告上法庭。海伍德为自己辩护, 并控诉联盟高中毕业四年后方能加盟的条款违反《谢尔曼反托拉斯法》。海伍德最终胜诉, 从1971年起, NBA允许大学未毕业学生球员参加选秀。

140 Lou Hudson 卢·哈德森

生日:1944.7.11 身高:1.96米 位置:F-G 号码:23,18
职业生涯:1966—1979
球队:圣路易斯/亚特兰大老鹰,洛杉矶湖人
场均数据:20.2分,4.4篮板,2.7助攻,1.4抢断,0.3盖帽

荣誉

6次全明星

虽然没有赢得总冠军,但哈德森所在的那支老鹰队内竞争异常激烈,然而哈德森在这里却5次成为队内得分王。这位6次入选全明星赛的得分机器连续7个赛季场均得分超过20分,其中有4个赛季场均得分更是达到24分以上。13年的职业生涯,他的总得分近18000分。

亮点

绰号: Sweet Lou 甜卢

季后赛先生: 1972—1973赛季季后赛中,哈德森场均得到29.7分,位列联盟第一。

141 Phil Chenier 菲尔·谢尼埃

生日:1950.10.30 身高:1.91米 位置:G 号码:45,30,15
职业生涯:1971—1981
球队:巴尔的摩/华盛顿子弹,印第安纳步行者,金州勇士
场均数据:17.2分,3.6篮板,3.0助攻,1.6抢断,0.6盖帽

荣誉

1次总冠军(1978)
3次全明星

谢尼埃是1970年代那支强大的子弹队的关键成员之一,他的得分天赋毋庸置疑,同时,他的传球和利用速度建立的防守也很有破坏性。作为3次全明星,谢尼埃有着柔和的投篮手感,这在球队陷入麻烦时常常能发挥奇效。尽管在职业生涯后期背伤在一定程度上限制了谢尼埃的效率,但是他仍然是那个年代最全面的后卫之一。

142 Dwight Howard 德怀特·霍华德

生日:1985.12.8 身高:2.11米 位置:C 号码:12, 8
职业生涯:2004年至今
球队:奥兰多魔术, 洛杉矶湖人, 休斯敦火箭, 亚特兰大老鹰
场均数据:17.5分, 12.7篮板, 1.5助攻, 1.0抢断, 2.0盖帽

荣誉

1次奥运冠军(2008)
5次篮板王, 2次盖帽王
5次最佳阵容, 8次全明星

作为状元秀霍华德很快就在魔术兑现了自己的潜能，初入联盟的八年，他带领球队3次成为分区冠军，一次成为联盟冠军，并在2009年杀入总决赛。2012年，霍华德转会湖人，这成为了他的职业生涯转折点，一年后因为无法适应大都会洛杉矶，霍华德又转会火箭。在休斯敦，霍华德遭遇伤病困扰，因此彻底退出一线球星行列。2016年，霍华德回归故乡亚特兰大。

高中生状元: 霍华德是NBA史上仅有的三位高中生状元之一，前两位分别是夸梅·布朗(2001)和勒布朗·詹姆斯(2003)。

最年轻防守队员: 在2009年获得自己的第一次DPOY时，他年仅23岁。

143 Zelmo Beaty 泽尔莫·比蒂

生日:1939.10.25 身高:2.06米 位置:C 号码:14, 31
职业生涯:1962—1975
球队:圣路易斯/亚特兰大老鹰,洛杉矶湖人
场均数据:16.0分,10.4篮板,1.5助攻,0.7抢断,0.4盖帽

荣誉

2次全明星

从牧场风景农工学院来到圣路易斯老鹰,身高只有2.06米的比蒂在一般人看来很难出任中锋一职,但这些偏见根本无法阻挡他在1960年代篮球场上取得的成就,他2次入选全明星赛,职业生涯总得分超过15000分。他曾经转投ABA联赛,虽然收获了一枚冠军戒指,但也因此在NBA历史上被低估。如果当时老鹰哪怕能有一次击败湖人,那么比蒂的地位……

亮点

绰号: Big Z 大Z

ABA冠军: 比蒂在1971年随犹他明星队一起获得ABA联赛冠军。

144 Jack Sikma 杰克·希克马

生日:1955.11.14 身高:2.11米 位置:C-F 号码:43
职业生涯:1977—1991
球队:西雅图超音速,密尔沃基雄鹿
场均数据:15.6分,9.8篮板,3.2助攻,1.0抢断,0.9盖帽

荣誉

1次总冠军(1979)
7次全明星

尽管从来没有被认为是一个超级巨星,但希克马这位身高2.11米的伊利诺伊人以他的强硬(10个赛季出场时间在80场以上)和甜蜜的投篮手感(职业生涯罚球命中率高达85%),在14年的职业生涯里7次获得了入选全明星赛的机会。在来到联盟的第二个赛季,希克马就帮助超音速夺得了队史上的唯一一座总冠军奖杯。

亮点

万无一失: 1987—1988赛季,西克马以92.2%的超高罚球命中率位列联盟榜首。

145 Tom Chambers 汤姆·钱伯斯

生日:1959.6.21　身高:2.08米　位置:F/C　号码:22, 24, 42, 25
职业生涯:1981—1997
球队:圣地亚哥快船,西雅图超音速,菲尼克斯太阳,犹他爵士,夏洛特黄蜂,费城76人
场均数据:18.1分,6.1篮板,2.1助攻,0.8抢断,0.6盖帽

荣誉

4次全明星
1次全明星MVP

飞在空中的大个子,加上出色的外围投篮能力,这便是1980年代到90年代早期西部赛区的代表性人物钱伯斯。身高2.08米的白人钱伯斯有着难以置信的弹跳能力,这位4次入选全明星赛的大个子在西雅图和凤凰城球迷中有着独树一帜的地位,也是这两支球队在那一时期崛起的关键人物。其个人巅峰是在1989—1990赛季,场均贡献27.2分7个篮板2.3次助攻。

亮点

全明星MVP: 在1987年西雅图全明星赛上,金发飘飘的钱伯斯砍下34分当选MVP。

146 Bailey Howell
巴里·霍威尔

生日:1937.1.20　身高:2.01米　位置:F　号码:18,15,16
职业生涯:1959—1971
球队:底特律活塞,巴尔的摩子弹,波士顿凯尔特人,费城76人
场均数据:18.7分,9.9篮板,1.9助攻

荣誉

2次总冠军(1968,1969)
6次全明星

霍威尔在密西西比州立大学只待了三年就来到NBA,在1959年的选秀大会上在第2顺位被活塞选中,这在当时还属罕见。他的篮板和防守功底深厚,并有一手漂亮的勾手,其职业生涯4个赛季场均得分超过20分,6次场均篮板超过10个。作为6次全明星,霍威尔直到帮助凯尔特人2次夺得总冠军才走到联盟舞台的中央。

大学明星: 霍威尔至今保持着密西西比州立大学单场得分、总得分、单赛季和总罚球、单场和单赛季篮板、总篮板等一系列纪录。

147 Bob Davies
鲍伯·戴维斯

生日:1920.1.15　身高:1.85米　位置:G/F　号码:11
职业生涯:1948—1955
球队:罗切斯特皇家
场均数据:14.2分,2.9篮板,4.8助攻

荣誉

1次总冠军(1951)
4次全明星,3次最佳阵容

有着和哈林篮球队打球的经历,戴维斯的篮球技术毋庸赘述。在1946年夺得NBA联赛前身BAA联赛MVP奖杯后,这位被称为"哈里斯堡的胡迪尼"来到了罗切斯特皇家,之后他3次入选联盟最佳阵容,4次在全明星赛上亮相。他和队友鲍比·温泽尔一起带领皇家夺得1951年NBA总冠军。1970年,他进入篮球名人堂。

绰号: the Harrisburg Houdini 哈里斯堡的胡迪尼

助攻王: 1948—1949赛季BAA联赛助攻王。

148 Gus Williams 格斯·威廉姆斯

生日:1953.10.10　身高:1.88米　位置:G　号码:1
职业生涯:1975—1987
球队:金州勇士,西雅图超音速,华盛顿子弹,亚特兰大老鹰
场均数据:17.1分,2.7篮板,5.6助攻,2.0抢断,0.4盖帽

荣誉

1次总冠军(1979)
2次全明星,1次最佳阵容

威廉姆斯经典的纽约出产控卫,有着出色的控球技巧。在1977—1978赛季兰尼·威尔肯斯出任超音速主教练之前,威廉姆斯是球队替补,得到主教练赏识后,威廉姆斯和丹尼斯·约翰逊组成了强大后场把球队一路带到了总决赛的舞台上。接下来的一年他们更是再接再厉重新杀回总决赛,并且凭借着威廉姆斯的强势发挥赢得总冠军。

绰号: Wizard 巫师

冠军: 在1979年总决赛中以全队最高的场均28.6分帮助超音速队夺冠。

149 Dick McGuire 迪克·麦奎尔

生日:1926.1.25　身高:1.83米　位置:G　号码:15
职业生涯:1949—1960
球队:纽约尼克斯,底特律活塞
场均数据:8.0分,4.2篮板,5.7助攻

荣誉

7次全明星

麦奎尔是NBA联盟早期最伟大的进攻组织者之一,7次入选全明星,在助攻榜上也总名列前茅。麦奎尔大部分职业生涯都在家乡球队尼克斯度过,3次在总决赛挑战明尼阿波利斯湖人,至今还在尼克斯队史助攻榜上排名第三。如果有机会到麦迪逊广场花园看球,你一定得好好看看悬挂在球馆上空的麦奎尔的15号退役球衣。正如尼克斯总裁沃尔什所说,"麦奎尔就是尼克斯的一个缩影:骄傲,传统并且经典。"

绰号: Tricky Dick 狡猾的迪克

新秀助攻王: 麦奎尔在自己的新秀赛季就以386次助攻成为当赛季联盟助攻次数最多者。

150 Harry Gallatin 哈里·盖拉汀

生日:1927.4.26　身高:1.98米　位置:F/C　号码:11,10
职业生涯:1948—1958
球队:纽约尼克斯,底特律活塞
场均数据:13.3分,11.9篮板,1.8助攻

荣誉

1次篮板王
7次全明星,1次最佳阵容

盖拉汀是坚不可摧的,在他的整个职业生涯中没有缺席过一场比赛。身高只有1.98米的盖拉汀是个篮板狂人,职业生涯场均篮板上双,其中在1953—1954赛季场均更是达到当年联盟最高的15.3个。那时候,每个人都知道每晚在老麦迪逊广场花园可以看到盖拉汀的卖力表演,永不缺席。

绰号: The Horse 马

篮板收集者: 在1952—1953赛季对阵活塞的一场比赛中,盖拉汀得到33个篮板,为当时联盟单场篮板纪录。

执教: 在自己首个执教的1962—1963赛季,盖拉汀就当选为年度最佳教练。

151 Maurice Lucas 莫莱斯·卢卡斯

生日:1952.2.18　身高:2.06米　位置:F/C　号码:20,25,33,23
职业生涯:1976—1988
球队:波特兰开拓者,新泽西篮网,纽约尼克斯,菲尼克斯太阳,洛杉矶湖人,西雅图超音速
场均数据:14.4分,8.8篮板,2.3助攻,0.7抢断,0.6盖帽

荣誉

1次总冠军(1977)
5次全明星,1次最佳防守阵容

在ABA联赛征战了2个赛季后,卢卡斯于1976年加盟了比尔·沃顿领衔的开拓者,37胜45负,随即开拓者以季后赛末名一路杀进总决赛,并斩获总冠军奖杯。在总决赛中,卢卡斯被称作是"执法者",是对手的终结者,但实际上他是球队的首席得分手(场均20.2分),场均也有11.4个篮板入账。沃顿丝毫不掩饰对卢卡斯的喜爱,把自己儿子取名为卢克。

绰号: The Enforcer 执法者

1977年总决赛第二场: 76人领先优势明显,在一次防守中,开拓者的鲍勃·格洛斯和76人达瑞尔·道金斯发生冲突。卢卡斯为了保护队友站出来与道金斯单挑,结果两人被罚出场。尽管开拓者输掉了比赛,总比分0比2落后,但是这一事件改变了整个系列赛的走势,开拓者打出"为了莫里斯"的口号,连扳4局,赢下了总冠军。卢卡斯也因此得到"执法者"的绰号。

152 Amar'e Stoudemire 阿玛雷·斯塔德迈尔

生日:1982.11.16 身高:2.08米 位置:F/C 号码:32,1,5
职业生涯:2002—2016
球队:菲尼克斯太阳,纽约尼克斯,达拉斯小牛,迈阿密热火
场均数据:18.9分,7.8篮板,1.2助攻,0.8抢断,1.2盖帽

荣誉

6次全明星,1次最佳阵容

斯塔德迈尔击败姚明成为了2002—2003赛季最佳新秀,此后他如冲天火箭般迅速成为联盟的新鲜势力,在未受伤前的巅峰期,他球风彪悍,爆发力、运动能力、面筐进攻能力都极其出色,中投稳定。暴力扣篮是他的常用进攻手段,整个NBA职业生涯里共尝试1745次扣篮,命中1593次,占生涯总得分19.9%。2005年,膝盖的微创手术让他的步伐减缓。天赋被削弱后,无论是和纳什的"七秒或者更少"的炮轰,还是和安东尼在尼克斯联手都未能让斯塔德迈尔的职业生涯再有所突破。在小牛和热火完成过渡期后,他去到以色列联赛,效力至今。

亮点

绰号:STAT 小霸王

超级高中生:2002年12月30日在对阵森林狼的比赛中,小斯砍下38分,创造高中球员在菜鸟赛季单场得分纪录,这一纪录在一年后被詹姆斯所打破。

纽约王者:转投尼克斯后,小斯在2010年12月15日对阵凯尔特人的比赛中创造连续9场比赛得分30+的联盟纪录,两天后他又创造连续9场比赛投篮命中率50%以上的联盟纪录。

153 Michael Cooper 迈克尔·库帕

生日:1956.4.15 身高:1.96米 位置:G/F 号码:21
职业生涯:1978—1990
球队:洛杉矶湖人
场均数据:8.9分,3.2篮板,4.2助攻,1.2抢断,0.6盖帽

荣誉

5次总冠军(1980,1982,1985,1987—1988)
5次最佳防守阵容
1次最佳防守球员

在那支"表演时刻"的湖人,库帕凭借着坚韧的防守镇守着湖人的后场,他防守的对象是对方最好的锋卫球员,这为库帕带来8次入选联盟防守阵容(其中5次为最佳防守阵容)和1次当选最佳防守球员(1987年)的荣誉。另外,你还不能低估了库帕的弹跳能力,他和"魔术师"配合空中接力也是球场的一道风景线。

绰号:Coooooooop

执教:作为WNBA洛杉矶火花队教练期间,库帕夺得一次年度最佳教练(2000年)和两个WNBA总冠军(2001年和2002年)。

154 Paul Silas 保罗·塞拉斯

生日:1943.7.12 身高:2.01米 位置:F/C 号码:29,12,35,36
职业生涯:1964—1980
球队:圣路易斯/亚特兰大老鹰,菲尼克斯太阳,波士顿凯尔特人,丹佛掘金,西雅图超音速
场均数据:9.4分,9.9篮板,2.1助攻,0.6抢断,0.2盖帽

荣誉

3次总冠军(1974,1976,1979)
2次全明星,2次最佳防守阵容

虽然身高只有2.01米,但这并不妨碍塞拉斯成为一名产量出众的篮板专家和凶狠的防守悍将,这也是他得以揽获3枚总冠军戒指的关键性因素。这位两次全明星球员(1次在太阳,1次在凯尔特人)在职业生涯的后十年里只缺席了7场比赛,并且在职业生涯里只缺席了2次季后赛,最终在联盟得到超过11000分和12000个篮板。

绰号:Silvanus 西尔瓦诺斯

篮板明星:在克莱顿大学,塞拉斯曾创下NCAA三个赛季总篮板纪录,大学四年他场均篮板为21.6个。

155 Blake Griffin 布雷克·格里芬

生日:1989.3.16 身高:2.08米 位置:F 号码:32
职业生涯:2010年至今
球队:洛杉矶快船
场均数据:21.5分,9.4篮板,4.1助攻,1.0抢断,0.6盖帽

荣誉

5次全明星

进入联盟的第一个赛季,格里芬在季赛前因扣篮弄伤膝盖导致菜鸟赛季报销。但这并没有阻碍他暴扣联盟,一年后,复出的格里芬凭借最赏心悦目的篮球、强大的得分和篮板能力,成功入选全明星,并成为最佳新秀。2012年,格里芬再度遭遇膝伤,为此他切除了部分半月板。在运动能力受限后,格里芬开发出了中远距离跳投能力,以及如核心控卫般的传球技巧,逆袭伤病的他成为了联盟最佳大前锋之一。

亮点

全明星全勤:2010—2011赛季全明星赛,格里芬以新秀身份入选了首日的新秀挑战赛,次日的扣篮大赛,以及最后一日的全明星正赛,是首个三日活动全部参与的球员。

156 Paul Westphal 保罗·韦斯特法尔

生日:1950.11.30 身高:1.93米 位置:G 号码:44
职业生涯:1972—1984
球队:波士顿凯尔特人,菲尼克斯太阳,西雅图超音速,纽约尼克斯
场均数据:15.6分,1.9篮板,4.4助攻,1.3抢断,0.3盖帽

荣誉

1次总冠军(1974)
5次全明星,3次最佳阵容

职业生涯的前三个赛季,韦斯特法尔在凯尔特人为出场时间而奋战着,当他转投太阳后,一跃成为联盟中最优秀的得分手之一。韦斯特法尔是一名完美的复合型后卫,他的盘带和投篮随时能引爆全场,而他出色的视野和传球能力则能让队友轻松地得分。韦斯特法尔一共5次入选全明星,他是1976年太阳杀进总决赛的关键人物,1993年他作为太阳主帅再次把球队带进总决赛。

亮点

最伟大的表演: 在被称作"有史以来最伟大的总决赛"的1976年总决赛第五场,韦斯特法尔在太阳以91比94落后凯尔特人时从怀特手上抢断,并长传队友得分,接着他通过罚球将比分追至94平;第二个加时还剩15秒时他又从哈夫利切克手中抢断成功,还剩1秒时,太阳以110比111落后,拥有球权的太阳在被凯尔特人紧逼下,韦斯特法尔要了一次暂停,他清楚球队已无暂停可用,因此领到一次技术犯规,凯尔特人执行罚球,并2分领先。但暂停后太阳在中场而不是后场发球,赫德随后的进球将太阳送入第三个加时;还剩20秒时凯尔特人以128比122领先,以为胜券在握,韦斯特法尔又迅速以1次抢断和2次投篮把比分追至126比128,但最终太阳还是输掉了比赛。

157 Phil Smith 菲尔·史密斯

生日:1952.4.22 身高:1.93米 位置:G 号码:20,11
职业生涯:1974—1983
球队:金州勇士,圣地亚哥快船,西雅图超音速
场均数据:15.1分,3.0篮板,3.9助攻,1.1抢断,0.3盖帽

荣誉

1次总冠军(1975)
2次全明星

球场上的史密斯手感柔和,跑位飘忽。他的NBA生涯始于勇士,在1974—1975赛季勇士击败子弹夺得总冠军时,史密斯是球队的替补球员。因为有就读于华盛顿高中和旧金山大学的履历,加上其强硬的防守作风,史密斯深受湾区球迷们的喜爱,如今年仅50岁的他只要出现在球场仍会得到球迷们的热捧。

158 LaMarcus Aldridge 拉马库斯·阿尔德里奇

生日:1985.7.19 身高:2.11米 位置:F 号码:12
职业生涯:2006年至今
球队:波特兰开拓者,圣安东尼奥马刺
场均数据:19.1分,8.3篮板,1.9助攻,0.8抢断,1.0盖帽

荣誉

5次全明星

在新秀时就有出色发挥的阿尔德里奇在自己的第二个赛季开始步入爆发期,中投神准的他是球队的二号得分手及核心,常年保持稳定出色数据,是一个出色的全能球员及团队球员。在罗伊退役后扛起开拓者,并于2012年终于入选全明星。在2015年转会马刺后,被视为邓肯的接班人。

先天性心脏病:阿尔德里奇出生时就因心脏病呼吸暂停,被诊断为临床死亡,靠不断电击才复苏。在新秀赛季确诊患有沃尔夫一帕金森一怀特氏综合征(心脏功能缺陷预激综合征),他接受了心房颤动治疗手术,赛季提前报销。现在他还能在球场打球,被认为是不可能的任务。

159 Vern Mikkelson 韦恩·米克尔森

生日:1928.10.21 身高:2.01米 位置:F/C 号码:19
职业生涯:1949—1959
球队:明尼阿波利斯湖人
场均数据:14.4分,9.4篮板,2.2助攻

荣誉

4次总冠军(1950,1952,1953,1954)
6次全明星

在1950年代的那支如流水线生产总冠军奖杯的湖人队中,米克尔森就是乔治·麦肯和吉姆·波拉德身边的保镖。米克尔森帮助这支日后穿越半个美国搬迁到西海岸的球队找到了赢球的方法,25年后他们开创了更壮观的"表演时刻"。6次入选全明星赛的米克尔森毕业于圣保罗的汉姆林大学,鲜有人知,而他的职业生涯全都奉献给了湖人。

160 Johnny Kerr 约翰尼·科尔

生日:1932.8.17 身高:2.06米 位置:C/F 号码:10, 43
职业生涯:1954—1966
球队:锡拉丘斯民族/费城76人,巴尔的摩子弹
场均数据:13.8分,11.2篮板,2.2助攻

荣誉

1次总冠军(1955)
3次全明星

在成为芝加哥公牛的评论员之前,科尔在20世纪五六十年代12年的NBA职业生涯场均得到13.8分和11.2个篮板,是名副其实的"两双机器"。作为一名新秀,他帮助锡拉丘斯民族夺得了前拉塞尔时代的最后一座总冠军奖杯。而他的最后一个赛季也正赶上那支球队的剧变,时年33岁的他场均得到11分8.3个篮板。

绰号:Red

铁人:科尔职业生涯连续出场844场,创造当时联盟纪录。2004年入选伊利诺伊大学"世纪最佳阵容"。

161 Kevin Love 凯文·乐福

生日:1988.9.7 身高:2.08米 位置:F 号码:42, 0
职业生涯:2008年至今
球队:明尼苏达森林狼,克利夫兰骑士
场均数据:18.4分,11.5篮板,2.4助攻,0.7抢断,0.5封盖

荣誉 

1次总冠军(2016)
1次奥运冠军(2012)
1次篮板王,4次全明星

乐福在经历了最初两个平淡赛季后,于自己的第三个赛季迎来爆发,不仅成为2010—2011赛季的篮板王,更荣膺进步最快球员。此后乐福更是不断进步,常砍下大号两双数据。在2014年被交易到骑士后,由于得分、篮板数据的下滑,曾被质疑仅是"适合弱队的刷子",2016年总决赛第七场,他凭借对斯蒂芬·库里的成功防守让质疑声逐渐稀少。

子承父业:乐福的父亲斯坦·乐福在1970年代曾效力过巴尔的摩子弹、洛杉矶湖人和圣安东尼奥马刺。

162 Terry Cummings 特里·卡明斯

生日:1961.3.15 身高:2.06米 位置:F 号码:34,35
职业生涯:1982—2000
球队:圣地亚哥快船,密尔沃基雄鹿,圣安东尼奥马刺,西雅图超音速,费城76人,纽约尼克斯,金州勇士
场均数据:16.4分,7.3篮板,1.9助攻,1.1抢断,0.5盖帽

荣誉

2次全明星

18年的职业生涯成就了卡明斯成为联盟史上排名前五十的得分手。初入联盟,卡明斯作为圣地亚哥快船的一员就获得1983年最佳新秀,在这支球队的两个赛季场均得分均达到20+。而之后在雄鹿和马刺的前6个赛季里,卡明斯也有5个赛季场均得分超过20分。

最佳新秀:1982—1983赛季以场均23.7分10.4个篮板当选年度最佳新秀。

163 Shawn Kemp 肖恩·坎普

生日:1969.11.26 身高:2.08米 位置:F/C 号码:40,4
职业生涯:1989—2003
球队:西雅图超音速,克利夫兰骑士,波特兰开拓者,奥兰多魔术
场均数据:14.6分,8.4篮板,1.6助攻,1.1抢断,1.2盖帽

荣誉

6次全明星

坎普是1990年代最为典型的未来派大前锋之一,他那超乎寻常的身体素质和恐怖的弹跳不仅能在球场的任何一个角落把球送进篮筐,而且随时能让观众热血沸腾。尽管由于他缺少一些巧妙的低位技术,并且在职业生涯的后期发福,这让坎普在联盟中的历史地位有所下降,但他仍是那个时代最顶尖的前锋之一,也是最有观赏性的前锋(没有之一)。

绰号:Reign Man 雨人

不惧强敌:在1995—1996赛季总决赛中,坎普在面对迈克尔·乔丹的公牛时仍场均得到23.3分10个篮板和2次盖帽,投篮命中率高达55%。

164 Horace Grant 霍勒斯·格兰特

生日:1965.7.4 身高:2.08米 位置:F/C 号码:54
职业生涯:1987—2004
球队:芝加哥公牛,奥兰多魔术,西雅图超音速,洛杉矶湖人
场均数据:11.2分,8.1篮板,2.2助攻,1.0抢断,1.0盖帽

荣誉

4次总冠军(1991—1993,2001)
1次全明星

格兰特职业生涯场均得分上双，他是公牛第一个三连冠时期的主要篮板手，以其兢兢业业的态度成为球队的标准蓝领，同时他还是球队的第三得分点。1994年加盟魔术后，格兰特又帮助球队历史首次打进总决赛。这位4次入选NBA防守阵容的内线在进攻篮板的拼抢上颇有心得，职业生涯以3467个进攻篮板位列联盟历史第12位。

亮点

绰号: The General 将军

进攻篮板专家: 格兰特以善抢进攻篮板著称,在1989—1990赛季和1991—1992赛季的季后赛中,他分别抢到73个和76个进攻篮板位列联盟榜首。

165 Metta World Peace 梅塔·沃尔德皮斯

生日:1979.11.13 身高:2.01米 位置:F 号码:15, 23, 91, 93, 96, 37, 51
职业生涯:1999年至今
球队:芝加哥公牛,印第安纳步行者,萨克拉门托国王,休斯敦火箭,洛杉矶湖人,纽约尼克斯
场均数据:13.2分,4.5篮板,2.7助攻,1.7抢断,0.5盖帽

荣誉

1次总冠军(2010)
1次全明星,2次最佳防守阵容

慈世平擅于用强壮身体压迫式防守,球风强硬、斗志旺盛、脾气火暴的他曾是NBA著名"刺头"之一。在步行者队时,曾与杰梅因·奥尼尔等人组成东部最强防守队伍,然而在由于奥本山宫殿事件被禁赛整个赛季,造成球队成绩一落千丈后,于次年被交易。在2011年改名为梅塔·沃尔德皮斯(意译为慈善·世界·和平)。

亮点

绰号: True Warior 真勇士

完美兼容: 2006年1月转会来到国王后,慈世平迅速融入球队,并带领球队打出14胜5负的战绩,国王以西部第八的身份进入季后赛。

关键先生: 2009—2010赛季西部决赛第五场,世界和平投中制胜一球,并在接下来的第六场中得到25分,帮助湖人淘汰太阳。总决赛第七场又是他在第四节投中关键的三分球帮湖人最终夺冠,主教练菲尔·杰克逊称他是第七场的MVP。

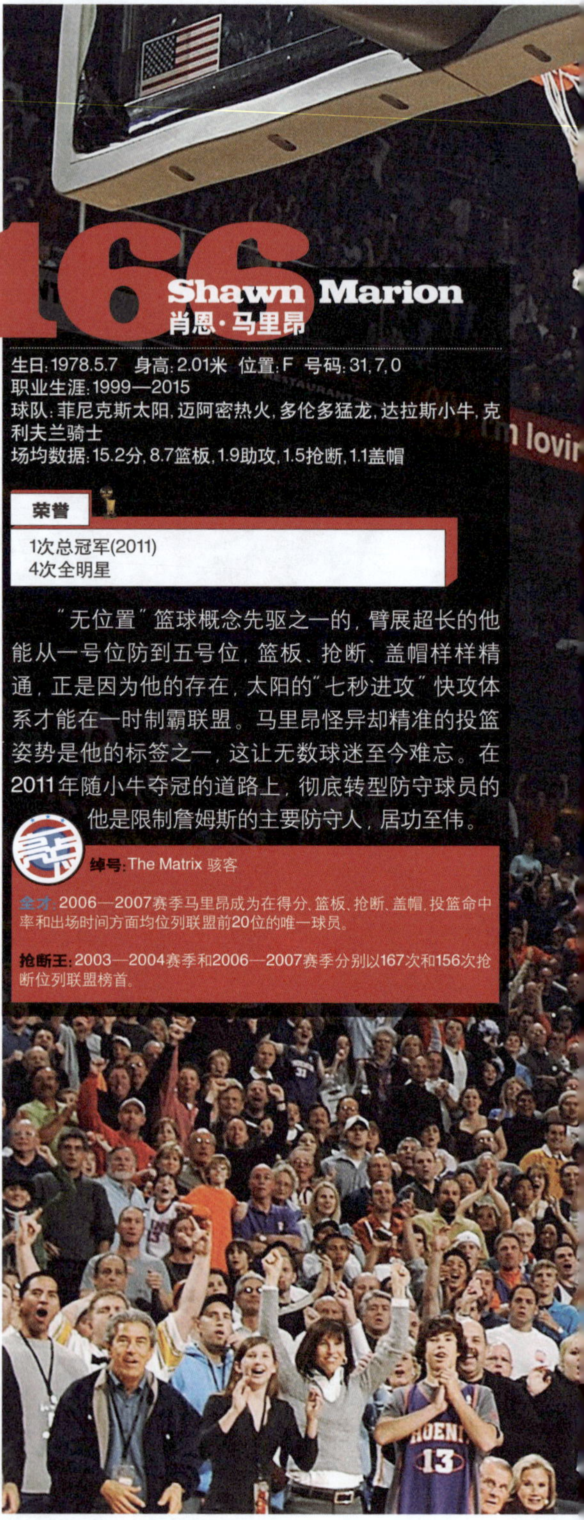

166 Shawn Marion 肖恩·马里昂

生日:1978.5.7 身高:2.01米 位置:F 号码:31, 7, 0
职业生涯:1999—2015
球队:菲尼克斯太阳,迈阿密热火,多伦多猛龙,达拉斯小牛,克利夫兰骑士
场均数据:15.2分,8.7篮板,1.9助攻,1.5抢断,1.1盖帽

荣誉

1次总冠军(2011)
4次全明星

"无位置"篮球概念先驱之一的,臂展超长的他能从一号位防到五号位,篮板、抢断、盖帽样样精通,正是因为他的存在,太阳的"七秒进攻"快攻体系才能在一时制霸联盟。马里昂怪异却精准的投篮姿势是他的标签之一,这让无数球迷至今难忘。在2011年随小牛夺冠的道路上,彻底转型防守球员的他是限制詹姆斯的主要防守人,居功至伟。

亮点

绰号: The Matrix 骇客

全才: 2006—2007赛季马里昂成为在得分、篮板、抢断、盖帽,投篮命中率和出场时间方面均位列联盟前20位的唯一球员。

抢断王: 2003—2004赛季和2006—2007赛季分别以167次和156次抢断位列联盟榜首。

167 Gene Shue 吉恩·舒

生日:1931.12.18　身高:1.88米　位置:G　号码:4, 6, 7, 21, 12
职业生涯:1954—1964
球队:费城勇士,纽约尼克斯,福特韦恩/底特律活塞/巴尔的摩子弹
场均数据:14.4分, 4.1篮板, 3.7助攻

荣誉

5次全明星,1次最佳阵容

在十年的职业生涯里,舒似乎从来没有成为NBA联盟里最耀眼的球员之一,然而即使如此,他仍然5次入选全明星,并在1959—1960赛季入选联盟最佳阵容。他的球员生涯贯穿1950年代中期到1960年代中期,其中两个赛季场均得分超过20分。结束球员生涯后,舒成为了主教练,23年的执教生涯他取得784场胜利,两次荣获年度最佳教练称号。

绰号: Little Mouse 小老鼠

不下场: 在1959—1960赛季出场时间达3338分钟,位列联盟榜首。

168 Mark Price 马克·普莱斯

生日:1964.2.15　身高:1.83米　位置:G　号码:25,15,5
职业生涯:1986—1998
球队:克利夫兰骑士,华盛顿子弹,金州勇士,奥兰多魔术
场均数据:15.2分,2.6篮板,6.7助攻,1.2抢断,0.1盖帽

荣誉

4次全明星,1次最佳阵容

普莱斯是一名天生的投手,他在佐治亚理工学院2次入选全美阵容,而在他的NBA生涯里保持着47%的投篮命中率、40%的三分球命中率和90%的罚球命中率,这些成就对普莱斯这名脚步缓慢、身高刚到六英尺的后卫尤其难得。不仅如此,他还4次入选全明星,把骑士带入东部豪强行列。虽然屡次输给乔丹领衔的公牛,但这一点都不丢脸。

亮点

罚球: 普莱斯有4个赛季罚球命中率列联盟之首,并以90.4%的职业生涯罚球命中率列联盟历史之最。

三分: 普莱斯在1993年和1994年连续两年夺得全明星赛三分大赛冠军。

169 Bobby Wanzer 鲍比·温泽尔

生日:1921.6.4　身高:1.83米　位置:G　号码:9
职业生涯:1949—1957
球队:罗切斯特皇家
场均数据:12.4分,4.5篮板,3.2助攻

荣誉

1次总冠军(1951)
5次全明星

温泽尔是1951年皇家夺冠阵容中的一员,作为一名投篮精准的后卫,这位5次全明星是NBA联盟早期很具典型性的后场球员。他的比赛让人沉醉,他不仅拥有极强的控球能力和聪明的传球,并且还有一手犀利的投篮。同时,他还经常把球运到内线,向大家展示自己的勾手绝技。

亮点

绰号: Hooks 钩子

90%第一人: 1951—1952赛季,温泽尔以90.4%的罚球命中率位列联盟榜首,他也是联盟历史上第一位单赛季罚球命中率在90%以上的球员。

170 Rasheed Wallace 拉希德·华莱士

生日:1974.9.17 身高:2.08米 位置:F/C 号码:30, 36
职业生涯:1995—2013
球队:华盛顿子弹, 波特兰开拓者, 亚特兰大老鹰, 底特律活塞, 波士顿凯尔特人, 纽约尼克斯
场均数据:14.4分, 6.7篮板, 1.8助攻, 1.0抢断, 1.3盖帽

荣誉

1次总冠军(2004)
4次全明星

拉希德是21世纪初四大前锋之一, 拥有罕见进攻技巧的同时防守又极为出色, 战术素养出众, 学院派打法却又有着街球手性格, 是极为出色而无私的团队球员。与本·华莱士组成恐怖内线搭档, 加上昌西·比卢普斯、理查德·汉密尔顿、泰肖恩·普林斯, 并称"活塞五虎"。性格火暴的他保持着NBA单赛季技术犯规、被驱逐纪录。

绰号:Sheed 怒吼天尊

强势季后赛:在2004—2005赛季季后赛中, 华莱士先是在东部决赛中以场均14.5分和50%的投篮命中率帮助球队战胜东部头名热火。又在决赛第六战中最后4分28秒时间内得到7分, 延缓了马刺的夺冠。

171 Calvin Murphy 卡尔文·墨菲

生日:1948.5.9 身高:1.75米 位置:G 号码:23
职业生涯:1970—1983
球队:圣地亚哥/休斯敦火箭
场均数据:17.9分, 2.1篮板, 4.4助攻, 1.5抢断, 0.1盖帽

荣誉

1次全明星

作为联盟中速度最快的球员之一, 身高仅有1.75米的墨菲一直用自己的速度和无畏的勇气对抗着比他高、比他强壮的对手, 能力十足, 他也因此入选名人堂。大学期间墨菲场均轰下33.1分, 他的罚球命中率一直名列联盟前茅, 和联盟中类似身高的球员相比, 墨菲绝对是其中最高产的球员之一。

绰号:The Pocket Rocket 袖珍火箭

罚球王:墨菲在1980—1981和1982—1983赛季分别以95.8%和92.0%的罚球命中率位列联盟榜首。

172 Marc Gasol 马克·加索尔

生日：1985.1.29　身高：2.16米　位置：C　号码：33
职业生涯：2008年至今
球队：孟菲斯灰熊
场均数据：14.9分，7.6篮板，3.2助攻，0.9抢断，1.5盖帽

荣誉

1次最佳防守阵容，3次全明星

马克是超级身体和细腻技术的混合体，擅长低位防守单打的他拥有出色的中距离投篮能力。尽管最初顺位不高，但在灰熊效力的几个赛季，他逐步成长为联盟最优秀的内线之一。在2011年，与扎克·兰多夫组成黑白双熊的他，帮助球队在季后赛首轮战胜马刺，创造NBA历史上第四次黑八奇迹。

亮点

最佳防守第一熊：在2012—2013赛季，马克击败勒布朗·詹姆斯和蒂姆·邓肯荣膺最佳防守队员，成为灰熊队史首个获此奖项的球员。

173 Isaiah Thomas 伊塞亚·托马斯

生日：1989.2.7　身高：1.75米　位置：G　号码：22，3，4
职业生涯：2011年至今
球队：萨克拉蒙托国王，菲尼克斯太阳，波士顿凯尔特人
场均数据：19.1分，2.6篮板，5.2助攻，1.0抢断，0.1盖帽

荣誉

2次全明星

伊塞亚堪称是NBA中最励志的二轮秀。身为2011年NBA选秀最后一位，他在菜鸟赛季就入选了最佳新秀第二阵容。转会凯尔特人后，凭借速度出色，球风强硬，防守狠拼，又无畏对抗的风格，托马斯成为了"地表最强175"。2017年季后赛开始之前，托马斯的妹妹遭遇车祸去世，他带着悲痛打出惊艳表现，带领凯尔特人进入东部决赛。

亮点

最长20+：在2016—2017赛季，小托马斯连续43场得分20+，刷新凯尔特人队史纪录。

174 Rajon Rondo 拉简·朗多

生日:1989.2.7 身高:1.75米 位置:G 号码:9
职业生涯:2006年至今
球队:波士顿凯尔特人,达拉斯小牛,萨克拉蒙托国王,芝加哥公牛
场均数据:10.7分,4.9篮板,8.5助攻,1.8抢断,0.1盖帽

荣誉

1次总冠军(2008)
2次最佳防守阵容,4次全明星

身体素质出色,拥有长臂展、超大手掌和良好球感的隆多,曾是凯尔特人第15任队长,好胜心和个性极强的他尽管投篮能力不算突出,但有着非常出色的传球意识和篮板能力,常砍下三双。在2013年右膝盖前十字韧带撕裂赛季报销后,2014年被交易到小牛的他与球队格格不入,但在加盟国王后重现助攻王风采。在加盟公牛后一度被雪藏的他在季后赛重新登场,几乎助球队完成黑八奇迹。

亮点

新"魔术师":在2012—2013赛季,朗多连续37场助攻上双,仅次于"魔术师"约翰逊的46次。

175 Klay Thompson 克莱·汤普森

生日:1990.2.8 身高:2.01米 位置:G 号码:11
职业生涯:2011年至今
球队:金州勇士
场均数据:19.1分,3.3篮板,2.3助攻,0.9抢断,0.5封盖

荣誉

1次奥运冠军(2016)
2次总冠军(2015, 2017)
3次全明星

身为前NBA状元米切尔·汤普森次子,自从2011年进入NBA后,克莱的数据就在稳步逐年提升。在2014—2015赛季史蒂夫·科尔加盟勇士后,改革战术、以外围投射为重点,大大发挥了汤普森的优势。他从此开始接连刷新自己的各项得分纪录,其中以2015年1月24日和国王比赛为最,克莱单节轰下37分,刷新了NBA历史单节得分的最高纪录。

亮点

夺冠父子兵: 汤普森和父亲是NBA历史上第三对分别拿到过总冠军的球员父子,前两对分别是沃顿父子、巴里父子。

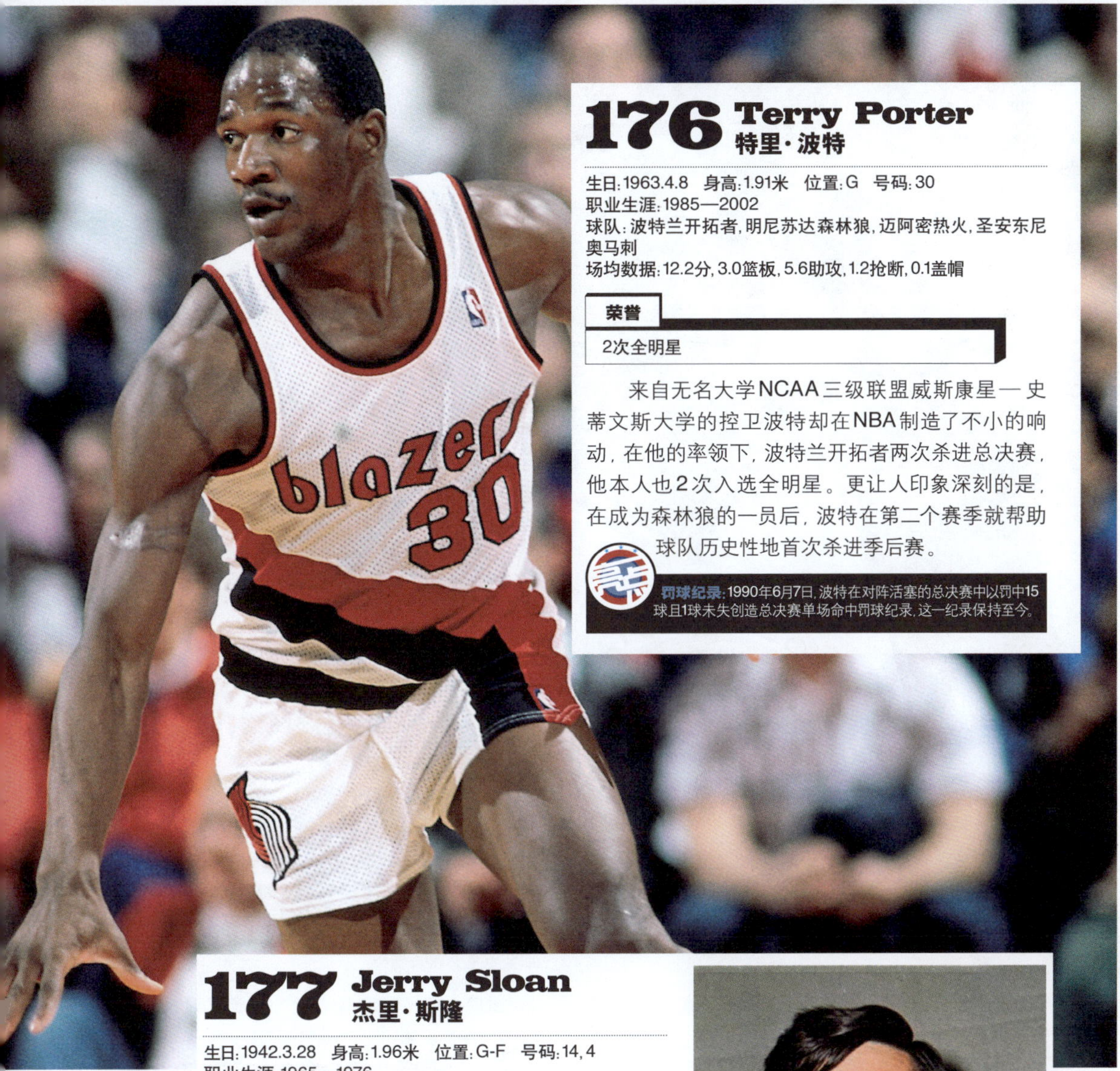

176 Terry Porter 特里·波特

生日:1963.4.8 身高:1.91米 位置:G 号码:30
职业生涯:1985—2002
球队:波特兰开拓者,明尼苏达森林狼,迈阿密热火,圣安东尼奥马刺
场均数据:12.2分,3.0篮板,5.6助攻,1.2抢断,0.1盖帽

荣誉

2次全明星

来自无名大学NCAA三级联盟威斯康星—史蒂文斯大学的控卫波特却在NBA制造了不小的响动,在他的率领下,波特兰开拓者两次杀进总决赛,他本人也2次入选全明星。更让人印象深刻的是,在成为森林狼的一员后,波特在第二个赛季就帮助球队历史性地首次杀进季后赛。

罚球纪录:1990年6月7日,波特在对阵活塞的总决赛中以罚中15球且1球未失创造总决赛单场命中罚球纪录,这一纪录保持至今。

177 Jerry Sloan 杰里·斯隆

生日:1942.3.28 身高:1.96米 位置:G-F 号码:14,4
职业生涯:1965—1976
球队:巴尔的摩子弹,芝加哥公牛
场均数据:14.0分,7.4篮板,2.5助攻,2.2抢断,0.2盖帽

荣誉

2次全明星,4次最佳防守阵容

如果你想知道斯隆有多顽固,看看他的鹰钩鼻就知道了。1988年他开始了在犹他爵士的执教生涯,直到上赛季中期。球员时代的斯隆也是以强硬著称。他2次入选全明星阵容,6次进入联盟防守阵容,其中4次入选最佳防守阵容。但这并不意味着斯隆在进攻端乏善可陈,他在公牛的总得分至今位列队史第四。

绰号: The Original Bull 最初的公牛

1969年在与密尔沃基雄鹿的一场比赛中得到职业生涯最高的43分。

178 Draymond Green 德雷蒙德·格林

生日:1990.3.4 身高:2.01米 位置:F 号码:23
职业生涯:2012年至今
球队:金州勇士
场均数据:9.0分,6.8篮板,4.1助攻,1.4抢断,1.0封盖

荣誉

1次奥运冠军(2016)
2次总冠军(2015,2017)
2次最佳防守阵容,1次抢断王
2次全明星

在早期技术不成熟期间,格林模仿过勒布朗的球风,但很不成功,在2014—2015赛季,他开始自我进化,防守提升为联盟顶级,开发出三分球技能和居中策应能力。此外,球场上的格林擅长垃圾话和激怒对手,鼓舞队友能力出色,也正是因为脾气火暴常因头脑发热而有过激举动和言论。2016年总决赛第四场,他就因出手击打詹姆斯被禁赛一场,勇士因此被逆袭错失卫冕。

全能第一人:2015—2016赛季,格林成为NBA历史上第一位单赛季拿下至少1000分500个篮板500次助攻100次抢断和100次封盖的球员。

179 Bobby Jones 鲍比·琼斯

生日:1951.12.18 身高:2.06米 位置:F 号码:24
职业生涯:1976—1986
球队:丹佛掘金,费城76人
场均数据:11.5分,5.5篮板,2.4助攻,1.4抢断,1.3盖帽

荣誉

1次总冠军(1983)
4次全明星,8次最佳防守阵容
1次最佳第六人

尽管琼斯在底线有一手投篮绝活,并且在快攻中威胁极大,但让他成名的还是其超强的防守能力,他能封锁住任何对手前锋,当时被称为防守最好的小前锋。作为那个时代最好的防守球员,琼斯在1970年代末和80年代初的76人扮演了重要的角色,他无私的球风是76人走向成功的重要原因。

亮点 **伟大的盗窃:**1983年,琼斯在夺得最佳第六人的同时,也收获了总冠军,他在季后赛发挥出色,当时《费城调查者报》的一篇文章转述约翰·哈夫利切克的话,"鲍比·琼斯抢断,这是一次伟大的盗窃。他盗走了本该属于密尔沃基雄鹿的胜利,将一场惊心动魄的比赛转变成一场属于76人的盛宴,他们最终在加时赛中以111比109击败了雄鹿。"

180 Otis Birdsong 奥蒂斯·伯德松

生日:1955.12.9 身高:1.91米 位置:G 号码:10,12
职业生涯:1977—1989
球队:堪萨斯城国王,新泽西篮网,波士顿凯尔特人
场均数据:18.0分,3.0篮板,3.2助攻,1.2抢断,0.2盖帽

荣誉

4次全明星

以场均30.3分结束了在休斯敦大学的大四赛季后,伯德松以榜眼秀的身份进入联盟,但新秀赛季里他并没有打出观众喜闻乐见的华丽数据。不过他在接下来的赛季爆发,连续三个赛季场均21.7分、22.7分和24.6分,并连年入选全明星阵容。转投篮网后尽管遭受伤病困扰,但伯德松的得分能力仍然一流。

亮点 伯德松在休斯敦大学的480记罚球仍为该校的纪录。

181 John Drew
约翰·德鲁

生日:1954.9.30　身高:1.98米　位置:F-G　号码:22, 20
职业生涯:1974—1985
球队:亚特兰大老鹰,犹他爵士
场均数据:20.7分,6.9篮板,1.7助攻,1.4抢断,0.3盖帽

荣誉

2次全明星

德鲁的职业生涯可谓悲喜交加。这位2次入选全明星赛的球员是1970年代最有天赋的得分手之一,他凭借其精准的外线投篮和强硬的内线能力统治着比赛。但在1982年老鹰用他从爵士交换而来的选秀权得到了多米尼克·威尔金斯,而他本人则卷入吸毒丑闻中,他也因此成为联盟中第一个因此被禁赛的球员,昔日的峥嵘岁月只停留在记忆中。

进攻篮板:德鲁在新秀赛季场均得到18.5分10.7个篮板,其中他在单赛季抢到357个进攻篮板位列联盟之首。

182 Larry Nance
拉里·南斯

生日:1959.2.12　身高:2.08米　位置:F-C　号码:22, 6
职业生涯:1981—1994
球队:菲尼克斯太阳,克利夫兰骑士
场均数据:17.1分,8.0篮板,2.6助攻,0.9抢断,2.2盖帽

荣誉

3次全明星,1次最佳防守阵容

如果纯以身体素质为标准列一个名单,那么南斯绝对名列前茅。在13年的NBA生涯里,这位来自南卡罗莱纳大学的前锋3次入选全明星,并保持着近55%的超高投篮命中率。同时,身高2.08米、大部分时间出任大前锋的南斯几乎一直是联盟中非中锋位置的盖帽王。

绰号:The High-Ayatolla of Slamola

扣篮王:在1984年全明星赛上荣膺扣篮大赛冠军。

183 Larry Foust 拉里·福斯特

生日：1928.6.24　身高：2.06米　位置：C/F　号码：16，14，13
职业生涯：1950—1962
球队：福特韦恩堡活塞，明尼阿波利斯湖人，圣路易斯老鹰
场均数据：13.7分，9.8篮板，1.7助攻

荣誉

8次全明星，1次最佳阵容

放在当今NBA，这位产自拉塞尔大学的2.06米大个子会被人群淹没，但是在1950年代，福斯特还是有许多发挥空间。他在1954—1955赛季入选联盟最佳阵容，并有8次当选全明星。在联盟任何人面前，福斯特都能得分和抢篮板，12年职业生涯里，他一共得到11000多分和8000多个篮板。

亮点

制胜一投：1950年11月22日，在活塞以19比18战胜湖人的那场联盟史上得分最低的比赛中，福斯特投中制胜一球。

篮板王：1951—1952赛季福斯特共计得到880个篮板，成为当赛季抢得篮板总数最多的球员。

184 Clyde Lovellette 克莱德·罗维拉坦

生日:1929.9.7　身高:2.06米　位置:C-F　号码:89, 34, 4
职业生涯:1953—1964
球队:明尼阿波利斯湖人, 辛辛那提皇家, 圣路易斯老鹰, 波士顿凯尔特人
场均数据:17.0分, 9.5篮板, 1.7助攻

荣誉

1次奥运冠军(1952)
3次总冠军(1954, 1963, 1964)
4次全明星

在"篮球教练之父"福格·阿伦的率领下，罗维拉坦帮助堪萨斯松鹰队夺得NCAA冠军，随后他加入了NBA冠军球队明尼阿波利斯湖人，在那里，他和名人堂球员麦肯、波拉德和米克尔森继续行驶在赢球的车道上，于1954年捧得总冠军奖杯。罗维拉坦4次入选全明星，职业生涯末期他作为凯尔特人的替补夺得2次总冠军。

绰号: Cloudburst Clyde 暴雨克莱德

冠军+最佳: 1952年, 罗维拉坦率领堪萨斯大学夺得NCAA冠军, 他本人在锦标赛中共计得到141分, 为当时锦标赛纪录, 因此也获得MOP奖杯。

185 K.C. Jones K.C.琼斯

生日:1932.5.25　身高:1.85米　位置:G　号码:27, 25
职业生涯:1958—1967
球队:波士顿凯尔特人
场均数据:7.4分, 3.5篮板, 4.3助攻

荣誉

1次奥运冠军(1956)
8次总冠军(1959,1960,1961,1962,1963,1964,1965,1966)

生涯全都在凯尔特人度过的K.C.琼斯经历了凯尔特人辉煌的八连冠时期，虽然与比尔·拉塞尔是同年被选中，但他并没有立即加盟凯尔特人。他先是主动报名从军，两年后退伍的他加入了NFL洛杉矶公羊。直到打橄榄球受伤后，他才加入凯尔特人。身为出色防守队员的他是鲍勃·库西的贴身保镖。

黑金主帅: 继1975年的艾尔·阿特尔斯之后, 琼斯在1984年成为了联盟第二位带队夺得总冠军的黑人主教练。1986年, 他再次带队夺冠。而在他之后, 直到2008年的道格·里弗斯, NBA才又出现了另一为黑人冠军教练。

186 Tom Gola 汤姆·古拉

生日:1933.1.13　身高:1.98米　位置:G-F　号码:15, 6
职业生涯:1955—1966
球队:费城/旧金山勇士, 纽约尼克斯
场均数据:11.3分, 7.8篮板, 4.2助攻

荣誉

1次总冠军(1956)
5次全明星

作为拉塞尔大学校史上最优秀的大学球员之一，古拉收获了无数的荣誉和奖杯。身高1.98米的古拉不管是在前场还是后场都游刃有余，1956年，他与队友保罗·阿里金和内尔·约翰逊帮助勇士赢得总冠军。古拉是一名兼具得分、防守和传球能力的全面型球员，他5次入选全明星，并在1976年入选名人堂。

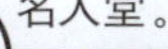

绰号: Mr. All Around 全能先生

大学最佳: 1954年古拉率领拉塞尔大学夺得NCAA冠军，他本人也被评选为最佳球员。

187 Rudy LaRusso 鲁迪·拉鲁索

生日:1937.11.11　身高:2.01米　位置:F/C　号码:35
职业生涯:1959—1969
球队:明尼阿波利斯/洛杉矶湖人, 旧金山勇士
场均数据:15.6分, 9.4篮板, 2.1助攻

荣誉

5次全明星

作为一名坚实的内线和NBA首批真正的大前锋之一，拉鲁索5次入选全明星，并帮助湖人两次杀进总决赛。在球星埃尔金·贝勒旁，拉鲁索完美地充当起绿叶的角色，也因此广为人知。而在职业生涯的最后两年转投勇士后，拉鲁索摇身一变成为了球队首席得分手，场均得分均超过20分。

捕鹰高手: 在1962—1963赛季西部决赛第七场中，拉鲁索成功地防住了老鹰头号球星佩蒂特，最终帮助湖人进入总决赛。

188 Johnny Green 约翰尼·格林

生日:1933.12.8　身高:1.96米　位置:F-C　号码:11, 24, 16, 12, 20
职业生涯:1959—1973
球队:纽约尼克斯,巴尔的摩子弹,圣地亚哥火箭,费城76人,辛辛那提皇家,堪萨斯城—奥马哈国王
场均数据:11.6分,8.6篮板,1.4助攻

荣誉

4次全明星

格林到底能跳多高?有传言说他跳起时双手能在篮板顶沿放两枚1角硬币和1枚5分硬币。然而这仅仅是传言,但他恐怖的防守能力是得到证实的,他不但时常送对手火锅,还能凭借敏捷的身手完成抢断。而他在比赛中无限的激情抵消了其技术方面的生涩。格林职业生涯4次入选全明星,并创造了无数精彩时刻。

绰号: Jumpin 跳跃

弹无虚发: 格林在1969—1970赛季和1970—1971赛季投篮命中率分别高达55.9%和58.7%,均列联盟首位。

189 Randy Smith 兰迪·史密斯

生日:1948.12.12　身高:1.91米　位置:G-F　号码:9
职业生涯:1971—1983
球队:布法罗勇敢者/圣地亚哥快船,克利夫兰骑士,纽约尼克斯,亚特兰大老鹰
场均数据:16.7分,3.7篮板,4.6助攻,1.7抢断,0.1盖帽

荣誉

2次全明星
1次全明星MVP

优异的身体素质和超强的耐用度让史密斯保持着NBA连续出场次数的纪录(906场),直至今天。史密斯比赛充满竞争同时也深得球迷们的喜爱,他不仅自身有强大的外线投射能力,同时他的传球也能找到空位的队友。另外,他的防守帮助新军勇敢者队成为西部联盟的一支劲旅。

全明星MVP: 在1978年的全明星赛上,作为替补的史密斯砍下全场最高的27分,成为那次全明星赛当之无愧的MVP。

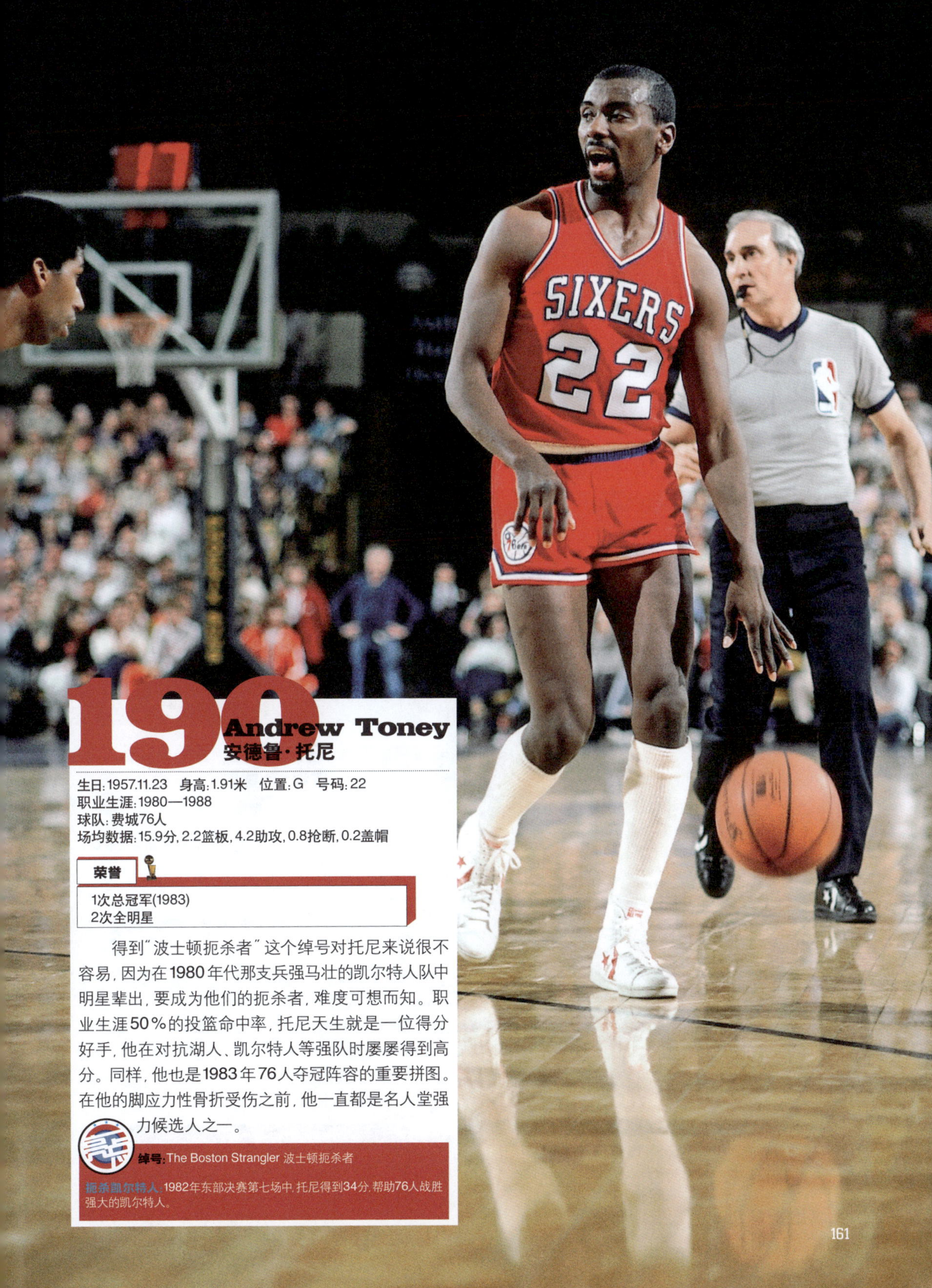

190 Andrew Toney
安德鲁·托尼

生日:1957.11.23 身高:1.91米 位置:G 号码:22
职业生涯:1980—1988
球队:费城76人
场均数据:15.9分,2.2篮板,4.2助攻,0.8抢断,0.2盖帽

荣誉

1次总冠军(1983)
2次全明星

得到"波士顿扼杀者"这个绰号对托尼来说很不容易,因为在1980年代那支兵强马壮的凯尔特人队中明星辈出,要成为他们的扼杀者,难度可想而知。职业生涯50%的投篮命中率,托尼天生就是一位得分好手,他在对抗湖人、凯尔特人等强队时屡屡得到高分。同样,他也是1983年76人夺冠阵容的重要拼图。在他的脚应力性骨折受伤之前,他一直都是名人堂强力候选人之一。

亮点

绰号: The Boston Strangler 波士顿扼杀者

扼杀凯尔特人: 1982年东部决赛第七场中,托尼得到34分,帮助76人战胜强大的凯尔特人。

191 Bill Bradley 比尔·布拉德利

生日:1943.7.28 身高:1.96米 位置:F-G 号码:24
职业生涯:1967—1977
球队:纽约尼克斯
场均数据:12.4分,3.2篮板,3.4助攻,0.7抢断,0.2盖帽

荣誉

1次奥运冠军(1964)
2次总冠军(1970,1973)
1次全明星

有时候你不能只看数据。作为历史上最伟大的大学球员之一,布拉德利带领普林斯顿大学在NCAA制造了许多精彩时刻,同时他也是罗德奖学金的获得者。在尼克斯,布拉德利在主教练里德·霍尔兹曼的体系下如鱼得水,他和队友里德、弗雷泽、德布斯切尔、巴内特,以及大学时就是队友的凯兹尔·拉塞尔一起,组成了NBA史上最佳的冠军球队之一。

绰号: Dollar Bill 美钞

MOP: 在1964—1965赛季NCAA锦标赛上,布拉德利先是在击败密歇根大学的比赛中得到41分,又在对阵普罗维登斯大学的比赛中得到40分,率领普林斯顿大学杀进NCAA最终四强。尽管半决赛失利,但他在三四名争夺战中再次砍下58分,并凭借出色表现夺得MOP奖杯。

192 Reggie Theus 雷吉·托伊斯

生日:1957.10.13 身高:2.01米 位置:G 号码:24
职业生涯:1978—1991
球队:芝加哥公牛,堪萨斯城/萨克拉门托国王,亚特兰大老鹰,奥兰多魔术,新泽西篮网
场均数据:18.5分,3.3篮板,6.3助攻,1.2抢断,0.2盖帽

荣誉

2次全明星

请快速回答:在选到迈克尔·乔丹之前,谁是芝加哥公牛最耀眼的明星?答案是雷吉·托伊斯。他是1978—1979赛季的最佳新秀,1982—1983赛季场均得分达到23.8分。他的绰号"忙碌大街的雷吉"(Rush Street,芝加哥市北部的一条主干道)更是说明了芝加哥球迷对他的认可。

绰号: Rush Street Reggie 忙碌大街的雷吉

高个助攻: 托伊斯是联盟历史上身高2米以上单赛季助攻达到750次以上(1985—1986赛季,788次)的两名球员之一,另一名是"魔术师"约翰逊。

195 Mark Jackson 马克·杰克逊

生日:1965.4.1 **身高**:1.85米 **位置**:G **号码**:13, 31
职业生涯:1987—2004
球队:纽约尼克斯, 洛杉矶快船, 印第安纳步行者, 丹佛掘金, 多伦多猛龙, 犹他爵士, 休斯敦火箭
场均数据:9.6分, 3.8篮板, 8.0助攻, 1.2抢断, 0.1盖帽

荣誉

总助攻第三(10323)
1次助攻王
1次全明星

杰克逊是一名彻头彻尾的纽约客，他就读于主教纪念高中和圣约翰大学，进联盟时又在尼克斯打球，同时杰克逊也是NBA史上最伟大的纯控卫之一，他宽广的视野和创造机会能力弥补了身体素质方面的不足。退役时杰克逊完成了10323次助攻，至今位列联盟总助攻榜第三位。

亮点

绰号:Action

最佳新秀:作为第18号新秀，杰克逊以场均13.6分10.6次助攻获得1988年最佳新秀奖，他也是自1958年伍迪·索尔兹贝里以来获得这一奖项选秀顺位最低的球员。

196 Rolando Blackman 罗兰多·布莱克曼

生日:1959.2.26 **身高**:1.98米 **位置**:G **号码**:22, 20
职业生涯:1981—1994
球队:达拉斯小牛, 纽约尼克斯
场均数据:18.0分, 3.3篮板, 3.0助攻, 0.7抢断, 0.3盖帽

荣誉

4次全明星

生于巴拉马，成长在布鲁克林区，布莱克曼在堪萨斯州立大学期间打出了统治性的比赛，3次当选大八区年度防守球员。而在1980年代的NBA，布莱克曼则是一名高产得分手，他在小牛保持的队史总得分纪录直到2008年才被诺维茨基所打破。身为4次全明星，布莱克曼6次带领小牛杀进季后赛，他唯一的一次总决赛经历是在1994年，不过那次他已是尼克斯的一员。

亮点

绰号:Ro

队史留名:在为小牛效力期间，布莱克曼共得到16643分，这一球队纪录直到2008年3月8日才被诺维茨基所打破。

197 Joe Caldwell 乔·考德威尔

生日:1941.11.1 身高:1.96米 位置:F-G 号码:21, 27
职业生涯:1964—1970
球队:底特律活塞,圣路易斯/亚特兰大老鹰
场均数据:15.2分,5.1篮板,2.7助攻

荣誉

1次奥运冠军(1964)
2次全明星

产自亚利桑纳州立大学的考德威尔在1964年的选秀大会上以榜眼秀的身份被活塞选中,但在那里他并没有展示出自己的实力,直到转投老鹰后他才找回自我。在1969—1970赛季带着职业生涯最高的场均21.1分,考德威尔转投ABA联盟卡罗莱纳美洲狮队。老鹰时期的考德威尔是一名坚韧的防守球员,但在两个联盟效力影响了他在NBA联盟的历史地位。

绰号: Pogo Joe 弹簧乔

最强球员: 转投ABA卡罗莱纳美洲狮队后,考德威尔不仅是一名超级得分手,也是一名顶级防守专家,朱利叶斯·欧文曾说考德威尔对自己的防守比任何其他ABA联盟的球员都强。

198 Norm Nixon 诺姆·尼克松

生日:1955.10.11 身高:1.88米 位置:G 号码:10
职业生涯:1977—1989
球队:洛杉矶湖人,洛杉矶快船
场均数据:15.7分,2.6篮板,8.3助攻,1.5抢断,0.1盖帽

荣誉

2次总冠军(1980,1982)
2次全明星

作为一名复合型后卫,尼克松兼具速度和强硬,他是1980年代早期湖人阵中的重要一员。尼克松有着不错的得分能力,也能引领球队的快攻,他既能直接从外线发动进攻,又能运球和防守。转投快船后,尼克松大部分的时间是作为球队的组织者,这也让他在1983—1984赛季以914次助攻名列联盟榜首。

抢断王: 1978—1979赛季,尼克松的201个抢断位列联盟第一,同时他还打满了球队的82场常规赛和23场季后赛。

超级铁人: 在其职业生涯的前九个赛季里,尼克松在725场比赛中出场了715场,出场率惊人。

199 Mark Aguirre 马克·奥古尔

生日:1959.12.10 身高:1.98米 位置:F 号码:24,23,7
职业生涯:1981—1994
球队:达拉斯小牛,底特律活塞,洛杉矶快船
场均数据:20.0分,5.0篮板,3.1助攻,0.7抢断,0.3盖帽

荣誉

2次总冠军(1989,1990)
3次全明星

1.98米的身高,对打小前锋的奥古尔来说有些不利,但这位1981年的状元用自己一连串的得分消除了所有人的疑虑。在小牛的几个赛季里,奥古尔是联盟中产量最丰富的前场球员之一,有4个赛季场均得分超过25分。转投活塞后奥古尔的数据有所下降,但他仍然为那支"坏孩子"军团的夺冠做出了重大贡献。

队史纪录: 1983—1984赛季,奥古尔共计得分2330分,场均29.5分,至今也是小牛单赛季和场均得分纪录。

200 Michael Ray Richardson 迈克尔·雷·理查德森

生日:1955.4.11 身高:1.96米 位置:G-F 号码:20
职业生涯:1978—1986
球队:纽约尼克斯,金州勇士,新泽西篮网
场均数据:14.8分,5.5篮板,7.0助攻,2.6抢断,0.4盖帽

荣誉

场均抢断第二(2.6次)
3次抢断王,1次助攻王
4次全明星,2次最佳防守阵容

1978年纽约尼克斯在第四位选中了理查德森,他的表现随即照亮了整个纽约城和整个联盟。第二个赛季,理查德森便以场均10.1次助攻和3.2个抢断分别领衔联盟助攻榜和抢断榜,同时还有场均15.3分入账。他4次入选全明星,但这位前途无量的明星沉迷于毒品,3次卷入吸毒事件中,最终被终身禁赛。

绰号: Sugar 糖

垄断: 1979—1980赛季,理查德森场均10.1次个助攻和3.2次抢断均列联盟第一,他也成为NBA史上第一位同一个赛季垄断这两项数据的球员。

201-300

斯蒂芬·马布里阿尔奇·克拉克保罗·米尔萨普德里克·罗斯贾马尔·马什本杰梅因·奥尼尔吉米·沃克道格·柯林斯拉里·肯农安德烈·伊戈达拉德玛尔·德罗赞安迪·菲利浦吉米·巴特勒鲁迪·盖伊埃尔文·罗伯特森埃尔顿·布兰德鲍勃·鲁尔德里克·科尔曼吉尔伯特·阿里纳斯肯巴·沃克乔·约翰逊奇奇·范德维奇萨姆·卡塞尔沃尔德·弗里拉斐特·B.利弗德隆·威廉姆斯拜伦·戴维斯比尔·布里奇斯凯利·特里普卡韦恩·恩布里穆奇·布雷洛克阿尔万·亚当斯马库斯·坎比凯尔·洛瑞卡洛斯·布泽尔艾尔·霍福德赛尔吉·伊巴卡唐·奥尔罗德·斯特里克兰卡尔·布劳恩杰夫·马龙拉玛尔·奥多姆丹尼·曼宁查尔斯·奥克利西德尼·威克斯约翰·威廉姆森艾尔尼·瑞森塞德里克·麦克斯维尔布拉德利·比尔达尼尔·格里菲斯雷·斯科特凯兹尔·拉塞尔戴尔·埃利斯德里克·哈珀史蒂夫·弗朗西斯麦基·约翰逊雷吉·刘易斯理查德·汉密尔顿扎克·兰多夫佩贾·斯托贾科维奇拉特里尔·斯普雷维尔贾森·理查德森迈克尔·里德帕维斯·肖特奥兰多·乌尔里奇奥斯汀·卡尔马克斯·扎斯洛夫斯基比尔·兰比尔安托万·贾米森克拉克·凯洛格安东尼·沃克吉姆·麦克米兰莱纳德·罗宾逊德安德鲁·乔丹杰夫·罗兰德A.C.格林沃尔特·杜克斯格伦·罗宾逊乔金·诺阿泰森·钱德勒扎伊德鲁纳斯·伊尔戈斯卡斯奎因·巴克纳布鲁斯·鲍文德特雷夫·施拉姆夫特里·迪辛格托尼·库科奇迈克·毕比拉尔夫·桑普森弗兰克·拉梅塞安东尼·梅森乔夫·皮特里哈罗德·海尔斯顿沙里夫·阿布杜-拉希姆道格·克里斯蒂罗尼·塞卡利埃迪·琼斯丹·马尔利约翰·卢卡斯杰夫·霍纳塞克安德烈·米勒

WARRIORS
7
3

201

Stephon Marbury
斯蒂芬·马布里

生日:1977.2.20　身高:1.88米　位置:G　号码:3, 33, 8
职业生涯:1996—2009
球队:明尼苏达森林狼, 新泽西篮网, 菲尼克斯太阳, 纽约尼克斯, 波士顿凯尔特人
场均数据:19.3分, 3.0篮板, 7.6助攻, 1.2抢断, 0.1盖帽

荣誉

2次全明星

从新秀赛季(1996—1997赛季)开始到2004—2005赛季止, 马布里赛季场均至少有20分和8次助攻入账——这也是自阿奇巴尔德以来赛季得分和助攻数据"20+8"保持最长久的。虽然马布里的得分和助攻从来没有占据过联盟头名位置, 但这位2次入选全明星赛的纽约后卫的持续性和稳定性值得我们怀念。

亮点

绰号: Starbury

50分: 2001年2月13日在对阵洛杉矶湖人的比赛中, 马布里得到职业生涯最高的50分。

202 Archie Clark 阿尔奇·克拉克

生日:1941.7.15　身高:1.88米　位置:G　号码:21,11
职业生涯:1966—1976
球队:洛杉矶湖人,费城76人,巴尔的摩/首都子弹,西雅图超音速,底特律活塞
场均数据:16.3分,3.3篮板,4.8助攻,1.1抢断,0.1盖帽

荣誉

2次全明星

作为当年威尔特·张伯伦从76人到湖人那次转会中的重要一部分,或许克拉克因此才留给大家一些印象,实际上他还是当时联盟最值得信赖的得分手之一。凭借着难以阻挡的中距离投篮,克拉克在1971—1972赛季场均贡献25.2分,并且在职业生涯中2次入选全明星。退役后,克拉克和一些球员们一起创立了NBA退休球员协会。

203 Paul Millsap 保罗·米尔萨普

生日:1985.2.10　身高:2.03米　位置:F　号码:24,4
职业生涯:2006年至今
球队:犹他爵士,亚特兰大老鹰
场均数据:14.2分,7.5篮板,2.3助攻,1.3抢断,1.0盖帽

荣誉

4次全明星

以二轮秀身份进入联盟后,他只用10场比赛就轰下两双,证明自我。菜鸟赛季,他带领爵士在赛季初打出12胜1负的佳绩,他也因此入选最佳新秀第二阵容。在大前锋这个位置上,米尔萨普的身高有些吃亏,但他的对抗能力、防守能力、中远投能力,力量和弹跳都极为出色,是联盟最强能内线之一。

亮点

28秒11分: 在2010年11月10日,米尔萨普在常规时间最后28秒独得11分,全场砍下46分9个篮板,带领爵士客场完成22分大逆转,通过加时以116比114击败拥有三巨头的热火。

204 Derrick Rose 德里克·罗斯

生日:1988.10.4　身高:1.91米　位置:G　号码:1, 25
职业生涯:2008年至今
球队:芝加哥公牛, 纽约尼克斯
场均数据:19.5分, 3.7篮板, 6.0助攻, 0.8抢断, 0.4盖帽

荣誉

1次最佳阵容
1次MVP, 3次全明星

罗斯进入联盟伊始就展现出了成为巨星的可能，个人第三个赛季，在带领公牛拿下常规赛联盟第一后，他成为史上最年轻的MVP。然而就在接下来的2011—2012赛季，常规赛表现同样出色的他在季后赛第一场就遭遇左膝前十字韧带撕裂，并因此缺席了接下来的赛季。在接下来的几个赛季罗斯又数次遭遇伤病打击，再无法回到巅峰状态。

亮点

爱吃糖: 罗斯酷爱吃糖，在大学时，NCAA决赛前就曾因吃小熊软糖太多而导致肠胃不适。由于太爱吃糖，箭牌公司甚至将一台特制的豪华彩虹糖自动贩卖机送到了罗斯家中，并许诺为罗斯提供至少三年的彩虹糖。

205 Jamal Mashburn 贾马尔·马什本

生日:1972.11.29　身高:2.03米　位置:F　号码:32, 24
职业生涯:1993—2004
球队:达拉斯小牛,迈阿密热火,夏洛特/新奥尔良黄蜂
场均数据:19.1分,5.4篮板,4.0助攻,1.0抢断,0.2盖帽

荣誉

1次全明星

在肯塔基大学度过了成功的大学生涯后,马什本被小牛选中进入NBA。这位来自纽约布朗克斯区的前锋在新秀赛季场均便得到19分,第二个赛季场均更是达到职业生涯最高的24分。随后在接下来的几个赛季马什本饱受伤病困扰,赛季场均得分一度跌落到11.9分,但在2003年他成功入选全明星赛,也是马什本12年职业生涯最辉煌的时刻。

绰号: Monster Mash 怪兽马什

有始有终: 马什本是得到50分时联盟第四年轻的球员。在职业生涯的最后一个赛季(2003—2004),马什本场均得到20.8分,他也是联盟中退役前一个赛场场均得分超过20分的六名球员之一。

206 Jermaine O'Neal 杰梅因·奥尼尔

生日:1978.10.13　身高:2.11米　位置:F　号码:5, 7, 6, 20
职业生涯:1996—2014
球队:波特兰开拓者,印第安纳步行者,多伦多猛龙,迈阿密热火,波士顿凯尔特人,菲尼克斯太阳,金州勇士
场均数据:13.2分,7.2篮板,1.4助攻,0.5抢断,1.8盖帽

荣誉

6次全明星

在开拓者度过了四年板凳岁月后,杰梅因在步行者迎来了全面爆发。他是个兼具技术、身高和身体强壮的低位防守者和盖帽手,拥有顶级的防守效率。但自从2003—2004赛季季后赛中膝盖受伤之后,就开始逐步下滑。曾是NBA史上最年轻出场球员的他,在后期受伤病的困扰而辗转多队,并又数次遭遇重伤。

篮板狂人: 2002—2003赛季季后赛对阵波士顿的首轮系列赛中,小奥尼尔场均砍下17.5个篮板,其中4月29日得到季后赛生涯最多的22个篮板。2002—2003和2003—2004两个赛季得分和篮板数据场均"20+10"。

207 Jimmy Walker 吉米·沃克

生日:1944.4.8 身高:1.91米 位置:G 号码:24,11
职业生涯:1967—1976
球队:底特律活塞,休斯敦火箭,堪萨斯城奥马哈国王
场均数据:16.7分,2.7篮板,3.5助攻,1.1抢断,0.2盖帽

荣誉

2次全明星

作为1967年的NBA选秀状元,沃克拥有很全面的比赛能力:他有一手不错的远距离投篮,他的运球能击败联盟中的很多人,而他场上的视野也非一般人能所及。虽然因为体重问题在整个职业生涯里沃克的潜力没有完全兑现,但直到退役时他都是一个高效得分手。值得一提的是,他是贾伦·罗斯的亲生父亲。

亮点 在大四赛季,沃克代表普罗维登斯大学迎战鲍勃·库西领衔的波士顿学院时得到大学生涯最高的50分。

208 Doug Collins 道格·柯林斯

生日:1951.7.28 身高:1.98米 位置:G-F 号码:20
职业生涯:1973—1981
球队:费城76人
场均数据:17.9分,3.2篮板,3.3助攻,1.2抢断,0.3盖帽

荣誉

4次全明星

柯林斯一共只在NBA打了415场常规赛,他的职业生涯在29岁时因伤病戛然而止。但在这之前,这位1973年的状元向所有人展示了他恐怖的得分天赋,在第三个赛季柯林斯便得到了职业生涯最高的场均20.8分,并4次入选全明星赛。柯林斯也参加过1972年慕尼黑奥运会,现在他的身份是76人主教练,这也是他执教的第四支NBA球队。

亮点 **执教有方:**在1995年上任成为底特律活塞主教练后,他就让成绩胜场提升了18场次。

209 Larry Kenon 拉里·肯农

生日:1952.12.13　身高:2.06米　位置:F　号码:35, 9
职业生涯:1976—1983
球队:圣安东尼奥马刺,芝加哥公牛,金州勇士,克利夫兰骑士
场均数据:17.0分,7.8篮板,2.6助攻,1.3抢断,0.3盖帽

荣誉

单场抢断第一(1976年12月26日马刺对阵国王,11次)
2次全明星

肯农的职业生涯从ABA联盟的纽约篮网开始,他和J博士在纳索竞技场的表演让人热血沸腾,并在1973—1974赛季捧得ABA联盟冠军,之后肯农加盟NBA。整个NBA生涯,肯农2次入选全明星赛,在1977—1980年间连续4个赛季场均得分超过20分。

绰号:Special K 老K

另类"三双":1976年12月26日在马刺以110比105战胜国王的比赛中,肯农以11次抢断创造NBA单场抢断纪录,另外,这场比赛他还得到29分和15个篮板,获得另类"三双"。

210 Andre Iguodala 安德烈·伊戈达拉

生日:1984.1.28　身高:1.98米　位置:F　号码:4, 9
职业生涯:2004年至今
球队:费城76人,丹佛掘金,金州勇士
场均数据:13.0分,5.3篮板,4.5助攻,1.6抢断,0.5封盖

荣誉

1次奥运冠军(2012)
2次总冠军(2015, 2017)
1次最佳防守阵容,1次全明星
1次总决赛MVP

伊戈达拉在自己的第三个赛季,阿伦·艾弗森离开76人后,正式成为球队的领袖并迎来了得分数据的爆发。他拥有顶级的身体素质,弹跳惊人,防守积极,组织能力出色,是全能型球员的代表。在转会到勇士之后,在2014—2015赛季史蒂夫·科尔接手教鞭后被调整为第六人的角色,也成为了金州"死亡五小"阵容的精要。

亮点

替补FMVP:在2014—2015年总决赛,伊戈达拉荣膺FMVP,在当年度的常规赛,他从未首发过,成为史上首个常规赛全替补上场而获得FMVP的球员。

S.COM
GOLDEN STATE
9
WARRIORS
GOBERT
27
Sports
BAY AREA
ORACLE
20

211 Demar DeRozan 德玛尔·德罗赞

生日：1989.8.7　身高：2.01米　位置：G　号码：10
职业生涯：2009年至今
球队：多伦多猛龙
场均数据：19.3分，4.1篮板，2.8助攻，1.0抢断，0.3盖帽

荣誉

1次奥运冠军(2016)
3次全明星

在为猛龙效力了8个赛季后，德罗赞已经成为了队史常规赛和季后赛得分王，他还占据了猛龙队史常规赛出场次数、罚球数、命中数、打铁数、失误数、季后赛罚球数、命中数、打铁数、出场次数的榜首位置。刚进入联盟时因惊人弹跳和极强爆发力常以扣将形象示人，在自己的第二个赛季得分数据就有大幅提升。他擅长造罚球，却不会投三分球，成为了联盟逆潮流而行的杰出代表。

队史最佳：在2015—2016赛季，德罗赞率队拿到了56胜26负，这是猛龙队史常规赛最佳战绩。

212 Andy Phillip 安迪·菲利浦

生日:1922.3.7　身高:1.88米　位置:G-F　号码:19,7,4,14,17
职业生涯:1949—1958
球队:芝加哥公鹿,费城勇士,福特韦恩活塞,波士顿凯尔特人
场均数据:8.7分,4.4篮板,5.5助攻

荣誉

1次总冠军(1957)
3次助攻王
5次全明星

这位来自伊利诺伊大学的神奇小子在芝加哥公鹿开始了自己的NBA生涯。进入联盟后的前三个赛季，他分别以场均5.8，6.3和8.2次助攻成为助攻王，并且还有4个赛季在助攻榜上位列第二。作为5次全明星，菲利浦在职业生涯末期随波士顿凯尔特人捧得一座总冠军奖杯。

绰号: Whiz Kid 神奇小子

500+: 在1951—1952赛季,菲利浦不仅成为当赛季助攻王,而且以539次助攻成为联盟第一位单赛季助攻超过500次的球员。

213 Jimmy Butler 吉米·巴特勒

生日:1989.9.14　身高:2.01米　位置:G　号码:21
职业生涯:2011年至今
球队:芝加哥公牛
场均数据:15.6分,4.8篮板,3.1助攻,1.5抢断,0.5盖帽

荣誉

1次奥运冠军(2016)
3次全明星

由于罗斯不断遭受伤病，巴特勒得以拥有了成长空间，他在自己生涯的第四个赛季迎来爆发，并最终从角色球员成长为联盟巨星。巴特勒防守能力出色且十分强硬，运动能力和速度都不错，在开发出中投和低位能力后，攻击也跻身联盟顶级。他被认为是在攻防两端都能和勒布朗较量的家伙。

不幸童年: 13岁时,巴特勒的生母因"不喜欢他的长相"而将他赶出家门。靠着朋友帮助和收留,他才走到了今天。

214 Rudy Gay 鲁迪·盖伊

生日:1989.9.14 身高:2.01米 位置:G 号码:22, 8
职业生涯:2006年至今
球队:孟菲斯灰熊,多伦多猛龙,萨克拉门托国王
场均数据:18.4分,5.9篮板,2.3助攻,1.3抢断,0.8盖帽

在自己的第二个赛季,盖伊的得分就几乎翻了一番,并在此后10个赛季都一直保持稳定而出色的数据表现。天赋出色,弹跳惊人,运动能力出色,球风流畅飘逸,但他的天赋并没能完全转换为进攻效率,防守也是他常被人诟病之处。尽管数据出色,但不温不火,至今尚未入选过全明星。

亮点

盲打:2013年的休赛季,盖伊承认自己是高度近视,拒绝佩戴隐形眼镜的他在当年夏天接受了视力手术。不靠眼跻身明星行列,他开创了NBA一段另类传奇。

215 Alvin Robertson 埃尔文·罗伯特森

生日:1962.7.22 身高:1.91米 位置:G 号码:21, 3, 7
职业生涯:1984—1996
球队:圣安东尼奥马刺,密尔沃基雄鹿,底特律活塞,多伦多猛龙
场均数据:14.0分,5.2篮板,5.0助攻,2.7抢断,0.4盖帽

荣誉

场均抢断第一(2.71次)
3次抢断王
4次全明星,2次最佳防守阵容
1次最佳防守球员,1次进步最快球员

在离开阿肯色大学的第二个赛季(1985—1986赛季),罗伯特森就当选为联盟最佳防守球员,同时他也是当年进步最快球员奖项的获得者。那个赛季,罗伯特森场均得到17分6.3个篮板5.5次助攻3.7次抢断的优异数据。另外,这名身高1.91米的后卫4次入选全明星,5次进入联盟防守阵容,其职业生涯场均2.71次抢断为联盟之最。

亮点

"四双"先生:1986年2月18日在对阵太阳的比赛中,罗伯特森得到20分11个篮板10次助攻和10次抢断的"四双"成绩,他也因此成为联盟史上取得"四双"的4名球员之一,不同的是其他3人都是在"盖帽"数据上双,而只有罗伯特森的是"抢断"。

216 Elton Brand
埃尔顿·布兰德

生日:1979.3.11 身高:2.03米 位置:F 号码:42,7
职业生涯:1999—2016
球队:芝加哥公牛,洛杉矶快船,费城76人,达拉斯小牛,亚特兰大老鹰
场均数据:15.9分,8.5篮板,2.1助攻,0.9抢断,1.7盖帽

荣誉

2次全明星

新秀赛季,布兰德就拿到了20.1分10.0个篮板的场均两双,奋力带领进入重建期的公牛打拼。身高是布兰德的短板,但臂展出色、身体的强壮他依旧成为了防守端联盟最出色的盖帽手之一。配合出色的中投能力,巅峰时期的布兰德是“20+10”俱乐部的常客。

亮点

二次出航: 2006年5月1日,布兰德率领快船击败掘金,自1976年首次率领快船(当时名为布法罗勇敢者)进入季后赛第二轮。

“20+10”俱乐部: 在1999—2000,2000—2001,2003—2004,2005—2006四个赛季,布兰德场均得分和篮板数据“20+10”。

217 Bob Rule 鲍勃·鲁尔

生日:1944.6.29　身高:2.06米　位置:C/F　号码:45, 21
职业生涯:1967—1974
球队:西雅图超音速,费城76人,克利夫兰骑士,密尔沃基雄鹿
场均数据:17.4分,8.3篮板,1.5助攻,0.4抢断,0.4盖帽

荣誉

1次全明星

作为一名第二轮新秀，鲁尔迅速成为NBA新军西雅图超音速队中的明星球员，这位左撇子球员在新秀赛季即有单场得到47分的壮举，场均18.1分直到2007—2008赛季才被凯文·杜兰特所打破。在随后的三个赛季里，鲁尔每个赛季场均"20+10"。但被伤到阿基琉斯之踵后，鲁尔从此一落千丈，再也没有达到全明星级别的水准。

绰号:Golden 金子

新秀得分纪录:在1970—1971赛季一场对阵洛杉矶湖人的比赛中,作为新秀的鲁尔得到47分,至今仍为这支球队的新秀单场的得分纪录。

218 Derrick Coleman 德里克·科尔曼

生日:1967.6.21　身高:2.08米　位置:F　号码:44
职业生涯:1990—2005
球队:新泽西篮网,费城76人,夏洛特黄蜂,底特律活塞
场均数据:16.5分,9.3篮板,2.5助攻,0.8抢断,1.3盖帽

荣誉

1次全明星

在锡拉丘斯大学度过了梦幻般的4年后，科尔曼在1990年以状元秀的身份加盟篮网，那时他看上去正朝着NBA史上最优秀的大前锋方向进发。尽管科尔曼职业生涯的前五年很优秀，但他的比赛还是缺乏统治力，与外界的期望也有差距，而他无尽的天赋也被酒精和其非职业行为挥霍殆尽。科尔曼15年的职业生涯，留给大家的只是无尽的可能性。

最佳新秀:科尔曼获得1990—1991赛季最佳新秀奖,在1993—1995年连续三个赛季,科尔曼均为"20+10"俱乐部成员。

219 Gilbert Arenas 吉尔伯特·阿里纳斯

生日:1982.1.6　身高:1.91米　位置:G　号码:0,9,1,10
职业生涯:2001—2012
球队:金州勇士,华盛顿奇才,奥兰多魔术,孟菲斯灰熊
场均数据:20.7分,3.9篮板,5.3助攻,1.6抢断,0.2盖帽

荣誉

3次全明星

虽然是二轮秀,但阿里纳斯很快就展示出了自己的天赋。他的巅峰是在奇才度过的,是联盟火力最强大的后场球员,他拥有惊人的突破速度,爆发力、敏捷性都是联盟一流。受伤病困扰,在2007—2010赛季,他因伤缺席了大部分的比赛,但只要上场杀伤力依旧恐怖。然而2010年的"持枪事件"导致被禁赛50场后,阿里纳斯就此走上球队边缘人之路。

绰号:Agent Zero 零号特工

制胜一投:在2004—2005赛季季后赛首轮对阵公牛的第五场比赛中,阿里纳斯投中一记绝杀,帮助球队以112比110赢下比赛,并带领球队踏进十几年都没进入过的季后赛第二轮。

疯狂加时赛:在2006年12月17日客场对阵湖人的比赛中,阿里纳斯取得职业生涯最高的60分,率领奇才通过加时赛以147比141击败湖人,同时,他还创造了加时赛独得16分的NBA纪录。

220 Kemba Walker 肯巴·沃克

生日:1980.5.8　身高:1.85米　位置:G　号码:1,15
职业生涯:2011年至今
球队:夏洛特山猫/黄蜂
场均数据:18.4分,3.9篮板,5.4助攻,1.4抢断,0.4盖帽

荣誉

1次全明星

在新秀赛季,沃克就曾斩获三双,然而该赛季山猫仅拿到7胜59负,创下了NBA史上最低胜率。在他的带领下,山猫在2013—2014赛季再度杀回季后赛。身材并不高大的沃克以爆发力出名,进攻端技巧相当全面,拥有出色的进攻速度和过人脚步。他现在已经占据队史得分、三分球、命中数、打铁榜榜首。

街舞高手:高中的时候肯巴就已经是街舞团队成员,高三时,他们的舞团曾三次受邀前往阿波罗剧院表演。

221 Joe Johnson 乔·约翰逊

生日：1981.6.29　身高：2.01米　位置：F　号码：31，2，7，6
职业生涯：2001年至今
球队：波士顿凯尔特人，菲尼克斯太阳，亚特兰大老鹰，布鲁克林篮网，迈阿密热火，犹他爵士
场均数据：16.4分，4.0板，4.0助攻，0.9抢断，0.2盖帽

荣誉

7次全明星

乔·约翰逊职业生涯始于波士顿，但他真正得到球迷认可还是效力太阳时期。在纳什和小斯的团队里，他逐渐成长为可靠的投手。2005年因为续约问题和太阳产生矛盾后，约翰逊转投老鹰。和约什·史密斯一起，两人将老鹰变成了具有季后赛竞争力的球队。2010年7月，约翰逊与老鹰达成了6年1.237亿美元的续约合同，这也让他成为当时全联盟薪金最高的球员。

亮点

42分：2006年3月8日老鹰对阵勇士，约翰逊在这场比赛里拿到了个人生涯最高的42分，带领球队113比106战胜对手。有意思的是，因为入选美国国家队，老鹰赛前还专门举办了一个仪式，为乔·约翰逊送上了印着他名字的美国队6号球衣。受到激励的约翰逊包揽了球队的前12分，打满48分钟的他还送出了9次助攻和7个篮板。

NEW YORK
8
ATLANTA

222 Kiki Vandeweghe 奇奇·范德维奇

生日:1958.8.1　身高:2.03米　位置:F　号码:55
职业生涯:1980—1993
球队:丹佛掘金,波特兰开拓者,纽约尼克斯,洛杉矶快船
场均数据:19.7分,3.4篮板,2.1助攻,0.6抢断,0.3盖帽

荣誉

2次全明星

范德维奇原名"厄尼斯特·莫里斯",却以"奇奇"而闻名,这名危险的得分手用他那标志性的探步和致命的远投随时能灼伤防守者。在掘金和开拓者时期,范德维奇多次赛季场均得分超过20分,并2次成为NBA全明星队成员。作为前NBA球员欧尼·范德维奇的儿子,奇奇也是第一批联盟中从外线给对手带来杀伤力的大个子球员之一。

精准三分:1986—1987赛季,范德维奇以高达48.1%的三分球命中率位列全联盟首位。

223 Sam Cassell 萨姆·卡塞尔

生日:1969.11.18　身高:1.91米　位置:G　号码:10,19,28
职业生涯:1993—2008
球队:休斯敦火箭,菲尼克斯太阳,达拉斯小牛,新泽西篮网,密尔沃基雄鹿,明尼苏达森林狼,洛杉矶快船,波士顿凯尔特人
场均数据:15.7分,3.2篮板,6.0助攻,1.1抢断,1.2盖帽

荣誉

3次总冠军(1994,1995,2008)
1次全明星

卡塞尔这位来自巴尔的摩的后卫有着超高的篮球智商,他在比赛中大多数时间是凭借着本能和直觉。作为1次全明星(2004年)和3次总冠军获得者(1994年和1995年在火箭,2008年在凯尔特人),卡塞尔15年的职业生涯里效力过8支球队,他的总得分和助攻分别达到16000分和6000个,当然,还有无数让人记忆犹新的绝杀。

绰号:Sam I Am

居牛:2001年3月3日,卡塞尔在对阵芝加哥公牛的比赛中得到职业生涯最高的40分。

224 World B. Free 沃尔德·B.弗里

生日:1953.12.9　身高:1.88米　位置:G　号码:21, 24
职业生涯:1975—1988
球队:费城76人,圣地亚哥快船,金州勇士,克利夫兰骑士,休斯敦火箭
场均数据:20.3分,2.7篮板,3.7助攻,1.0抢断,0.3封盖

荣誉

1次全明星

沃尔德·B.弗里,本来这名后卫有着NBA史上最牛的名字(World B. Free,世界·B.自由),但现在恐怕要被"世界和平"先生抢去部分风头了。弗里还是一名高效得分手,职业生涯场均20.3分,同时他超强的弹跳能力让他在篮板和防守方面优势明显,并赢得了"半空王子"的美誉。

绰号: Prince of Midair 半空王子

与伯德飙分: 1984—1985赛季季后赛首轮,弗里与总冠军球队凯尔特人的拉里·伯德展开飙分大战,场均拿到26.3分。

225 Lafayette Lever
拉斐特·利弗

生日:1960.8.18　身高:1.91米　位置:G　号码:12, 21
职业生涯:1982—1994
球队:波特兰开拓者,丹佛掘金,达拉斯小牛
场均数据:13.9分,6.0篮板,6.2助攻,2.2抢断,0.3盖帽

荣誉

场均抢断第七(2.2)
2次全明星

和他的绰号"胖子"相反,利弗在职业生涯早期是一名纤瘦而又全面的球员,他的得分、助攻和篮板样样在行,常常打出"三双"数据,这也让他在NBA三双榜上有一席之地。在开放的进攻中,利弗的投篮和助攻如同球队的油门帮助球队加速。在1980年代末期,利弗是联盟中最被低估的控卫之一。

绰号:Fat 胖子

三双:利弗被认为是20世纪80年代后期联盟最好的控卫之一。1987—1988赛季对阵芝加哥公牛的一场比赛中,利弗得到31分12次助攻16个篮板和6次抢断的上佳数据。

226 Deron Williams
德隆·威廉姆斯

生日:1984.6.26　身高:1.91米　位置:G　号码:8, 31
职业生涯:2006年至今
球队:犹他爵士,新泽西/布鲁克林篮网,达拉斯小牛,克利夫兰骑士
场均数据:16.3分,3.1篮板,8.1助攻,1.0抢断,0.2盖帽

荣誉

2次奥运冠军(2008, 2012)
3次全明星

作为2005年的探花秀,德隆和保罗曾经一时瑜亮。效力爵士期间,威廉姆斯打出了职业生涯的最佳表现。但是因为和主教练杰里·斯隆产生矛盾,斯隆因此辞职,威廉姆斯则被交易到篮网,他的职业生涯从此走上下坡路。在篮网度过黯淡的几年后,威廉姆斯逐渐沦为一般的角色球员。即便如此,没人否认巅峰期的他仍是NBA当代最优秀的控卫之一。

57分:2012年3月5日篮网客场迎战山猫,面对布鲁克·洛佩斯脚踝扭伤无法上场的不利局面,德隆拿下了最高的57分,帮助篮网104比101险胜。德隆在第三节拿下了22分,帮助球队彻底扭转了局面。57分是篮网队史的单场最高得分,本场比赛也堪称德隆的代表作之一。

青梅竹马:德隆和妻子艾米·杨相识于小学二年级,从高中时开始约会,最终在2006年结婚。拥有四个子女的威廉姆斯夫妇家庭生活非常美满。

227 Baron Davis
拜伦·戴维斯

生日:1979.4.13　身高:1.91米　位置:G　号码:1, 5, 85
职业生涯:1999—2012
球队:夏洛特/新奥尔良黄蜂, 金州勇士, 洛杉矶快船, 克利夫兰骑士, 纽约尼克斯
场均数据:16.1分, 3.8篮板, 7.2助攻, 1.8抢断, 0.4盖帽

荣誉

2次抢断王
2次全明星

戴维斯在球场经常有着爆炸性的表演, 他有超强的身体和掌控比赛的能力。既可以在外线自由发挥, 也可以杀到内线凭借自己的吨位背打同位置的所有对手。除有超强得分能力, 戴维斯还是优秀的组织者, 作为黄蜂的主力控卫, 他连续五个赛季率队打进季后赛, 并2次突破第一轮。2005年被交易到勇士, 戴维斯的进攻能力彻底得到解放。2008年, 受埃尔顿·布兰德邀请, 拜伦申请转会快船, 但在他回到故乡的同时, 布兰德却顶薪转投76人, 这一乌龙事件让拜伦的生涯逐渐落入低谷, 2012年他最终在尼克斯选择退役。

亮点

"黑八"制造者: 2006—2007赛季季后赛首轮, 戴维斯率领勇士4比2击败西部第一, 拥有该赛季MVP诺维茨基的小牛, 创造"黑八奇迹", 戴维斯场均得到25分。

228 Bill Bridges 比尔·布里奇斯

生日:1939.4.4　身高:1.98米　位置:F-C　号码:10, 32, 23, 35
职业生涯:1962—1975
球队:圣路易斯/亚特兰大老鹰，费城76人，洛杉矶湖人，金州勇士
场均数据:11.9分, 11.9篮板, 2.8助攻, 0.7抢断, 0.4盖帽

荣誉

1次总冠军(1975)
3次全明星

在布里奇斯开始自己的职业生涯时，篮球运动正处于低谷期。他是ABA联赛的得分王和篮板王，在NBA，布里奇斯3次参加全明星赛，2次入选防守第二阵容。虽然号称身高1.98米，但布里奇斯实际身高不足1.95米，然而其职业生涯得分和篮板场均仍有两双入账，让人印象深刻。在他的最后一个赛季，作为替补的布里奇斯随金州勇士夺得NBA总冠军。

绰号: Bill 钞票

篮板好手: 虽然身高只有1.98米，但布里奇斯职业生涯以场均11.9个篮板列NBA历史第18位。

229 Kelly Tripucka 凯利·特里普卡

生日:1959.2.16　身高:1.98米　位置:F/G　号码:7, 4
职业生涯:1981—1991
球队:底特律活塞，犹他爵士，夏洛特黄蜂
场均数据:17.2分, 3.8篮板, 3.0助攻, 1.0抢断, 0.2盖帽

荣誉

2次全明星(1982, 1984)

尽管特里普卡的球技并不单一化，但想方设法将球放进对方的篮筐里一直是他最赖以生存的技能，换句话说，他是个以得分为己任的球员，这贯穿了其整个职业生涯。特里普卡会时不时地受到一些非议，人们总是对他的防守指指点点，当然，在效力活塞的几年间，他也拥有很多值得赞美的时刻。随后在效力黄蜂的第一年里，他亦表现上乘。这位2次入选全明星的攻击手尤其善于利用场上的空位制造得分机会。

另类活塞五虎: 活塞队史上仅有5名球员在季后赛的比赛中得到40分以上，特里普卡便是其中之一，其余的四位是戴夫·宾，伊赛亚·托马斯，昌西·比卢普斯以及理查德·汉密尔顿。

解说生涯: 1993年至2001年间，退役后的特里普卡担任活塞队现场评论员。2001年，他离开了福克斯电视网底特律频道，并在2000—2001赛季负责新泽西篮网的全职无线广播工作。2008年11月7日，他加入纽约尼克斯队的MSG广播团队，同沃尔特·弗雷泽等尼克斯名宿一起工作。现在，他的身份是尼克斯队的球探。

230 Wayne Embry 韦恩·恩布里

生日:1937.3.26　身高:2.03米　位置:C/F　号码:34, 32, 15, 28
职业生涯:1958—1969
球队:辛辛那提皇家,波士顿凯尔特人,密尔沃基雄鹿
场均数据:12.5分,9.1篮板,1.4助攻

荣誉

1次总冠军(1968)
5次全明星(1961—1965)

1999年,韦恩·恩布里得以入选篮球名人堂,但并不是以一名球员的身份,而是作为一名篮球"贡献者",然而先后5次入选全明星阵容的他并不会被资深球迷所遗忘。在那支"几乎完美"的辛辛那提皇家队中,恩布里作为球队的中枢串联起了奥斯卡·罗伯逊、杰克·特怀曼、杰里·卢卡斯等队友,遗憾的是他们与总冠军擦肩而过。在1960年代中期,恩布里连续5个赛季场均篮板球达到两位数,并在1968年随凯尔特人圆了冠军梦。

绰号: The Wall 墙

复出夺冠: 1966年早期,恩布里受到来自球队里的种族歧视,一气之下选择退役,并担任某可乐公司的区域销售代表。随后,在好友比尔·拉塞尔的劝说下,恩布里决定复出,成为凯尔特人队的一员。在效力凯尔特人期间,恩布里担任拉塞尔的替补,并帮助球队赢得了1967—1968赛季NBA总冠军头衔。

最佳经理: 在以球员身份退役之后,韦恩·恩布里成为了NBA首位非裔美籍总经理,先后任职于密尔沃基雄鹿队(1972—1979)、克利夫兰骑士队(1986—1999)和多伦多猛龙队(2006),并于1992年及1998年两度当选NBA年度最佳经理。

231 Mookie Blaylock 穆奇·布雷洛克

生日:1967.3.20　身高:1.83米　位置:G　号码:10
职业生涯:1989—2002
球队:新泽西篮网,亚特兰大老鹰,金州勇士
场均数据:13.5分,4.1篮板,6.7助攻,2.3抢断,0.3盖帽

荣誉

2次抢断王(1997, 1998)
1次全明星(1994),2次最佳防守阵容(1994, 1995)

在13年的职业生涯里,布雷洛克用坚固的防守为自己赢得了足够的赞誉和认可。1997, 1998年连续两年荣膺联盟抢断王,并在1994—1999年间连续入选联盟最佳防守阵容一队或二队。只有埃尔文·罗伯逊、迈克尔·雷·理查德森以及乔丹的职业生涯场均抢断数高于布雷洛克。同时他的姓名曾被用作著名乐队的名字,也使得他更加为人所熟知。

闪电手: 仅凭职业生涯场均2.3次抢断便可以断定布雷洛克是名出色的防守专家。他以闪电般的手速和对球的压迫性防守而闻名。在其职业生涯里有五个赛季的抢断总数在200次以上,并顺理成章地2次入选NBA年度最佳防守阵容第一队。同时布雷洛克还是名优秀的外线得分手,传球也具有很高水准,是联盟助攻榜上的常客。

乐队之缘: 美国著名乐队Pearl Jam早年的成员是篮球迷,他们最初是用布雷洛克的名字(Mookie Blaylock)命名乐队的,后来被迫改换了名字,但他们仍用布雷洛克的球衣号码10号命名了他们的首张专辑"Ten"。布雷洛克本人是Pearl Jam乐队的粉丝。

232 Alvan Adams 阿尔万·亚当斯

生日:1954.7.19 身高:2.06米 位置:C/F 号码:33
职业生涯:1975—1988
球队:菲尼克斯太阳
场均数据:14.1分,7.0篮板,4.1助攻,1.3抢断,0.8盖帽

荣誉

1次全明星(1976)

作为一名完美的高位策应型内线球员,阿尔万·亚当斯能力全面,他可以用得分、篮板、助攻等方式击败自己的对手。作为高顺位新秀,这位昔日的俄大明星球员在太阳队打出了与年龄不符的成熟度,并带领球队一路杀入总决赛。同时,他将自己的全部职业生涯都献给了太阳队,这也使他成了这座城市的英雄人物。尽管身高只有2.06米,但亚当斯通常能够在内线击垮防守者,同时还能有效地保护好本方禁区。

亮点

绰号: Double A The Oklahoma Kid

恐怖双20: 在1973—1974赛季的26场大学比赛中,阿尔万·亚当斯场均得到21分21个篮板的恐怖数据,追平了俄克拉荷马大学捷足者队的校纪录(1969—1970赛季的27场比赛中,加菲尔德·赫德也曾打出双21的数据)。该纪录一直保持到2009年的情人节,被布雷克·格里芬所打破。

最佳新秀: 作为一名中锋,亚当斯2.06米的身高和不足100公斤的体重并没有优势。但他在自己的新秀赛季便以几乎完美的表现为自己正名,打出了场均19分9.1个篮板以及5.6次助攻的出色数据,获得了1976年的NBA最佳新秀荣誉,同时帮助太阳队时隔五年再次杀入季后赛并一路打进总决赛。整个季后赛,亚当斯场均得到17.9分10.1个篮板和5.2次助攻。

233 Marcus Camby 马库斯·坎比

生日:1974.3.22 身高:2.11米 位置:C/F 号码:21, 23, 2
职业生涯:1996—2013
球队:多伦多猛龙,纽约尼克斯,丹佛掘金,洛杉矶快船,波特兰开拓者,休斯敦火箭
场均数据:9.5分,9.8篮板,1.9助攻,1.0抢断,2.4盖帽

荣誉

4次盖帽王,2次最佳防守阵容

马库斯·坎比在新秀赛季能够为多伦多猛龙队砍下场均14.8分,而在随后的职业生涯里,他的场均得分却从没有接近过这一数字。职业生涯17年,坎比辗转过七支NBA球队,他的个人巅峰集中在2002年到2008年的掘金时代。有了安东尼、艾弗森和比卢普斯这样的队友,坎比可以安心地做起防守工作。2006年到2008年,他更是三次蝉联盖帽王。坎比以火暴的脾气著称,因为参与场上纠纷,职业生涯期间,他曾多次遭到禁赛。

亮点

绰号: The Cambyman 勉族男

州最佳: 坎比是康涅狄格州本地人,高中生涯开始于西哈特福德的科纳德高中,后来转学到哈特福德公立高中并在那里完成高中学习。四年级时,坎比场均能够得到27分11个篮板8个助攻和8次盖帽,带领校队以27战全胜的战绩赢得州冠军,并当选"康涅狄格州年度最佳运动员"。

最高效率三双: 2008年3月16日,在一场足以载入史册的比赛中,主场作战的掘金在常规时间内以168比116战胜西雅图超音速队(168分是掘金队史最高得分,也是NBA历史上常规时间内出现的第四高分),坎比拿到13分15个篮板和10次助攻,仅仅用了27分钟(追平NBA取得三双时间最短纪录)就完成了自己这个赛季的第二次三双。

234 Kyle Lowry 凯尔·洛瑞

生日:1986.3.25　身高:1.83米　位置:G　号码:1,7,3
职业生涯:2007年至今
球队:孟菲斯灰熊,休斯敦火箭,多伦多猛龙
场均数据:14.3分,4.1篮板,5.8助攻,1.4抢断,0.3盖帽

荣誉

1次奥运冠军(2016)
3次全明星

尽管大学时在维拉诺瓦已小有名气,但2006年选秀时,洛瑞直到第24顺位才被灰熊摘下。作为大器晚成型球员的代表,2009年被交易到火箭后,洛瑞才开始真正在联盟站稳脚跟。2012年被火箭交易到猛龙后,洛瑞迎来爆发。他和德罗赞一起成为绝对核心,成就了猛龙北境之王的荣耀。洛瑞的球风强硬,心理素质强大。尽管职业生涯初期经常与主教练发生冲突,但在球员中间,他普遍受到尊重。

亮点

历史性挺进: 2016年5月15日,在季后赛第二轮与热火的抢七大战中,面对韦德和德拉季奇领衔的对手,洛瑞一扫之前几场的颓势,20投11中,三分球7投5中,拿下35分,另有9次助攻7个篮板和4次抢断,带队116比89战胜对手,赢得抢七大战。这也是猛龙队史第一次打进东部决赛。

235 Carlos Boozer 卡洛斯·布泽尔

生日:1981.11.20 **身高**:2.06米 **位置**:F **号码**:1,5
职业生涯:2002—2015
球队:克利夫兰骑士,犹他爵士,芝加哥公牛,洛杉矶湖人
场均数据:16.2分,9.5篮板,2.2助攻,0.9抢断,0.4盖帽

荣誉

奥运冠军:2008
2次全明星

随杜克获得NCAA冠军的布泽尔在2002年选秀中直到第35位才被选中,新秀赛季,他拿下10分7.5个篮板完成逆袭,并因此在2004年夏天与骑士续约时产生纠纷。之后在得到詹姆斯的鼓励后,布泽尔选择加盟爵士,并在之后和德隆·威廉姆斯一起重现了马龙与斯托克顿的经典挡拆组合,也让爵士长期成为西部一支稳定的强队。2010年布泽尔转投公牛,尽管第一个赛季仍能维持场均接近两双的数据,但他的状态逐年下滑,最终在2014年被公牛特赦。在湖人效力一个赛季后,布泽尔淡出NBA。

奥运登顶:2004年,布泽尔被选为国家队一员,参加了2004年雅典奥运会,但当时的那支美国队仅仅收获了一枚铜牌。在随后的2006年至2008年期间,布泽尔又担任国家队成员,但因为妻子怀孕而放弃参加2007年美洲锦标赛的机会。2008年夏天,布泽尔与美国国家队一起参加了北京奥运会,在决赛中击败西班牙队,成功登顶拿到奥运会金牌。

大学夺魁:布泽尔在高中时代曾2次入选*Parade*杂志评选的全美高中第一阵容,他带领高中球队卫冕州冠军,随后布泽尔受到多家顶级大学的邀请,而他决定加入由老K教练执教的杜克大学,随后他帮助杜克大学拿到了2001年NCAA总冠军。

首次三双:在2008年2月13日爵士与西雅图超音速的比赛里,布泽尔拿到首次三双,22分11篮板10次助攻,以出色的发挥顺利入选该年全明星阵容。

236 Al Horford 艾尔·霍福德

生日:1986.6.3 **身高**:2.08米 **位置**:F **号码**:15,42
职业生涯:2007年至今
球队:亚特兰大老鹰,波士顿凯尔特人
场均数据:14.3分,8.7篮板,3.0助攻,0.8抢断,1.2盖帽

荣誉

4次全明星

出生于多米尼加的霍福德是如今技术型内线的代表。在佛罗里达大学时,霍福德与诺阿、科里·布鲁尔成为队友,连续两年拿到NCAA冠军。2007年老鹰在第三顺位选中霍福德,那个赛季他成为全联盟唯一全票入选最佳新秀阵容的球员。延续着新秀赛季的好势头,霍福德逐渐成长为老鹰的内线核心。2016年夏天成为自由球员后,霍福德选择接受凯尔特人的高薪。随后的赛季,他帮助凯尔特人拿下常规赛东部第一,并在季后赛杀入东部决赛。

世界小姐:霍福德的妻子是2003年的世界小姐阿米莉亚·维加。2006年,两人在波士顿的"拉丁骄傲"游行上相识。2009年两人开始约会,2011年12月24日正式结婚。2015年,他们的第一个孩子,伊安·霍福德·维加出生。2016年他们又迎来了女儿阿丽亚·霍福德·维加。

237 Serge Ibaka
赛尔吉·伊巴卡

生日:1989.9.18　身高:2.08米　位置:F　号码:9,7
职业生涯:2010年至今
球队:俄克拉荷马雷霆,奥兰多魔术,多伦多猛龙
场均数据:14.3分,8.7篮板,3.0助攻,0.8抢断,1.2盖帽

荣誉

2次盖帽王,3次最佳防守阵容

伊巴卡是刚果共和国历史上第一个NBA新秀。初入联盟时,他技术略显粗糙,但凭借积极和活力,伊巴卡弥补了劣势,并在2012年和2013年2次成为联盟盖帽王。2012年杀入总决赛时,他是雷霆的禁区守护神。2016年杜兰特离开,伊巴卡则被交易到魔术。2017年,他再次被交易到猛龙。但不管在哪支球队,防守与中远投总是伊巴卡的标志。

亮点

火锅英雄:2010年4月21日,在季后赛首轮雷霆与湖人的第二场比赛里,伊巴卡送出7次盖帽,完美体现了个人在防守端的作用,他也成为NBA历史上能在季后赛单场送出7次盖帽的最年轻球员。

语言天才:伊巴卡熟练掌握四种语言,分别是林格拉语(刚果和安哥拉地区使用的语言)、法语(刚果官方语言)、英语和西班牙语。

238 Don Ohl
唐·奥尔

生日:1936.4.18　身高:1.91米　位置:G　号码:10,30,12
职业生涯:1960—1970
球队:底特律活塞,巴尔的摩子弹,圣路易斯/亚特兰大老鹰
场均数据:15.9分,3.0篮板,3.1助攻

荣誉

5次全明星(1963—1967)

5次入选全明星阵容的唐·奥尔尤其善于处理关键球,他在压力之下的发挥通常令人难以置信。同时奥尔也是一位攻守兼备的球员,至今他还以场均26.2分的成绩保持着奇才队(原子弹队)季后赛场均得分纪录。在其职业生涯里,这位伊利诺伊大学毕业的球员有两个赛季的场均得分超过了20分,都是在他效力于巴尔的摩子弹队时所创造的。

亮点

绰号:Waxie

对阵传奇:唐·奥尔在1964—1965赛季季后赛中经历了职业生涯最辉煌的时刻。在西部决赛里,奥尔与名人堂级别后卫杰里·韦斯特进行了激烈的对决,尽管韦斯特及湖人队通过六场大战取得了胜利,但每场比赛的分差都在8分以下。在那年的季后赛里,奥尔共打了10场比赛,场均轰下26.1分的高分。

239 Rod Strickland 罗德·斯特里克兰

生日:1966.7.11 身高:1.91米 位置:G 号码:11,1,31
职业生涯:1988—2005
球队:纽约尼克斯,圣安东尼奥马刺,波特兰开拓者,华盛顿奇才,迈阿密热火,明尼苏达森林狼,奥兰多魔术,多伦多猛龙,休斯敦火箭
场均数据:13.2分,3.7篮板,7.3助攻,1.5抢断,0.2盖帽

荣誉

1次助攻王(1998)

斯特里克兰是纯正的纽约本地明星控卫,他以桀骜不驯且坚毅的球风成为每个对手的绊脚石,并且总能有效串联起整支球队。有人说他也许是从未入选过全明星阵容的最佳球员之一,他曾连续6个赛季完成场均15分7次助攻以上的成绩。可惜的是,在他最后几年生涯里,他的数据每况愈下,这也影响到了他职业生涯场均数字的美观度。

亮点

绰号: Hot Rod

助攻王: 1997—1998赛季是斯特里克兰职业生涯的数据巅峰。在该赛季中,他场均能够得到17.8分,并且以场均10.5次助攻荣膺助攻王称号。2008年,斯特里克兰得以入选纽约市篮球名人堂。

240 Carl Braun 卡尔·布劳恩

生日:1927.9.25 身高:1.91米 位置:G 号码:4
职业生涯:1949—1962
球队:纽约尼克斯,波士顿凯尔特人
场均数据:13.4分,3.4篮板,3.9助攻

荣誉

1次总冠军(1962)
5次全明星(1953—1957)

卡尔·布劳恩更多是在效力于纽约尼克斯期间为人所熟知的,那时的联盟还叫作BAA。毕业于科尔盖特大学的布劳恩在十余年间统治着尼克斯的后卫线,直至1961年尼克斯选择与其分手。这位5次入选全明星阵容的后卫永远会被老一辈纽约球迷所怀念,他们不会忘记布劳恩在老花园球馆所打出的精彩比赛。

241 Jeff Malone
杰夫·马龙

生日:1961.6.28 身高:1.93米 位置:G 号码:24, 25
职业生涯:1983—1996
球队:华盛顿子弹,犹他爵士,费城76人,迈阿密热火
场均数据:19.0分,2.6篮板,2.4助攻,0.6抢断,0.1盖帽

荣誉

2次全明星(1986, 1987)

毕业于密西西比州立大学的杰夫·马龙曾连续两年入选全明星阵容,赛场上他最为擅长的进攻方式便是充分利用挡拆后留下的空位机会来施展他那柔和的投篮手感——有些时候你甚至觉得他从不会错失任何一次投篮。在1985—1992年间,马龙有6个赛季的场均得分都高于20分,其中1989—1990赛季效力于华盛顿子弹时期曾达到得分峰值24.3分。即便后来效力于爵士队期间,马龙已经不是队内的头号攻击选择,但他依然是球队外线不可或缺的危险人物。

亮点

"马龙兄弟":杰夫·马龙于1990年转投犹他爵士,与卡尔·马龙组成"马龙兄弟",并曾经随球队一路过关斩将打入西部决赛。在杰里·斯隆的调教下,杰夫·马龙成为了一名纯正的外线攻击手,并连续两届入选全明星阵容。

242 Lamar Odom
拉玛尔·奥多姆

生日:1979.11.6 身高:2.08米 位置:F 号码:7
职业生涯:1999—2013
球队:洛杉矶快船,迈阿密热火,洛杉矶湖人,达拉斯小牛
场均数据:13.3分,8.4篮板,3.7助攻,0.9抢断,0.9盖帽

荣誉

2次总冠军(2009, 2010)

1997年高中毕业时奥多姆曾考虑直接进入NBA,并咨询过科比的意见。最终他选择了拉斯维加斯大学,但因为成绩造假、接受金钱等丑闻转学到罗德岛大学。作为一名瘦高个内线球员,奥多姆拥有出色的移动能力以及支配球能力。他的个人巅峰无疑是2004年到2011年的湖人时期,作为核心球员,他两度举起冠军奖杯。2011年夏天开始,因为吸毒、婚姻破裂、招妓门等一系列打击,奥多姆淡出了公众视线。

亮点

绰号:Odominator 左手魔术师

天赋异禀:奥多姆在1999年12月30日代表快船对阵火箭的比赛中首次拿下三双(10分13个篮板10次助攻),当时他刚满20岁零54天,是最年轻的三双纪录保持者。此纪录后被詹姆斯所打破。巧合的是,奥多姆创造纪录那一天正好是詹姆斯15岁生日当天。

疯狂三双:2001年3月31日,奥多姆在快船对阵骑士的比赛中打出11分10个篮板10次助攻的表现,拿到了赛季第四个同时也是五场之内的第三个三双,一时获得赞誉无数。

243 Danny Manning 丹尼·曼宁

生日:1966.5.17　身高:2.08米　位置:F　号码:25,5,15,6
职业生涯:1988—2003
球队:洛杉矶快船,亚特兰大老鹰,菲尼克斯太阳,密尔沃基雄鹿,犹他爵士,达拉斯小牛,底特律活塞
场均数据:14.0分,5.2篮板,2.3助攻,1.1抢断,0.9盖帽

荣誉

2次全明星(1993,1994)
1次最佳第六人(1998)

在堪萨斯大学度过了杰出的四年之后,丹尼·曼宁于1988年被快船队选中,在那里他逐渐成为一流的大前锋,并连续两年入选了全明星阵容。在他职业生涯的后几年里,由于长期被膝盖伤势所困扰,曼宁失去了速度与爆发力,这也使得他只得徘徊于多支球队之间。但这名顽强的球员还是在职业生涯里得到了超过12000分以及超过4500个篮板的优异数据。

亮点

"丹尼与奇迹": 在1988年堪萨斯大学对阵俄克拉荷马大学的NCAA锦标赛决赛中,曼宁狂揽31分18个篮板5次抢断及2次盖帽,力助堪萨斯夺魁。曼宁近乎凭一己之力带领"黑马"堪萨斯夺取最终冠军,而堪萨斯21胜11负的战绩是NCAA史上巡回赛战绩最差的NCAA冠军。那一年的堪萨斯大学因而被称为"丹尼与奇迹",曼宁毫无悬念地荣膺当年NCAA锦标赛MOP殊荣,后被评为大联盟十年最佳球员。

244 Charles Oakley 查尔斯·奥克利

生日:1963.12.18　身高:2.06米　位置:F/C　号码:34,33
职业生涯:1985—2004
球队:芝加哥公牛,纽约尼克斯,多伦多猛龙,华盛顿奇才,休斯敦火箭
场均数据:9.7分,9.5篮板,2.5助攻,1.1抢断,0.3盖帽

荣誉

1次全明星(1994)
1次最佳防守阵容(1994)

作为NBA历史上最坚韧不拔的家伙之一,奥克利曾是公牛时期乔丹以及尼克斯时期尤因的得力保镖。充满魄力的篮板球争抢、毫不留情的犯规以及从不向任何人屈服的精神造就了这名强硬的战士。他曾在两个赛季里领跑全联盟篮板球总数榜,并在37岁高龄效力猛龙队时场均揽下9.5个篮板。他还曾分别打过一次全明星赛及一次总决赛,都是在1994年效力于尼克斯队期间。

亮点

绰号: Oak 老橡树

35篮板!: 1988年4月22日,在公牛队与骑士队的比赛中,奥克利抢下16个进攻篮板球和19个防守篮板球,合计35个篮板,并有26分入账。这也是距今最近的个人35个篮板以上的单场NBA比赛数据。

245 Sidney Wicks

西德尼·威克斯

生日：1949.9.19　身高：2.03米　位置：F/C　号码：21，12
职业生涯：1971—1981
球队：波特兰开拓者，波士顿凯尔特人，圣迭戈快船
场均数据：16.8分，8.7篮板，3.2助攻，1.0抢断，0.7盖帽

荣誉

4次全明星(1972—1975)
1次最佳新秀(1972)

在UCLA经历过辉煌的大学生涯——包括全美最佳球员、NCAA MOP以及三次NCAA冠军头衔之后，西德尼·威克斯于1971年头顶无数光环荣耀踏进NBA的大门。在他每况愈下的职业生涯里，一开始威克斯似乎还走在正确的轨道上，他赢得了当年的最佳新秀奖项。同时，威克斯的职业生涯与"4"颇为有缘：他共有4个赛季的场均得分高于20分，4个赛季场均篮板球达到两位数，并连续4届入选全明星阵容。

亮点

大学球衣退役：1996年2月1日，由于西德尼·威克斯为校队所做出的杰出贡献，他的35号球衣在UCLA大学主场Pauley Pavilion的庆典中退役。威克斯于1985年入选UCLA运动员名人堂，并于2010年入选全美大学篮球名人堂。

辉煌1970：威克斯是UCLA历史上的杰出运动员，在1969—1971年间，他率领球队连续三年获得了NCAA冠军。1970年是他丰收的一年，威克斯荣获NCAA四强赛MOP荣誉，并列荣获赫尔姆斯全国最佳运动员奖，以及全美篮球作家协会及体育新闻年度最佳球员奖，并在1970年和1971年2次入选全美最佳阵容。

246 John Williamson 约翰·威廉姆森

生日:1951.11.10　身高:1.88米　位置:G　号码:23
职业生涯:1976—1981
球队:纽约/新泽西篮网,印第安纳步行者,华盛顿子弹
场均数据:20.1分,2.5篮板,2.8助攻,1.1抢断,0.2盖帽

荣誉

2次总冠军(1974,1976)

约翰·威廉姆森是一个典型的大心脏球员,球场上没有他不敢投篮的区域。带着两夺ABA联盟总冠军的荣誉,威廉姆森来到了NBA。除了外围远投的功力,他还是一名防守硬汉。在1976—1979年间,他的场均得分都超过了20分,其中1977—1978赛季场均得分达到了23.7分。在那个赛季的一次背靠背比赛中,威廉姆森竟先后掠下了40分和50分。

亮点 绰号:Super John 超级约翰

247 Arnie Risen 艾尔尼·瑞森

生日:1924.10.9　身高:2.06米　位置:C　号码:14,19
职业生涯:1976—1981
球队:罗切斯特皇家,波士顿凯尔特人
场均数据:11.5分,9.7篮板,1.7助攻

荣誉

2次总冠军(1951,1957)
4次全明星(1952—1955)

这位身高达到2.06米,出生于肯塔基的内线长人在俄亥俄州立大学完成了大学篮球生涯,随后在NBA正式成立之后加盟了罗切斯特皇家队。瑞森时常会被早期的美国篮球界所淡忘,但在罗切斯特皇家队夺取队史唯一一次总冠军的1950—1951赛季里,瑞森的场均得分、篮板均列球队第一位。

亮点 绰号:Stilts

命中率之王:1948—1949赛季,瑞森加入NBA的罗切斯特皇家队,在皇家队传奇老板兼教练莱斯·哈里森手下打球。那个赛季,瑞森场均能够得到16.6分的全队最高分,而他也以42.3%的投篮命中率居联盟之首。

248 Cedric Maxwell 塞德里克·麦克斯维尔

生日:1955.11.21 身高:2.03米 位置:F 号码:30,31,19,18
职业生涯:1977—1988
球队:波士顿凯尔特人,洛杉矶快船,休斯敦火箭
场均数据:12.5分,6.3篮板,2.2助攻,0.8抢断,0.5盖帽

荣誉

2次总冠军(1981,1984)
1次总决赛MVP(1981)

塞德里克·麦克斯维尔对篮球拥有与生俱来的敏锐嗅觉,这名身高超过2米的前锋总会让本方处于有利形势。效力凯尔特人期间,麦克斯维尔有幸与拉里·伯德、凯文·麦克海尔、罗伯特·帕里什等人为伍。1981年,他更是凭借优异发挥拿到了总决赛MVP的殊荣。随后在1984年,他再度随凯尔特人拿到了NBA总冠军。

亮点

绰号: Cornbread 玉米面包

关键先生: 效力凯尔特人期间,麦克斯维尔总能扮演球队关键先生的角色。1981年对火箭队的总决赛,前四场双方2比2战平,第五场比赛中马克斯韦尔拿下28分19个篮板,凯尔特人赢下第五场取得了系列赛主动权并最终拿下第六场夺冠。三年之后,1984年NBA总决赛,凯尔特人和湖人打到抢七大战,赛前,麦克斯维尔告诉队友"伙计们趴到我背上来,今晚我来搞定比赛",随后在这场比赛中,他有效地限制了与他对位的詹姆斯·沃西,并砍下24分,在球队战胜湖人夺冠的抢七大战中起到了极为关键的作用。

249 Bradley Beal 布拉德利·比尔

生日:1993.6.28 身高:1.96米 位置:G 号码:3
职业生涯:2012年至今
球队:华盛顿奇才
场均数据:17.7分,3.6篮板,3.1助攻,1.0抢断,0.3盖帽

比尔在高中时就是五星后卫,在佛罗里达大学的一年,他帮助球队打进了NCAA精英八强。2012年,比尔在选秀大会上被手握三号签的奇才选中,和约翰·沃尔一起组成了奇才的后场双枪。新秀赛季,比尔就展现出了强大的得分能力,他尤其擅长中远投。比尔在2013—2014赛季迎来爆发,多次刷新个人单场得分纪录。伤病是比尔最大的隐患。从新秀赛季开始,他就不断出现各种小伤。

亮点

第一奇才: 2016年夏天,新秀合同结束后,比尔和奇才达成了五年1.28亿美元的续约合同,这是奇才队史上总金额最大的一笔合同。签下这份合同时,比尔只有23岁。

说唱歌手做"保姆": 知名说唱歌手Nelly曾经是比尔母亲工作的学校的明星运动员,所以比尔很小的时候就认识Nelly,Nelly也经常扮演"保姆"角色,放学后送比尔回家。

250 Darrell Griffith 达尼尔·格里菲斯

生日:1958.6.16　身高:1.93米　位置:G　号码:35
职业生涯:1980—1991
球队:犹他爵士
场均数据:16.2分,3.3篮板,2.1助攻,1.2抢断,0.3盖帽

荣誉

1次最佳新秀(1981)

尽管刚从路易斯维尔大学迈入NBA时被誉为是这个星球上最杰出的空中飞人之一,但达尼尔·格里菲斯在其十年职业生涯里用更为优异的表现证明了自己是个全能的双能卫球员。他的弹跳和扣篮依旧如传说中的那样完美无瑕,但他同时证明了自己的外线远投功夫丝毫不逊于自身的运动天赋,并在1983—1984赛季领跑全联盟的三分命中率。在其职业生涯的前五年里,有四个赛季的场均得分超过了20分。

亮点

绰号: Dr.Dunkenstein The Golden Griff

陈列球衣: 大学时代,格里菲斯曾入选全美第一阵容,并在1980年带领路易斯维尔大学红雀队以59比54击败了UCLA,获得了NCAA锦标赛冠军,比赛中他拿到了23分。在随后举行的冠军庆祝会上,他的35号球衣享受到了退役的荣誉,并且他的客场球衣被永久陈列在奈史密斯篮球名人堂内。同时,格里菲斯是路易斯维尔大学校史上第一位突破2000分的球员。

251 Ray Scott 雷·斯科特

生日:1938.7.12　身高:2.06米　位置:F/C　号码:22,12,31
职业生涯:1961—1970
球队:底特律活塞,巴尔的摩子弹
场均数据:14.9分,10.5篮板,2.4助攻

荣誉

1次最佳教练(1974)

无论是以板凳球员的身份抑或是先发主力的身份登场,雷·斯科特在其十年NBA生涯里都在以自己的方式为球队得分,抢篮板,直至他后来加盟ABA联盟的弗吉尼亚护卫队并在那里结束了自己的球员生涯。这个家伙能够在场上的任何地方投篮得分,并曾连续8个赛季场均得分达到两位数。在其所获得的荣誉中,最值得一提的便是其在退役后于1973—1974赛季执教活塞时获得了年度最佳教练的称号。斯科特也是活塞队历史上"30位最伟大活塞人"之一。

252 Cazzie Russell 凯兹尔·拉塞尔

生日:1944.6.7 身高:1.96米 位置:F/G 号码:14, 33, 32,
职业生涯:1966—1978
球队:纽约尼克斯,金州勇士,洛杉矶湖人,芝加哥公牛
场均数据:15.1分,3.8篮板,2.2助攻,0.8抢断,0.1盖帽

荣誉

1次总冠军(1970)
1次全明星(1972)

带着最辉煌大学篮球经历之一的荣誉,这位1966年全美大学最佳球员被纽约尼克斯选为状元秀。尽管在随后的职业生涯里凯兹尔·拉塞尔再也没有达到大学时期的高度,但他依然是1969—1970赛季那支冠军队伍中的重要组成部分,他的最大贡献是作为替补球员为尼克斯带来了持续的攻击性。整个职业生涯里,拉塞尔有两个赛季的场均得分超过了20分大关,并成功入选过全明星阵容。

大学辉煌: 凯兹尔·拉塞尔带领密歇根狼獾队在1964—1966年间连续三次蝉联大东区冠军,并连续在1964、1965年杀入NCAA四强赛。1966年,拉塞尔场均得到30.8分,并当选全美大学篮球最佳球员,他的33号球衣被密歇根狼獾队退役。

253 Dale Ellis 戴尔·埃利斯

生日:1960.8.6 身高:2.01米 位置:G/F 号码:14, 3, 9, 2
职业生涯:1983—2000
球队:达拉斯小牛,西雅图超音速,密尔沃基雄鹿,圣安东尼奥马刺,丹佛掘金,夏洛特黄蜂
场均数据:15.7分,3.5篮板,1.4助攻,0.8抢断,0.2盖帽

荣誉

1次最有进步球员(1987)
1次全明星(1989)

在达拉斯混迹三年没有打出什么名堂之后,戴尔·埃利斯来到了使他飞黄腾达的西雅图超音速,在那里,他获得了1986—1987赛季NBA最有进步球员奖项。而在1988—1989赛季入选全明星阵容之后,他又参加了当年的全明星三分球大赛并一举夺魁。在其漂泊不定的17年职业生涯里,这位出自田纳西大学的锋卫摇摆人共计得分超过19000分,而像密尔沃基、圣安东尼奥、丹佛以及夏洛特等小城市都留下过他打拼的印迹。

最长出场: 埃利斯职业生涯一共出战1209场比赛,场均得到15.7分,40.3%的三分球命中率,命中1719记三分球排在历史第四位。鲜为人知的是,埃利斯还保持着NBA单场上场时间最长的纪录——出战69分钟(共73分钟),那是在1989年11月9日超音速以154比155输给雄鹿的五加时鏖战中。

254 Derek Harper 德里克·哈珀

生日:1961.10.13 身高:1.93米 位置:G 号码:12,11
职业生涯:1983—1999
球队:达拉斯小牛,纽约尼克斯,奥兰多魔术,洛杉矶湖人
场均数据:13.3分,2.4篮板,5.5助攻,1.6抢断,0.3盖帽

毕业于伊利诺伊大学的德里克·哈珀是一名铁血控卫,在1993—1994赛季被交易到纽约尼克斯之前,他已经在达拉斯度过了10年职业生涯(其中6个赛季杀入季后赛)。作为90年代那支梦想夺冠的尼克斯队中的主力控卫,哈珀在场上一直兢兢业业地奉献着自己的全部。随后,在魔术及湖人短暂停留过后,这位防守至上的控卫结束了自己的职业生涯。

三分如雨:1993—1994赛季中段,由于主力控卫道格·里弗斯受伤缺阵,尼克斯急需一名优秀的防守型控卫。哈珀随后被小牛队交易至纽约,成为尼克斯当赛季的最后一块拼板。尼克斯最终获得东部冠军,但在总决赛里3比4不敌休斯敦火箭队。哈珀在总决赛中一共投中了17个三分球,这一纪录直到2008年总决赛后才被雷·阿伦所打破。

255 Steve Francis 史蒂夫·弗朗西斯

生日:1977.2.21 身高:1.91米 位置:G 号码:3,1
职业生涯:1999—2008
球队:休斯敦火箭,奥兰多魔术,纽约尼克斯
场均数据:18.1分,5.6篮板,6.0助攻,1.5抢断,0.4盖帽

荣誉

1次最佳新秀(2000)
3次全明星(2002—2004)

作为1999—2000赛季的并列最佳新秀获得者(与埃尔顿·布兰德一起),史蒂夫·弗朗西斯用他那致命的脚步动作以及目空一切的性格为NBA注入了浓郁的街球风格。仅仅在自己的第三个赛季,弗朗西斯便交出了一份场均21.6分7个篮板6.4次助攻的惊人成绩单。遗憾的是,在年仅30岁时,这位3次全明星球员便由于伤病及状态下滑等原因离开了NBA赛场。

绰号:Franchise Steve-O 弗老大

新秀"周最佳":2000年1月24日,弗朗西斯凭借出色发挥荣获"本周最佳球员"称号,成为NBA历史上首位获此殊荣的新秀球员。1999—2000赛季,他场均18.0分6.6次助攻1.53次抢断,成为火箭队历史上第一名这三项技术统计分别列队内第一名的新秀,并在赛季末与埃尔顿·布兰德分享了"最佳新秀"称号。

幸运签:在弗朗西斯的第三个赛季,他的表现突飞猛进,被球迷选入了2002年NBA全明星赛,不过最终因伤只出战了55场比赛,火箭队也因此仅仅取得了28胜54负的战绩。然而正是这样的战绩使火箭进入了乐透区,而弗朗西斯幸运地抽到了当年的状元签,并选择了姚明,从此开启了一段中国球迷耳熟能详的时代。

256 Mickey Johnson 麦基·约翰逊

生日:1952.8.31　身高:2.08米　位置:F　号码:8, 43
职业生涯:1974—1986
球队:芝加哥公牛,印第安纳步行者,密尔沃基雄鹿,新泽西篮网,金州勇士
场均数据:14.1分,7.2篮板,3.0助攻,1.1抢断,0.7盖帽

出自风城芝加哥并毕业于曙光大学的麦基·约翰逊是一名不折不扣的攻击手,在他的职业生涯里曾连续10个赛季得分达到两位数。这位至今仍然活跃在职业赛场的老将是第一位将自己的姓和名全部印在球衣背后的NBA球员,这样做的目的,是为了便于人们区分与他同在雄鹿队效力的另一位队友马奎斯·约翰逊。

257 Reggie Lewis 雷吉·刘易斯

生日:1965.11.21　身高:2.01米　位置:G/F　号码:35
职业生涯:1987—1993
球队:波士顿凯尔特人
场均数据:17.6分,4.3篮板,2.6助攻,1.3抢断,0.9盖帽

荣誉

1次全明星(1992)

一切都来得太突然了,当他毫无征兆地瘫倒在训练馆并抢救无效之前,雷吉·刘易斯才刚刚在联盟打响了名声。依靠闪电般的第一步启动速度以及娴熟的得分技巧,刘易斯在大学已经打遍天下无敌手,他有理由畅想更加美好的职业前景。实际上,他是凯尔特人历史上仅有的两位能够在单赛季领跑本队得分、盖帽以及抢断的球员,他也因此被看作是凯尔特人历史上又一位伟大的旗帜。

亮点

大学名人堂: 雷吉·刘易斯在1983年正式成为东北大学球队的一员,到他1987年毕业时,他在大学生涯场均贡献22.2分,成为校队历史得分王。1989年1月21日,为表彰刘易斯为东北大学篮球史做出的杰出贡献,他在大学所穿的35号球衣正式退役。1995年,刘易斯正式进入东北大学体育名人堂。

258 Richard Hamilton 理查德·汉密尔顿

生日:1978.2.14　身高:2.01米　位置:G/F　号码:32
职业生涯:1999—2013
球队:华盛顿奇才,底特律活塞,芝加哥公牛
场均数据:17.1分,3.1篮板,3.4助攻,0.8抢断,0.1盖帽

荣誉

1次总冠军(2004)
3次全明星

1999年率领康涅狄格夺冠,并获得MOP后,汉密尔顿在首轮第七顺位被奇才选中。汉密尔顿早期的成长多少受到了乔丹的阻碍,但自从2002年被交易到活塞后,他便完美融入了那支队伍的体系,并与队友们联手组成了千禧年后最具竞争力的常胜队伍。在活塞夺得总冠军的2003—2004赛季,汉密尔顿场均能够得到全队最高的17.6分。尤为值得一提的是,在与湖人队的总冠军系列赛中,汉密尔顿发挥异常出色,场均能够拿下21.4分,堪称居功至伟。

亮点

绰号: Rip 面具人

得分纪录: 2006年12月27日,活塞队作客纽约尼克斯主场麦迪逊广场花园,经过3个加时以145比151失利,汉密尔顿在那场比赛中37投19中,得到其职业生涯最高的51分。

善事不断: 2006—2007赛季汉密尔顿出现在TNT播出的篮球教学系列片《NBA基础》中,示范的主题是如何利用"无球跑动"来摆脱防守。此外他还参与了很多慈善活动,包括NBA主办的读书成才计划,为儿童们读书授课。

老面孔,新惊喜: 2009年2月7日,在活塞对阵雄鹿的比赛中,汉密尔顿以替补身份上场得到38分,创下活塞队史替补得分纪录。同年3月13日,在活塞以99比95加时击败猛龙的比赛中,汉密尔顿得到其职业生涯最高的16次助攻。

PISTONS
32
LAKERS
10
LAKERS
1
DETROIT

259 Zach Randolph 扎克·兰多夫

生日:1981.7.16　身高:2.06米　位置:F　号码:50
职业生涯:2001至今
球队:波特兰开拓者,纽约尼克斯,洛杉矶快船,孟菲斯灰熊
场均数据:16.8分,9.3篮板,1.8助攻,0.7抢断,0.3盖帽

荣誉

2次全明星

兰多夫师从密歇根州立大学的著名教练汤姆·伊佐,2001年他在第19顺位被开拓者选中,还在2004年和球队达成了六年8400万美元的续约合同。可开拓者糟糕的球队环境极大地影响了兰多夫的名声,2007年,他先是被交易到尼克斯,接着又被交易到快船。直到2009年被交易到灰熊后,兰多夫才洗刷了自己的污名。他与马克·加索尔组成的"黑白双熊"也是联盟古典打法的代表。

亮点

监狱开拓者: 2000年到2003年的开拓者被人戏称为"监狱开拓者",原因就是球队集中了拉希德·华莱士、达蒙·斯塔德迈尔和鲁本·帕特森这些爱惹事的球员。兰多夫在其中也不能幸免,他和鲁本·帕特森的矛盾尤其激烈。帕特森喜欢欺负年轻球员,忍无可忍的兰多夫曾在队内训练中出拳痛打帕特森,随后因为害怕帕特森开枪报复,他还在队友戴尔·戴维斯家躲避了几天。

最快进步奖: 2004年,兰多夫凭借优异表现拿到年度最有进步球员奖项,同时也得到了开拓者提供的六年8400万美元的大合同。随后在2006—2007赛季,兰多夫的表现更进一步,场均得到23.6分和10.1个篮板。他为开拓者效力的最后一场比赛,全场狂得43分17个篮板,其中43分是生涯最高分。

黑马核心: 2011年,灰熊完成季后赛采用7场4胜制以来的第二次"黑八"奇迹。在核心鲁迪·盖伊受伤缺阵的情况下,兰多夫成为灰熊与马刺的系列赛的绝对主角。最后一战中,兰多夫独揽31分及11个篮板,并在关键的第四节比赛中得到全队29分中的17分。

260 Peja Stojakovic
佩贾·斯托贾科维奇

生日:1977.6.9　身高:2.08米　位置:F　号码:16
职业生涯:1998—2011
球队:萨克拉门托国王,印第安纳步行者,新奥尔良黄蜂,多伦多猛龙,达拉斯小牛
场均数据:17.0分,4.7篮板,1.8助攻,0.9抢断,0.1盖帽

荣誉

1次总冠军(2011)
3次全明星

出生于塞尔维亚的佩贾是1996年黄金一代成员,在第14顺位被国王选中后,他直到1998年才登陆NBA。作为历史上最伟大的射手之一,佩贾用美妙的手感(超过1700记三分球)构建了自己堪称完美的NBA生涯。他是2000年前后那支极具竞争力的国王队内的重要火力点,并在2002—2004年间连续三年入围全明星阵容,且连续两年夺得了全明星三分球大赛的桂冠。2011年随小牛夺冠后,他完美谢幕。

亮点

绰号: Peja 佩贾

神射: 在2003—2004赛季中,佩贾得到了职业生涯最高的场均24.2分,在当时整个联盟位列第二。同时他在这个赛季的MVP投票中排名第四,并且还入选了NBA最佳阵容二队。他整个赛季共投进了240个三分球,罚球命中率高达93.3%,均为全联盟最高。

261 Latrell Sprewell 拉特里尔·斯普雷维尔

生日:1970.9.8 身高:1.96米 位置:G 号码:15, 8
职业生涯:1992—2005
球队:金州勇士, 纽约尼克斯, 明尼苏达森林狼
场均数据:18.3分, 4.1篮板, 4.0助攻, 1.4抢断, 0.4盖帽

荣誉

1次最佳阵容(1994)
4次全明星(1994, 1995, 1997, 2001)

拉特里尔·斯普雷维尔早期的球风异常凶悍, 他会抓住防守方的一丝空隙, 然后利用其强悍的攻击性侵犯对手篮筐。随后, 他又将精准的半后仰跳投添加到自己的武器库中, 这也使得他几乎变成了无法阻挡的得分机器。4次入选全明星阵容, 1994年更是入选了赛季最佳阵容(该赛季场均出场达到了惊人的43.1分钟), 可以说斯普雷维尔拥有令人羡慕的职业生涯。当然他也会时不时地给大卫·斯特恩找点事情——比如掐住自己主帅的喉咙。

绰号: Spree 狂人

明尼苏达三头怪: 2003—2004赛季, 斯普雷维尔转投森林狼, 与凯文·加内特、"外星人"卡塞尔一起组成联盟得分最高的三人组, 并帮助球队坐上了西部联盟常规赛头把交椅。但他们的季后赛之旅止步于巅峰时期的"OK组合"面前。斯普雷维尔在该赛季的季后赛里场均得到19.9分, 仅仅落后于加内特的24.0分。

262 Jason Richardson 贾森·理查德森

生日:1981.1.20 身高:1.98米 位置:G 号码:23
职业生涯:2001—2015
球队:金州勇士, 夏洛特山猫, 菲尼克斯太阳, 奥兰多魔术, 费城76人
场均数据:17.1分, 5.0篮板, 2.7助攻, 1.2抢断, 0.4盖帽

贾森大学时随密歇根州立大学夺得过NCAA冠军, 进入NBA后, 他很快就让人们看到了他的运动天赋和得分火力, 尤其善于利用反击机会快攻得分。不过, 贾森从未成为过球队的真正领袖, 因此, 他的NBA生涯一直在颠沛流离。贾森的生涯亮点就是扣篮大赛, 2002年和2003年曾两度称王, 这让他成为乔丹之后第一个连续两年拿下扣篮王的球员。

卫冕扣篮王: 在2003年全明星扣篮大赛中, 理查德森的最后一扣必须要高于48分才能夺取桂冠, 他顶住了压力, 不仅拿到了所需的分数, 更是完美上演了满分夺冠的好戏。理查德森的最后一扣动作非常复杂, 先是从很远处抛球, 等球反弹后在空中拿住球, 接着在他飞身到篮筐附近后再从胯下换手, 然后反身扣篮。他在落地后胸有成竹地举起了双臂, 五名裁判全部举起了10分, 满分50分! 理查德森以总分96分成功卫冕扣篮王, 并带走了25000美元的奖金。

狂投三分: 2007—2008赛季, 理查德森转投山猫队, 这也是他与球队共同振兴的一年。理查德森的场均得分重新回到了20分以上, 达到了21.8分, 成为山猫的头号得分手, 同时他也是常规赛命中三分球最多的球员。

263 Michael Redd 迈克尔·里德

生日：1979.8.24　身高：1.98米　位置：G　号码：22
职业生涯：2000—2012
球队：密尔沃基雄鹿，菲尼克斯太阳
场均数据：19.0分，3.8篮板，2.1助攻，0.9抢断，0.1盖帽

荣誉

1次奥运冠军(2008)
1次全明星

作为2000年的43号秀，里德的职业生涯已经超出了很多人的预期。新秀赛季在雄鹿，作为雷·阿伦替补的里德并没有得到太多机会。但是训练中表现出色的他逐渐赢得主教练乔治·卡尔的信任，从第二个赛季开始展现出强大的远投能力。2003—2004赛季雷·阿伦被交易后，里德坐稳了首发得分后卫。作为梦之队成员，里德参加过2007年美锦赛和2008年奥运会。但是从2009年开始，他频繁遭受膝盖韧带大伤。2013年，里德宣布退役。

单节狂飙：2002年2月20日，迈克尔·里德在与休斯敦火箭队的第四节比赛中轰下8记三分球，这仍然是目前NBA个人单节三分球命中数的纪录。

美锦赛三分王：2007年美洲男篮锦标赛，里德在代表美国队的所有比赛中总共投中28个三分球，打破了"便士"哈达威保持的22个三分球的赛会纪录。

264 Purvis Short 帕维斯·肖特

生日：1957.7.2　身高：2.01米　位置：F/G　号码：45，10
职业生涯：1978—1990
球队：金州勇士，休斯敦火箭，新泽西篮网
场均数据：17.3分，4.3篮板，2.5助攻，1.0抢断，0.2盖帽

尽管帕维斯·肖特从没有值得骄傲的季后赛成绩单，但他依然是那个年代NBA里的一名值得仰仗的得分能手，也曾红极一时。他曾在1983—1984赛季对阵篮网的比赛中狂砍59分，并在随后的一个赛季里场均得到28.0分。尽管没有出众的远投能力，但这位毕业于杰克逊州立大学的攻击手可以用精准的半截篮以及迅猛的快攻为自己找到出路。

265 Orlando Woolridge 奥兰多·乌尔里奇

生日:1959.12.16 身高:2.06米 位置:F 号码:0,6
职业生涯:1981—1994
球队:芝加哥公牛,新泽西篮网,洛杉矶湖人,丹佛掘金,底特律活塞,密尔沃基雄鹿,费城76人
场均数据:16.0分,4.3篮板,1.9助攻,0.6抢断,0.7盖帽

奥兰多·乌尔里奇可以被称作是一名纯正的得分手,他在1981年选秀中被芝加哥公牛队以第6顺位选中。在那里,他仅仅与乔丹配合过一个完整的赛季(场均贡献22.9分),随后便成为了一杆"流浪的枪"。值得一提的是,乌尔里奇是少有的几位曾共事过乔丹与魔术师约翰逊的球员之一。1991年,效力于丹佛的他达到了个人职业生涯的峰值,场均得到25.1分及6.8个篮板。

连胜终结者: 乌尔里奇带领并不被看好的圣母大学在1980、1981年连续两年杀入NCAA锦标赛。在1981年的大四赛季中,乌尔里奇以一记后仰绝杀终结了当季1号种子弗吉尼亚大学的28连胜,同年他也入选了全美第二阵容。

266 Austin Carr 奥斯汀·卡尔

生日:1948.3.10 身高:1.93米 位置:G 号码:22,34
职业生涯:1971—1981
球队:克利夫兰骑士,达拉斯小牛,华盛顿子弹
场均数据:15.4分,2.9篮板,2.8助攻,0.8抢断,0.1盖帽

荣誉

1次全明星(1974)

作为圣母大学毕业的一届全美最佳球员得主,奥斯汀·卡尔保持着NCAA巡回赛的单场得分纪录(61分),以及巡回赛阶段的场均得分纪录(41.3分)。凭借这样惊人的成绩,卡尔在1971年被骑士队选为状元秀,人们对这位华府特区新人给予了极高的期待。卡尔的表现算得上出色,前三个赛季的场均得分均高于20分,职业生涯里另有六个赛季的场均得分也达到了两位数。

绰号: Mr. Cavalier 骑士先生

No.22: 卡尔现担任骑士社区关系总监,也是俄亥俄州福克斯体育的比赛解说员。卡尔的34号球衣,是骑士队退役的六件球衣之一。最近,ESPN将卡尔选为史上第22佳大学球员。

268 Bill Laimbeer 比尔·兰比尔

生日:1957.5.19 身高:2.11米 位置:C 号码:41,40
职业生涯:1980—1994
球队:克利夫兰骑士,底特律活塞
场均数据:12.9分,9.7篮板,2.0助攻,0.7抢断,0.9盖帽

荣誉

2次总冠军(1989,1990)
4次全明星(1983,1984,1985,1987)
1次篮板王(1986)

比尔·兰比尔是那种典型的受本队球迷爱戴受对方球迷唾弃的球员:活塞球迷永远不会忘记兰比尔是如何辅佐伊塞亚·托马斯及乔·杜马斯赢得1989、1990年背靠背总冠军的;而篮球世界中的另一部分人则永远会对他的扮鬼脸和假摔怀恨在心。兰比尔拥有极广的攻击范围,是他那个年代中最好的外围投射中锋之一,同时他还尤其善于拼抢关键时刻的篮板球。

绰号: Eleplant 大象

打遍传奇: 比尔·兰比尔和他的底特律队友们是仅有的在一个季后赛系列中同时战胜过NBA传奇人物拉里·伯德、魔术师约翰逊以及迈克尔·乔丹的人物。

防守篮板专家: 兰比尔在NBA总共打了14个赛季,成为联盟历史上第19位得分和篮板分别超过10000的球员。他在防守篮板方面最有效率:从1982年至1990年的时间内联盟没有球员比他抢的防守篮板更多。他连续参加685场比赛的纪录是联盟历史上第五长的。

267 Max Zaslofsky 马克斯·扎斯洛夫斯基

生日:1925.12.7 身高:1.88米 位置:G 号码:10,5,6,14
职业生涯:1949—1956
球队:芝加哥牡鹿,纽约尼克斯,巴尔的摩子弹,密尔沃基老鹰,福特韦恩活塞
场均数据:13.2分,2.8篮板,2.3助攻

荣誉

1次全明星(1952)

作为早期NBA联盟最具杀伤力的攻击手之一,马克斯·扎斯洛夫斯基拥有致命的投篮能力(双手推球姿势)。他的职业生涯起步于BAA联盟,在1949年加入NBA之前他曾连续两个赛季场均得分突破20分,并且在新秀赛季的场均得分榜上排名第六位。1952年扎斯洛夫斯基参加了NBA全明星赛,并于当年帮助尼克斯杀入了总决赛。

绰号: Slats

269 Antawn Jamison 安托万·贾米森

生日:1976.6.12　身高:2.06米　位置:F　号码:7, 33, 4
职业生涯:1998—2012
球队:金州勇士, 达拉斯小牛, 华盛顿奇才, 克利夫兰骑士, 洛杉矶湖人, 洛杉矶快船
场均数据:18.5分, 7.5篮板, 1.6助攻, 1.0抢断, 0.4盖帽

荣誉

2次全明星

贾米森大学时在北卡相当成功, 他还享受了球衣退役的待遇。拿到伍登奖后, 贾米森在1998年第4顺位被猛龙选中, 随后被交易到勇士。有意思的是, 猛龙换回的正是他的好友, 北卡校友卡特。贾米森进攻技术全面, 得分能力极强。贾米森的生涯巅峰是2004年到2010年的奇才时期, 特别是2007年季后赛首轮面对詹姆斯的骑士, 他打出过32分10个篮板的系列赛场均两双。

亮点

绰号: The Gentleman 绅士

背靠背51分: 贾米森的前五年职业生涯都在金州勇士队度过。熬过了第一年低迷的菜鸟赛季后, 他在背靠背对阵西雅图超音速和洛杉矶湖人的两场比赛中都获得了51分。当季场均得到24.9分, 成为他场均得分最高的纪录。

270 Clark Kellogg 克拉克·凯洛格

生日:1961.7.2　身高:2.01米　位置:F　号码:33
职业生涯:1982—1987
球队:印第安纳步行者
场均数据:18.9分,9.5篮板,2.9助攻,1.5抢断,0.4盖帽

由于扰人的膝盖伤势,凯洛格的NBA生涯可谓耀眼却短暂。在1982—1983新秀赛季场均贡献20.1分10.6个篮板球的成绩单下,他毫无悬念地入选该赛季最佳新秀阵容。随后两个赛季里他也保持了相应的产量,无论在篮下还是中距离位置,凯洛格都具有非凡的统治力。在因伤停停打打两个赛季之后,凯洛格选择退出赛场,转行担任起电视主播。

绰号:Special K

271 Antoine Walker 安东尼·沃克

生日:1976.8.12　身高:2.06米　位置:F　号码:8, 88, 24
职业生涯:1996—2008
球队:波士顿凯尔特人,达拉斯小牛,亚特兰大老鹰,迈阿密热火,明尼苏达森林狼
场均数据:17.5分,7.7篮板,3.5助攻,1.2抢断,0.5盖帽

荣誉

1次总冠军(2006)
3次全明星(1998, 2002, 2003)

无论是给空位队友传球时用力过猛,肆意浪投三分球,还是忘我地摆动自己的身躯,安东尼·沃克总有办法吸引观众的视线。以他浑圆粗壮的体格为基础,沃克往往能够统治与自己对位的防守球员,但时不时的短路行为和举动使得这位三次全明星球员距离真正的精英总是差一步。

绰号:Employee No.8

最佳拼图: 2005年8月,沃克从凯尔特人转往迈阿密热火。作为替补球员,沃克经常司职大前锋或小前锋。虽然一开始很难适应角色的变化,但是到了赛季后期,他已经成为热火队的多面手,火力强劲。在季后赛中,他的贡献更大,在对阵篮网及活塞队时,他的关键三分给予球队很大帮助,是队内的第三得分手。最终他随热火队赢得了其职业生涯唯一一个总冠军荣誉,在总决赛对阵小牛的最后一场比赛里沃克贡献了14分11个篮板。

272 Jim McMillian 吉姆·麦克米兰

生日:1948.5.16 身高:1.96米 位置:F 号码:5
职业生涯:1970—1979
球队:洛杉矶湖人,布法罗勇士,纽约尼克斯,波特兰开拓者
场均数据:13.8分,5.3篮板,2.5助攻,1.1抢断,0.2盖帽

荣誉

1次总冠军(1972)

作为哥伦比亚大学队史上最出色的球员之一,麦克米兰1970年在首轮第13顺位被湖人选中。在湖人的三个赛季,在张伯伦和杰里·韦斯特身边,他总共拿下3714分,场均得分超过15分。1971—1972赛季,埃尔金·贝勒因伤退役,进入联盟第二年的麦克米兰顶替贝勒成为球队首发。湖人不仅打出了33连胜,还赢得了那年的总冠军,而麦克米兰在季后赛的场均得分高达19.1分。

同时被NBA和ABA选中:1970年除了在第13顺位被湖人选中,麦克米兰也在ABA选秀中成为纽约篮网的首轮新秀,不过他选择了湖人。

最糟糕交易:1973年张伯伦退役后,由于需要中锋,湖人将麦克米兰交易到布法罗勇敢者(洛杉矶快船前身),换来埃尔默·史密斯。韦斯特对此表示,那是湖人队史最糟糕的交易之一。

273 Leonard Robinson 莱纳德·罗宾逊

生日:1951.11.4 身高:2.01米 位置:F/C 号码:33, 21, 23
职业生涯:1974—1985
球队:华盛顿子弹,亚特兰大老鹰,新奥尔良爵士,菲尼克斯太阳,纽约尼克斯
场均数据:15.5分,9.4篮板,1.7助攻,0.7抢断,0.7盖帽

荣誉

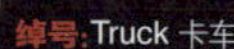

2次全明星(1978, 1981)
1次篮板王(1978)
1次最佳阵容(1978)

毕业于田纳西州立大学的"卡车"莱纳德·罗宾逊游走于多支NBA球队之间,在先后两年效力于爵士与老鹰的赛季里,他的场均得分都超过了20分。1977—1978赛季,罗宾逊打出了自己职业生涯的最佳表现,其总篮板(1288)、场均篮板(15.7)和场均出场时间(44.4)均排名联盟第一。他的2次全明星之旅也分别是以东、西部球员身份所参加。

绰号:Truck 卡车

274 DeAndre Jordan 德安德鲁·乔丹

生日:1988.7.21　身高:2.11米　位置:C　号码:9
职业生涯:2008年至今
球队:洛杉矶快船
场均数据:9.1分,10.1篮板,0.7助攻,0.6抢断,1.8盖帽

荣誉

2次篮板王,1次全明星
1次最佳阵容,2次最佳防守阵容

2008年,小乔丹在第35顺位被快船选中。2009年1月,他就进入了球队首发阵容。2011年,小乔丹曾经收到过勇士开出的4300万美元的报价合同,但被快船匹配。尽管防守端极有威慑力,也和保罗、格里芬一起成为"空接之城"的核心,但糟糕的罚球无疑是小乔丹的最大软肋。特别是2012—2013赛季,他的罚球命中率甚至跌到了38.6%,这也让他时常成为对手执行"砍鲨战术"的对象。

亮点

毁约事件: 2015年7月3日,小乔丹和达拉斯小牛口头达成了四年8000万美元的合同。但是几天后,小乔丹反悔,他给格里芬和道格·里弗斯打去了电话。7月8日,包括格里芬在内的快船球员赶到小乔丹位于休斯敦的家,说服他撕毁与小牛的约定。几个小时后,他就与快船正式签下了4年8800万美元的合同。

275 Jeff Ruland 杰夫·罗兰德

生日：1958.12.16　身高：2.08米　位置：C/F　号码：43, 50
职业生涯：1981—1993
球队：华盛顿子弹，费城76人，底特律活塞
场均数据：17.4分，10.2篮板，3.0助攻，0.8抢断，0.8盖帽

荣誉

1次全明星(1984)

腿部伤势极大地限制了杰夫·罗兰德的统治力，然而在健康的情况下，没有什么防守能够彻底冻结这位2.08米的内线巨人。进入联盟的第三个赛季，罗兰德场均能够贡献22.2分12.3个篮板球以及3.9次助攻，他也用这样的表现为自己赢得了一个全明星席位。但是自那个赛季之后，罗兰德仅仅维持了五个赛季的职业生涯寿命，而且赛季出场次数从未高于37场。

276 A.C. Green A.C.格林

生日：1963.10.4　身高：2.06米　位置：F/C　号码：45
职业生涯：1985—2001
球队：洛杉矶湖人，菲尼克斯太阳，达拉斯小牛，迈阿密热火
场均数据：9.6分，7.4篮板，1.1助攻，0.8抢断，0.4盖帽

荣誉

3次总冠军(1987, 1988, 2000)
1次全明星(1990)

在恐怖的连续1192场出场纪录成绩面前，A.C.格林为自己赢得了NBA“铁人”的称号，这个留有稀松juan发，出生自波特兰的家伙在代表俄勒冈州立大学的第一次亮相就赢得了满堂赞誉。随后他在NBA度过了自己漫长的职业生涯，并于1990年入选了全明星阵容(首发出场)。作为值得信任的大前锋，格林最赖以成名的功夫便是其强硬的防守。同时，他的职业生涯里共取得了超过12000分以及9000个篮板。

绰号：Iron Man 铁人

铁人纪录：格林的连续1192场出场纪录始于1986年11月19日，洛杉矶湖人客场击败圣安东尼奥马刺的比赛。止于2001年4月18日，迈阿密热火客场战胜奥兰多魔术的比赛。

277 Walter Dukes 沃尔特·杜克斯

生日:1930.6.23 身高:2.13米 位置:C 号码:6, 24, 23, 14
职业生涯:1955—1963
球队:纽约尼克斯,明尼阿波利斯湖人,底特律活塞
场均数据:10.4分,11.3篮板,1.1助攻

荣誉

2次全明星(1960,1961)

毕业于Seton Hall大学的7尺长人沃尔特·杜克斯在1953年首轮第1顺位被纽约尼克斯所选中,在总共八年的职业生涯里,杜克斯的场均得分、篮板数据达到了"双十"。如果能够在场上停留更久的时间,杜克斯也许不仅仅只入选过两次全明星阵容,相反的,他曾在两个赛季里领跑全联盟个人犯规次数榜单。

绰号: Wally

278 Glenn Robinson 格伦·罗宾逊

生日:1973.1.10 身高:2.01米 位置:F 号码:13, 31, 3
职业生涯:1994—2005
球队:密尔沃基雄鹿,亚特兰大老鹰,费城76人,圣安东尼奥马刺
场均数据:20.7分,6.1篮板,2.7助攻,1.2抢断,0.6盖帽

荣誉

1次总冠军(2005)
2次全明星(2000,2001)

尽管在普渡大学受到伤病困扰,但密尔沃基人还是在1994年选秀中以状元签将格伦·罗宾逊签下(而放弃了随后那个赛季的共同最佳新秀得主贾森·基德与格兰特·希尔)。罗宾逊拥有致命的中距离得分能力,他职业生涯最好的日子都是在"啤酒城"密尔沃基度过的。2005年罗宾逊随马刺队夺得了自己唯一一枚总冠军戒指。

绰号: Big dog 大狗

普渡之星: 在大三赛季里,罗宾逊场均得到惊人的30.3分11.2个篮板球,成为1978年之后大十联盟中第一位在同一赛季中包揽得分王和篮板王两项头衔的球员。

最贵新秀: 在参加NBA比赛之前,罗宾逊与雄鹿队陷入了合同纠纷,据当时流言爆料,罗宾逊当时希望雄鹿队给他提供一份长达13年,总价值为1亿美元的惊人合同。直到季前训练营开始,双方才达成一致,雄鹿给罗宾逊开出了令人瞠目结舌的长达10年,总值6800万美元的迄今为止最昂贵的NBA新秀合同(此后的一个赛季,联盟就修改了劳资协定中关于新秀合同的规则)。

279 Joakim Noah
乔金·诺阿

生日:1985.2.25 身高:2.11米 位置:C 号码:13
职业生涯:2007年至今
球队:芝加哥公牛,纽约尼克斯
场均数据:9.0分,9.4篮板,2.9助攻,0.8抢断,1.4盖帽

荣誉

1次最佳阵容,2次最佳防守阵容
2次全明星

诺阿大学时代很辉煌,在佛罗里达大学他2次拿到NCAA冠军,还是2006年的MOP。进入联盟后,诺阿成长为防守专家。特别是锡伯杜担任主教练的几年,诺阿成为公牛的绝对防守核心。诺阿打球极有激情,他和罗斯、罗尔·邓一起让公牛成为东部一支极有竞争力的球队。可惜的是,从2009年开始,伤病就成为诺阿最大的敌人。

亮点

奇怪的投篮: 诺阿拥有NBA历史上罕见的诡异出手姿势,这导致他无论跳投还是罚球,都会投出一些偏得离谱,令人匪夷所思的球。不仅球迷因此喷垃圾话,连球员也会恶搞他的出手。比如考辛斯,就曾经在比赛中模仿诺阿的罚球姿势。

显赫家世: 诺阿的父亲雅尼克·诺阿曾是世界排名第三的网球高手,并在1983年赢得过法网冠军。他的母亲西西莉亚曾是瑞典小姐,在1978年世界小姐选美中排名第五,现在是著名的绘画艺术家,在纽约拥有自己的画廊。

280 Tyson Chandler

泰森·钱德勒

生日：1985.2.25　身高：2.11米　位置：C　号码：3，6，4

职业生涯：2001年至今

球队：芝加哥公牛，新奥尔良黄蜂，夏洛特山猫，达拉斯小牛，纽约尼克斯，菲尼克斯太阳

场均数据：8.7分，9.4篮板，0.8助攻，0.6抢断，1.2盖帽

荣誉

1次奥运冠军(2012)

1次总冠军(2011)

1次最佳防守阵容，1次全明星

高中时便成为全美知名球员的钱德勒曾经考虑过UCLA、亚利桑那、锡拉丘兹、肯塔基等多所名校，但他最终选择在2001年直接进入NBA。作为榜眼秀进入联盟后，钱德勒在公牛逐渐成为防守专家。2006年被交易到黄蜂后，他和保罗、大卫·韦斯特一起，让球队成为季后赛常客。2011年随小牛夺冠后，库班放弃续约钱德勒，使得他辗转于尼克斯与太阳。

中学名人：9岁时钱德勒的身高就达到1.83米。进入以运动出名的多明戈斯中学后，钱德勒高一就入选校队，并且立刻成为名人。钱德勒的高中队友还有泰肖恩·普林斯这样的未来NBA球员。看过他打球的德罗赞说，"他就像沙克一样。"那时在多明戈斯担任球童的布兰顿·詹宁斯说，"你看到泰森这样的人，看到他开的凯迪拉克，你会希望成为他那样的人。"

281 Zydrunas Ilgauskas 扎伊德鲁纳斯·伊尔戈斯卡斯

生日:1975.6.5　身高:2.21米　位置:C　号码:11
职业生涯:1997—2011
球队:克利夫兰骑士,迈阿密热火
场均数据:13.0分,7.3篮板,1.1助攻,0.5抢断,1.6盖帽

荣誉

2次全明星(2003, 2005)

是的,在勒布朗·詹姆斯驾临之前,战绩惨淡的克利夫兰人就有了自己的全明星球员,身高达到2.21米的伊尔戈斯卡斯克服了脚伤困扰,并两度入选全明星阵容,第一次就是在2003年。作为在祖国立陶宛颇具争议的人物——从未代表祖国出战重大赛事——伊尔戈斯卡斯在拼抢前场篮板以及盖帽方面表现上乘。同时他也是勒布朗最喜欢的队友之一。

亮点

绰号:大Z

出场最多:2009年12月2日,伊尔戈斯卡斯在与菲尼克斯太阳队的比赛中第724次为骑士队出场,从而超越了球队总经理丹尼·费里,成为骑士队历史上出场次数最多的球员。

282 Quinn Buckner 奎因·巴克纳

生日:1954.8.20　身高:1.91米　位置:G　号码:21, 28, 25
职业生涯:1976—1986
球队:密尔沃基雄鹿,波士顿凯尔特人,印第安纳步行者
场均数据:8.2分,2.7篮板,4.3助攻,1.9抢断,0.1盖帽

荣誉

1次奥运冠军(1976)
1次总冠军(1984)

伊利诺伊州高中锦标赛冠军,印第安纳大学1976年NCAA不败夺冠的主力控卫,美国男篮1976年蒙特利尔奥运冠军队成员,奎因·巴克纳将自己的赢家风范带入了NBA生涯,他是凯尔特人1984年夺冠阵容的替补后卫。巴克纳也许不是得分好手,但他无疑是场上的领袖,并且以强硬的防守先后4次入选最佳防守阵容二队。

283 Bruce Bowen 布鲁斯·鲍文

生日:1971.6.14　身高:2.01米　位置:F　号码:3,12
职业生涯:1996—2009
球队:迈阿密热火,波士顿凯尔特人,费城76人,圣安东尼奥马刺
场均数据:6.1分,2.8篮板,1.2助攻,0.8抢断,0.4盖帽

荣誉

3次总冠军(2003,2005,2007)
5次最佳防守阵容(2003—2008)

作为自己那个时代里最为狡猾且最善于关键球防守的球员,布鲁斯·鲍文完美地融入了那支常胜的马刺阵中。除了不计其数的底角三分球以外,鲍文最被人铭记的便是关键时刻的有效防守(尤其是在季后赛中),他的这种标志性防守也让自己连续5次得以入选联盟最佳防守阵容。

亮点 **铁人三分王:** 在2001年到2008年间,鲍文每场常规赛都代表马刺队先发出场,并在2002—2003赛季以44.1%的命中率领跑联盟三分命中率榜单。

284 Detlef Schrempf 德特雷夫·施拉姆夫

生日:1963.1.21　身高:2.06米　位置:F　号码:32,11,12
职业生涯:1985—2001
球队:达拉斯小牛,印第安纳步行者,西雅图超音速,波特兰开拓者
场均数据:13.9分,6.2篮板,3.4助攻,0.8抢断,0.3盖帽

荣誉

3次全明星(1993,1995,1997)
2次最佳第六人(1991,1992)

德特雷夫·施拉姆夫花费了很长一段时间才逐渐适应NBA联盟的比赛,然而当他完全适应之后,他可以利用自己优异的背身单打技术以及职业生涯38%的三分球命中率成为对方内外线的双重威胁。作为3次入选全明星阵容并两度当选最佳第六人的球员,施拉姆夫成为早期NBA欧洲籍球员的代表性人物。

285 Terry Dischinger 特里·迪辛格

生日：1940.11.21　身高：2.01米　位置：F/G　号码：43，18，42
职业生涯：1962—1973
球队：芝加哥西风，巴尔的摩子弹，底特律活塞，波特兰开拓者
场均数据：13.8分，5.6篮板，1.8助攻

荣誉

1次奥运冠军(1960)
3次全明星(1963—1965)
1次最佳新秀(1963)

在普渡大学的最后一季入选全美最佳阵容之后，特里·迪辛格又在NBA新秀赛季荣膺最佳新秀称号。这位曾在1960年随美国队夺取奥运金牌的球员在新秀赛季便可以场均轰下25.5分。迪辛格曾3次入选全明星阵容，但由于参军而错过两个赛季的比赛之后，他再也没能回到以往的水准。

牙医迪辛格： 在1973年退役后，迪辛格在田纳西州孟菲斯市完成了牙科学校的学习，并与妻子一起回到了职业生涯的结束地波特兰，在近郊奥斯威戈湖开始了自己的牙齿矫正事业。

286 Toni Kukoc 托尼·库科奇

生日：1968.9.18　身高：2.11米　位置：F　号码：7
职业生涯：1993—2006
球队：芝加哥公牛，费城76人，亚特兰大老鹰，密尔沃基雄鹿
场均数据：11.6分，4.2篮板，3.7助攻，1.0抢断，0.3盖帽

荣誉

3次总冠军(1996—1998)
1次最佳第六人(1996)
1次世锦赛MVP

身为时任公牛总经理杰里·克劳斯的长期跟踪目标，库科奇在辅佐乔丹与皮蓬之前便已经成为欧洲赛场的冠军和英雄。作为来自海外的明星球员，天赋异禀的库科奇成为了公牛队的关键人物，也是球队第二阵容的领军人物。他随公牛队在1996—1998年获得三连冠，他本人也是队内的第三号得分手。

绰号： The Waiter 白魔术师

最佳第六人： 1995—1996赛季，库科奇凭借个人的优秀表现，赢得了年度最佳第六人奖项。在他的帮助下，公牛队的常规赛胜场比前一个赛季提高了25场，创造了NBA联盟史无前例的72胜10负的常规赛战绩，并最终取得队史上的第四座总冠军奖杯。库科奇也是迄今为止最后一位在同一赛季赢得总冠军和最佳第六人的球员。

287 Mike Bibby 迈克·毕比

生日:1978.5.13 身高:1.88米 位置:G 号码:10,0,20
职业生涯:1998—2012
球队:温哥华灰熊,萨克拉门托国王,亚特兰大老鹰,华盛顿奇才,迈阿密热火,纽约尼克斯
场均数据:14.7分,3.1篮板,5.5助攻,1.2抢断,0.1盖帽

大学期间在亚利桑那打出优异表现的毕比,很早就成为选秀热门。1998年,毕比在第2顺位被温哥华灰熊选中。但是直到2001年被交易国王,毕比才真正迎来巅峰。在华丽的普林斯顿体系下,毕比和韦伯、迪瓦茨、佩贾一起,在2002年为追求三连冠的湖人制造了最大的麻烦。2008年,毕比被交易到老鹰。加入老鹰第一年,他就帮助球队时隔八年第一次打进季后赛。

致命绝杀:2001—2002赛季,毕比带领国王队打入西部决赛,但他们最终负于最后的总冠军洛杉矶湖人队。在那个系列赛中,毕比最令人难忘的便是第五场的制胜一击,帮助国王队率先拿到赛点。那为他赢得了关键先生的美名,也给他带来了7年8050万美元的丰厚合同。

288 Ralph Sampson 拉尔夫·桑普森

生日:1960.7.7 身高:2.24米 位置:C 号码:50
职业生涯:1983—1992
球队:休斯敦火箭,金州勇士,萨克拉门托国王,华盛顿子弹
场均数据:15.4分,8.8篮板,2.3助攻,0.9抢断,1.6盖帽

荣誉

4次全明星(1984—1987)
1次全明星最佳球员(1985)
1次最佳新秀(1984)

身高达到2.24米的桑普森被火箭队在首轮第1顺位选中,起初他的表现也并没有令球队失望,不仅在新秀赛季便入选全明星阵容,更是在赛季结束后被评为最佳新秀。然而伤病困扰以及偏好外线的打法限制了桑普森的统治力。他在1986年季后赛中投入了堪称季后赛史上最佳绝杀的一球,帮助火箭在西部决赛中力克洛杉矶湖人。

亮点

绝杀湖人:在1985—1986赛季的西部决赛中,桑普森所效力的火箭队与洛杉矶湖人队相遇。火箭队输掉了系列赛第一场,但他们奋起反击,连赢四场淘汰湖人。第五场中,桑普森在比赛还剩1秒,双方战成112平时,以匪夷所思的背身投篮方式压哨绝杀湖人,这也成为桑普森职业生涯中最为经典的时刻。

289 Frank Ramsey 弗兰克·拉梅塞

生日:1931.7.13 身高:1.91米 位置:G 号码:23
职业生涯:1954—1964
球队:波士顿凯尔特人
场均数据:13.4分,5.5篮板,1.8助攻

荣誉

7次总冠军(1957,1959—1964)

20世纪50年代末期,当红衣主教奥尔巴赫让来自肯塔基大学的全美最佳阵容球员弗兰克·拉梅塞作为替补出场时,人们对"第六人"的概念有了新的认识。作为1950—1951赛季NCAA冠军队成员,拉梅塞将赢球文化继续在波士顿发扬光大,在那里,他一共帮助球队七夺总冠军。拉梅塞曾连续八个赛季场均得分达到两位数,并于1982年被选入NBA名人堂。

亮点

绰号: The Kentucky Colonial

最佳第六人:奥尔巴赫被认为是"第六人"这一概念的创始人。尽管拉梅塞是凯尔特人队最优秀的球员之一,但他还是习惯作为替补球员上场比赛,奥尔巴赫希望拉梅塞能在比赛的后半段上场,为球队提供新鲜的血液和稳定的贡献。拉梅塞是凯尔特人队史上一大批优秀第六人中第一位取得总冠军戒指的球员。

290 Anthony Mason
安东尼·梅森

生日:1966.12.14 身高:2.01米 位置:F 号码:42,34,14,17
职业生涯:1989—2003
球队:新泽西篮网,丹佛掘金,纽约尼克斯,夏洛特黄蜂,迈阿密热火,密尔沃基雄鹿
场均数据:10.9分,8.3篮板,3.4助攻,0.7抢断,0.3盖帽

荣誉

1次全明星(2001)
1次最佳第六人(1995)

赛场上,安东尼·梅森是强硬、不择手段、咄咄逼人的化身。他拥有与自己113公斤体重完全不符的灵敏度,既可以参与球队的快攻,也可以与对手的大个子拼抢篮板。在1995年荣膺联盟最佳第六人之后,梅森在接下来的两个赛季里成为联盟出场时间最长的球员。

亮点

绰号: Mase

291 Geoff Petrie
乔夫·皮特里

生日:1948.4.17　身高:1.93米　位置:G　号码:45
职业生涯:1970—1976
球队:波特兰开拓者
场均数据:21.8分,2.8篮板,4.6助攻,1.1抢断,0.1盖帽

荣誉

2次全明星(1971,1974)
1次最佳新秀(1971)
2次最佳经理(1999,2001)

作为出自普林斯顿大学的全美最佳阵容球员,乔夫·皮特里能够在球场的任何角落得分。1970—1971赛季,皮特里与戴夫·考文斯共同获得最佳新秀称号,随后又2次入选全明星阵容。受困于严重的膝伤,皮特里没能在得分榜单上再进一步。一则琐事:乔夫·皮特里是第一位由匡威转投耐克的NBA球员。

亮点

最佳经理: 皮特里在离开NBA之后担任过诸多职务,包括电台播音员,客户服务代理以及投篮教练等等。在1990—1994年间担任开拓者队总经理时球队曾2次杀入总决赛。1994年皮特里离开波特兰,前往萨克拉门托担任球队要职,至今皮特里仍是国王队的总经理,期间于1999年和2001年两度获得NBA最佳经理称号。

292 Harold Hairston
哈罗德·海尔斯顿

生日:1942.5.31　身高:2.01米　位置:F　号码:22,5,52
职业生涯:1964—1975
球队:辛辛那提皇家,底特律活塞,洛杉矶湖人
场均数据:14.8分,10.3篮板,1.6助攻,0.8抢断,0.2盖帽

荣誉

1次总冠军(1972)

作为有史以来最好的篮板手之一,哈罗德·海尔斯顿一直被人们所低估。他仅仅是1964年的第四轮新秀,但自那以后,海尔斯顿立刻展现了自己的能量。在1968—1971三个赛季里,他的场均篮板数都超过了18个,并且是70年代早期那支湖人队的中坚力量,也是那支创造33连胜奇迹队伍的重要一员。

亮点

绰号: Happy

单节篮板王: 海尔斯顿精通篮板球的控制,他保持了一项防守篮板球纪录:单节抓到13个防守篮板球!这一幕发生在1974年11月15日,那也是32岁的海尔斯顿职业生涯最后一个赛季。那场比赛湖人105比99击败费城76人,取得了该赛季前12场比赛中的第5场胜利。

293 Shareef Abdu-Rahim
沙里夫·阿布杜— 拉希姆

生日:1976.12.11　身高:2.06米　位置:F　号码:3,33,15
职业生涯:1996—2008
球队:温哥华灰熊,亚特兰大老鹰,波特兰开拓者,萨克拉门托国王
场均数据:18.1分,7.5篮板,2.5助攻,1.0抢断,0.8盖帽

荣誉

1次奥运会冠军(2000)
1次全明星(2002)

作为一名灵动型大前锋,阿布杜— 拉希姆的前五个赛季都是在温哥华度过的,他也是五年里球队始终不变的头号得分手。之后,他被交易至自己的家乡球队亚特兰大老鹰,几年后被送往萨克拉门托,并在那里经历了职业生涯里唯一一次季后赛,随后选择退役。阿布杜— 拉希姆曾在2002年入选过全明星阵容,并于2000年随美国队夺取了悉尼奥运会金牌。

包揽第四节: 在温哥华灰熊队效力期间,阿布杜—拉希姆的代表作是在2000年12月1日对阵印第安纳步行者队的比赛第四节,他一人包揽了球队全部的20分。

294 Doug Christie
道格·克里斯蒂

生日:1970.5.9　身高:1.98米　位置:G　号码:35,8,7,13,1,21

职业生涯:1992—2007

球队:洛杉矶湖人,纽约尼克斯,多伦多猛龙,萨克拉门托国王,奥兰多魔术,达拉斯小牛,洛杉矶快船

场均数据:11.2分,4.1篮板,3.6助攻,1.9抢断,0.5盖帽

荣誉

1次最佳防守阵容(2003)

道格·克里斯蒂是一位全能型得分后卫,最赖以成名的绝技便是黏人的防守及外线三分投篮。同时,他还能以多种多样的方式在攻防两端影响比赛的进展。他最为高产的几个赛季是在1996—2000年间于猛龙队度过的,但最为人所熟知的却是在那支极富观赏性的国王队效力时期。

亮点

绰号: Doug

闪亮一季: 1996—1997赛季被看作是克里斯蒂职业生涯最成功的一个赛季,该赛季他仅仅因为脚踝扭伤缺席了一场比赛。在38.6分钟的场均时间里他可以得到14.5分5.3个篮板3.9次助攻及2.48次抢断,名列NBA抢断榜第二位。该赛季他一共命中了147记三分球,超过他之前职业生涯的总和,最终也名列NBA进步最快球员第二位。

295 Rony Seikaly 罗尼·塞卡利

生日:1965.5.10 身高:2.10米 位置:C 号码:4, 9, 2
职业生涯:1988—1999
球队:迈阿密热火,金州勇士,奥兰多魔术,新泽西篮网
场均数据:14.7分,9.5篮板,1.3助攻,0.7抢断,1.3盖帽

荣誉

1次进步最快球员(1990)

作为锡拉丘兹大学历史上的篮板王,罗尼·塞卡利在南海岸迈阿密开启了一段成功的职业生涯。在场上,塞卡利曾一度具有非凡的统治力,两双对他而言犹如探囊取物。不过最终,塞卡利的职业生涯场均得分不及10000分,篮板也仅仅超过6400个。多年以后,再次现身于迈阿密的塞卡利已经由一名球员变成了酒吧里的DJ。

绰号: Rony 舞者

疯狂数据: 塞卡利曾在一场比赛中交出了40分34个篮板8次盖帽4次抢断和6次助攻的成绩单。同时还保持着迈阿密队史单场防守篮板(26个)以及全场篮板(34个)的纪录。

296 Eddie Jones 埃迪·琼斯

生日:1971.10.20 身高:1.98米 位置:G/F 号码:25, 6
职业生涯:1994—2008
球队:洛杉矶湖人,夏洛特黄蜂,迈阿密热火,孟菲斯灰熊,达拉斯小牛
场均数据:14.8分,4.0篮板,2.9助攻,1.7抢断,0.6盖帽

荣誉

3次全明星(1997, 1998, 2000)
1次抢断王(2000)

尽管在职业生涯里一直扮演着球队二号或三号得分手的角色,但埃迪·琼斯总是有各种各样的方式能够为球队取下分数。同时,防守也是这名身高1.98米的得分后卫的招牌,无论是拦截球路还是一对一盯人,琼斯都能很好地完成任务。在其职业生涯里,琼斯分别3次入选全明星阵容以及最佳防守第二阵容。

神偷: 琼斯毕业于天普大学,尽管作为新人的首个赛季时并没有参加比赛,但当他大四毕业时依然在校史得分榜排名第十三,并成为天普大学第一位得到超过100次助攻及100次抢断的球员。1999年11月4日,琼斯在对印第安纳步行者队的比赛中贡献9次抢断,创其职业生涯最高纪录。

297 Dan Majerle 丹·马尔利

生日:1965.9.9　身高:1.98米　位置:G/F　号码:9
职业生涯:1988—2002
球队:菲尼克斯太阳,克利夫兰骑士,迈阿密热火
场均数据:11.4分,4.5篮板,2.9助攻,1.3抢断,0.4盖帽

荣誉

3次全明星(1992,1993,1995)

丹·马尔利身高1.98米,是一名来自密歇根州特拉弗斯城的锋卫摇摆人,同时他也是80年代末至90年代初那支极具竞争力的太阳队的重要一员(与凯文·约翰逊、汤姆·钱伯斯以及后来的查尔斯·巴克利一起)。在其整个职业生涯里,"雷霆丹"——得名于他那弧线极高的出手——都是一名稳定的三分射手,曾3次入选全明星阵容并2次进入最佳防守阵容二队。

绰号: Downtown Dan Thunder

开创先河: 丹·马尔利从担任球队第六人的角色开始,逐渐找到了自己的位置,1992年他被球迷选为全明星首发球员,这也是NBA历史上第一个以"第六人"身份挤进全明星首发的球员(1997—1998赛季科比成为继他之后的第二人),从此马尔利继续着他伟大的表现。

298 John Lucas 约翰·卢卡斯

生日:1953.10.31　身高:1.91米　位置:G　号码:15,4,5,10,20
职业生涯:1976—1990
球队:休斯敦火箭,金州勇士,华盛顿子弹,圣安东尼奥马刺,密尔沃基雄鹿,西雅图超音速
场均数据:10.7分,2.3篮板,7.0助攻,1.4抢断,0.1盖帽

荣誉

3次全明星(1992,1993,1995)

卢卡斯的职业生涯数据并不能清晰地勾勒出他的全部才华,由于滥用药物的关系,他的职业生涯险些毁于一旦。然而当他纠正了自己的错误,他又变成了一个能够为球队做出杰出贡献的球员。尽管远投并不是其所擅长的,但卢卡斯拥有过硬的无球跑动技术,并且极为善于抓住快攻机会制造杀伤。退役之后,他又将精力用在了如何开导及教育那些与他有过类似经历的问题球员身上。

299 Jeff Hornacek
杰夫·霍纳塞克

生日:1963.5.3　身高:1.93米　位置:G　号码:14
职业生涯:1986—2000
球队:菲尼克斯太阳,费城76人,犹他爵士
场均数据:14.5分,3.4篮板,4.9助攻,1.4抢断,0.2盖帽

荣誉

1次全明星(1991)
2次三分大赛冠军(1998,2000)

无论是在艾奥瓦州立大学还是在NBA联盟,杰夫·霍纳塞克都用他那聪明的球风以及完美的投篮技术让人们大开眼界。身为一次全明星球员,霍纳塞克在职业生涯所效力的每支球队里都占据了绝对重要的位置,包括90年代中期那支铁血爵士队。灵敏的脚步动作使他往往能够突入禁区制造威胁,同时他最赖以成名的绝技便是精准的罚球及三分球。

亮点

绰号: Horny

精准射术: 1994年11月23日,霍纳塞克在与西雅图超音速队的比赛中连续命中8个三分球,创造了当时的NBA纪录。1994年12月30日至1995年1月11日,他保持着连续命中三分球最多次数的纪录(11个)。同时,霍纳塞克还是联盟历史上最优秀的罚球手之一,曾经连续投中67个罚球。职业生涯罚球命中率达到87.7%,排名联盟史第12位。

300 Andre Miller
安德烈·米勒

生日:1976.3.19　身高:1.88米　位置:G　号码:24,7
职业生涯:1999—2016
球队:克利夫兰骑士,洛杉矶快船,丹佛掘金,费城76人,波特兰开拓者,华盛顿奇才,萨克拉门托国王,明尼苏达森林狼,圣安东尼奥马刺
场均数据:12.5分,3.7篮板,6.5助攻,1.2抢断,0.2盖帽

荣誉

1次助攻王(2002)

也许正是因为风格百搭,即战力强,米勒总是成为各球队的交易筹码。17年职业生涯,米勒分别经历过9次转会。米勒也是联盟著名的铁人,职业生涯仅因伤缺席过三场比赛。他是NBA历史上唯一一个得分、助攻和抢断分别超过16000、8000、1500,却一次全明星也没能入选的球员。

亮点

骑士助攻王: 1999年安德烈·米勒在首轮第8顺位被克利夫兰骑士队选中。到了第三个赛季,米勒场均能够拿下16.5分10.8次助攻。在为骑士队效力期间,米勒入选了NBA年度新秀最佳阵容,成为骑士队历史上第一个2次获得周最佳的球员,创造了单赛季882次助攻的队史纪录,并成为2001—2002赛季全联盟唯一一场均得分和助攻均达到两位数的球员。

301-400

丹·朗德菲尔德迈克·康利■卡尔迪维尔·琼斯布莱恩·温特斯安德烈·德拉蒙德■奥蒂斯·泰普杰克·马林特雷尔·布兰登克里弗德·罗宾逊斯科特·威德曼鲍勃·布泽尔里克·施密茨■弗拉德·迪瓦茨埃里克—弗洛伊德格伦·里弗斯■拉里·科斯特洛泽维尔·麦克丹尼尔埃迪·约翰逊■埃迪·约翰逊比尔·卡特奈特克里夫R.罗宾逊肯尼·希尔斯迈克尔·芬利菲尔·福特杰夫·穆林斯里基·卢比奥戈登·海沃德梅尔·哈钦斯汤姆·古格里奥塔尼克·范埃克塞尔卢修斯·阿伦■麦克·米切尔杰里·斯塔克豪斯唐·切尼达蒙·斯塔德迈尔格伦·莱斯约什·史密斯肯扬·马丁斯文·纳特布兰顿·罗伊拉沙德·刘易斯汤姆·桑德斯萨姆·莱西■弗雷德·布朗艾尔摩·史密斯乔·巴里·卡罗尔萨姆·帕金斯迪克·巴内特肖恩·埃利奥特迪克·范阿斯代尔汤姆·范阿斯代尔泰瑞克·埃文斯朱·霍勒迪埃里克·布莱索■唐纳德·瓦特斯汤姆·梅斯切里西奥·拉特利夫肯尼·安德森威曼·蒂斯戴尔雷·威廉姆斯莱昂内尔·霍林斯丹尼·安吉肯尼·史密斯卡尔文·奈特弗雷德·卡特杰拉德·华莱士卡隆·巴特勒阿兰·休斯顿拜伦·斯科特■罗恩·哈珀卢克·杰克逊莱昂内尔·西蒙斯格雷格·巴拉德阿维达斯·萨博尼斯丹尼·格兰杰迈克尔·亚当斯比利·奈特杰伊·文森特凯文·威利斯吉姆·乔内斯维尼·约翰逊■罗伊·塔普利文·贝克达里尔·道金斯吉姆·杰克逊尼克·安德森罗德尼·麦克雷保罗·普雷西蒂尼·博格斯坎比·拉塞尔纳特·克利福顿默哈默德·阿普杜—拉乌夫罗伯特·霍里史蒂夫·史密斯■大卫·韦斯特泰肖恩·普林斯沃尔特·哈扎德■谢尔曼·道格拉斯查克·珀森阿尔蒙·吉列姆

301 Dan Roundfield 丹·朗德菲尔德

生日：1953.5.26　身高：2.03米　位置：F/C　号码：32，5
职业生涯：1976—1987
球队：印第安纳步行者，亚特兰大老鹰，底特律活塞，华盛顿子弹
场均数据：15.2分，9.7篮板，2.2助攻，0.9抢断，1.5盖帽

荣誉

3次全明星(1980，1981，1982)
1次最佳阵容(1980)
3次最佳防守阵容(1980，1982，1983)

作为3次全明星球员，丹·朗德菲尔德一直是位被人低估的内线悍将，他可以在低位利用得分、篮板或防守来影响比赛的走势。在老鹰队效力的六个赛季是他职业生涯里最为辉煌的阶段，他在老鹰的最后两个赛季分别得到场均19分以及18.9分。然而真正令他与众不同的还是他的防守，这也帮他三度进入最佳防守阵容一队。

绰号：Dr. Rounds

302 Mike Conley 迈克·康利

生日：1987.10.11　身高：1.85米　位置：G　号码：11
职业生涯：2007年至今
球队：孟菲斯灰熊
场均数据：14.2分，2.9篮板，5.7助攻，1.5抢断，0.2盖帽

荣誉

1次得分王
1次最佳阵容
9次全明星

尽管没有爆炸的得分能力，但康利却是稳定的代名词。他和马克·加索尔一起，成为灰熊的战术核心。2016年12月，他成功超越保罗·加索尔，成为灰熊队史得分王。2016年7月，康利与灰熊签下了5年1.53亿美元的合同，这是NBA迄今为止总价最高的合同。

家族生意：直到2007年选秀前，康利才确定了自己的经纪人，父亲老康利。康利的父亲曾经在奥运会上夺得过三级跳远的金牌和银牌，为了儿子，他专门在2007年拿下了经纪人执照。长期以来，老康利的客户只有两人，一个是自己的儿子，另一个则是儿子的好友奥登。直到最近几年，老康利才签下了第三个客户，约什·麦克罗伯茨。

GOSSETT
MOTOR CARS
INDIANA
21
11
INDIANA
44
FedExForum

303 Caldwell Jones 卡尔迪维尔·琼斯

生日:1950.8.4　身高:2.11米　位置:C/F　号码:3,11,27
职业生涯:1976—1990
球队:费城76人,休斯敦火箭,芝加哥公牛,波特兰开拓者,圣安东尼奥马刺
场均数据:6.2分,7.2篮板,1.2助攻,0.4抢断,1.4盖帽

荣誉

2次最佳防守阵容(1981,1982)

尽管在ABA联盟打球时卡尔迪维尔·琼斯是一位得分能力极强的内线球员,但当他进入NBA之后却专注于赛场的另一端,并成为所效力几支球队的重要成员。琼斯是70年代末期那支76人队的先发内线,并三次杀入总决赛。1979—1981的两个赛季间,他的场均篮板都达到了两位数,职业生涯里另有两个赛季的场均盖帽都高于2次。

绰号:Pops

304 Brian Winters 布莱恩·温特斯

生日:1952.3.1　身高:1.93米　位置:G　号码:20,32
职业生涯:1974—1983
球队:洛杉矶湖人,密尔沃基雄鹿
场均数据:16.2分,2.6篮板,4.1助攻,1.2抢断,0.3盖帽

荣誉

2次全明星(1976,1978)

来自纽约州洛克威海滩的布莱恩·温特斯是一名犀利的射手,在湖人期间,他曾入选了NBA年度最佳新秀阵容,随后作为交易卡里姆·阿卜杜—贾巴尔的一部分被送往了密尔沃基雄鹿队。2次入选全明星的温特斯曾在1975—1979年间场均得分稳定在20分左右,他的32号球衣被雄鹿队退役。乔丹曾说布莱恩·温特斯是他所见过的"最好的纯投手"。

305 Andre Drummond
安德烈·德拉蒙德

生日:1993.8.10　身高:2.11米　位置:C　号码:1,0
职业生涯:2012年至今
球队:底特律活塞
场均数据:13.3分,12.8篮板,0.7助攻,1.2抢断,1.5盖帽

荣誉

1次篮板王,1次全明星

德拉蒙德进入联盟后很快展现出了恐怖的篮板能力,在迅速展现了自己在球场上的高效后,德拉蒙德逐渐挤掉了格雷格·门罗的位置。2012年至今,德拉蒙德仅在新秀赛季没能打出赛季两双。剩余赛季,至少都能有场均13分13个篮板的表现。但德拉蒙德罚球的软肋明显,不过这并没有妨碍他在2016年夏天和活塞完成了5年1.3亿美元的续约。

亮点

社交媒体达人:德拉蒙德酷爱社交媒体,在推特和Instagram拥有众多粉丝。据他自己透露,每次训练结束后是他最活跃的时候,因为那时球迷要么放学,要么在吃午饭休息,所以有很多互动时间。有意思的是,德拉蒙德和女演员詹妮特·麦科迪成为情侣,也源于他不断在推特上示好。被打动的麦科迪留下了电话,两人约会了一段时间后分手。

306 Otis Thorpe 奥蒂斯·索普

生日:1962.8.5 身高:2.08米 位置:F/C 号码:33, 24, 50, 10, 52
职业生涯:1984—2001
球队:堪萨斯城/萨克拉门托国王, 休斯敦火箭, 波特兰开拓者, 底特律活塞, 温哥华灰熊, 华盛顿奇才, 迈阿密热火, 夏洛特黄蜂
场均数据:14.0分, 8.2篮板, 2.2助攻, 0.7抢断, 0.4盖帽

荣誉

1次总冠军(1994)
1次全明星(1992)

在其漫长且丰富的职业生涯旅途当中, 奥蒂斯·索普打出了非常出彩的数据——超过17000分及10000个篮板, 是仅有的20位能够达到此高度的球员。1994年, 作为火箭队内得分、篮板都排名第二的球员, 索普帮助球队历史上第一次赢得了总冠军头衔。

命中率之王: 1993—1994赛季, 奥蒂斯·索普场均贡献14分10.6个篮板, 作为核心成员帮助火箭队如愿拿到了队史第一座总冠军奖杯。他同时保持着当时火箭队史投篮命中率纪录55.9%(后被卡尔·兰德里的56.9%所打破)。

307 Jack Marin 杰克·马林

生日:1944.10.12 身高:2.01米 位置:F/G 号码:15, 24, 42
职业生涯:1966—1977
球队:巴尔的摩子弹, 休斯敦火箭, 布法罗勇敢者, 芝加哥公牛
场均数据:14.8分, 5.2篮板, 2.1助攻, 0.5抢断, 0.2盖帽

荣誉

2次全明星(1972, 1973)

作为杜克大学全美最佳阵容球员之一, 杰克·马林在其11年职业生涯里在小前锋及后卫线上切换自如。2次入选全明星使得马林的名声越发响亮, 而身为巴尔的摩子弹队的一员在60年代早期与尼克斯的强强对抗也总会成为人们的谈资。杰克拥有出色的跳投能力, 1971—1972赛季他打出了职业生涯最好的一季, 场均贡献22.3分, 并曾单场得到42分。

精准罚篮: 左撇子马林曾两度入选全明星, 其职业生涯总得分达到12541分。曾在1971—1972赛季的罚球命中率领跑全联盟(89.4%)。

308 Terrell Brandon
特雷尔·布兰登

生日:1970.5.20 身高:1.80米 位置:G 号码:11,1,7
职业生涯:1991—2002
球队:克利夫兰骑士,密尔沃基雄鹿,明尼苏达森林狼
场均数据:13.8分,3.0篮板,6.1助攻,1.6抢断,0.3盖帽

荣誉

2次全明星(1996,1997)

90年代中期,特雷尔·布兰登被认为是联盟最优秀的控卫之一。这位俄勒冈出生的球员似乎随着年龄的增长而变得越发炉火纯青,在29岁和30岁时打出了自己最高的场均助攻纪录。遗憾的是,布兰登的职业生涯毁于严重的伤病,但即便是这样,他依然是NBA历史上助攻、抢断的前100名球星。

绰号:TeeBee

309 Clifford Robinson
克里弗德·罗宾逊

生日:1966.12.16 身高:2.08米 位置:F/C 号码:3,30
职业生涯:1989—2007
球队:波特兰开拓者,菲尼克斯太阳,底特律活塞,金州勇士,新泽西篮网
场均数据:14.2分,4.6篮板,2.2助攻,1.0抢断,1.0盖帽

荣誉

1次全明星(1994)
1次最佳第六人(1993)

在将近20年的职业生涯里,克里弗德·罗宾逊在攻防两端都对球队有很大的帮助。进攻端,这名2.08米的全能大前锋可以在内线轻松自如地得分,同时他还有一手不错的三分球。而在防守方面,2次入选联盟最佳防守阵容二队的他也可以用抢断和盖帽(职业生涯两项数据均为1.0次)来限制对手的发挥。

绰号:Uncle Cliffy

最佳第六人:1992—1993赛季,克里弗德·罗宾逊荣获联盟最佳第六人称号。该赛季中,作为球队主要替补的罗宾逊场均得到19.1分6.6个篮板球,并贡献职业生涯最高的1.99次盖帽。

310 Scott Wedman 斯科特·威德曼

生日:1952.7.29 身高:2.01米 位置:F 号码:15, 8, 20
职业生涯:1974—1987
球队:堪萨斯城国王, 克利夫兰骑士, 波士顿凯尔特人
场均数据:13.2分, 4.8篮板, 2.0助攻, 0.9抢断, 0.3盖帽

荣誉

2次总冠军(1984, 1986)
1次全明星(1976)

作为1974年的第六号新秀, 斯科特·威德曼是一位颇具效率的得分手, 同时兼备稳定的篮板球及防守能力。在前7个赛季效力于国王队时, 威德曼的场均得分都名列队内前茅。他把自己最后的4个赛季全部奉献给了凯尔特人凯尔特人, 那时的威德曼已经转型成一名"不需要得分的得分手", 是一个需要对手时刻提防的外线威胁。

巅峰两季:斯科特·威德曼在1979—1981两个赛季达到了职业生涯的高峰, 场均得分达到19分。在1980年1月2日堪萨斯城国王加时战胜犹他爵士的比赛中得到了职业生涯最高的45分。威德曼也是堪萨斯城国王队1981年打入季后赛的关键球员。在以40胜42负的战绩完成常规赛之后, 国王队接连战胜了开拓者和太阳闯入了西部决赛, 最终不敌休斯敦火箭。

311 Bob Boozer 鲍勃·布泽尔

生日:1937.5.26 身高:2.03米 位置:F 号码:13, 14, 15, 19, 20
职业生涯:1960—1971
球队:辛辛那提皇家, 纽约尼克斯, 洛杉矶湖人, 芝加哥公牛, 西雅图超音速, 密尔沃基雄鹿
场均数据:14.8分, 8.1篮板, 1.4助攻

荣誉 

1次奥运冠军(1960)
1次总冠军(1971)
1次全明星(1968)

毕业于著名教头温特所率领的堪萨斯州立大学之后, 全美最佳阵容球员鲍勃·布泽尔又随美国队夺取了1960年的奥运会男篮金牌。作为大学时代的死对头, 布泽尔与大O罗伯逊在辛辛那提皇家队成了队友。他的最巅峰赛季是效力于公牛队时期, 不仅拿下了个人职业生涯的最高场均得分, 还成功入选了全明星阵容。

绰号: Bullet 子弹

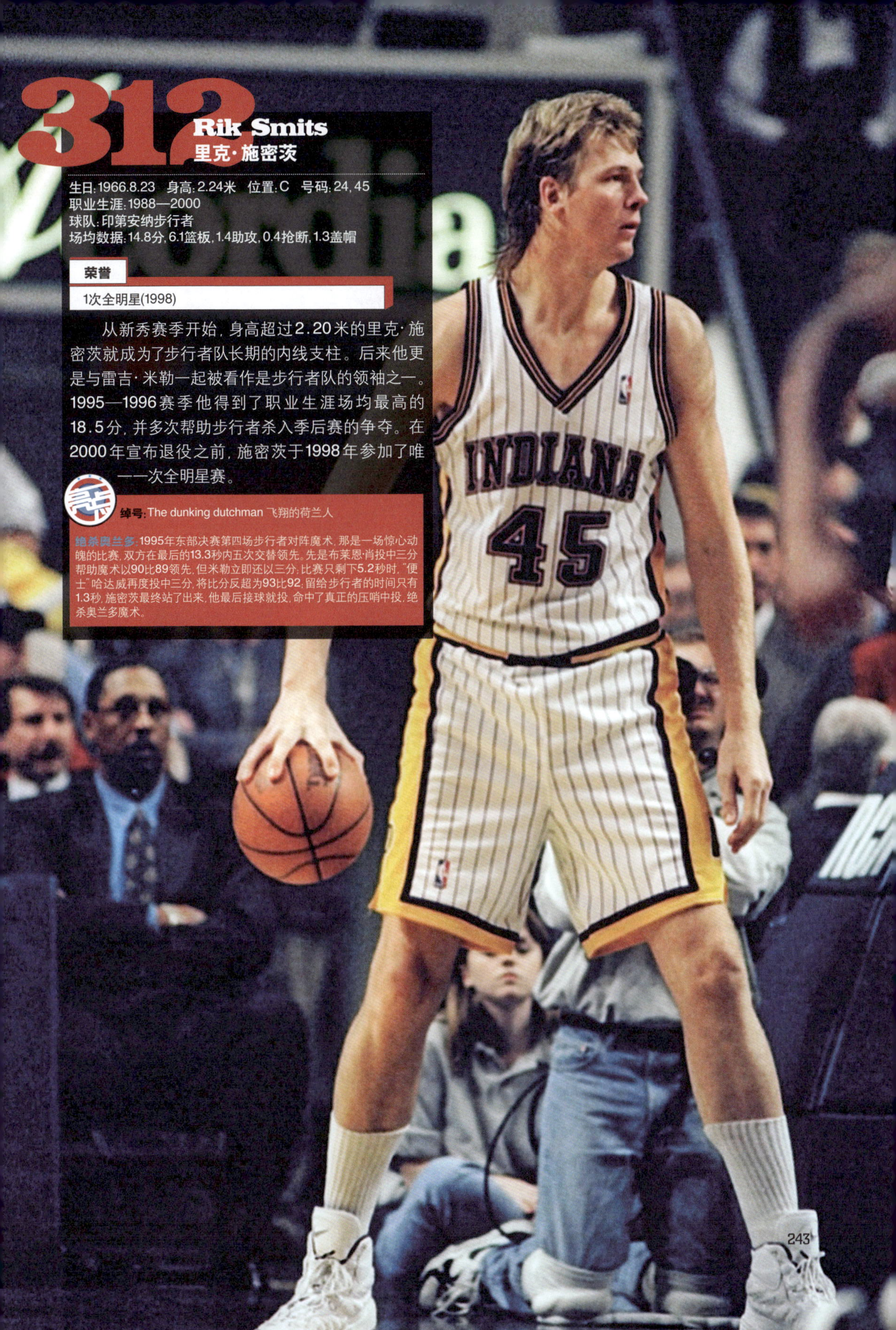

312 Rik Smits
里克·施密茨

生日:1966.8.23　身高:2.24米　位置:C　号码:24, 45
职业生涯:1988—2000
球队:印第安纳步行者
场均数据:14.8分, 6.1篮板, 1.4助攻, 0.4抢断, 1.3盖帽

荣誉

1次全明星(1998)

从新秀赛季开始，身高超过2.20米的里克·施密茨就成为了步行者队长期的内线支柱。后来他更是与雷吉·米勒一起被看作是步行者队的领袖之一。1995—1996赛季他得到了职业生涯场均最高的18.5分，并多次帮助步行者杀入季后赛的争夺。在2000年宣布退役之前，施密茨于1998年参加了唯一一次全明星赛。

亮点

绰号:The dunking dutchman 飞翔的荷兰人

绝杀奥兰多:1995年东部决赛第四场步行者对阵魔术，那是一场惊心动魄的比赛，双方在最后的13.3秒内五次交替领先。先是布莱恩·肖投中三分帮助魔术以90比89领先，但米勒立即还以三分;比赛只剩下5.2秒时，"便士"哈达威再度投中三分，将比分反超为93比92;留给步行者的时间只有1.3秒，施密茨最终站了出来，他最后接球就投，命中了真正的压哨中投，绝杀奥兰多魔术。

313 Vlade Divac
弗拉德·迪瓦茨

生日:1968.2.3　身高:2.16米　位置:C　号码:12,21
职业生涯:1989—2005
球队:洛杉矶湖人,夏洛特黄蜂,萨克拉门托国王
场均数据:11.8分,8.2篮板,3.1助攻,1.1抢断,1.4盖帽

荣誉

1次全明星(2001)

弗拉德·迪瓦茨是早期开启NBA之门的欧洲球员代表,1989年被洛杉矶湖人队选进NBA后,他成为湖人队史上首位非美国籍新秀,1996年他被交易到夏洛特黄蜂以换取科比。迪瓦茨可以在篮筐附近轻松得分,并且篮板和传球也样样精通,同时他还被认为是那个年代最好的内线防守球员之一。迪瓦茨是NBA历史上第三位能够达到13000分、9000个篮板、3000次助攻以及1500次盖帽的球员(另外两位是贾巴尔和奥拉朱旺)。

助选总统: 2004年塞尔维亚总统选举的时候,由于得到迪瓦茨的支持,总统候选人博里斯·塔迪奇的支持率大大上升。作为第二轮投票前竞选摄影宣传活动的一部分,两人进行了一场一对一街头篮球赛。最终塔迪奇赢得了大选的胜利。

314 Eric Floyd
埃里克— 弗洛伊德

生日：1960.3.6　身高：1.91米　位置：G　号码：21，11，12
职业生涯：1982—1995
球队：新泽西篮网，金州勇士，休斯敦火箭，圣安东尼奥马刺
场均数据：12.8分，2.6篮板，5.4助攻，1.2抢断，0.2盖帽

荣誉

1次全明星(1987)

尽管身材不算高大，但埃里克— 弗洛伊德并不是一名以灵动而见长的球员。看起来他的出手并不规范，但却总有办法将球投入篮筐。"沉睡者"有过很多表现优异的赛季，但他的代表作还是在1987年季后赛对阵湖人时所创造的——第四节独得29分。

绰号：沉睡者

末节爆发：1987年西部半决赛，勇士队挑战洛杉矶湖人队，此前他们已经连输三场，但就是在5月10日的第四场比赛，弗洛伊德在最后一节比赛中拿到了29分，下半场他一共拿到了39分，这都是NBA季后赛得分纪录。第四节弗洛伊德连续命中了12球，最终拿到51分，率领勇士队拿下了这场比赛。

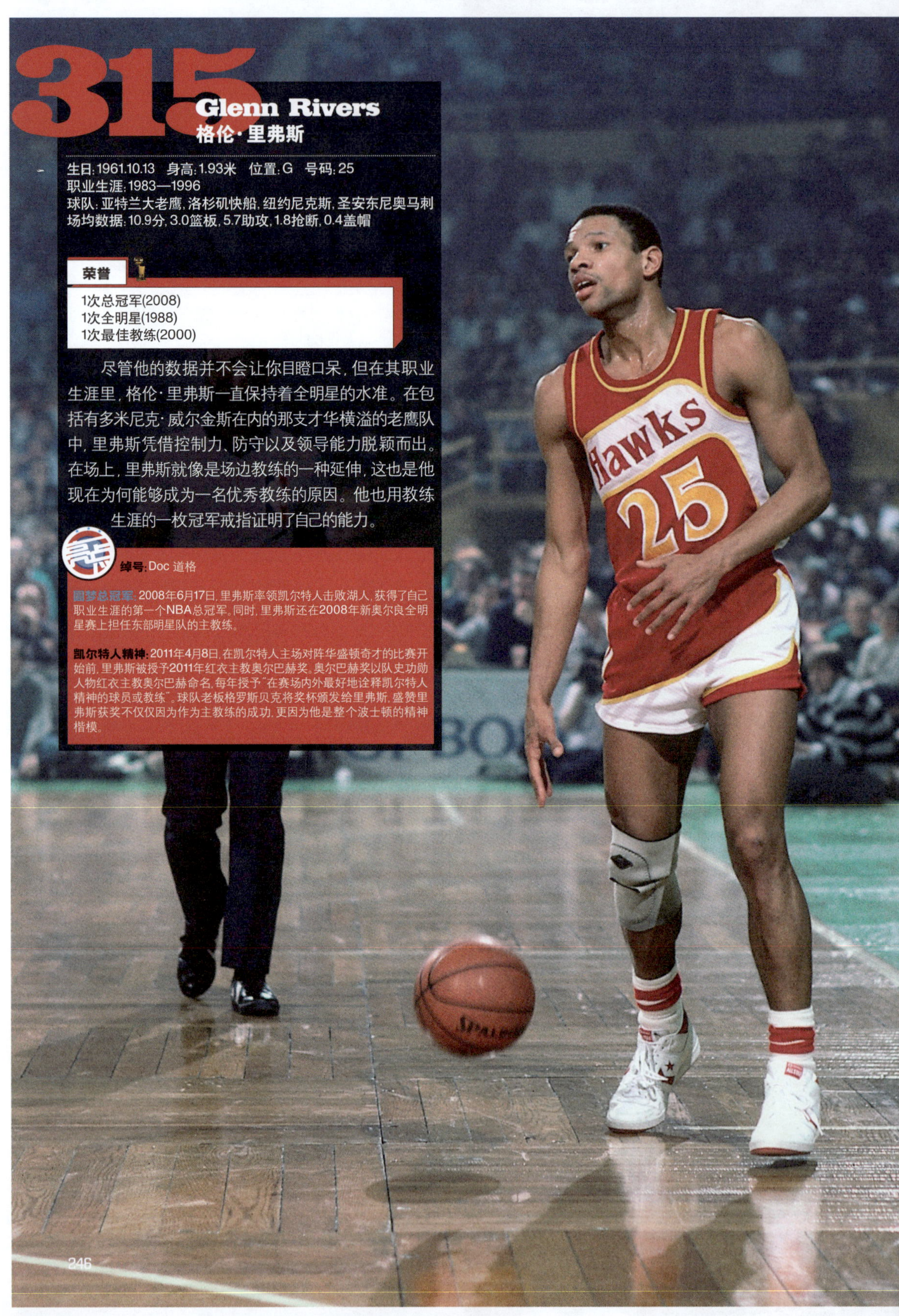

315 Glenn Rivers
格伦·里弗斯

生日:1961.10.13　身高:1.93米　位置:G　号码:25
职业生涯:1983—1996
球队:亚特兰大老鹰,洛杉矶快船,纽约尼克斯,圣安东尼奥马刺
场均数据:10.9分,3.0篮板,5.7助攻,1.8抢断,0.4盖帽

荣誉

1次总冠军(2008)
1次全明星(1988)
1次最佳教练(2000)

尽管他的数据并不会让你目瞪口呆,但在其职业生涯里,格伦·里弗斯一直保持着全明星的水准。在包括有多米尼克·威尔金斯在内的那支才华横溢的老鹰队中,里弗斯凭借控制力、防守以及领导能力脱颖而出。在场上,里弗斯就像是场边教练的一种延伸,这也是他现在为何能够成为一名优秀教练的原因。他也用教练生涯的一枚冠军戒指证明了自己的能力。

亮点

绰号: Doc 道格

圆梦总冠军:2008年6月17日,里弗斯率领凯尔特人击败湖人,获得了自己职业生涯的第一个NBA总冠军。同时,里弗斯还在2008年新奥尔良全明星赛上担任东部明星队的主教练。

凯尔特人精神:2011年4月8日,在凯尔特人主场对阵华盛顿奇才的比赛开始前,里弗斯被授予2011年红衣主教奥尔巴赫奖。奥尔巴赫奖以队史功勋人物红衣主教奥尔巴赫命名,每年授予"在赛场内外最好地诠释凯尔特人精神的球员或教练"。球队老板格罗斯贝克将奖杯颁发给里弗斯,盛赞里弗斯获奖不仅仅因为作为主教练的成功,更因为他是整个波士顿的精神楷模。

316 Larry Costello 拉里·科斯特洛

生日：1931.7.2　身高：1.85米　位置：G　号码：5, 18, 15, 6, 21
职业生涯：1954—1968
球队：费城勇士，锡拉丘兹民族，费城76人
场均数据：12.2分，3.8篮板，4.6助攻

荣誉

1次总冠军(1967)
6次全明星(1958—1961, 1962, 1965)

毕业于尼亚加拉大学的拉里·科斯特洛是NBA最后一位双手原地投篮的投手。职业生涯里，科斯特洛曾两次领跑罚球命中率榜单，职业生涯总罚球命中率为84.1%，同时曾连续8个赛季场均得分达到两位数。这位6次入选全明星的球员终于在1966—1967赛季随76人夺取了唯一一次总冠军荣誉。

317 Xavier McDaniel 泽维尔·麦克丹尼尔

生日：1963.6.4　身高：2.01米　位置：F　号码：34, 35, 32, 31
职业生涯：1985—1998
球队：西雅图超音速，菲尼克斯太阳，纽约尼克斯，波士顿凯尔特人，新泽西篮网
场均数据：15.6分，6.1篮板，2.0助攻，0.9抢断，0.5盖帽

荣誉

2次全明星

必须向戴尔·恩哈德(著名纳斯卡车手)说抱歉，其实麦克丹尼尔才是真正的"威吓者"，但我们对后者印象更深刻的是他那闪亮的光头和反复无常的脾气。1985年在第4顺位被超音速选中后，麦克丹尼尔一直都是最佳新秀的候选人(最终屈居尤因之后名列第二)，之后在超音速的4个赛季他场均得分均超过20分。

亮点

绰号：X-Man

大四赛季麦克丹尼尔凭借场均27.4分和15.0个篮板成为同一个赛季垄断这两项数据的全美第一人。

318 Eddie Johnson 埃迪·约翰逊

生日:1955.2.24 身高:1.88米 位置:G 号码:3,15
职业生涯:1977—1987
球队:亚特兰大老鹰,克利夫兰骑士,西雅图超音速
场均数据:15.1分,2.3篮板,5.1助攻,1.1抢断,0.1盖帽

荣誉

2次全明星

作为一名得分能力超强的后卫,约翰逊2次入选全明星赛,但是他总是因场外因素陷入麻烦,成为警察局的常客。在职业生涯早期,约翰逊经常能凭借高速甩开防守者。约翰逊的得分能力众人皆知,同时还有不错的防守,其助攻意识也不可多得,在1984—1985赛季,他贡献了职业生涯最高的场均7.8次助攻。

亮点

绰号:Fast

在加入NBA联盟的第三个赛季,约翰逊便成为1980年全明星赛首发,并在比赛中16投11中,得到22分。

319 Eddie Johnson 埃迪·约翰逊

生日:1959.5.1 身高:2.01米 位置:F 号码:8,22
职业生涯:1981—1999
球队:堪萨斯/萨克拉门托国王,菲尼克斯太阳,西雅图超音速,夏洛特黄蜂,印第安纳步行者,休斯敦火箭
场均数据:16.0分,4.0篮板,2.1助攻,0.6抢断,0.2盖帽

荣誉

1次最佳第六人

从进入联盟的第一分钟开始,约翰逊就是一名纯正的得分手。尽管没有足够的投篮广度和宽度,但是作为一名锋线,约翰逊有着不错的持球能力,同时他的突破也很有杀伤力。约翰逊的中距离投篮很稳定,罚球则如探囊取物。整个职业生涯,约翰逊有3个赛季场均得分超过20分。

亮点

1997年火箭对阵爵士的西部决赛第四场中,约翰逊投中三分绝杀帮助火箭以95比92战胜对手。

320 Bill Cartwright 比尔·卡特奈特

生日:1957.7.30 身高:2.16米 位置:C 号码:25, 24
职业生涯:1979—1995
球队:纽约尼克斯,芝加哥公牛,西雅图超音速
场均数据:13.2分,6.3篮板,1.4助攻,0.5抢断,0.7盖帽

荣誉

3次总冠军(1991—1993)
1次全明星

在乔丹和皮蓬的第一个三连冠时期,没有人能比老兵卡特奈特给年轻的公牛提供更稳定的防守,以及送给对手无数的大肘子。当卡特奈特初入联盟时,他还是尼克斯的明日之星,新秀赛季便场均砍下21.7分和8.9个篮板。作为尼克斯"双塔"之一的卡特奈特被球队处理来到公牛却得到三枚总冠军戒指,而另一"塔"尤因却两手空空。

亮点 在1977—1979年代表旧金山大学期间,卡特奈特连续3年获得NCAA西海岸赛区年度最佳球员称号。

321 Cliff R.Robinson 克里夫R.罗宾逊

生日:1960.3.13 身高:2.06米 位置:F 号码:45, 44, 11, 4, 43
职业生涯:1979—1992
球队:新泽西篮网,堪萨斯国王,克利夫兰骑士,华盛顿奇才,费城76人,洛杉矶湖人
场均数据:17.2分,8.3篮板,2.0助攻,1.0抢断,0.7盖帽

除了能完成基本的防守任务外,罗宾逊还能为球队提供稳定的得分。作为一名移动灵活的大前锋,罗宾逊能很好地填补从罚球线到篮下位置的防守空当。整个职业生涯里他有5个赛季场均得分在18分以上,同时有2次篮板过双。1986年,他和杰夫·罗兰德被交易到76人换取传奇球星摩西·马龙。

亮点 在1985—1986赛季,罗宾逊代表华盛顿子弹在78场比赛中得到职业生涯单赛季最高的1460分。

322 Kenny Sears 肯尼·希尔斯

生日:1933.8.17 身高:2.06米 位置:F 号码:12,20,17
职业生涯:1955—1964
球队:纽约尼克斯,旧金山勇士
场均数据:13.9分,7.8篮板,1.6助攻

荣誉

2次全明星

1955年,来自圣塔克拉拉大学的希尔斯在第5顺位被尼克斯选中,他在这支球队于1958年和1959年2次入选全明星赛。之后在1960—1961赛季,希尔斯转投ABA联盟,一个赛季后又回到NBA。第一位登上《体育画报》杂志封面的篮球运动员是谁?没错,就是肯尼·希尔斯,他是1954年12月20日《体育画报》的封面人物。

亮点

绰号:Big Cat 大猫

在1958—1959和1959—1960两个赛季,希尔斯分别以49%和47.7%的投篮命中率位列联盟榜首。

323 Michael Finley 迈克尔·芬利

生日:1973.3.6 身高:2.01米 位置:G-F 号码:4,40
职业生涯:1995—2010
球队:菲尼克斯太阳,达拉斯小牛,圣安东尼奥马刺,波士顿凯尔特人
场均数据:15.7分,4.4篮板,2.9助攻,0.9抢断,0.3盖帽

荣誉

1次总冠军(2007)
2次全明星

不考虑他的角色,我们总是能在一支常胜球队看到芬利的身影。在本世纪初那支年轻的达拉斯小牛队中,芬利两次成为全明星;转投马刺后,他的戏份减少了,但仍然是球队的重要一员,并随马刺夺得一枚总冠军戒指。职业生涯末期在凯尔特人,芬利最后参加的10场比赛全是季后赛。

亮点

2007年季后赛首轮马刺对阵掘金的第五场比赛中,芬利三分球9投8中,创造马刺季后赛三分球单场命中率纪录。

324 Phil Ford
菲尔·福特

生日:1956.2.9 身高:1.88米 位置:G 号码:1,12
职业生涯:1978—1985
球队:堪萨斯城国王,新泽西篮网,密尔沃基雄鹿,休斯敦火箭
场均数据:11.6分,1.8篮板,6.4助攻,1.2抢断,0.1盖帽

荣誉

1次奥运冠军(1976)
最佳新秀(1979)

福特是20世纪70年代最著名的大学球员之一,作为北卡的传奇人物,福特进入NBA之后迅速绽放光芒,并夺得1979年最佳新秀。之后他带领国王于1981年打进西部决赛,这也是他职业生涯最伟大的成就之一。但是之后的3个赛季,伤病和酗酒毁了福特的职业生涯,这名技术出众的后卫只在联盟打了7个赛季就宣布退役,只给人留下无尽的遗憾。

在1978年离开北卡时,福特以2290分成为校史得分王,这一纪录直到2008年才被汉斯布鲁尔所打破。

325 Jeff Mullins
杰夫·穆林斯

生日:1942.3.18 身高:1.93米 位置:G-F 号码:44,23
职业生涯:1964—1976
球队:圣路易斯老鹰,旧金山/金州勇士
场均数据:16.2分,4.3篮板,3.8助攻,0.8抢断,0.2盖帽

荣誉 

1次奥运冠军(1964)
1次总冠军(1975)
3次全明星

这名杜克蓝魔出产的球员在1964年代表美国队夺得奥运会冠军,穆林斯的职业生涯从老鹰开始,但是直到勇士时期他才在西海岸打出自己的名头。职业生涯中,绰号"猪排"的穆林斯曾连续4个赛季场均得分超过20分,3次入选全明星,并且在1974—1975赛季随勇士夺得总冠军。

绰号:Pork Chop 猪排

326 Ricky Rubio 里基·卢比奥

生日:1990.10.21　身高:1.93米　位置:G　号码:9
职业生涯:2009年至今
球队:明尼苏达森林狼
场均数据:10.3分, 4.2篮板, 8.5助攻, 2.1抢断, 0.1盖帽

早在2008年奥运会时卢比奥就吸引了很多NBA球队的关注，有人甚至将他与皮特·马拉维奇对比。2009年，他成为NBA历史上第一个被选中的1990后球员。虽然组织能力杰出，防守基本功扎实，但卢比奥进入NBA后的表现却差强人意，不稳定的投篮和频繁的受伤经历成了他职业生涯的阻碍。

亮点

失亲:卢比奥的家族具有癌症遗传病史，10岁时祖母因肝癌去世，12岁时祖父又因为肺癌去世。2016年，卢比奥56岁的母亲也因为肺癌去世。从那之后，他在比赛中一直戴着特殊的腕带，用来纪念母亲。

世界纪录:2012年全明星期间，卢比奥在"一分钟篮板后投篮"中一共进了18球，打破了之前由埃文·特纳保持的14球纪录。他也收到了吉尼斯的官方认证书。

327 Gordon Hayward

戈登·海沃德

生日:1990.3.23 身高:2.03米 位置:F 号码:20
职业生涯:2010年至今
球队:犹他爵士
场均数据:15.7分,4.2篮板,3.4助攻,1.0抢断,0.4盖帽

荣誉

1次全明星

从大一开始,海沃德就是巴特勒大学的救世主。2010年,大三的海沃德带领球队杀入决赛,并几乎用绝杀杜克赢得冠军。在爵士的七个赛季,海沃德每年都在稳步提升,2017年入选全明星后成功跻身联盟最优秀的小前锋行列。

亮点

电竞者:除篮球外,海沃德酷爱电子竞技,他甚至参与过IGN的职业联赛。

网球天才:海沃德在2016年参加了盐湖城的一个俱乐部级别的慈善网球锦标赛,这是他高中后第一次打网球。最终,海沃德成功夺冠。据他第一轮的对手描述,海沃德的网球水平可以打大满贯资格赛。

328 Mel Hutchins 梅尔·哈钦斯

生日：1928.11.22　身高：1.98米　位置：F　号码：22，9，4，10
职业生涯：1951—1958
球队：密尔沃基雄鹿，福特韦恩活塞，纽约尼克斯
场均数据：11.1分，9.6篮板，3.0助攻

荣誉

4次全明星

哈钦斯毕业于杨百翰大学，这名身高1.98米的大前锋来自加州萨克拉门托。职业生涯中，哈钦斯4次入选全明星，5个赛季得分上双，并在职业生涯前两个赛季的场均篮板超过10个。值得一提的是，在哈钦斯的新秀赛季他便抢得880个篮板，为联盟之首。他是另一位NBA明星奇奇·范德维奇（排名第222位）的叔叔。

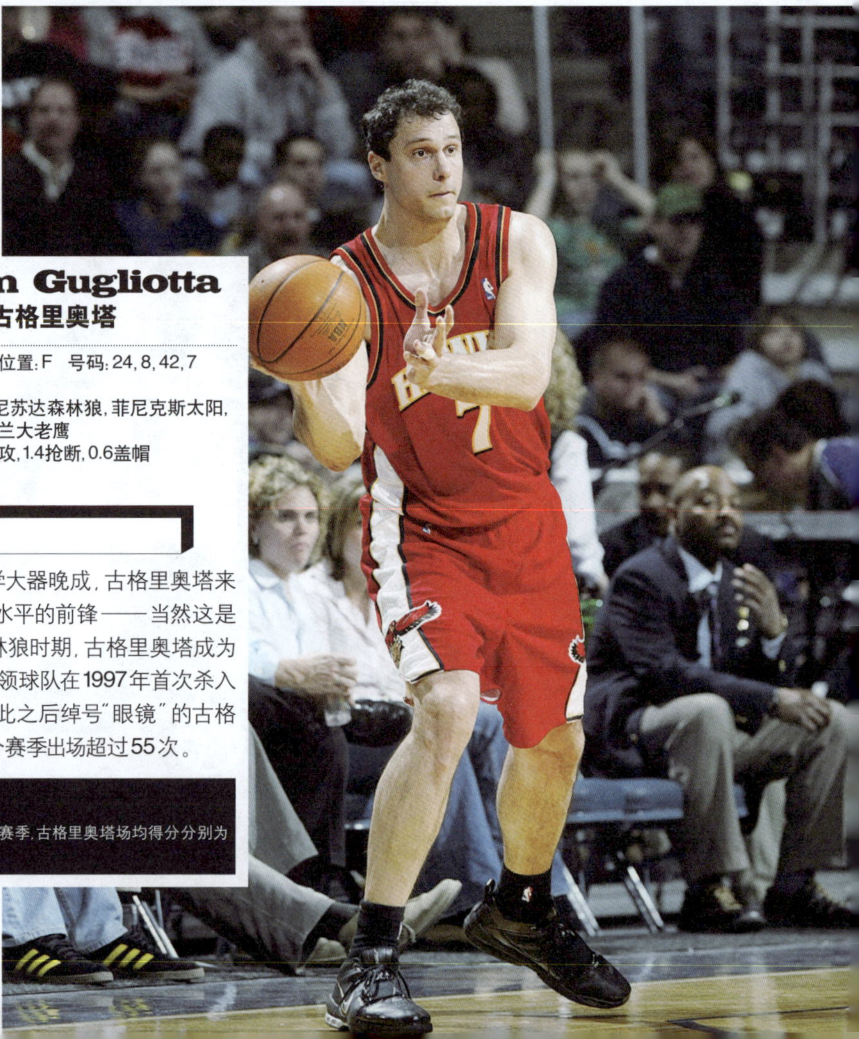

329 Tom Gugliotta 汤姆·古格里奥塔

生日：1969.12.19　身高：2.08米　位置：F　号码：24，8，42，7
职业生涯：1992—2005
球队：华盛顿子弹，金州勇士，明尼苏达森林狼，菲尼克斯太阳，犹他爵士，波士顿凯尔特人，亚特兰大老鹰
场均数据：13.0分，7.3篮板，2.8助攻，1.4抢断，0.6盖帽

荣誉

1次全明星

在北卡罗来纳州立大学大器晚成，古格里奥塔来到NBA后迅速成为一名高水平的前锋——当然这是指在他健康的时候。在森林狼时期，古格里奥塔成为球队的得分和篮板王，并带领球队在1997年首次杀入到季后赛中。不幸的是，从此之后绰号"眼镜"的古格里奥塔再也没有一个赛季出场超过55次。

绰号：Googs 眼镜

在1996—1997和1997—1998两个赛季，古格里奥塔场均得分分别为20.6分和20.1分。

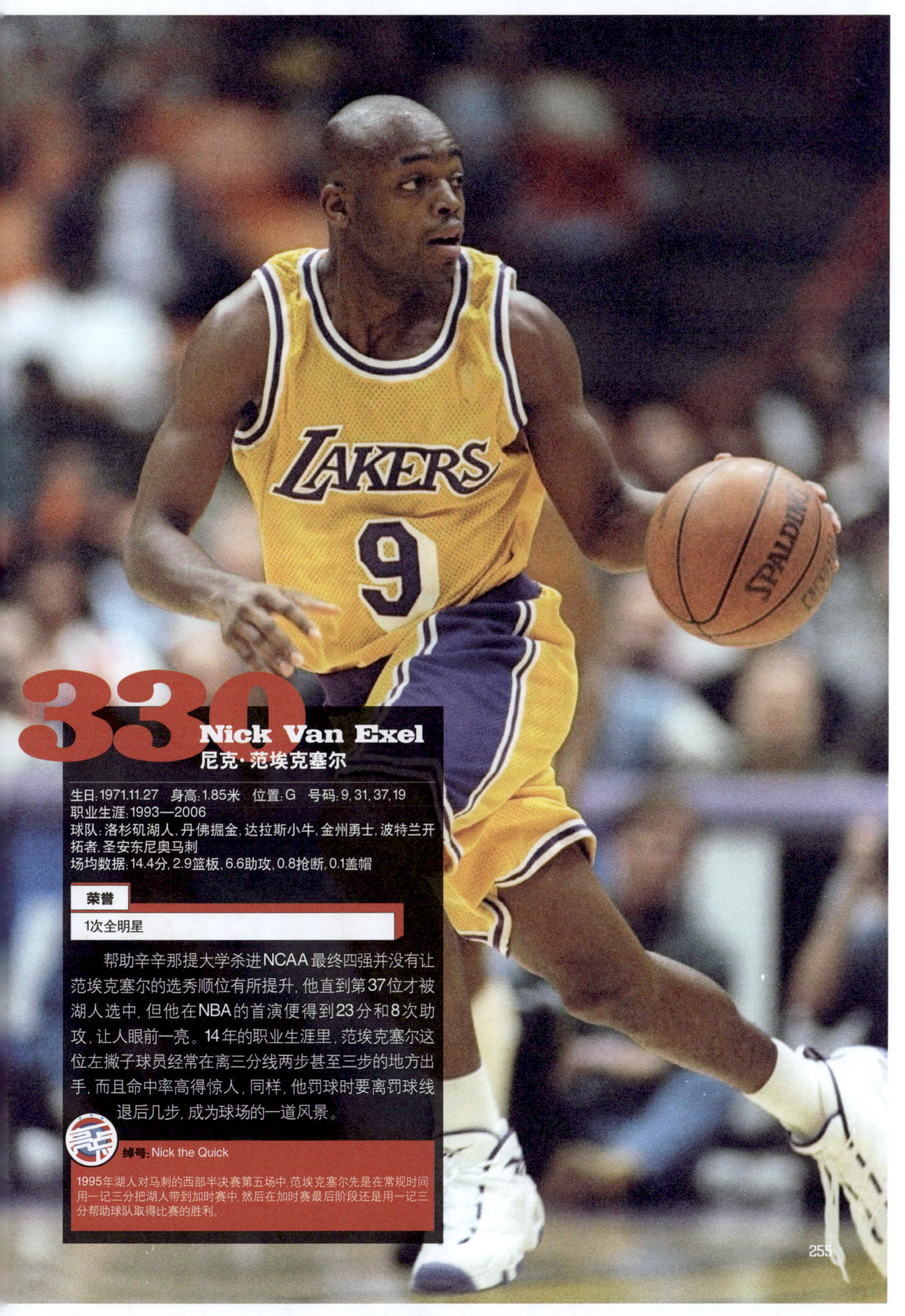

330 Nick Van Exel
尼克·范埃克塞尔

生日:1971.11.27　身高:1.85米　位置:G　号码:9,31,37,19
职业生涯:1993—2006
球队:洛杉矶湖人,丹佛掘金,达拉斯小牛,金州勇士,波特兰开拓者,圣安东尼奥马刺
场均数据:14.4分,2.9篮板,6.6助攻,0.8抢断,0.1盖帽

荣誉

1次全明星

帮助辛辛那提大学杀进NCAA最终四强并没有让范埃克塞尔的选秀顺位有所提升,他直到第37位才被湖人选中,但他在NBA的首演便得到23分和8次助攻,让人眼前一亮。14年的职业生涯里,范埃克塞尔这位左撇子球员经常在离三分线两步甚至三步的地方出手,而且命中率高得惊人,同样,他罚球时要离罚球线退后几步,成为球场的一道风景。

亮点

绰号: Nick the Quick

1995年湖人对马刺的西部半决赛第五场中,范埃克塞尔先是在常规时间用一记三分把湖人带到加时赛中,然后在加时赛最后阶段还是用一记三分帮助球队取得比赛的胜利。

331 Lucius Allen 卢修斯·阿伦

生日:1947.9.26 身高:1.88米 位置:G 号码:42, 7, 40
职业生涯:1969—1979
球队:西雅图超音速,密尔沃基雄鹿,洛杉矶湖人,堪萨斯城国王
场均数据:13.4分,3.1篮板,4.5助攻,1.5抢断,0.3盖帽

荣誉

1次总冠军(1971)

捧得两座NCAA冠军奖杯,阿伦成为UCLA金熊队史上最优秀的球员之一,随即他在1968年的选秀大会上第三位被超音速选中。被交易到雄鹿后,阿伦携手前UCLA队友贾巴尔在1970—1971赛季捧得总冠军奖杯。球场上的阿伦如同一只长腿大野兔,能跑能跳。整个职业生涯,阿伦有7个赛季得分上双。

1974—1975赛季,阿伦得到了职业生涯最高的场均19.1分。

332 Mike Mitchell 麦克·米切尔

生日:1956.1.1 身高:2.01米 位置:F 号码:30, 34
职业生涯:1978—1988
球队:克利夫兰骑士,圣安东尼奥马刺
场均数据:19.8分,5.6篮板,1.3助攻,0.7抢断,0.5盖帽

荣誉

1次全明星

除了骑士和马刺球迷之外,我想很少有人知道米切尔是谁,然而事实上他是这两支NBA球队队史上最高产的球员之一。这位手感柔和的前锋见缝插针式的投篮让其得分如探囊取物,职业生涯里,米切尔有6个赛季场均得分超过20分,1980—1981赛季更是达到了职业生涯最高的场均24.5分。这一年他也入选全明星赛,在15分钟内得到14分。

1984—1985赛季,米切尔以场均22.2分超过乔治·格文的场均21.2分成为马刺队内得分王,这也是后者在马刺效力期间唯一一次让队内得分王的荣誉旁落。

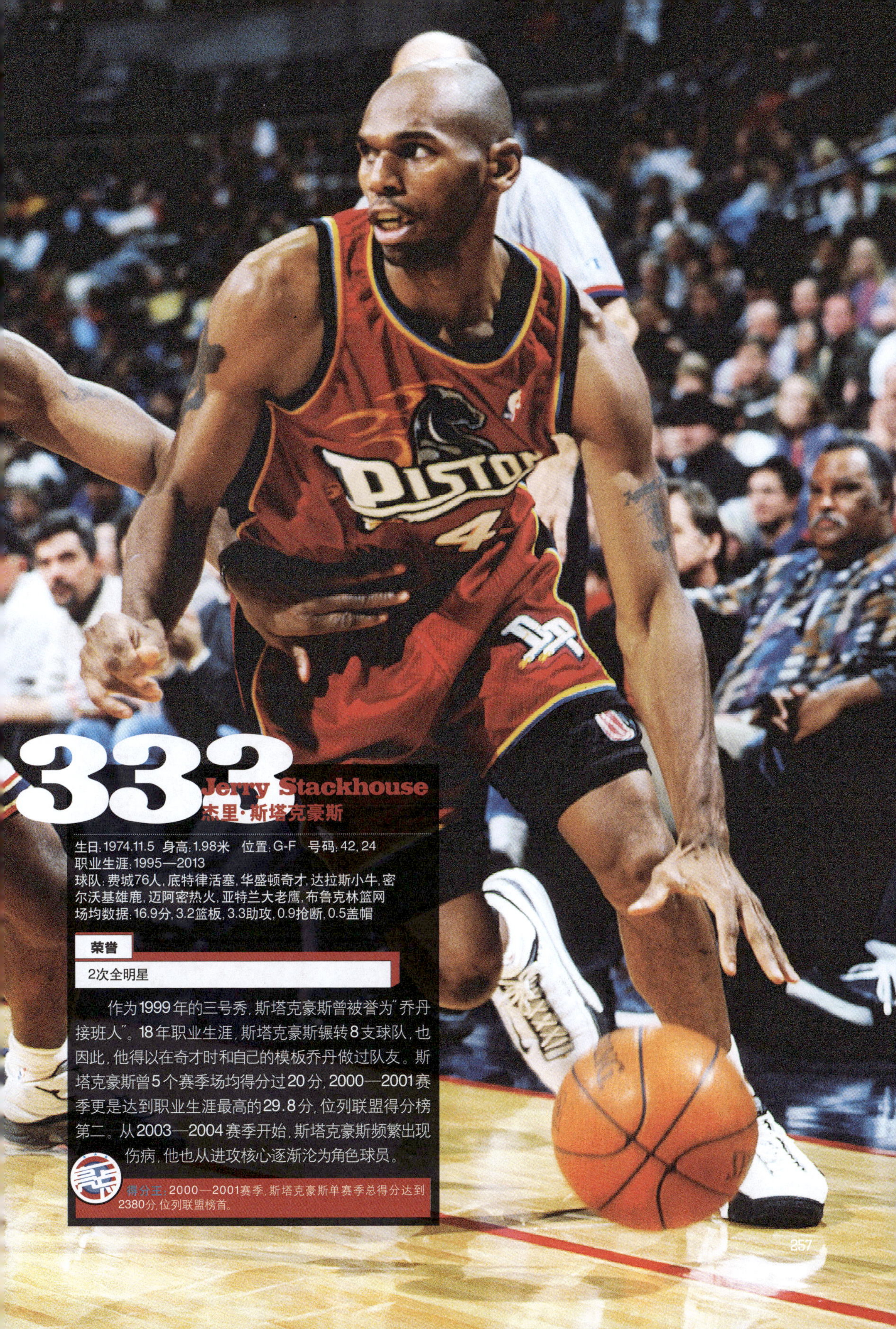

333 Jerry Stackhouse 杰里·斯塔克豪斯

生日:1974.11.5 身高:1.98米 位置:G-F 号码:42, 24
职业生涯:1995—2013
球队:费城76人,底特律活塞,华盛顿奇才,达拉斯小牛,密尔沃基雄鹿,迈阿密热火,亚特兰大老鹰,布鲁克林篮网
场均数据:16.9分,3.2篮板,3.3助攻,0.9抢断,0.5盖帽

荣誉

2次全明星

作为1999年的三号秀,斯塔克豪斯曾被誉为"乔丹接班人"。18年职业生涯,斯塔克豪斯辗转8支球队,也因此,他得以在奇才时和自己的模板乔丹做过队友。斯塔克豪斯曾5个赛季场均得分过20分,2000—2001赛季更是达到职业生涯最高的29.8分,位列联盟得分榜第二。从2003—2004赛季开始,斯塔克豪斯频繁出现伤病,他也从进攻核心逐渐沦为角色球员。

亮点

得分王:2000—2001赛季,斯塔克豪斯单赛季总得分达到2380分,位列联盟榜首。

334 Don Chaney 唐·切尼

生日:1946.3.22 身高:1.96米 位置:G 号码:12,42
职业生涯:1968—1980
球队:波士顿凯尔特人,洛杉矶湖人
场均数据:8.4分,3.9篮板,2.1助攻,1.2抢断,0.5盖帽

荣誉

2次总冠军(1969,1974)

切尼是联盟史上最好的防守型后卫之一,他很清楚怎么去阻挡对手攻击篮筐,其NBA生涯有5个赛季入选联盟防守第二阵容。在那场被称之为"世纪大战"的比赛中,切尼携手埃尔文·海耶斯率领休斯敦大学击败UCLA,切尼打满40分钟。1975—1976赛季,切尼在ABA联赛打了一个赛季,然后又回到NBA加盟湖人,最终还是在凯尔特人结束了自己的职业生涯。

绰号:Duck 鸭子

切尼是唯一一位和凯尔特人名宿比尔·拉塞尔和拉里·伯德都做过队友的球员。

335 Damon Stoudamire 达蒙·斯塔德迈尔

生日:1973.9.3 身高:1.78米 位置:G 号码:20,3
职业生涯:1995—2008
球队:多伦多猛龙,波特兰开拓者,孟菲斯灰熊,圣安东尼奥马刺
场均数据:13.4分,3.5篮板,6.1助攻,1.1抢断,0.1盖帽

荣誉

1次最佳新秀

斯塔德迈尔拥有联盟史上最优秀的新秀赛季之一,他以场均19分和9.3次助攻的强势表现获得1995—1996赛季的最佳新秀。这位在首轮第七位被猛龙选中的后卫同时也以133个三分球创造了当时新秀赛季的三分球纪录。大部分的职业生涯斯塔德迈尔都在开拓者度过,他代表这支球队6个赛季出现在季后赛中。

绰号:Mighty Mouse 米奇鼠

2005年1月14日,斯塔德迈尔得到职业生涯最高的54分(同时也是开拓者队史纪录),其中包括8个三分球。

336 Glen Rice

格伦·莱斯

生日:1967.5.28　身高:2.03米　位置:F　号码:41
职业生涯:1989—2004
球队:迈阿密热火,夏洛特山猫,洛杉矶湖人,纽约尼克斯,休斯敦火箭,洛杉矶快船
场均数据:18.3分,4.4篮板,2.1助攻,1.0抢断,0.3盖帽

荣誉

1次总冠军(2000)
3次全明星
1次全明星赛MVP

身高2.03米的莱斯是联盟史上最伟大的大块头三分射手之一,他最为辉煌的岁月是在1996—1997赛季,当时身为黄蜂一员的莱斯场均得到26.8分,并以47%的三分球命中率冠绝联盟,同年他在全明星赛上捧得MVP奖杯,名垂青史。整个职业生涯,莱斯共投中1599个三分球(联盟史上第11位),并保持着40%的三分球命中率。

亮点

绰号: G Money

1997年全明星赛上,莱斯在第三节得到20分,下半场一共得到24分,分别打破全明星赛场单节和下半场得分纪录。

337 Josh Smith 约什·史密斯

生日:1985.12.5　身高:2.06米　位置:F　号码:5,6
职业生涯:2004—2016
球队:亚特兰大老鹰,底特律活塞,休斯敦火箭,洛杉矶快船
场均数据:14.6分,7.5篮板,3.1助攻,1.2抢断,1.9盖帽

高中时在约什·霍华德就展现出了劲爆的身体素质,他曾经承诺加入印第安纳大学,不过最后还是决定直接进入NBA。在亚特兰大最初的九年,作为联盟最全能的锋线球员之一,他多次带领球队杀入季后赛。2013年,他和活塞签下了4年5400万美元的合同,但仅一年后,他就被球队买断,职业生涯急转直下。2016年,史密斯曾短暂加盟CBA四川队,表现差强人意。

980分:转学到著名篮球中学橡树山高中后,约什·史密斯曾经创造了单赛季980分的得分纪录,不过这个纪录随后被詹宁斯以1130分所打破。

338 Kenyon Martin 肯扬·马丁

生日:1977.12.30 身高:2.06米 位置:F 号码:6,4,2,3
职业生涯:2000—2015
球队:新泽西篮网,丹佛掘金,洛杉矶快船,纽约尼克斯,密尔沃基雄鹿
场均数据:12.3分,6.8篮板,1.9助攻,1.2抢断,1.1盖帽

荣誉

1次全明星

作为2000年的状元,马丁以其强悍的防守和超级运动能力迅速适应了篮网的体系,他和基德的空接成为NBA的一道风景。马丁在篮网的4个赛季2次杀进总决赛。转投掘金后,他很快适应了球队气氛,成为队中的重要一员。只要保持健康,马丁就是一支球队的重要拼图,其职业生涯只有一年错过了季后赛。

亮点

绰号: K-Mart

2004年全明星赛上,马丁得到17分,7个篮板和3次助攻。

339 Swen Nater 斯文·纳特

生日:1950.1.14 身高:2.11米 位置:C 号码:31,10,35,41
职业生涯:1973—1984
球队:弗吉尼亚绅士,圣安东尼奥马刺,纽约篮网,密尔沃基雄鹿,圣地亚哥快船,洛杉矶湖人
场均数据:12.2分,10.8篮板,2.0助攻,0.5抢断,0.6盖帽

荣誉

1次篮板王

作为比尔·沃顿的替补,在UCLA,纳特从未获得过首发机会,但不计汗水的努力以及对篮板的执着让他成为那支王朝球队中最具效率的球员。他的职业生涯开始于ABA,并一次成为篮板王,在转投NBA后,他将自己的篮板天赋也带到了这里,1979—1980赛季,在圣地亚哥,场均拿下15个篮板的他成为了篮板王,此外,在他的职业生涯中,他还曾两次场均得分达到15+。

唯一篮板王:他是史上唯一在NBA和ABA都成为篮板王的球员,也是唯一一位从未在大学打过先发的首轮新秀。

纪录创造者:1976年12月19日,在对阵老鹰的比赛中,上半场拿下18个后场篮板的斯文创造了联盟半场篮板纪录,他全场拿下的33个篮板现在依旧是雄鹿的队史纪录。

340 Brandon Roy 布兰顿·罗伊

生日:1984.7.23 身高:1.98米 位置:G 号码:7,3
职业生涯:2006—2013
球队:波特兰开拓者,明尼苏达森林狼
场均数据:18.8分,4.3篮板,4.7助攻,1.0抢断,0.2盖帽

荣誉

3次全明星

在华盛顿大学打满四年,荣誉满身的罗伊一进联盟就打出了影响力。新秀赛季末,开拓者交易了当时的队长扎克·兰多夫,扶正罗伊。罗伊进攻技术全面,心理素质极好。在他的带领下,开拓者也彻底清除了"监狱开拓者"时代糟糕的球队氛围,成为西部劲旅。但是从2010年开始,罗伊的膝伤逐渐恶化,迫使他只在联盟打过6个赛季后就宣布退役。

绰号:罗伊拥有不少绰号,最常见的是B-Roy,开拓者的解说布莱恩·维勒给他起了"天生杀手",而"黄曼巴"则是队友奥特洛的杰作。奥特洛当时给了他两个选择,黄曼巴和红曼巴,罗伊自己选择了黄曼巴。

教练生涯:从NBA退役后,罗伊并没有远离篮球。2016年,他成为内森·海尔高中篮球队主教练。2017年3月,带领球队在常规赛打出29胜0负后,罗伊收获了奈史密斯全美高中最佳教练奖。

KIA MOTORS
UNITEDCENTER
PORTLAND
1
OAH
13

341 Rashard Lewis 拉沙德·刘易斯

生日:1979.8.8 身高:2.08米 位置:F 号码:7,9
职业生涯:1998—2014
球队:西雅图超音速,奥兰多魔术,华盛顿奇才,迈阿密热火
场均数据:14.9分,5.2篮板,1.7助攻,1.1抢断,0.5盖帽

荣誉

1次总冠军(2013)
2次全明星

佛罗里达州立大学,堪萨斯大学和休斯敦大学都曾对他发出邀请,但刘易斯还是在1998年选择跳级进入NBA。在绿房子,刘易斯有些小悲剧,他是最后一个被选中的。但进入联盟后,刘易斯很快展现出了强劲的得分能力。和雷·阿伦一起,他们让超音速在21世纪初成为西部季后赛常客。2007年转会魔术后,他更是成为了球队2009年冲击总冠军的核心球员。

精确制导:2007年3月13日,在对阵活塞的第一节比赛中,拉沙德投中了他的第918个三分球,从而超越加里·佩顿成为了超音速的史上第一人。随着球队的迁移变更,他的这项纪录再也无法被打破。

亿元先生:2007年7月11日,拉沙德同魔术签下了6年价值1亿1820万美元的合同,成为了史上第十位亿元先生。

342 Tom Sanders 汤姆·桑德斯

生日:1938.11.8 身高:1.98米 位置:PF 号码:16
职业生涯:1960—1973
球队:波士顿凯尔特人
场均数据:9.6分,6.3篮板,1.1助攻

荣誉

8次总冠军(1961—1966, 1968, 1969)

防守专家,无论对手比他高,或者快,桑德斯都能从容应对。 虽然数据上从未有过惊鸿一瞥,但在凯尔特人的8座冠军奖杯中,他的贡献无法磨灭。桑德斯成长于纽约东城,然后在纽约大学崭露头角,在结束职业生涯后,他还成为了常春藤联盟中第一个非裔美国籍主教练(哈佛,1973—1977赛季)。

绰号:Satch,取自Satchel Paige(萨切尔·佩吉,前黑人联盟的伟大投手),桑德斯的高中同学希望他能像佩吉一样,从贫民窟走向大舞台。

执掌绿巨人:1977—1978赛季,桑德斯接替汤姆·海因索恩成为了凯尔特人主教练,随后他率队打出了21胜27负的战绩。但在随后的赛季中,在经历赛季初的2胜12负的糟糕开局后,他被下课。

343 Sam Lacey 萨姆·莱西

生日:1948.3.28 身高:2.08米 位置:PF 号码:44, 40, 52
职业生涯:1970—1983
球队:辛辛那提君主,堪萨斯城—奥马哈国王,新泽西篮网,克利夫兰骑士
场均数据:10.3分,9.7篮板,3.7助攻,1.3抢断,1.5盖帽

荣誉

1次全明星

70年代末,80年代初,萨姆在国王有一段非常愉悦的成功岁月,作为最顶级的篮板手,他先后6次赛季场均篮板达到10+。同时他还是联盟仅有的5位连续6个赛季盖帽和抢断都达到100+的球员之一。1973—1974赛季,他有了职业生涯第一次,也是唯一一次的全明星之旅,同时也是在那个赛季,他拿到了职业生涯最高的场均得分14.2分。

篮板巅峰:1974—1975赛季是莱西在篮板球事业上的巅峰,那年他一共拿下了1149个篮板,位列联盟第二。

第一国王:莱西是萨克拉门托国王绝对的史上第一人,888次出场队史第一,1565个前场篮板队史第一,4974个后场篮板队史第一,9353个总篮板队史第一,950次抢断队史第一,1098次盖帽队史第一,就连3127次犯规仍然是队史第一,而他3754次助攻数也仅次于奥斯卡·罗伯特森。

344 Fred Brown 弗雷德·布朗

生日:1948.8.7 身高:1.91米 位置:PG 号码:32
职业生涯:1971—1984
球队:西雅图超音速
场均数据:14.6分,2.7篮板,3.3助攻,1.4抢断,0.2盖帽

荣誉

1次总冠军(1979)
1次全明星

黄金板凳球员的典型范例,他的速度常常令对手不寒而栗。他的整个职业生涯都献给了西雅图,他也因此成为了球迷最喜爱的球员之一。作为一位超级火枪手,布朗的射程远远超出了当时能被认知的范畴。和得分能力相比,布朗的防守并不被大众所认识,但在1979年的总决赛中,正是他在防守端的表现为西雅图获得冠军起到了关键作用。

绰号:Downtown Freddie 市中心的弗雷迪,他的高中林肯中学在密尔沃基的市中心,在他两次率领球队获得州冠军后,对手便给了他这样的绰号。

纪录垄断者:超音速的队史单场得分纪录(58)、季后赛得分纪录(45,和雷·阿伦并列)、总抢断纪录(1149)将永远由布朗保持。

345 Elmore Smith 艾尔摩·史密斯

生日:1949.5.9　身高:2.13米　位置:C　号码:3
职业生涯:1971—1979
球队:巴尔的摩子弹,洛杉矶湖人,密尔沃基雄鹿,克利夫兰骑士
场均数据:13.4分,10.6篮板,1.4助攻,0.8抢断,2.9盖帽

荣誉

2次盖帽王,单场盖帽纪录(17,1973年10月28日,洛杉矶湖人VS波特兰开拓者)

史密斯拥有令人恐怖的威慑力,他是1973—1974赛季的盖帽王,联盟单场盖帽纪录也是由他保持。在加入联盟的最初5年,他的场均篮板都在10+,其职业生涯有3次场均得分达到15+。作为湖人交易得到"天勾"的筹码,在历史盖帽榜上,史密斯至今仍是TOP5。

绰号: Elmore the Rejector 否决者艾尔摩,源于他超强的盖帽能力。

菜鸟巅峰: 第一个赛季便是艾尔摩的巅峰,那年他场均得到17.3分15.2个篮板,并因此入选新秀最佳阵容。

346 Joe Barry Carroll 乔·巴里·卡罗尔

生日:1958.7.24　身高:2.13米　位置:C　号码:2,11
职业生涯:1980—1991
球队:金州勇士,休斯敦火箭,新泽西篮网,丹佛掘金,菲尼克斯太阳
场均数据:17.7分,7.7篮板,1.8助攻,1.0抢断,1.6盖帽

荣誉

1次全明星

被金州勇士选为1980年的状元不是卡罗尔的错——他们因此错过了两位名人堂级的球员,凯文·麦克海尔和罗伯特·帕里什——我们能理解金州球迷的不满,但在这我们要说的是,这位前普度大学球员并非水货。在金州效力期间,他曾连续4个赛季场均得分20+,并1次当选全明星,他在勇士留下的队史盖帽纪录(837次)直到2007年才被阿多纳尔·福耶尔所打破。

远渡重洋: 1983年3月5日,在对阵犹他爵士的比赛中,卡罗尔轰下了职业生涯最高的53分。也是在那个赛季,他拿下了自己职业生涯最高的场均得分24.1分。在那个赛季后,他远赴意大利在米兰奥林匹亚效力,直至1985年才重返NBA。

347 Sam Perkins 萨姆·帕金斯

生日:1961.6.14　身高:2.06米　位置:PF/C　号码:41, 44, 14
职业生涯:1984—2001
球队:达拉斯小牛,洛杉矶湖人,西雅图超音速,印第安纳步行者
场均数据:11.9分,6.0篮板,1.5助攻,0.9抢断,0.7盖帽

荣誉

1次奥运冠军(1984)

蒙胧的睡眼和慵懒的情绪最终击败了萨姆的好胜心。他的职业生涯从达拉斯开始,在那里他奉献了球队史上唯一的30+20的极致演出。在湖人和超音速,他都随队杀入了总决赛,不过最终都以失败告终,而且两次都是输给了同一个人,他的大学校友兼室友,迈克尔·乔丹。

亮点

绰号: Big Smooth 大滑头

30+20:1986年12月12日,在对阵火箭的比赛中拿下31分20个篮板的帕金斯,成为了达拉斯史上唯一进入30+20俱乐部的球员。

348 Dick Barnett
迪克·巴内特

生日:1936.10.2　身高:1.93米　位置:SG　号码:5,12
职业生涯:1959—1973
球队:锡拉丘兹民族,洛杉矶湖人,纽约尼克斯
场均数据:15.8分,2.9篮板,2.8助攻

荣誉

2次总冠军(1970,1973)
1次全明星

巴内特是传奇教练约翰·麦克兰登的爱徒，在他的带领下，田纳西A&I(现田纳西州立大学)三夺NAIA冠军。在从湖人转会尼克斯的第一个赛季，他拿到了职业生涯场均最高的23.1分。随后他和沃尔特·弗雷泽组成的史上最佳后场为纽约赢得了2座总冠军奖杯。退役后，巴内特重返校园，并在福特汉姆大学获得了博士学位。

亮点

绰号: Fall Back Baby 归来宝贝，1963年，巴内特从ABA重返NBA，加盟湖人后，"湖人之声"切克·赫恩送给他的。只是赫恩没有想到，1970年和1973年的总决赛，正是他口中的这位"宝贝"终结了他的主队。

一锤定音: 1970年总决赛第二场，杰里·韦斯特的超级远投(那个时候还没有三分球)让比赛进入加时，102比102。韦斯特的进球让湖人上下无比振奋，加时赛开始前，张伯伦甚至跑到场外开始庆祝。但最终，巴内特让对手的笑容在比赛还剩4秒时荡然无存，他的中投帮助尼克斯111比108获胜。

349 Sean Elliott 肖恩·埃利奥特

生日：1968.2.2　身高：2.03米　位置：SF　号码：32
职业生涯：1989—2001
球队：圣安东尼奥马刺，底特律活塞
场均数据：14.2分，4.3篮板，2.6助攻，0.8抢断，0.4盖帽

荣誉

1次总冠军(1999)
2次全明星

在离开亚利桑那大学后，埃利奥特12年职业生涯中11年都奉献给了圣安东尼奥，马刺1999年的总冠军有他不可磨灭的贡献。但就在夺冠后，埃利奥特宣布了他患有肾衰竭的消息，并随之离队。2001年，他接受了弟弟尼奥捐赠的肾，并在术后重返球场。不过这次回归十分短暂，之后，埃利奥特宣布退役。在圣安东尼奥，除了那枚总冠军戒指，队史三分球命中数纪录至今由他保持。

亮点

奇迹日：1999年西部决赛第二场，埃利奥特在终场前9秒命中三分，正是这记投篮帮助马刺1分取胜开拓者，86比85。赛后，埃利奥特的这一投被称为"奇迹日"。

冲击波：1992年12月18日，在对阵小牛的比赛中，埃利奥特22投16中，轰下职业生涯最高的41分，他的贡献帮助马刺122比101狂胜小牛。

350 Dick Van Arsdale 迪克·范阿斯代尔

生日：1943.2.22　身高：1.96米　位置：SG　号码：5
职业生涯：1965—1977
球队：纽约尼克斯，菲尼克斯太阳
场均数据：16.4分，4.1篮板，3.3助攻，0.9抢断，0.2盖帽

荣誉

3次全明星

迪克是典型的印第安纳州人，从Emmerich Manuel高中到印第安纳大学，直到被尼克斯在1965年选秀大会第二轮选中，他才离开故里(那年选秀，他的兄弟汤姆也在其中，顺位只比他低1位，和我们这次历史排名一样)。1968年NBA扩军，菲尼克斯太阳成立，迪克成为了这里最初的成员。也是在这里，迪克进入了职业生涯的黄金期，3次入选全明星，并连续6个赛季场均得分达到17+。

亮点

第一分：迪克是太阳的"鼻祖"球员，球队史上的第一分便来自他的中投。

艺术家：从球场退役后，迪克将自己的另一项天赋发挥到了极致，2011年10月14日，在伊利诺伊州的林肯市他举办了自己的第一次艺术展。

351 Tom Van Arsdale 汤姆·范阿斯代尔

生日:1943.2.22 身高:1.96米 位置:SG 号码:5,17,4
职业生涯:1965—1977
球队:底特律活塞,辛辛那提皇家,堪萨斯—奥马哈国王,费城76人,亚特兰大老鹰,菲尼克斯太阳
场均数据:15.3分,4.2篮板,2.2助攻,0.7抢断,0.1盖帽

荣誉

3次全明星

从高中到大学,汤姆一直和迪克如影随形。但在进入NBA后,汤姆便开始了游离之旅,他先后更换过5次门庭。在成就上,他和兄弟不分伯仲,也3次入选全明星,在皇家队的两年,他达到了自己职业生涯的巅峰,1969—1971赛季,他的场均得分都达到20+,同时他还保持着联盟无季后赛经历的球员出场总数纪录(929)。在职业生涯末期,汤姆和迪克最终再聚后,并一同在太阳退役。

非季后赛之王:汤姆是他那个时代最伟大的射手之一,悲剧性的无季后赛经历,让他成为了史上得分第一的非季后赛球员,14232。

352 Tyreke Evans 泰瑞克·埃文斯

生日:1989.9.8 身高:1.98米 位置:G 号码:13,1,32
职业生涯:2009年至今
球队:萨克拉门托国王,新奥尔良鹈鹕
场均数据:16.1分,4.8篮板,5.1助攻,1.3抢断,0.4盖帽

泰瑞克司职控卫却有小前锋的身体素质,这让他新秀赛季就打出了职业生涯巅峰,20.1分5.3个篮板5.8次助攻,这让他成了继勒布朗之后在菜鸟赛季就完成20+5+5表现的准明星。但新秀赛季后,埃文斯受伤病影响,职业开始下滑。2013年,他被交易到鹈鹕。2017年,作为鹈鹕交换考辛斯的筹码,他重回国王。

不幸的幸运:埃文斯出生在宾夕法尼亚的恶劣街区,而且从小没有父爱和母爱,他是由三个哥哥抚养长大的。不过这却成了他的幸运,三个哥哥不仅让他远离了街头麻烦,还让他进入了私立学校。小时候为了提高埃文斯的运球,哥哥们用拳击手的练习方式,用胶带把他的右手和身体缠在一起,迫使他用左手练习,这为埃文斯日后的成功打下了基础。

353 Jrue Holiday 朱·霍勒迪

生日:1990.6.12　身高:1.93米　位置:G　号码:11
职业生涯:2009年至今
球队:费城76人,新奥尔良鹈鹕
场均数据:14.3分,3.6篮板,6.2助攻,1.5抢断,0.4盖帽

荣誉

1次全明星

天生属于控卫,新秀赛季末期,就逐渐取代路·威廉姆斯,坐稳球队的首发控卫。从个人的第二个赛季开始,霍勒迪的赛季数据始终稳定在13+4以上。2013年7月,76人出人意料地将全明星球员霍勒迪交易到了鹈鹕。之后他受到伤病影响,在鹈鹕的表现堕回平庸。

跨界好丈夫: 霍勒迪的妻子是前美国女足中场劳伦·切尼。2013年,两人正式结婚。2016年9月,怀孕中的劳伦被诊断出患有脑瘤,霍勒迪宣布无限期休战,陪伴妻子。2016年10月,女儿出生后不久,劳伦成功进行了脑瘤手术。

355 Donald Watts
唐纳德·瓦特斯

生日:1951.7.22 身高:1.85米 位置:PG 号码:13,14,0
职业生涯:1973—1979
球队:西雅图超音速,新奥尔良爵士,休斯敦火箭
场均数据:8.9分,3.2篮板,6.1助攻,2.2抢断,0.3盖帽

荣誉

1次最佳防守阵容
1次助攻王,1次抢断王

对于一些人而言,瓦特斯只是一个有点斗鸡眼的耍酷小子,但那些和这位疯狂后卫有过面对面较量的球员知道,他究竟有多恐怖。瓦特斯是一位杰出的分享者和卓越的防守专家,他的速度常常能让对方的控球者陷入麻烦。1975—1976赛季,他是联盟的助攻王和抢断王。退役后,瓦特斯在西雅图地区从事教育事业,贾森·特里正是他的学生。

绰号: Slick 光头,他是联盟中最早剃光头的人之一。现在联盟中球员戴发带打球的潮流,正是他开创的。

一鸣惊人: 1973年选秀大会,没有任何球队选择瓦特斯,他的大学主教练是当时超音速主帅比尔·拉塞尔的表兄,通过这层关系,拉塞尔以签约自由球员的方式将他召入阵中,瓦特斯最终也以全明星级的表现回报了对方。1977—1978赛季中段,瓦特斯被交易,之后一个赛季,超音速迎来了自己最辉煌的赛季,并获得总冠军。就在超音速夺冠的同一时间,瓦特斯宣布退役,那年他27岁,且没有伤病。

354 Eric Bledsoe
埃里克·布莱索

生日:1989.12.9 身高:1.85米 位置:G 号码:12,2
职业生涯:2010年至今
球队:洛杉矶快船,菲尼克斯太阳
场均数据:13.1分,3.8篮板,4.6助攻,1.4抢断,0.5盖帽

荣誉

3次全明星

布莱索的新秀合同期都是在快船度过的,第二个赛季由于保罗的到来,他的上场时间大受影响。2013年7月,被交易到太阳的布莱索得到解放,个人表现和数据都迎来爆发,他也因此成为了顶薪球员。在太阳,布莱索表现稳定,但伤病却是他的大隐患。

改分丑闻: 2010年时有报道称布莱索的高中成绩造假,阿拉巴马公立学校系统专门聘请独立律师事务所进行调查。调查发现,布莱索有不少功课的成绩从C被改为A,这帮助他达到了进入NCAA的标准。

肯塔基五虎: 2010年,来自肯塔基大学的五名球员全部在首轮被选中,除布莱索外,还有沃尔、考辛斯、帕特里克·帕特森和丹尼尔·奥尔顿。这也开创了NBA选秀史上的纪录。

356 Tom Meschery 汤姆·梅斯切里

生日:1938.10.26 身高:1.98米 位置:PF 号码:14
职业生涯:1961—1971
球队:费城/圣弗朗西斯科勇士,西雅图超音速
场均数据:15.2分,10.3篮板,2.0助攻

荣誉

1次全明星

出生在中国哈尔滨的梅斯切里是俄罗斯后裔,他也因此成为了第一位出现在全明星赛的国际球员。凶悍是梅斯切里的特点,他也因此在新秀赛季就让自己有了第一个联盟之最——犯规最多的球员,330次。球场下的梅斯切里是作家、诗人、老师,没错,他就是这样有文艺范的球场悍将。

亮点

犯规狂人:在职业生涯场均30.2分钟的出场时间里,梅斯切里保持着场均3.7次的犯规技术统计,无论在哪支球队,队友们都会戏称他是"俄罗斯疯子"。

诗人:1974年,梅斯切里从爱荷华大学拿到了艺术类硕士学位,之后他在华盛顿大学的诗人马克·斯特兰德门下学习诗歌。1999年,他的作品《我们失去了什么可以被替换》出版,他也凭借此诗歌荣登内华达作家名人堂的行列。

357 Theo Ratliff 西奥·拉特利夫

生日:1973.4.17 身高:2.08米 位置:C 号码:42, 50
职业生涯:1995—2011
球队:底特律活塞,费城76人,亚特兰大老鹰,波特兰开拓者,波士顿凯尔特人,明尼苏达森林狼,圣安东尼奥马刺,夏洛特山猫,洛杉矶湖人
场均数据:7.2分,5.7篮板,0.6助攻,0.5抢断,2.4盖帽

荣誉

1次全明星
3次盖帽王

身高,臂展,时机把握,集这一切于一身的人真是让人羡慕嫉妒恨,而拉特利夫正是这样的狠角色。他是联盟最令人生畏的盖帽专家之一,虽然各种程度的伤病给他带来了很大阻碍,但1次全明星经历,3次成为盖帽王,连续6个赛季场均盖帽数达到3+,这已经足以让他的职业生涯贴上传奇的标签。

亮点

一步之遥:拉特利夫在大学期间就展现出了惊人的盖帽才华,他留在NCAA的425次盖帽现在依旧是史上第二。在其职业生涯中,拉特利夫曾先后7次单场盖帽达到9次,距离10+俱乐部仅一步之遥。

358 Kenny Anderson 肯尼·安德森

生日:1970.10.9 身高:1.83米 位置:PG 号码:7,12,17,13
职业生涯:1991—2005
球队:新泽西篮网,夏洛特/新奥尔良黄蜂,波特兰开拓者,波士顿凯尔特人,西雅图超音速,印第安纳步行者,亚特兰大老鹰,洛杉矶快船
场均数据:12.6分,3.1篮板,6.1助攻,1.5抢断,0.1盖帽

荣誉

1次全明星

纽约州立大学最好的毕业生之一,这里的经历为他在NBA的成功奠定了坚实的基础。在新泽西,肯尼成为了联盟最好的控卫之一,他曾2次在助攻榜上跻身TOP 3。虽然此后巅峰状态不再,但凭借着优秀的球场掌控力,肯尼依旧能游走于各支球队。

亮点

绰号: Lethal Weapon 3 致命武器 3。1990年,在肯尼、丹尼·斯科特和布莱恩·奥利弗的共同努力下,乔治城理工一举杀入NCAA四强赛,他们的三人组合也因此得到了这样的绰号。

街球风范:出生于纽约皇后区,成长于洛克公园,成名于东卢瑟福的肯尼是第一个能在NBA玩出正经街球风的控卫。他甚至将这种街球风格带进了美国队,1990年,他以大学生身份代表美国在世锦赛上获得铜牌,正是本届比赛的失利促成了梦之队的诞生。

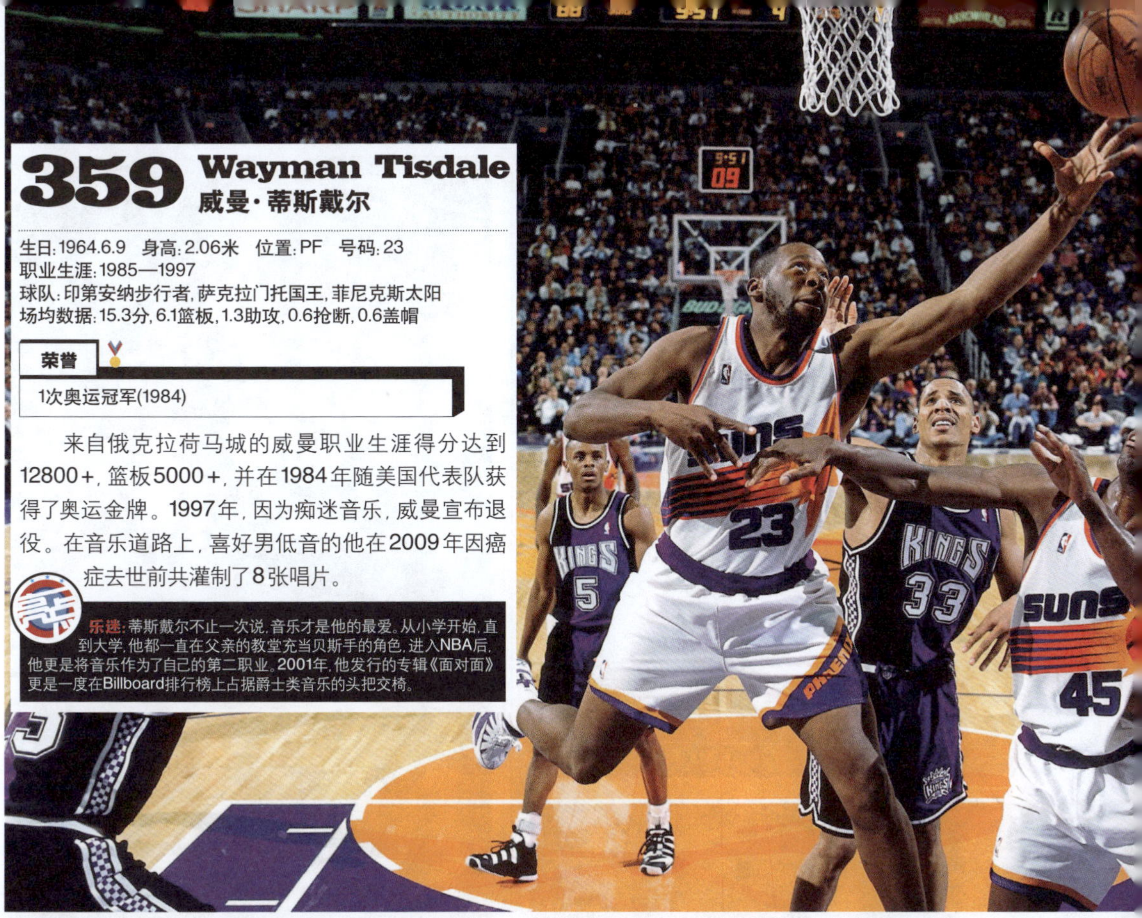

359 Wayman Tisdale 威曼·蒂斯戴尔

生日:1964.6.9 身高:2.06米 位置:PF 号码:23
职业生涯:1985—1997
球队:印第安纳步行者,萨克拉门托国王,菲尼克斯太阳
场均数据:15.3分,6.1篮板,1.3助攻,0.6抢断,0.6盖帽

荣誉

1次奥运冠军(1984)

来自俄克拉荷马城的威曼职业生涯得分达到12800+,篮板5000+,并在1984年随美国代表队获得了奥运金牌。1997年,因为痴迷音乐,威曼宣布退役。在音乐道路上,喜好男低音的他在2009年因癌症去世前共灌制了8张唱片。

亮点

乐迷:蒂斯戴尔不止一次说,音乐才是他的最爱。从小学开始,直到大学,他都一直在父亲的教堂充当贝斯手的角色,进入NBA后,他更是将音乐作为了自己的第二职业。2001年,他发行的专辑《面对面》更是一度在Billboard排行榜上占据爵士类音乐的头把交椅。

360 Ray Williams 雷·威廉姆斯

生日:1954.10.14 身高:1.91米 位置:PG 号码:13,25,20,1,11
职业生涯:1977—1987
球队:纽约尼克斯,新泽西篮网,堪萨斯国王,波士顿凯尔特人,亚特兰大老鹰,圣安东尼奥马刺
场均数据:15.5分,3.6篮板,5.8助攻,1.8抢断,0.3盖帽

在职业生涯初期,他和迈克尔·理查德森搭档组成了尼克斯的后卫线,但好景不长,这位天才控卫从联盟的中坚分子一步步滑落至深渊,最终变得无家可归。还能打球时,他是无所不能的角色,得分,投篮,防守,他甚至能摘下篮板,但在度过辉煌的7年后,威廉姆斯最终凋谢。

亮点

纽约之王:在度过平淡无奇的前两年后,1979—1980赛季,雷完成了质变,20.9分5个篮板6次助攻的表现让他成为了球队的头号球星和队长,在纽约效力的四年间,他两次帮助球队杀入季后赛。

火力全开:1982年4月17日,转会新泽西的雷展现了他职业生涯最猛的火力,在同活塞的比赛中,他得到了全场最高的52分。

361 Lionel Hollins
莱昂内尔·霍林斯

生日:1953.10.19 身高:1.91米 位置:PG 号码:14, 9
职业生涯:1975—1985
球队:波特兰开拓者, 费城76人, 圣地亚哥快船, 底特律活塞, 休斯敦火箭
场均数据:11.6分, 2.4篮板, 4.5助攻, 1.6抢断, 0.3盖帽

荣誉

1次总冠军(1977)
1次全明星
1次最佳防守阵容

他的号码没有丝毫的明星范, 但在1977年总冠军开拓者的阵中, 霍林斯绝对是不可或缺的部分, 杰出的表现也让他成为了那年新秀最佳阵容的成员。风一样的速度让他成为了快攻中最犀利的武器, 大心脏则让他绝对是完成关键一投的理想角色。

亮点

点石成金:2009年1月25日, 霍林斯成为了灰熊史上第11位主教练, 在随后的两年时间里, 他让自己成为了这支球队史上最成功的主教练。上赛季, 他带领球队打出了队史最杰出的常规赛战绩(46胜), 收获了第一场季后赛胜利, 并历史性地杀入了西部决赛。

362 Danny Ainge
丹尼·安吉

生日:1959.3.17 身高:1.96米 位置:SG/SF 号码:44,7, 9, 22
职业生涯:1981—1995
球队:波士顿凯尔特人, 萨克拉门托国王, 波特兰开拓者, 菲尼克斯太阳
场均数据:11.5分, 2.7篮板, 4.0助攻, 1.1抢断, 0.1盖帽

荣誉

2次总冠军(1984, 1985)
1次全明星

22岁时, 安吉做出了自己人生最明智的决定, 结束自己在多伦多蓝鸟的棒球生涯, 对于以勤奋见长的他而言, 职业篮球运动员显然更适合。在凯尔特人的三年, 安吉用自己的顽强拼搏奠定了自己在联盟的地位, 在随球队夺冠的那个赛季中, 他是不可或缺的重要组成, 作为投手, 他完美地完成了在球队的角色。篮球就是比棒球更适合他, 就是这么简单。

亮点

远投里程碑:1994年1月18日, 在对阵达拉斯小牛的比赛中, 安吉投中了职业生涯的第900个三分球, 他是史上第二个达成这一里程碑的球员。

超长待机:1992年6月5日, 总决赛第二场, 开拓者和公牛在常规时间战成97平。进入加时赛后, 安吉完全接管了比赛, 独得9分的他帮助开拓者115比104取胜, 他也因此成为了在总决赛加时赛中单场得分最多的球员。

363 Kenny Smith 肯尼·史密斯

生日:1965.3.8　身高:1.91米　位置:PG　号码:30, 31
职业生涯:1987—1997
球队:萨克拉门托国王, 亚特兰大老鹰, 休斯敦火箭, 底特律活塞, 奥兰多魔术, 丹佛掘金
场均数据:12.8分, 2.0篮板, 5.5助攻, 1.0抢断, 0.1盖帽

荣誉

2次总冠军(1994, 1995)

这位纽约客的篮球生涯开始于北卡, 但他之所以被我们所熟知, 最重要的原因还是他在休斯敦取得的成就——在1994、1995赛季, 他助火箭两夺总冠军。现在他和巴克利组成的新团队继续着伟大的事业, inside the NBA, 这是一个伟大的节目。

亮点

绰号: The Jet 喷气机, 源自他那风一样的速度。

横扫奥基者: 1995年, 火箭以西区第六的身份一路杀进了总决赛, 第一场, 主场作战的魔术最多时领先了20分, 就在奥兰多人准备为胜利提前庆祝时, 史密斯在第三节命中了创总决赛纪录的5个三分球。常规时间最后10.5秒, 魔术领先3分, 并握有罚球权, 但尼克·安德森两罚全失, 随后史密斯再次三分命中, 110平, 比赛被拖入加时。最终火箭以120比118取胜, 随后势如破竹横扫了对手。

364 Calvin Natt
卡尔文·奈特

生日:1957.1.8 身高:1.98米 位置:F 号码:43, 33, 7, 42
职业生涯:1979—1990
球队:新泽西篮网,波特兰开拓者,丹佛掘金,圣安东尼奥马刺,印第安纳步行者
场均数据:17.2分,6.8篮板,2.2助攻,0.9抢断,0.3盖帽

荣誉

1次全明星

尽管奈特的身高只有1.98米,但在4号位他用自己的力量和强悍的作风弥补了身高方面的不足,打出了令人信服的数据。同时,奈特或许也是第一个主动增重的NBA球员,他这样做也是为了在禁区里和比他更高更壮的人对抗。奈特唯一一次成为全明星是在1985年。

亮点

在1984—1985赛季,奈特得到了职业生涯最高的场均23.3分。

365 Fred Carter
弗雷德·卡特

生日:1945.2.14 身高:1.91米 位置:PG 号码:3, 5
职业生涯:1969—1977
球队:巴尔的摩子弹,费城76人,密尔沃基雄鹿
场均数据:15.2分,3.9篮板,3.5助攻,1.2抢断,0.2盖帽

卡特可能是联盟史上垃圾球队中最杰出的得分手,1972—1973赛季的费城76人,那段历史耐人回味。但对于卡特最理想的定义,偏执的竞争狂,可能更加准确。传球对于他而言是一项艰难的工作,但无论在球场的哪个角落,他都能将球送入篮筐。在巴尔的摩厄尔·罗门的阴影下度过两年后,卡特最终在费城闪耀,连续4年他都是球队的头号得分手。

亮点

绰号: Mad Dog 疯狂的得分能力,作为控卫,在1972—1976赛季的费城,他的场均得分都在18.5分以上。

非洲梦: 美国大学第一个非裔美籍学生,卡特为20世纪60年代的美国的种族融合做出了杰出的贡献,FIST BUMP(击拳,类似于握手,击掌一样的礼仪,表示彼此间的尊重)就是他的发明。

366 Gerald Wallace 杰拉德·华莱士

生日:1982.7.23　身高:2.01米　位置:SF　号码:3
球队:萨克拉门托国王,夏洛特山猫,波特兰开拓者,新泽西篮网,波士顿凯尔特人,金州勇士,费城76人
职业生涯:2001—2015
场均数据:11.9分,5.8篮板,2.1助攻,1.4抢断,0.8盖帽

荣誉

1次防守第一阵容
1次抢断王,1次全明星

初入联盟在国王的三年,杰拉德很少得到上场机会。2002年扩军选秀中,华莱士被交易到夏洛特山猫。在山猫,他立刻成为首发球员,并且以顽强不放弃的比赛精神逐渐引起关注,作为防守专家,他在4个赛季中场均盖帽和抢断都达到了1+。华莱士至今还保持着山猫的一项纪录:他是队史上第一个,也是唯一一个入选全明星的球员。

绰号:Crash 冲撞

大梦第二:2005—2006赛季,华莱士场均得到2.19次盖帽2.44次抢断,从而成为了继奥拉朱旺后,第二位在一个赛季中抢断、盖帽都达到2+的球员。

367 Caron Butler 卡隆·巴特勒

生日:1980.4.13　身高:2.01米　位置:F　号码:4,1,3,5,2,31
职业生涯:2002—2016
球队:迈阿密热火,洛杉矶湖人,华盛顿奇才,达拉斯小牛,洛杉矶快船,密尔沃基雄鹿,俄克拉荷马雷霆,底特律活塞,萨克拉门托国王
场均数据:14.1分,5.0篮板,2.3助攻,1.3抢断,0.2盖帽

荣誉

1次总冠军(2011)
2次全明星

在篮球拯救巴特勒之前,他曾15次被警方拘捕、聆讯。也正是因为糟糕的过往,进入联盟后,从新秀赛季开始,巴特勒就打出了得分上双的出色表现。身为出色得分型侧翼的他,在受到伤病困扰而影响了第二个赛季,以及短暂在湖人待了一年后,在奇才逐步迎来了自己的生涯巅峰。他与阿里纳斯和贾米森曾组成奇才三巨头。

绰号:Tough Juice 坚强的果汁。巴特勒当时的主教练埃迪·乔丹给他的绰号,用于形容他的咄咄逼人的侵略性打法和极富激情的球场风格。

扣篮绝杀:2007年1月17日,巴特勒完成了职业生涯第一次制胜一击,在比赛还剩2.2秒时,接到斯蒂文森的传球后,他用扣篮终结了尼克斯。

368 Allan Houston
阿兰·休斯顿

生日:1971.4.20　身高:1.98米　位置:SF　号码:20
职业生涯:1993—2005
球队:底特律活塞,纽约尼克斯
场均数据:17.3分,2.9篮板,2.4助攻,0.7抢断,0.2盖帽

荣誉

1次奥运冠军(2000)
2次全明星

在底特律度过平淡的3个赛季后,这位中投之王转投纽约,在这里,他让自己成为了全明星(2000年和2001年)、球队领袖,并带领尼克斯在1999年杀入了总决赛。现在,休斯顿更多为人们所熟知的是他的那份天价合同,在伤病终结他继续打球的可能性后,这成了他被诟病的说辞。

亮点

黑八奇迹: 1999年季后赛首轮第五场生死战,最后2.2秒尼克斯2分落后。握有球权的客队发底线球,发球员直接将球传给了在三秒区边缘的休斯顿,后者跑动中跳投命中。78比76,尼克斯在迈阿密完成了黑八奇迹,并在之后一路杀入了总决赛。

纽约吸金王: 2001年,休斯顿和尼克斯续约,6年9925万美元的合同让他成为了纽约史上的吸金第一人。

369 Byron Scott
拜伦·斯科特

生日:1961.4.28　身高:1.91米　位置:PG　号码:4
职业生涯:1983—1997
球队:洛杉矶湖人,印第安纳步行者,温哥华灰熊
场均数据:14.1分,2.8篮板,2.5助攻,1.1抢断,0.3盖帽

荣誉

3次总冠军(1985,1987,1988)

斯科特并不是1980年代湖人王朝中的核心,但他绝对是不可或缺的组成,他在锋线的得分以及在快攻中的作用给予了球队巨大的帮助。他拥有完美的手感,即使再紧密的防守丛林,也挡不住他的传球,此外,他还是一位杰出的外围投手。虽然他的得分比球队中的大多数人都多,但却没有因此收获更多赞誉。

亮点

最后的卫冕: 1987—1988赛季是斯科特最好的时光,他是球队那年的得分王(21.7)和抢断王(1.91),也是在那年,湖人完成了他们在20世纪的最后一次卫冕。

超级大脑: 2000年,在担任主教练的处子赛季,他就让篮网在常规赛取得了创队史纪录的52胜,随后球队更是在他的带领下连续2次杀入总决赛。

370 Ron Harper
罗恩·哈珀

生日:1961.4.28　身高:1.91米　位置:PG/SG　号码:4,9
职业生涯:1986—2000
球队:克利夫兰骑士,洛杉矶快船,芝加哥公牛,洛杉矶湖人
场均数据:13.8分,4.3篮板,3.9助攻,1.7抢断,0.7盖帽

荣誉

5次总冠军(1996—1998,2000—2001)
单场抢断第二(1987年3月10日克利夫兰骑士对阵费城76人,10次)

乔丹最早的接班人之一,但在经历过膝盖的重伤后,习惯飞翔的哈珀对自己有了重新的定义——防守专家,定点投手,球队领袖。在乔丹的第2个三连冠时期,他成为了迈克尔的队友,之后他又随菲尔·杰克逊在湖人拿到了另外两枚戒指。

亮点

勒布朗前世: 菜鸟赛季,哈珀场均得到22.9分4.8个篮板4.8次助攻2.3次抢断1.1次盖帽,如此全面的新秀赛季表现,恐怕只有勒布朗能与之相提并论。

371 Luke Jackson 卢克·杰克逊

生日:1941.10.31 身高:2.06米 位置:PF 号码:54
职业生涯:1964—1972
球队:费城76人
场均数据:9.9分,8.8篮板,1.6助攻

荣誉

1次总冠军(1967),1次奥运冠军(1964)
1次全明星(1965)

绝无仅有的几位在大学(NAIA、NBA、奥运会上都获得冠军的球员之一,作为张伯伦在内线的搭档,1967年,他们一起将76人推上了历史之巅。杰克逊最优秀的时光是他的处子赛季,那年他场均得到14.8分12.9个篮板,并入选全明星。这位篮板狂人最终因为肌腱断裂结束了职业生涯。

碎梦者: 1966—1967赛季,作为76人的先发,他和张伯伦并肩一起打破了凯尔特人八连冠的计划。

372 Lionel Simmons 莱昂内尔·西蒙斯

生日:1968.11.14 身高:2.01米 位置:SF 号码:22
职业生涯:1990—1997
球队:萨克拉门托国王
场均数据:12.8分,6.2篮板,3.3助攻,1.1抢断,0.8盖帽

如果伤病没有找上这位高产锋线,西蒙斯可能会成为最危险的杀手之一,作为NCAA3000分俱乐部仅有的三位成员之一,来自拉萨尔大学的前锋拥有杰出的突破能力,完成6米开外的投篮对他而言也是轻而易举的工作。在成为1991年的最佳新秀后,此后三个赛季,他的场均得分都在15+。

绰号: L-Train L—火车,L是他名字的首字母。

得分机器: 在拉萨尔大学的四年,他场均得到24.6分,他创造的连续115场比赛得分上双的NCAA纪录至今无人打破。

373 Greg Ballard 格雷格·巴拉德

生日:1955.1.29　身高:2.01米　位置:SF　号码:42, 4, 5
职业生涯:1977—1989
球队:华盛顿子弹, 金州勇士, 西雅图超音速
场均数据:12.4分, 6.1篮板, 2.2助攻, 1.1抢断, 0.3盖帽

荣誉

1次总冠军(1978)

进入联盟之初, 巴拉德是一位强硬的内线球员, 但慢慢地, 他变成了一个杰出的中距离投手, 三分线外偶尔也会是他的攻击范围。作为新秀, 他的篮板和防守为子弹获得1978年总冠军立下了汗马功劳。1980年代初, 他成为了球队的先发, 在进攻端更是成为了子弹的核心, 曾两个赛季场均得分达到18+。

374 Arvydas Sabonis 阿维达斯·萨博尼斯

生日:1964.12.19　身高:2.21米　位置:C　号码:11
职业生涯:1995—2003
球队:波特兰开拓者
场均数据:12.0分, 7.3篮板, 2.1助攻, 0.8抢断, 1.1盖帽

荣誉

1次奥运冠军(1988)

1995年进入NBA时, 萨博尼斯已经31岁高龄, 膝盖的伤病更是让他的统治力、破坏力今非昔比。但凭借着宽广的球场视野, 以及对篮球比赛的认知, 在波特兰, 他依旧为我们奉献了无数神乎其神的妙传以及睿智的得分。萨博尼斯在NBA的巅峰是1998年, 那个赛季他场均得到16分10个篮板。

亮点

奖杯垄断者: 1982年, 18岁的萨博尼斯就跟着苏联男篮获得了世锦赛金牌。1985年, 他又将欧锦赛冠军收入囊中。1988年, 首尔奥运会, 面对拥有大卫·罗宾逊、丹尼·曼宁两位状元和米奇·里奇蒙德的美国队, 他再次用统治级的表现帮助苏联获得金牌。

最年长的新秀: 1996年的全明星周末, 31岁的萨博尼斯以菜鸟的身份出现在了全明星新秀赛中, 他也因此成为了历史上最年长的全明星新秀赛成员。

375 Danny Granger 丹尼·格兰杰

生日:1983.4.20　身高:2.06米　位置:F　号码:33, 22
职业生涯:2005—2015
球队:印第安纳步行者,洛杉矶快船,迈阿密热火
场均数据:16.8分,4.9篮板,1.9助攻,1.0抢断,0.8盖帽

荣誉

1次全明星

在佩贾、艾尔·哈灵顿陆续离开步行者后,格兰杰成为了球队领袖,数据也从第三个赛季开始爆炸。射程宽广、命中率高的他在防守上也可圈可点,盖帽能力突出。然而,自从2012年季后赛中受伤后,他的状态开始一路向下,2013年接受了左膝手术后,他再没回到巅峰状态。2013—2014赛季被步行者清理后,他沦落成流浪球员。

名人亲戚: 他是著名的美国黑人歌唱家、福音歌手马哈利亚·杰克逊的甥孙。

376 Michael Adams 迈克尔·亚当斯

生日:1963.1.19　身高:1.78米　位置:PG　号码:10, 14, 23
职业生涯:1985—1996
球队:萨克拉门托国王, 华盛顿子弹, 丹佛掘金, 夏洛特山猫
场均数据:14.7分, 2.9篮板, 6.4助攻, 1.7抢断, 0.1盖帽

荣誉

1次全明星

迈克尔·亚当斯拥有闪电般的速度, 当然我们在这里指的并不单单是他的个人, 他让整支球队都像他那样风驰电掣, 而且只要出现空位, 他的传球一定会准时送达。亚当斯拥有无限能量, 进攻端他会让防守者跟着自己的脚步疲于奔命, 然后在防守端, 继续用速度持续对控球者施压。他最伟大的赛季是1990—1991赛季, 在丹佛, 亚当斯场均得到26.5分10.5次助攻。

远投机器: 推射是亚当斯的标签, 在1988年1月28日到1989年1月23日期间, 阿德玛斯创造了连续79场命中三分球的联盟纪录(之后在1994年被达纳·巴洛斯所打破)。在1988—1990赛季, 他连续两年位居联盟三分球命中数的榜首。

377 Billy Knight 比利·奈特

生日:1952.6.9　身高:1.98米　位置:SG/SF　号码:25, 35
职业生涯:1976—1985
球队:印第安纳步行者, 布法罗勇士, 波士顿凯尔特人, 堪萨斯城国王, 圣安东尼奥马刺
场均数据:15.7分, 4.5篮板, 2.1助攻, 0.9抢断, 0.1盖帽

荣誉

1次全明星

奈特是典型的弹簧人, 在步行者效力期间是他的巅峰期, 其中以菜鸟赛季最为出色, 那年他场均得到26.5分, 并入选全明星。第二年在布法罗, 他的得分数据也达到了22.9分。在之后重回步行者后, 他先后两次得分达到17+。此外, 他整个职业生涯的命中率达到了50%+。

智者: 2002年, 奈特成为老鹰总经理, 在掌控球队的6年期间, 他为球队引进了乔·约翰逊、麦克·毕比, 通过选秀得到了乔什·史密斯和埃尔·霍福德。通过这6年的努力, 老鹰完成了从弱队到东部豪强的转变。

378 Jay Vincent 杰伊·文森特

生日:1959.6.10　身高:2.01米　位置:SF　号码:31,30,3
职业生涯:1981—1990
球队:达拉斯小牛,华盛顿子弹,丹佛掘金,圣安东尼奥马刺,费城76人,洛杉矶湖人
场均数据:15.2分,5.5篮板,2.0助攻,0.7抢断,0.3盖帽

虽然文森特仅仅只是1981年选秀小牛第二轮的新秀,但凭借着职业生涯最高的场均21.4分7个篮板,他成为了那年的最佳新秀。虽然此后他再也没有这样的表现,但在之后效力的几支球队中,他依旧算是个高产的球员。出色的中投手感以及内线得分能力是他火力输出之所以稳定的保障。除新秀赛季外,之后他两度场均得分达到18+,1984—1985赛季他的篮板数据创造了职业生涯峰值8.9。

379 Kevin Willis 凯文·威利斯

生日:1962.9.6　身高:2.13米　位置:C　号码:42,1,43,45
职业生涯:1884—2007
球队:亚特兰大老鹰,金州勇士,休斯敦火箭,多伦多猛龙,丹佛掘金,圣安东尼奥马刺,达拉斯小牛
场均数据:12.1分,8.4篮板,0.9助攻,0.7抢断,0.5盖帽

荣誉

1次总冠军(2003)
1次全明星

威利斯的身型一直保持得很好,他也因此将职业生涯延续到了44岁。他最好的时光是在1991—1992赛季的老鹰,那年他场均拿下了18.3分15.5个篮板,也因此首次,也是唯一一次入选全明星。2003年,40岁的凯文在马刺拿到了总冠军。

亮点

编年史:威利斯参加过1271场NBA比赛(史上第11),总得分16693分(64),篮板11493(20),其中进攻篮板3981(7),同时他还是联盟的仅有的15位得分16000+、篮板11000的成员之一。从2004—2005赛季开始直至他退役,他都是联盟最年长的球员。

380 Jim Chones 吉姆·乔内斯

生日:1949.11.30 身高:2.11米 位置:C 号码:22,53,9
职业生涯:1974—1982
球队:克利夫兰骑士,洛杉矶湖人,华盛顿子弹
场均数据:13.1分,7.5篮板,1.3助攻,0.7抢断,1.6盖帽

1次总冠军(1980)

乔内斯是一名非常全面的内线球员。在进攻端,他既可以在低位背打,也能面筐进攻;在防守端,他更是令人生畏的存在。他的职业生涯开始于ABA,但被人们所认知则是在1970年代效力骑士时,是他让球队摆脱了底层球队的身份。后来,他西进加入湖人,并作为板凳席上的重要力量在湖人1980年夺冠中起到了重要作用。

先驱: 1972年,乔内斯以大学二年级球员的身份进入NBA,他是史上第二位未毕业就进入NBA的大学球员。乔内斯直到35年后,才回到马奎特大学完成了自己的学业。

381 Vinnie Johnson 维尼·约翰逊

生日:1956.9.1 身高:1.88米 位置:PG 号码:15,25
职业生涯:1979—1992
球队:西雅图超音速,底特律活塞,圣安东尼奥马刺
场均数据:12.0分,3.2篮板,3.3助攻,0.9抢断,0.3盖帽

荣誉

2次总冠军(1989,1990)

独一无二的第六人,一上场,他就能让自己的手感变得火热,而且还会不断升温。作为1980年代底特律坏孩子冠军军团中的一员,他让球队的板凳席拥有了无与伦比的深度。关键时刻,他还和托马斯,杜马斯组成死亡后场三角,他在外线的攻击是球队最致命的武器之一。

绰号: The Microwave 微波炉,他在凯尔特人时,队友丹尼·安吉给他的绰号,因为他非常擅长在极端的时间里得到很多分数。

"詹姆斯·邦德": 1990年6月19日,总决赛第五场,在比赛还剩0.07秒时,维尼用中投帮助活塞将比分定格在92比90,活塞就此实现卫冕,他也因此有了一个新绰号,007。

382 Roy Tarpley 罗伊·塔普利

生日:1964.11.28 身高:2.11米 位置:C 号码:42
职业生涯:1986—1995
球队:达拉斯小牛
场均数据:12.6分,10.0篮板,1.0助攻,1.1抢断,1.2盖帽

在密歇根收获完美的大学生涯,以第7顺位进入联盟,然后在菜鸟赛季入选新秀第一阵容,这一切让罗伊的职业生涯看起来充满了潜力。20世纪80年代末,就像预期的那样,这位尼克斯大前锋常常能拿下两双,可不幸的是,毒品让一切变得急转直下,1991年他因此被处罚,1995年更是被终身禁赛。不过在离开NBA后,他依旧打了很长一段时间的篮球。

亮点

唱响欧洲: 在因毒品被NBA禁赛的三年,塔利普转战欧洲,1993年,他先是帮助 Aris BC获得了欧洲冠军联赛的冠军,然后又在第二年帮助 Olympiacos BC杀入欧冠决赛。也是在这一年,他以场均12.8个篮板成为了欧冠篮板王。

383 Vin Baker 文·贝克

生日:1971.11.23 身高:2.11米 中锋:C 号码:42,34
职业生涯:1993—2006
球队:密尔沃基雄鹿,西雅图超音速,波士顿凯尔特人,纽约尼克斯,休斯敦火箭,洛杉矶快船
场均数据:15.0分,7.4篮板,1.9助攻,0.7抢断,1.0盖帽

荣誉

1次奥运冠军(2000)
4次全明星

1993年被雄鹿选中进入NBA时,作为大前锋,文·贝克是个消瘦的家伙。1997年,他被交易到超音速,并在那里结束了他并不长的职业生涯。2000年,他的身材像吹气球一样发生了巨变,体重暴涨了45公斤,加之酗酒的恶习,他的职业生涯就此终结。不过在此之前,这位4次全明星球员,职业生涯一共得到超过11800分5800个篮板。

亮点

第一次: 1998年2月4日,在对阵印第安纳步行者队时,贝克创下个人单场得分最高纪录41分,有6次盖帽和11个篮板球进账。这个赛季也是贝克职业生涯的巅峰,他第一次入选第二阵容,第一次杀入了季后赛,并随超音速一路杀入了总决赛。

384 Darryl Dawkins 达里尔·道金斯

生日:1957.1.11 身高:2.11米 位置:C 号码:53, 45, 50
职业生涯:1975—1989
球队:费城76人,新泽西篮网,犹他爵士,底特律活塞
场均数据:12.0分,6.1篮板,1.3助攻,0.5抢断,1.4盖帽

虽然他被大众所熟知是因为俏皮话,以及以他名字所命名的扣篮,但我们不能忽视的是道金斯所拥有的运动天赋。18岁以高中生身份跳级进入NBA,然后逐渐成长为联盟中高产的核心球员,1980—1981赛季帮助76人杀入总决赛,之后让篮网振兴,他都发挥了巨大作用。

绰号: Chocolater Thunder 巧克力雷霆,源于他强有力的扣篮,因为他喜欢在扣篮后摇晃篮筐,NBA因此还对篮筐进行了调整。

篮板粉碎者: 1979年11月在对阵堪萨斯城国王的比赛中,篮板在他的重扣下成为碎片,一周后,又一块篮板遭遇了相同的命运。随后NBA规定,扣碎篮板是一种严重的犯规,将被罚款、禁赛。

385 Jim Jackson 吉姆·杰克逊

生日:1970.10.14 身高:1.98米 位置:SG 号码:24, 22, 19, 2, 24, 21
职业生涯:1992—2006
球队:达拉斯小牛,新泽西篮网,费城76人,金州勇士,波特兰开拓者,亚特兰大老鹰,克利夫兰骑士,迈阿密热火,萨克拉门托国王,休斯敦火箭,菲尼克斯太阳,洛杉矶湖人
场均数据:14.3分,4.7篮板,3.2助攻,0.8抢断,0.2盖帽

杰克逊来自俄亥俄州,先后在12支球队效力,这是NBA的纪录。虽然随着年龄的增长,杰克逊的得分变得越来越少,但就单凭他的投篮技术,尤其是中距离投篮,就足以值回他4号选秀顺位的身价了。

爆点: 1994—1995赛季,杰克逊迸发了全部的能量。他在赛季前半阶段的51场比赛中,场均得25.7分5.1个篮板3.7次助攻,他因此被认为是联盟中最好的后卫。但就在这时,严重的脚踝伤影响了他,从此以后,他再也没有打出过这样的全明星水准。

419: 在职业生涯的大部分时间里,杰克逊都戴着一个上面写着"419"字样的护臂来纪念自己的家乡,419是杰克逊家乡托莱多市和俄亥俄州西北部大部分地区的电话区号。

386 Nick Anderson 尼克·安德森

生日:1968.1.20 身高:1.98米 位置:SG 号码:25
职业生涯:1989—2002
球队:奥兰多魔术,萨克拉门托国王,孟菲斯灰熊
场均数据:14.4分,5.1篮板,2.6助攻,1.4抢断,0.5盖帽

魔术史上首位状元秀,他一共在奥兰多效力了10个赛季。作为出色的三分射手,无论是在作为球队主要得分手的全盛时期,还是在沦为板凳席上的替补后,安德森都能在任何时刻完成致命一击。在1995年的总决赛后,他成为了被遗忘的角色,但不容置否的是,正是在他的帮助下,魔术从一支鱼腩球队成长为了总冠军争夺者。

亮点

替补也疯狂: 1993年4月23日,客场对阵新泽西,尼克得到了职业生涯最高的50分,更重要的一点,这场比赛他是替补出场。

387 Rodney Mccray 罗德尼·麦克雷

生日:1961.8.29 身高:2.01米 位置:SF 号码:22,1
职业生涯:1983—1993
球队:休斯敦火箭,萨克拉门托国王,达拉斯小牛,芝加哥公牛
场均数据:11.7分,6.6篮板,3.6助攻,0.8抢断,0.6盖帽

荣誉

1次总冠军(1993)

在路易斯维尔大学,麦克雷一直是兄弟斯科特的替补,但在NBA,凭借着自己的全能,他反而成为了兄弟中更高产的球员。他能在内线得分,能控球,能抢篮板,还能防守,火箭1986年杀入总决赛,他是重要助力之一。1989—1990赛季是他的巅峰,在国王那年他场均得到16.6分8.2个篮板。

388 Paul Pressey 保罗·普雷西

生日:1958.12.24 身高:1.96米 位置:SF 号码:25,8,5
职业生涯:1982—1993
球队:密尔沃基雄鹿,圣安东尼奥马刺,金州勇士
场均数据:10.6分,3.9篮板,5.1助攻,1.4抢断,0.6盖帽

普雷西的全能让雄鹿队当时的主教练唐·尼尔森因此为他创造了一个全新的角色:组织型前锋。球队能在他的带动下发起快攻,而区别于传统组织后卫的他在组织进攻的同时,还能从侧翼直接攻击,然后通过攻击为队友创造机会。在密尔沃基的五年,他是东区最强的锋线球员之一。

389 Tyrone Bogues 蒂尼·博格斯

生日:1965.1.9 身高:1.60米 位置:PG 号码:1,14
职业生涯:1987—2001
球队:华盛顿子弹,夏洛特黄蜂,金州勇士,多伦多猛龙
场均数据:7.7分,2.6篮板,7.6助攻,1.5抢断,0.0盖帽

联盟史上最矮的球员,但他却拥有一颗无比强大的心脏。他是巴尔的摩Dunbar高中最杰出的毕业生之一,在沃克森林的大四赛季,他的场均数据达到了14.8分9.5次助攻。进入联盟后,作为速度型控卫的代表,他连续6个赛季助攻数达到8+,更杰出的是,他的职业生涯助攻失误比达到了4.7:1。

亮点

绰号: Muggsy 强盗,在黄蜂效力时,因为他超强的抢断能力,队友给他的绰号。

蜂王: 博格斯是黄蜂的队史助攻王(5557)、抢断王(1067)。

盖帽巨人: 虽然是联盟史上最矮的球员,但在NBA,博格斯依旧有39次盖帽纪录,其中包括送给帕特里克·尤因的火锅——1993年4月14日,尤因习惯性地在低位完成他的招牌动作,后转身跳投。就在皮球即将出手飞向篮筐的瞬间,博格斯从侧后方将尤因的投篮送向了观众席。

390 Campy Russell 坎比·拉塞尔

生日:1952.1.12 身高:2.03米 位置:SF 号码:20, 21, 4
职业生涯:1990—2001
球队:丹佛掘金,萨克拉门托国王,温哥华灰熊
场均数据:15.8分,4.8篮板,3.0助攻,1.0抢断,0.2盖帽

荣誉

1次全明星

拉塞尔(他从未在公开场合用过他出生时的名字,迈克尔)用了一个赛季适应NBA,随后他在7个赛季中成为了联盟最具得分能力的锋线球员。1978—1979赛季是他的巅峰,场均21.9分的表现让他成为了全明星。他拥有杰出的中投,然后他慢慢开拓攻击范围,并最终成为了尼克斯最具威胁的外线射手。当然,他最杰出的赛季依旧是20世纪70年代末在骑士的那些时光。

391 Nathaniel Clifton 纳特·克利福顿

生日:1922.10.13 身高:2.03米 位置:PF/C 号码:19, 8, 24
职业生涯:1945—1961
球队:纽约尼克斯,底特律活塞
场均数据:10.0分,8.2篮板,2.5助攻

荣誉

1次全明星

1950年和尼克斯签约,让他成为了联盟第一个非裔美国籍球员。2.03米的身高在当时无异于超级巨人,而他所具备的控球和跳投能力更让其成为了联盟中的实力内线。1957年,他成为了全明星,那也是他在尼克斯的最后一年。疯狂的篮板、坚强的防守是他的标签,如果他所打球的时代能够变更,他的场均得分绝对不会仅仅是10。

亮点

绰号: Sweetwater 甜水,源于他对苏打水的狂爱。

最老的全明星: 克利福顿直到34岁才获得了入选全明星的机会,他也因此成为了最年长的ALL-Star。

392 Mahmoud Abdul-Rauf 默哈默德·阿普杜—拉乌夫

生日:1969.3.9 身高:1.85米 位置:PG 号码:3,1
职业生涯:1990—2001
球队:丹佛掘金,萨克拉门托国王,温哥华灰熊
场均数据:14.6分,1.9篮板,3.5助攻,0.8抢断,0.1盖帽

天生的得分手,在1990年代,他甚至是最具娱乐性的后卫。出生时,父母给他取名克里斯·杰克逊(进入NBA后,因崇尚伊斯兰教,他改名阿普杜—拉乌夫),在路易斯维尔大学完成学业后,作为备受期待的新星,他进入了联盟。他是罚球线上的死神(职业生涯罚球命中率90.5%),他的跳投更是经典范例,不过他所效力的几支球队实力都太过平平,他的天赋也因此没有获得全国性的认知。

好篮子: 1993—1994赛季,1995—1996赛季,阿普杜—拉乌夫两度成为联盟罚球最好的球员,他1993—1994赛季95.8%的命中率排名联盟史上第二。

拒唱国歌: 开赛前全场起立,奏国歌,升国旗是NBA的必需步骤,1995—1996赛季,拉乌夫却对此说No。因为在他看来,美国国旗象征着残暴和专政,向其致意有违穆斯林教义。后来经过协商,拉乌夫同意在仪式时起立,但他嘴里念叨着的变成了穆斯林的祈祷词。

393 Robert Horry 罗伯特·霍里

生日:1970.8.25 身高:2.08米 位置:PF 号码:25,5
职业生涯:1992—2008
球队:休斯敦火箭,菲尼克斯太阳,洛杉矶湖人,圣安东尼奥马刺
场均数据:7.0分,4.8篮板,2.1助攻,1.0抢断,0.9盖帽

荣誉

7次总冠军(1994—1995,2000—2002,2005,2007)

个人数据并不能代表一切,但就霍里而言,数据什么都代表不了。对他而言真正的关键是,无论他在哪支球队,他都能成为传奇,他是比赛的胜负关键,常规赛、季后赛、总决赛都是如此。数据或许能具有某些意义,但霍里无论如何都应该进入名人堂。

捕手: 1995年6月9日总决赛第二场,霍里拿到7次抢断,创造了NBA总决赛的单场抢断纪录。

那一投的风光: 2002年西部决赛第四场,比赛最后11.8秒,湖人以97比99落后国王。最后一攻,奥尼尔和科比相继错过了近在咫尺的上篮,最终皮球被对方中锋迪瓦茨打出了禁区,就在国王球迷准备欢呼时,球传到了霍里手中。三分线外出手并命中,整个系列赛的方向因为这次投篮转变,湖人也因此得以实现三连冠王朝霸业。

394 Steve Smith 史蒂夫·史密斯

生日:1969.3.31 身高:2.03米 位置:SF 号码:3, 8
职业生涯:1991—2005
球队:迈阿密热火, 亚特兰大老鹰, 波特拉开拓者, 圣安东尼奥马刺, 新奥尔良黄蜂, 夏洛特山猫
场均数据:14.3分, 3.2篮板, 3.1助攻, 0.8抢断, 0.3盖帽

荣誉

1次奥运冠军(2000)
1次总冠军(2003)
1次全明星

他所在时代最优秀的得分后卫之一, 1990年代中后期, 无论在哪支球队, 他都是极具威胁的攻击利器。作为一名三分射手, 2.01米的身高让他在面对2号位的防守球员时总能占到身高优势, 而他在底线的反跑则是那个时候最值得信赖的跑位之一。

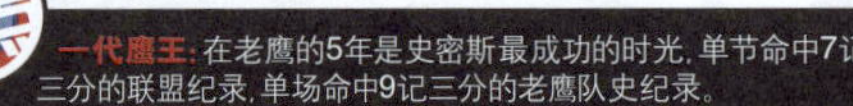

一代鹰王:在老鹰的5年是史密斯最成功的时光, 单节命中7记三分的联盟纪录, 单场命中9记三分的老鹰队史纪录。

395 David West 大卫·韦斯特

生日:1980.8.29 身高:2.06米 位置:F 号码:30, 21
职业生涯:2003年至今
球队:新奥尔良黄蜂, 印第安纳步行者, 圣安东尼奥马刺, 金州勇士
场均数据:14.1分, 6.6篮板, 2.2助攻, 0.7抢断, 0.8盖帽

荣誉

1次总冠军(2017)
2次全明星

经历了新秀赛季的受限上场时间, 第二年因伤困扰后, 韦斯特在第三个赛季开始爆发。尽管身高和弹跳不足, 但他用纯熟的技术和运球技巧来弥补。在被交易到步行者后, 他成为了步行者的主要得分点之一, 他与希伯特的内线组合是步行者能够崛起的重要原因。为求冠军, 在2015年他放弃了自己的千万年薪跳出合同, 以老将底薪签约马刺, 2016年以同样方式加盟勇士后终如愿以偿。

文学青年:韦斯特毕业于泽维尔大学, 获得了传播学学士学位。他对黑人文化、哲学以及各种社会问题都很感兴趣。保罗曾形容韦斯特为"最聪明的球员", 因为韦斯特总是书本不离手。

396 Tayshaun Prince
泰肖恩·普林斯

生日：1980.2.28　身高：2.06米　位置：SF　号码：22
职业生涯：2002—2016
球队：底特律活塞，孟菲斯灰熊，波士顿凯尔特人，明尼苏达森林狼
场均数据：11.1分，4.3篮板，2.4助攻，0.6抢断，0.5盖帽

荣誉

1次总冠军(2004)

看似瘦弱的普林斯在对抗中并不吃亏，身为著名的"活塞五虎"之一的他有着扎实的低位进攻能力和极其出色的防守能力，臂展出色的他盖帽和抢断能力都十分突出，补防意识极佳。尽管生涯不曾入选全明星，但多次入选最佳防守阵容就可见一斑。从第二个赛季开始得分稳定上双的他在活塞度过了自己的巅峰生涯。

亮点

季后赛时间：菜鸟赛季，普林斯成为了联盟史上首位季后赛得分(141)超过常规赛的球员(137)。在与费城76人的东区半决赛第二场最后时刻，他用扣篮帮助将比赛拖入加时，活塞最终胜出。

不可能的任务：2004年东部决赛第二场，步行者后场断球长传，雷吉·米勒在无人防守下上空篮。就在球即将与篮板接触时，飞身回防的普林斯将球送上了观众席，这次盖帽被媒体定义为史上最不可思议的盖帽之一。

397 Walt Hazzard 沃尔特·哈扎德

生日:1942.4.15 身高:1.88米 位置:PG 号码:42,44,1
职业生涯:1964—1974
球队:洛杉矶湖人,西雅图超音速,亚特兰大老鹰,布法罗勇士,金州勇士
场均数据:12.6分,3.0篮板,4.9助攻,0.5抢断,0.1盖帽

在约翰·伍登教练手下完成无比辉煌的大学生涯后,哈扎德进入了NBA,但他在联盟的绽放直到转会超音速后才到来,场均24分6.2次助攻的表现让其成为了全明星成员。哈扎德拥有不错的中投能力,同时也能用突破击败防守者。在成为职业球员后,他改名马哈迪·阿卜杜拉一雷哈曼,但在1980年代出任UCLA教练后,他又将名字改成了沃尔特·哈扎德。

轮回:1964年,UCLA以不败战绩获得了NCAA冠军,哈兹德更是以优异表现当选MOP,20年后,他以主教练身份重返UCLA,在执教的125场比赛中获得77胜,并帮助球队在1986—1987赛季中拿下了Pac-10的常规赛冠军。

398 Sherman Douglas 谢尔曼·道格拉斯

生日:1966.12.15 身高:1.83米 位置:PG 号码:11,4,20
职业生涯:1989—2001
球队:迈阿密热火 波士顿凯尔特人,密尔沃基雄鹿,新泽西篮网,洛杉矶快船
场均数据:11.0分,2.2篮板,5.9助攻,1.0抢断,0.1盖帽

离开锡拉丘兹时,他是NCAA的历史助攻王,但在选秀大会上,他却莫名其妙地在第二轮才被热火选中。在迈阿密以及之后的波士顿,他都用行动证明了那次选秀大会的荒谬,他在NBA所获得的声誉就像他在NCAA所得到的那样:伟大的助攻者,乃至伟大的领袖。

绰号: The General 将军,因为他的领导才能,成为了一位伟大的领袖。

遗漏璞玉:虽然只是第二轮的新秀,但凭借着菜鸟赛季14.3分7.6次助攻的强势表现,道格拉斯强势入选新秀第一阵容。之后一个赛季,道格拉斯继续进发,场均18.5分8.5次助攻都是全队最高,他也因此被选为球队最有价值球员。

399 Chuck Person 查克·珀森

生日:1967.6.27 身高:2.03米 位置:SF 号码:45
职业生涯:1986—2000
球队:印第安纳步行者,明尼苏达森林狼,圣安东尼奥马刺,夏洛特山猫,西雅图超音速
场均数据:14.7分,5.1篮板,2.8助攻,0.7抢断,0.2盖帽

1987年的最佳新秀,从进入联盟伊始到其退役,得分机器都是他的标签。他有非常出色的投篮,但除新秀赛季外,他就再也没有能与之相提并论的成就。不过,在1990年代中期的马刺,他依旧是球队重要的组成。

绰号: The Rifleman 步枪手,查克超远的射程是原因之一,而更为重要的一点是,他的名字和电视剧《步枪手》主演查克·康纳斯(Chuck Connors)非常相似。

400 Armen Gilliam 阿尔蒙·吉列姆

生日:1964.5.28 身高:2.06米 位置:PF 号码:35,43,10,5
职业生涯:1987—2000
球队:菲尼克斯太阳,夏洛特黄蜂,费城76人,新泽西篮网,密尔沃基雄鹿,犹他爵士
场均数据:13.7分,6.9篮板,1.2助攻,0.7抢断,0.7盖帽

从加入联盟的第一分钟开始,吉列姆就在不断证明自己的得分能力,尤其是在低位的杀伤力。菜鸟赛季,他成为了最佳新秀阵容的成员,不过这已然是他13年职业生涯的巅峰。在其职业生涯中,吉列姆一直称自己为阿蒙,当然,他给我们留下印象的还有他的中投以及凶狠的前场篮板。

绰号: Hammer 铁锤,大学队友弗兰克·詹姆斯送给吉列姆的,引喻称赞他在篮下的极富力量性的强打。

老当益壮: 2005年,41岁的阿蒙成为了ABA球队匹兹堡爆破音的主教练兼球员。那个赛季,爆破音以第6名的成绩结束了赛季,阿蒙则以23.8分9.1个篮板的表现当选全明星。第二年,阿蒙再次入选全明星,并以32分15个篮板的成绩当选MVP。

401-500

约翰·约翰逊杰伦·罗斯斯科特·斯凯尔斯弗林·罗宾逊里奇·索伯斯艾尔·杰弗森蒙塔·埃利斯埃里克·戈登麦克·邦顿路易斯·斯科拉约翰·舒马特德里克·费舍尔约翰·斯塔克斯安东尼奥·麦克戴斯斯蒂芬·杰克逊拉里·德鲁朱万·霍华德本·戈登理查德·杰弗森维恩·弗莱明哈桑·怀特塞德史蒂夫·斯蒂潘诺维奇马克·伊顿贾森·特里约翰尼·道金斯赫西·霍金斯米歇尔·汤普森麦克·纽林雷·费利克斯凯文·洛克里劳埃德·尼尔朗尼·谢尔顿拉里·史密斯杰罗姆·理查德森内特·麦克米兰朱尼奥·布里奇曼迈克尔·里昂·卡尔伍迪·索尔兹贝里史蒂夫·约翰逊吉姆·华盛顿科里·马盖蒂维农·麦克斯维尔迈克尔·凯奇昆廷·理查德森科米特·华盛顿德里克·麦基基斯·范霍恩塞德里克·塞巴洛斯拉夫·阿尔斯通迈克尔·布鲁克斯克里斯蒂安·莱特纳戴尔·戴维斯安东尼奥·戴维斯肯·诺曼杜罗·贝里迈克·伍德森艾尔·哈灵顿安德鲁·博古特肯尼·卡尔罗恩·比哈根罗尔·邓唐耶尔·马绍尔布莱恩·格兰特詹姆斯·爱德华兹蒂龙·希尔杰罗米·科尔西约翰·威廉姆斯厄尼斯特·狄格莱格里奥约翰尼·戴维斯唐·尼尔森艾尔·阿特尔斯柯蒂斯·罗埃迪·迈尔斯罗伊·辛森安德烈·基里连科B.J.阿姆斯特朗贾马尔·克劳福德杰夫·蒂格吉姆·帕克森斯伯特·韦伯肖恩·巴蒂尔阿尔伯特·金凯尔文·兰西凯文·马丁贾森·威廉姆斯克里·基特尔斯肖德·吉尔沃利·斯泽比亚克大卫·李特里·罗林斯拉里·休斯沙鲁纳斯·马修利奥尼斯赫姆·吉列姆约什·霍华德瓦利·琼斯卡蒂诺·莫布里P.J.布朗赛迪斯·杨托尼·阿伦希度·特克格鲁

401 John Johnson 约翰·约翰逊

生日：1947.10.18　身高：2.01米　位置：SF　号码：32, 27, 34
职业生涯：1970—1982
球队：克利夫兰骑士，波特兰开拓者，休斯敦火箭，西雅图超音速
场均数据：12.9分，5.5篮板，3.8助攻，0.8抢断，0.4盖帽

荣誉

1次总冠军(1979)
2次全明星

联盟最早的组织型前锋，2次当选NBA全明星，约翰逊可以说是集得分、传球、篮板、防守于一身的全能型前锋。在骑士的早期，他对自己的定义是得分型，不过随后他开始偏重于防守和帮助球队赢球。职业生涯末期，他在超音速充当配角，并最终帮助球队赢得了队史唯一的总冠军奖杯。

402 Jalen Rose 杰伦·罗斯

生日：1973.1.30　身高：2.03米　位置：SF　号码：5, 8
职业生涯：1994—2007
球队：丹佛掘金，印第安纳步行者，芝加哥公牛，多伦多猛龙，纽约尼克斯，菲尼克斯太阳
场均数据：14.3分，3.5篮板，3.8助攻，0.8抢断，0.3盖帽

作为密歇根五虎之一，在密歇根大学，罗斯拥有史诗般的生涯，与此相对，他13年的职业生涯并不传奇，但也不失质量。在NBA，他是摇摆人和控卫的集合体，无论是外线，还是低位，都能得分。也正是因此，在所效力过的球队中，他都拥有很多出场时间。当然，他最被人们所铭记的依旧是他在印第安纳的岁月，2000年的进步最快球员。他的另一个身份是前状元秀吉米·沃克的儿子。

亮点

井喷：拉里·布朗时期，杰伦一直扮演着饮水机看守者的角色，这样的情况直到1998年，拉里·伯德接管球队才得以结束。在“大鸟”手中，杰伦成为了2000年的进步最快球员，步行者也在他的带领下，再次杀入总决赛。总决赛中，杰伦继续神勇，场均得到25分，其中包括2000年6月16日的总决赛第五场，狂砍32分6个篮板5次助攻2次抢断1次盖帽的他帮助步行者120比87狂胜湖人。

403 Scott Skiles 斯科特·斯凯尔斯

生日:1964.3.5 身高:1.85米 位置:PG 号码:5,3,4
职业生涯:1986—1996
球队:密尔沃基雄鹿,印第安纳步行者,奥兰多魔术,华盛顿子弹,费城76人
场均数据:11.1分,2.5篮板,6.5助攻,0.8抢断,0.0盖帽

荣誉

单场助攻第一(1999年12月30日奥兰多魔术对阵丹佛掘金,30次)

在成为密歇根州立大学的历史得分王后,斯凯尔斯顶着得分机器的光环进入了联盟。但在NBA,他最被我们所记忆的比赛却是1999年12月30日的比赛,全场贡献30次助攻的斯凯尔斯创造了联盟的历史。那一年同时也是他职业生涯最辉煌的时间,他成为了该赛季的进步最快球员。

最强防守:2003年,斯凯尔斯成为了公牛主教练,在他的改造下,公牛成为了联盟中最好的防守球队之一,42.2%的限制对手命中率为当季联盟第一,连续26场将对手得分限制在100分以下则创造了联盟纪录。

404 Flynn Robinson 弗林·罗宾逊

生日:1941.4.28 身高:1.85米 位置:PG 号码:20,5,21,30,40
职业生涯:1966—1973
球队:辛辛那提民族,芝加哥公牛,密尔沃基雄鹿,洛杉矶湖人,巴尔的摩子弹
场均数据:14.5分,2.6篮板,3.1助攻

荣誉

1次总冠军(1972)
1次全明星

在1971—1972赛季创造33连胜,69胜13负常规赛战绩,获得总冠军的道路上,湖人一直在寻找能提供持续火力的家伙,罗宾逊最终成了他们的首选,在16分钟的出场时间里,他场均为球队贡献9.9分,从球场的任何角落,他都能将球送进对手的篮筐,他的扣篮和远射几乎令防守球员崩溃。在其职业生涯中,有2次场均得分达到20+,1970年,他跻身全明星行列。

绰号:Electirc Eye 电眼,源于弗林超强的投篮能力。

405 Ricky Sobers 里奇·索伯斯

生日:1953.1.15　身高:1.91米　位置:SG　号码:4,40,14
职业生涯:1975—1986
球队:菲尼克斯太阳,印第安纳步行者,芝加哥公牛,华盛顿子弹,西雅图超音速
场均数据:13.3分,2.6篮板,4.3助攻,1.3抢断,0.2盖帽

很少有球员能拥有索伯斯这样的职业生涯——刚刚加盟太阳,就随球队杀入了总决赛。索伯斯拥有超强的助攻能力,1977—1978赛季在步行者效力时,他的场均助攻达到7.4次。不过他真正被我们所熟知的原因还是其匪夷所思的得分手段。整个职业生涯,他从未在任何球队效力超过3年,但这并没有妨碍他的高产,先后4个赛季,他的场均得分达到过15+。

406 Al Jefferson 艾尔·杰弗森

生日:1985.1.3　身高:2.08米　位置:C　号码:8,7,25
职业生涯:2004年至今
球队:波士顿凯尔特人,明尼苏达森林狼,犹他爵士,夏洛特山猫/黄蜂,印第安纳步行者
场均数据:16.0分,8.6篮板,1.5助攻,0.7抢断,1.2盖帽

荣誉

1次全明星

在经历了表现平平和受到伤病困扰的前两个赛季后,艾尔在第三个赛季打出了得分和篮板上双的表现,就此跻身联盟一流内线之列。脚步扎实的他拥有出色的背筐进攻能力,但2009年的膝盖前十字韧带断裂断绝了他的巨星之路。

亮点

篮板巅峰: 2010年1月13日,森林狼与火箭大战三加时,杰弗森狂揽26个篮板,创造了明尼苏达当时的单场队史纪录。

拒绝顶薪: 2007年7月31日,杰弗森与森林狼签下了5年6500万美元的合同。事实上,他本可以和球队以顶薪续约,但却放弃了,他对此的解释是:"我还没有真正证明自己。"

WOLVES
25
LAKERS
2
LAKERS
4

407 Monta Ellis
蒙塔·埃利斯

生日:1985.10.26 身高:1.91米 位置:G 号码:8,11
职业生涯:2005年至今
球队:金州勇士,密尔沃基雄鹿,达拉斯小牛,印第安纳步行者
场均数据:17.8分,3.5篮板,4.6助攻,1.7抢断,0.3盖帽

身为二轮秀的埃利斯在第二个赛季就成为了勇士的头号得分手。他的速度极快,擅长挡拆突破。2009年,由于球队在选秀中选中了与自己十分相似的库里,曾公开表示过不满。2009—2010赛季,他拿到生涯最佳数据,但球队仅有26胜56负,2012年,埃利斯离开勇士开始在联盟流浪。

亮点

金州匪帮:2006—2007赛季,成为蒙塔·埃利斯的生涯转折点,出战77次,场均16.5分3.2个篮板4.1次助攻1.7次抢断,他用那一年的进步最快球员奖证明了老尼尔森对他的实验是成功的。季后赛,埃利斯又随同勇士在首轮4比2力克小牛,创造了联盟史上第三次"黑八"奇迹。

24倍:从初入联盟的44.8万美元年薪,6年6600美元的超级合同,埃利斯在薪金上的增长速度是联盟史上罕有的。

408 Eric Gordon 埃里克·戈登

生日:1988.12.25　身高:1.93米　位置:G　号码:10
职业生涯:2008年至今
球队:洛杉矶快船,新奥尔良黄蜂/鹈鹕,休斯敦火箭
场均数据:16.6得分,2.5篮板,3.2助攻,1.0抢断,0.3盖帽

戈登的身高臂展都有所缺陷,但他有着出色的运动能力、技术和坚韧个性。2011年他成为了保罗去到洛杉矶最重要的交换筹码,这很好地体现了他前三年职业生涯的辉煌。但自那之后戈登开始遭遇伤病,在2013年接受左脚踝关节镜手术后爆发力大幅下降,就此转型。2016年他转会休斯敦,之后的赛季他命中246个三分球,是仅次于库里的超级射手。

小乔丹: 戈登6岁时参演了由迈克尔·乔丹主演的电影《空中大灌篮》,扮演乔丹的小儿子马库斯·乔丹。

409 Mike Bantom 麦克·邦顿

生日:1951.12.3 身高:2.06米 位置:PF 号码:40,42
职业生涯:1973—1982
球队:菲尼克斯太阳,西雅图超音速,纽约尼克斯,印第安纳步行者,费城76人
场均数据:12.1分,6.4篮板,2.3助攻,0.9抢断,0.7盖帽

麦克拥有极好的弹跳,他的得分也因此变得非常特别——大多都是在篮筐之上完成。全能则是他的另一特点,前场的任何位置他都能胜任,并且丝毫不会影响他的贡献。作为1974年新秀第一阵容的成员,麦克在1977—1978赛季效力步行者时,达到了自己职业生涯的顶点,那年他场均能得到15.4分7.8个篮板。

410 Luis Scola 路易斯·斯科拉

生日:1980.4.30 身高:2.06米 位置:F 号码:4,14
职业生涯:2007年至今
球队:休斯敦火箭,菲尼克斯太阳,印第安纳步行者,多伦多猛龙,布鲁克林篮网
场均数据:12.0分,6.7篮板,1.6助攻,0.6抢断,0.3封盖

荣誉

1次奥运冠军(2004)

职业生涯初期,斯科拉先是在家乡阿根廷联赛效力,随后加入西班牙联赛,他所在的球队始终是欧洲联赛的豪强之一。早在2002年,马刺就用56号签选下了他。可由于买断合同的问题,直到2007年,斯科拉才正式登陆NBA,加入火箭。娴熟的内线脚步和优秀的得分能力立刻为斯科拉赢得了认同,但他糟糕的防守也同样突出。

曲折的买断: 尽管马刺2005年就与斯科拉商讨过买断合同的可能,可西班牙俱乐部索要350万美元买断费,此事不了了之。2007年,马刺将斯科拉的签约权交易给火箭,火箭支付了NBA规定最高的50万美元,斯科拉自掏腰包300万美元,终于完成买断,正式登陆NBA。

找队友签名: 登陆火箭的处子秀,斯科拉得到0分3个篮板。糟糕表现并没有妨碍他在赛后让所有队友在自己的球衣上签名,这件球衣至今还挂在他家里。

411 John Shumate 约翰·舒马特

生日:1952.4.6　身高:2.06米　位置:PF　号码:34
职业生涯:1975—1981
球队:菲尼克斯太阳,布法罗勇士,底特律活塞,休斯敦火箭,圣安东尼奥马刺,西雅图超音速
场均数据:12.3分,7.5篮板,1.8助攻,1.0抢断,0.7盖帽

一名大前锋必须知道自己的角色,离篮筐更近是他必须要遵守的原则,舒马特很好地执行了这一传统,他也因此在菜鸟赛季收获了联盟第一命中率(56.1%),以及菜鸟最佳阵容的殊荣。他最棒的时间是1976—1977赛季,那年他场均得到15.1分9.5个篮板。第二年,他延续了这样的状态,场均得到14.8分8.5个篮板。

412 Derek Fisher 德里克·费舍尔

生日:1974.8.9　身高:1.85米　位置:PG　号码:2, 4, 37, 6
职业生涯:1996—2014
球队:洛杉矶湖人,金州勇士,犹他爵士,俄克拉荷马雷霆,达拉斯小牛,纽约尼克斯
场均数据:8.3分,2.1篮板,3.0助攻,1.1抢断,0.1盖帽

荣誉

5次总冠军(2000, 2001, 2002, 2009, 2010)

身为出色的角色球员,费舍尔在场上时能很好地执行教练布置的战术,力量出色,拥有大心脏,在关键时刻常有精彩表现。他也是非常优秀的更衣室领袖,擅于演讲和鼓舞队友,是一名出色的球队拼图。不过在退役后,选择执教的他成绩糟糕,2014—2015赛季,尼克斯仅取得17胜。而且,球场外的他还因离婚,勾引前队友前妻绯闻不断。

亮点

0.4秒:2004年5月13日,西部半决赛第五场,客场作战的湖人在比赛还剩0.4秒时落后2分。此后,双方开始了一连串的暂停,湖人2次,马刺1次。湖人开始最后一攻,加里·佩顿发边线球,科比和奥尼尔的接球线路都被封死,前者只能将球交给费舍尔。面对邓肯和吉诺比利的包夹防守,费舍尔半转身后就将球抛向了篮筐,命中。完成绝杀后,费舍尔直接飞奔进了更衣室,留在球场上的主队球员呆若木鸡,不知所措。

2009年6月11日,总决赛五场,贾马尔·尼尔森在常规赛还剩4.6秒投中的三分让双方进入加时。比赛的胶着,在终场前31.3秒被费舍尔打破,他的三分命中不仅帮助湖人确定了本场比赛的胜局,也为整个总决赛定下了基调。

413 John Starks 约翰·斯塔克斯

生日:1965.8.10 身高:1.91米 位置:SG 号码:30, 3, 9
职业生涯:1988—2002
球队:金州勇士, 纽约尼克斯, 芝加哥公牛, 犹他爵士
场均数据:12.5分, 3.6篮板, 1.1助攻, 1.1抢断, 0.1盖帽

荣誉

1次全明星

作为来自图尔萨的得分后卫, 斯塔克斯的投篮丝毫没有跳投的感觉, 反而更像职业板球手的出手。这位很招球迷喜爱的球员, 在1990年代都在与乔丹为敌(偶尔能赢, 但绝大多数时候都是以失败而告终), 所以有关他极富激情, 充满斗志的故事至今仍在纽约流传, 不过他让我们记忆最深刻的依旧是1994年总决赛第七场上的那记该死的投篮。

亮点

飞跃"神":1993年5月25日, 东部决赛第二场, 对阵公牛。斯塔克斯在三秒区外右侧45度持球面对B.J.阿姆斯特朗的防守, 尤因上前挡拆, 让前者能从左侧突破。斯塔克斯佯装向左侧运球, 然后突然变线从右侧底线杀向禁区, 然后在迈克尔·乔丹和霍雷斯·格兰特的头顶用左手扣篮完成了这次进攻。

最伟大的纽约客:斯塔克斯至今仍保持着纽约的队史三分命中纪录(982), 同时他还是史上第一个单赛季三分球命中数200+的球员, 1994—1995赛季, 他投中了217个三分。

414 Antonio McDyess

安东尼奥·麦克戴斯

生日：1974.9.7　身高：2.06米　位置：F　号码：24，34，14
职业生涯：1995—2011
球队：丹佛掘金，菲尼克斯太阳，纽约尼克斯，底特律活塞，圣安东尼奥马刺
场均数据：12.0分，7.5篮板，1.3助攻，0.8抢断，1.1盖帽

荣誉

1次奥运冠军(2000)
1次全明星

麦克戴斯新秀赛季就打出了得分上双的出色表现，是当时联盟排名前列的大前锋。他拥有灵活的脚步，出色的弹跳、漂亮的中投和极佳的篮板球意识。2001年，他遭遇严重膝伤，接受了三次手术，2002—2003赛季更是因此报销。复出后，麦克戴斯风光不在。

亮点

里高城之巅：1998—1999赛季，在以自由人身份重返丹佛后，麦克戴斯打出了自己最棒的赛季，场均21.2分10.7个篮板1.5次抢断2.3次盖帽，得分、抢断、盖帽均是职业生涯之最，同时他成为了掘金队史上第三位在单赛季拿下"20+10"的球员。

415 Stephen Jackson 斯蒂芬·杰克逊

生日:1978.4.5　身高:2.03米　位置:F　号码:24,3,1,5
职业生涯:2000—2014
球队:新泽西篮网,圣安东尼奥马刺,亚特拉大老鹰,印第安纳步行者,金州勇士,夏洛特山猫,密尔沃基雄鹿,洛杉矶快船
场均数据:15.1分,3.9篮板,3.1助攻,1.3抢断,0.4盖帽

荣誉

1次总冠军(2003)

作为1997年的二轮秀,斯蒂芬在发展联盟和海外联赛浸泡三年后才得以进入联盟。这些磨炼让他进入联盟后很快就成为了准一流球员,作为联盟当时攻防平衡的代表,他成为了马刺夺冠的重要成员。转投步行者后,脾气火暴的斯蒂芬在"奥本山宫殿事件"因对球迷动手而被禁赛30场。这一行为彻底断送了他成为联盟巨星的可能,但之后无论在哪支球队,能力毋庸置疑的他都是球队核心成员。

亮点

扼杀巨人:2007年5月3日,西部季后赛首轮第六场,杰克逊拿下全场最高的33分,其中包括平季后赛纪录的7个三分球,勇士111比86狂胜,从而成为了第三支创造黑八奇迹的球队。那年的MVP诺维茨基在杰克逊的防守下,全场仅得8分。

第一次:2010年11月20日,在山猫同太阳的比赛中,斯蒂芬拿到了自己第一个三双,24分10个篮板10次助攻,这同时也是山猫史上的第一个三双。

416 Larry Drew 拉里·德鲁

生日:1958.4.2　身高:1.85米　位置:PG　号码:22,2,10
职业生涯:1980—1991
球队:底特律活塞,堪萨斯城/萨克拉门托国王,洛杉矶快船,洛杉矶湖人
场均数据:11.4分,5.2篮板,1.1助攻,1.1抢断,0.1盖帽

在职业生涯中,德鲁用行动证明了自己的得分能力和领导能力。虽然身高只有1.85米,但他从不惧怕错失投篮,当然,大部分时候,他是在用速度去冲击对手的篮筐。德鲁最高产的一年是1982—1983赛季在国王,场均20.1分8.1次助攻。第二年,他的数据变成了16.4分7.6次助攻,现在的德鲁是老鹰的主教练。

417 Juwan Howard 朱万·霍华德

生日:1973.2.7　身高:2.06米　位置:F　号码:5,7,55,6
职业生涯:1994—2013
球队:华盛顿子弹/奇才,达拉斯小牛,丹佛掘金,奥兰多魔术,休斯敦火箭,夏洛特山猫,波特兰开拓者,迈阿密热火
场均数据:13.4分,6.1篮板,2.2助攻,0.7抢断,0.3盖帽

荣誉

2次总冠军(2012,2013)
1次全明星

身为"密歇根五虎"之一的朱万从新秀赛季就打出了得分上双的出色数据。技术全面、基本功扎实是他的标签,但朱万从未作为领袖证明过自己,在他巅峰期为华盛顿效力的6个赛季,球队只有一次杀入季后赛。因此,数据出色的他成为了联盟最"高薪低能"的代表人物之一。

亮点

背靠背40+: 1995—1995赛季,霍华德在出场的81场比赛中,56次得分达到20+,其中包括1996年4月17、18日在对阵凯尔特人(40)和猛龙(42)的比赛中完成的背靠背得分40+。

第一"亿": 1996年8月5日,霍华德和子弹签署了7年价值1.05亿美元的合同,成为了史上第一位亿元先生。

418 Ben Gordon 本·戈登

生日:1983.4.4　身高:1.91米　位置:G　号码:7, 8
职业生涯:2004—2015
球队:芝加哥公牛, 底特律活塞, 夏洛特山猫, 奥兰多魔术
场均数据:14.9分, 2.5篮板, 2.5助攻, 0.7抢断, 0.2盖帽

他是史上首个以新秀身份获得最佳第六人的球员。戈登进攻能力全面, 关键时刻常有出色表现, 但由于身高臂展的不足, 在防守端表现糟糕。在公牛时期常有惊艳表现的他, 在2009年自由转会到活塞后却数据大幅下降, 逐步沦为替补, 随后辗转多队都并无起色, 在2013年因伤赛季报销后数据再度大幅下降。2015年被勇士裁掉后再没回到NBA。

超级微波炉:2004—2005赛季, 戈登21次第四节得分达到了10+, 仅次于勒布朗的22次, 是联盟第二号的第四节得分达人。

纪录日:2006年4月14日, 在同奇才的比赛中, 戈登连续命中了9个三分, 追平了当时的联盟历史纪录。

419 Richard Jefferson 理查德·杰弗森

生日:1980.6.21　身高:2.01米　位置:F　号码:24, 44
职业生涯:2001年至今
球队:新泽西篮网, 密尔沃基雄鹿, 圣安东尼奥马刺, 金州勇士, 犹他爵士, 达拉斯小牛, 克利夫兰骑士
场均数据:12.8分, 4.0篮板, 2.1助攻, 0.7抢断, 0.3盖帽

荣誉

1次总冠军(2016)

作为篮网的三驾马车之一, 2002年和2003年杰弗森两次杀入总决赛。在稳步成长为球队领袖后, 2007年他接受了膝盖手术, 但让人惊奇的是, 他竟然在之后的赛季拿到了生涯最高的场均22.6分。2009年转会马刺后, 杰弗森状态开始下降, 作为爆发力出众的突破型侧翼, 在伤病和年龄影响, 逐步沦为定点射手。2016年, 以老将底薪加盟骑士, 最终捧得总冠军奖杯。

最慷慨:2007年8月, 理查德向亚利桑那大学捐助了350万美元, 以资助该校的篮球和排球事业。这是到目前为止, 得到官方确认的来自球员的最大数额捐助。

史上第二:2007年12月4日, 在对阵骑士的比赛中拿下36分后, 他超越凯瑞·基特尔斯跃居篮网队史得分榜第二。

420 Vern Fleming 维恩·弗莱明

生日:1962.2.4　身高:1.96米　位置:SG　号码:10
职业生涯:1984—1996
球队:印第安纳步行者,新泽西篮网
场均数据:11.3分,3.4篮板,4.8助攻,1.0抢断,0.1盖帽

荣誉

1次奥运冠军(1984)

一位以稳定见长的得分后卫,1990年代初,弗莱明在步行者有一段很成功的时光,高效是他的标签。来自纽约皇后区的他曾在1983年带领乔治亚大学杀入四强赛,5米左右的跳投是他最擅长的得分手段。在其职业生涯中,共4次得分达到14+,1994年,步行者能杀入东部决赛他功不可没。

421 Hassan Whiteside 哈桑·怀特塞德

生日:1989.6.13　身高:2.13米　位置:C　号码:33,21
职业生涯:2010年至今
球队:萨克拉门托国王,迈阿密热火
场均数据:13.6分,11.4篮板,0.4助攻,0.6抢断,2.6盖帽

荣誉

1次篮板王,1次盖帽王

在以二轮秀身份加入NBA打了两个赛季后,怀特塞德曾辗转于NBDL和中国的NBL。2014年加盟热火后,仿佛开挂的他该赛季开场就完成了场均两双的质变。2016年1月25日同公牛一战成为他震撼联盟的一役,他得到14分13篮板12盖帽。依靠出众的臂展和跳跃能力,怀特塞德是当今联盟最好的篮板手和盖帽手。

亮点

为能力值而战: 从2015年开始,怀特塞德就多次表示希望提高自己在NBA 2K系列游戏中的能力值。在最新款游戏中,他的能力值是87,和2015年的59相去甚远。

422 Steve Stipanovich 史蒂夫·斯蒂潘诺维奇

生日：1960.11.17　身高：2.11米　位置：C　号码：40
职业生涯：1983—1988
球队：印第安纳步行者
场均数据：13.2分，7.8篮板，2.3助攻，1.0抢断，0.9盖帽

斯蒂潘诺维奇的到来对于步行者而言仅仅是个安慰奖，在硬币抽签中，他们错过了状元秀，因此失去了选择拉尔夫·桑普森的机会。来自密苏里州的斯蒂潘诺维奇是密苏里大学的明星，但在NBA，严重的膝盖伤势让他只打了五个赛季。但在此期间，他绝对是一位稳定而高产的核心球员，他的背打能力和在低位的防守让步行者成为了一支季后赛球队。

423 Mark Eaton 马克·伊顿

生日：1957.1.24　身高：2.21米　位置：C　号码：53
职业生涯：1982—1993
球队：犹他爵士
场均数据：6.0分，7.9篮板，1.0助攻，0.4抢断，3.5盖帽

荣誉

1次全明星
2次最佳防守球员，3次防守第一阵容，4次盖帽王

NBA顶尖的盖帽高手，3次入选最佳防守阵容，在爵士成长为西部豪强的过程中，马克是球队最值得信赖的防守基石。他4次成为联盟盖帽王，在1984—1985赛季，这一数据更是达到了惊人的场均5.6次。职业生涯他从未有过单赛季得分10+的纪录，但这显然不是他该干的。1988—1989赛季，他成为了最后一位靠防守跻身全明星的球员，他在篮下的威慑力就如同瓦萨奇山脉一般恒古永存。

亮点

只手遮天：伊顿职业生涯盖帽总数达到了3064次，在联盟历史盖帽榜上仅次于奥拉朱旺(3652)和贾巴尔(3189)。1983—1984赛季，在他进入联盟的第二年，他就用场均4.28次盖帽的表现帮助爵士史上第一次杀入季后赛。

424 Jason Terry 贾森·特里

生日：1977.9.15 身高：1.88米 位置：G 号码：31，4，3
职业生涯：1999年至今
球队：亚特兰大老鹰，达拉斯小牛，波士顿凯尔特人，布鲁克林篮网，休斯敦火箭，密尔沃基雄鹿
场均数据：13.8分，2.4篮板，3.9助攻，1.1抢断，0.2盖帽

荣誉

1次总冠军(2011)

作为西雅图的骄傲，特里是1997年亚利桑那大学获得NCAA冠军的主力球员之一。在被交易到小牛后，他仅用一个赛季就成为了主力控卫。虽然身高不足，但特里技术精湛，三分球能力优秀，关键球能力杰出，场下更是更衣室领袖。2011年总决赛，正是他的杰出表现，帮助达拉斯成就了队史第一冠

亮点

绰号：JET 喷气机，这源于他的名字，特里的全名是Jason Eugene Terry，取每个名字的首字母。

最强板凳：2008—2009赛季，贾森·特里以场均19.6分3.4次助攻1.3个抢断的表现当选最佳第六人的奖项，他也是近20年来得分最高的替补。

三分雨：2011年5月8日，西部半决赛，小牛对阵湖人，特里命中九个三分球，追平了联盟季后赛单场三分命中纪录。此外，他全场独得32分，全队最后14分中10分来自他，那场胜利帮助小牛完成横扫。

425 Johnny Dawkins 约翰尼·道金斯

生日:1963.9.28 身高:1.88米 位置:PG 号码:24,12
职业生涯:1986—1995
球队:圣安东尼奥马刺,费城76人,底特律活塞
场均数据:14.5分,3.2篮板,7.3助攻,1.5抢断,0.1盖帽

在杜克的大四赛季,他成为了NCAA年度最佳球员,之后约翰尼·道金斯在1986年选秀大会第10位被马刺选中。他的职业生涯几乎毫不引人注目,从第二个赛季开始出任首发,并在其后四个赛季中,场均数据不低于14分7次助攻就是他在NBA的亮点。现在,他是斯坦福大学的主教练。

426 Hersey Hawkins 赫西·霍金斯

生日:1966.9.29 身高:1.91米 位置:SG 号码:33,3
职业生涯:1988—2001
球队:费城76人,夏洛特山猫,西雅图超音速,芝加哥公牛
场均数据:14.7分,3.6篮板,2.9助攻,1.7抢断,0.3盖帽

荣誉

1次全明星

典型的得分后卫,高效、多变并持久耐用,霍金斯几乎没有什么极具特色的表演,但他的连续性却有目共睹。在费城,他曾两个赛季场均得分达到20+,强力突破和远距离投篮是他杀伤对手最擅长的手段,而且他的远投每年都在进步。

亮点

职业巅峰: 抢断和三分是霍金斯的标签,在1991年11月13日同魔术的比赛中,他就将这两项技能发挥到了巅峰,那场比赛,他得到了职业生涯最高的43分外加9次抢断,命中率59.3%。

427 Mychal Thompson 米歇尔·汤普森

生日:1955.1.30 身高:2.11米 位置:C 号码:43
职业生涯:1978—1991
球队:波特兰开拓者,圣安东尼奥马刺,洛杉矶湖人
场均数据:13.7分,7.4篮板,2.3助攻,0.7抢断,1.1盖帽

荣誉

2次总冠军(1987,1988)

明尼苏达大学的优秀毕业生,1978年,开拓者用状元签选择了他。汤普森最好的时光是1981—1982赛季,他场均得到20分11个篮板。不过在开拓者和马刺效力期间,他既没有入选全明星,也没有被大众所认知,后来他成为了Showtime的一员,并在职业生涯晚期随湖人两夺总冠军。

四大状元: 在两个冠军赛季,汤普森和"魔术师"约翰逊、贾巴尔、沃西一起组成了湖人史上最壮大的状元阵容。作为贾巴尔的替补,在夺冠赛季中,他对麦克海尔的防守为湖人夺冠起到了很好的作用。

428 Mike Newlin 麦克·纽林

生日:1949.1.2 身高:1.93米 位置:SG 号码:14
职业生涯:1971—1982
球队:休斯顿火箭,新泽西篮网,纽约尼克斯
场均数据:14.9分,3.0篮板,4.0助攻,1.0抢断,0.1盖帽

越挫越勇型的球员,更难得的是,他一直在想办法提升自己的比赛。在进攻端,他可以不停地释放火力,同时还能传球,事实上,他非常享受那种串联的感觉。在篮网,他两度场均得分达到20+,在那时的那支鱼腩球队,纽林是唯一的亮点。

429 Ray Felix 雷·费利克斯

生日:1930.12.10 身高:2.11米 位置:C 号码:25,19,14
职业生涯:1953—1962
球队:巴尔的摩子弹,纽约尼克斯,明尼阿波利斯/洛杉矶湖人
场均数据:10.9分,8.9篮板,0.7助攻

荣誉

1次全明星

长岛大学是纽约地区最好的篮球温床,雷就来自那里。1953年选秀大会,巴尔的摩子弹用状元签得到了他,菜鸟赛季中,雷当选最佳新秀。随后6个赛季,他的场均数据都达到了两双,但均没有他在新秀赛季拿到的17.6分13.3个篮板优秀。他是第二个参加全明星赛的非裔美国籍球员(唐·巴克斯代尔在他之前),以及第一位先发的非裔美国籍球员。

430 Kevin Loughery 凯文·洛克里

生日:1940.3.28 身高:1.91米 位置:SG 号码:21,52,22
职业生涯:1962—1974
球队:底特律活塞,巴尔的摩子弹,费城76人
场均数据:15.3分,3.0篮板,3.7助攻

洛克里是位非常火暴的球员,出手时,他从来就不会害羞。在子弹的6个赛季,他非常的享受,那段时期他4次场均得分达到18+,更有两次达到了21+。这个来自纽约的家伙很擅长突破,并有一手稳定的中投。当然,他也有一段糟糕的经历,1972—1973赛季在费城效力。之后,他执掌公牛教鞭,并成为了迈克尔·乔丹进入职业体育联盟后的第一位主教练。

亮点

教练球员:1973年,转会费城的洛克里成为了76人的球员兼教练。不过他的执教成绩并不理想,4胜47负。之后,洛克里开始全身心投入教练事业,在纽约篮网,他带领朱利叶斯·欧文两夺ABA冠军,多米尼克·威尔金斯和迈克尔·乔丹的处子赛季都是在他的执教下度过的。在《乔丹法则》一书中,乔丹就曾坦言,洛克里是他遇见过的最有趣的教练。

431 Lloyd Neal 劳埃德·尼尔

生日:1950.12.10　身高:2.01米　位置:C　号码:36
职业生涯:1972—1979
球队:波特兰开拓者
场均数据:11.1分,7.7篮板,1.5助攻,0.5抢断,0.9盖帽

荣誉

1次总冠军(1977)

已经很少有人能知道尼尔竟然是开拓者第一位享受球衣退役荣耀的球员。这位强力前锋一生只穿了一件球衣,在1970年代,他是联盟最强硬的男人。在1973年的最佳新秀评选中,他位列第二,可事实上,尼尔从未在意过这些个人荣誉,他考虑更多的是自己的角色,无论是拼抢篮板,抑或盯防对方的内线核心,他都会全力以赴。

432 Lonnie Shelton 朗尼·谢尔顿

生日:1955.10.19　身高:2.03米　位置:PF　号码:8
职业生涯:1976—1986
球队:纽约尼克斯,西雅图超音速,克利夫兰骑士
场均数据:15.6分,8.0篮板,2.8助攻,1.4抢断,1.1盖帽

荣誉

1次总冠军(1979)
1次全明星

虽然曾为三支球队效力,但谢尔顿最为人所熟知的依旧是他在超音速的岁月,在那里,他帮助球队获得了史上唯一的总冠军。作为一名强力前锋,他1982年入选全明星对于很多球员有着特殊的意义,这让我们知道,努力防守,干脏活累活也能跻身明星之列。

犯规之王:谢尔顿从来就没有和粗暴撇清过关系,在1976—1978赛季,他连续两次成为了联盟犯规之王,总犯规数达到了713次。即使在他当选全明星的赛季,他在犯规上的行径也没有丝毫收敛,317次犯规是当年的联盟第六。

433 Larry Smith 拉里·史密斯

生日:1958.1.18　身高:2.03米　位置:PF　号码:13, 2
职业生涯:1980—1993
球队:金州勇士, 休斯敦火箭, 圣安东尼奥马刺
场均数据:6.7分, 9.2篮板, 1.1助攻, 0.8抢断, 0.5盖帽

史密斯的比赛无比简单，他就是上场抢篮板的。虽然他偶尔也能得分，但在他13年的职业生涯中，只有一次得分达到10+。与此相对，他篮板10+的经历则达到了5次。Mr. Mean正是对他抢篮板活力无限，喜欢48分钟都处于肉搏状态的赞赏。

绰号: Mr. Mean 坏蛋先生，源于他的脾气，拉里是位非常温文尔雅的人，队友们希望他能在球场上表现出不一样的个性，于是便给了他这样的绰号。

冠军基石: 1993—1995赛季，作为汤姆贾诺维奇的助手，拉里将自己在防守和篮板上的技艺、心得和经验都带到了休斯敦，为火箭蝉联总冠军做出了巨大贡献。

434 Jerome Richardson 杰罗姆·理查德森

生日:1966.5.14　身高:1.85米　位置:PG　号码:24, 2
职业生涯:1989—1999
球队:明尼苏达森林狼, 印第安纳步行者, 洛杉矶快船
场均数据:11.1分, 2.8篮板, 6.5助攻, 1.3抢断, 0.2盖帽

从费城的Ben Franklin高中到UCLA，理查德森逐渐成长为明尼苏达选秀大会上的不二选择。在度过菜鸟赛季的煎熬后，他之后第二年的数据达到了17.1分9个篮板和16.5分8.4个篮板。但这已然是他的巅峰，无论是在森林狼还是他之后效力的两支球队，他都再也没有过与此相似的数据。

绰号: Pooh, 源于Winnie the Pooh(小熊维尼), 因为他奶奶觉得杰罗姆很像Pooh。

UCLA发动机: 杰罗姆至今仍保持着UCLA的个人助攻总纪录(833)以及单赛季助攻纪录(236), 此外, 他的三分球命中率(46.4%)也依旧是球队史上之最。

435 Nate McMillan 内特·麦克米兰

生日:1964.8.3 身高:1.96米 位置:SG 号码:10
职业生涯:1986—1998
球队:西雅图超音速
场均数据:5.9分,4.0篮板,6.1助攻,1.9抢断,0.4盖帽

荣誉

1次抢断王

在北卡完成出色的一季后,1986年,内特·麦克米兰被超音速选中,随后他在这里安家,并效力了12个赛季,2000年,他更是成为了这里的主教练。相对于得分,麦克米伦的传球和防守更为人们所赞赏,他也因此成为了联盟中少有的几位助攻(4893)比得分(4733)多的成员之一。现在,他的10号球衣已在超音速退役。

亮点

绰号: Mr. Sonic,超音速先生,麦克米兰作为球员、教练和管理者在超音速服务超过了19年,直至2005年7月7日,出任波特兰开拓者主教练,他才离开了这里。

防守为王: 强悍的防守是麦克米兰的标签,在1993—1995赛季,他先后2次入选防守第二阵容,并在1994年以场均3.0次抢断冠绝联盟。

436 Junior Bridgeman 朱尼奥·布里奇曼

生日：1953.9.17 身高：1.96米 位置：SG 号码：2
职业生涯：1975—1987
球队：密尔沃基雄鹿，洛杉矶快船
场均数据：13.6分，3.5篮板，2.4助攻，0.8抢断，0.3盖帽

朱尼奥的大学时光是在路易斯维尔名人堂级主教练丹尼·克鲁姆手下度过的，然后在密尔沃基待了9年后，转投洛杉矶快船，并在那里做了2年的短暂停留，不过他最终又回到了啤酒城，并在这里退役。朱尼奥本是洛杉矶湖人的第一轮新秀，如果他能留在那里，他将成为传奇中的一部分，并和总冠军奖杯相伴，但最终在选秀日，他成为了"天勾"西去的筹码。朱尼奥很适合雄鹿的体系，他在这里成为了一位极其高效的锋卫摇摆人。

亮点

"10+"第六人：在布里奇曼的职业生涯中，他的绝大部分时间都是以替补身份登场，但这并没有妨碍他在得分上的表现，从1976—1977赛季开始，他连续9个赛季得分达到两位数，职业生涯总得分达到了11517，1988年，他的2号球衣在雄鹿退役。

437 M.L. Carr 迈克尔·里昂·卡尔

生日:1964.8.3　身高:1.98米　位置:SF　号码:30
职业生涯:1976—1985
球队:底特律活塞,波士顿凯尔特人
场均数据:9.7分,4.3篮板,1.8助攻,1.3抢断,0.4盖帽

荣誉

2次总冠军(1981,1984)

在活塞效力的前三年,卡尔绝对是一位杰出的球员,但在转会凯尔特人后,他的出场时间从40分钟缩减到只有24分钟。不过,无私的卡尔欣然接受了这样的待遇,并最终在第二年就帮波士顿赢得了冠军。之后,卡尔继续在凯尔特人服务,并出任主教练和总经理。

逆转乾坤:1984年总决赛第四场,最后1分钟湖人领先5分,比赛结局似乎已经确定。这时帕里什抢断"魔术师"约翰逊完成快攻,接着从板凳席上站出来的卡尔用又一次抢断和扣篮帮助球队将比分追平,比赛进入加时,最终凯尔特人129比125获胜,并最终获得了总冠军。

老板卡尔:退役后,卡尔走进了球队管理层,先后出任过凯尔特人和WNBA夏洛特针刺的总经理,NBA在夏洛特扩军后,他和前队友拉里·伯德一起成为了山猫的小老板,不过在鲍勃·杰克逊出售球队后,他也和这里切断了关系。

438 Woody Sauldsberry 伍迪·索尔兹贝里

生日:1934.7.11　身高:2.01米　位置:PF　号码:14,21,35,18
职业生涯:1957—1966
球队:费城勇士,圣路易斯老鹰,芝加哥微风,波士顿凯尔特人
场均数据:10.7分,7.8篮板,1.1助攻

荣誉

1次总冠军(1966)
1次全明星

来自南得克萨斯的伍迪以第8顺位进入联盟,凭借场均得到12.8分的表现,他成为了最佳新秀。强硬是这位全明星球员的标签,在费城勇士取得好的开始后,他开始了自己在联盟的游历,1965—1966赛季,步入职业生涯晚期的伍迪以替补球员身份随凯尔特人获得了总冠军。

非洲第二:1957年,索尔兹贝里以第8顺位被费城勇士选中,在菜鸟赛季中,他以12.8分10.3个篮板的表现当选最佳新秀,他是史上第二位获此殊荣的非裔球员,同时也是以最低选秀顺位当选的球员。

439 Steve Johnson 史蒂夫·约翰逊

生日:1957.11.3 身高:2.11米 位置:C 号码:33,32
职业生涯:1981—1991
球队:堪萨斯城国王,芝加哥公牛,圣安东尼奥马刺,波特兰开拓者,明尼苏达森林狼,西雅图超音速,金州勇士
场均数据:11.7分,5.5篮板,1.2助攻,0.5抢断,0.8盖帽

荣誉

1次全明星

史蒂夫是一位典型的学院派内线,他几乎不会离开禁区,这也让他成为了一位高效的得分手和防守专家。1985—1986赛季,他是联盟命中率最高的球员。1987—1988赛季,在波特兰效力的他入选了全明星,那个赛季他场均得到16.8分7.2个篮板。

好篮子:离篮筐越近越容易得分,这是NBA的黄金定律,也是史蒂夫所恪守的。他职业生涯的命中率因此高达57.2%,1985—1986赛季,他更是以63.2%的命中率位居联盟首位。

440 Jim Washington 吉姆·华盛顿

生日:1943.7.1 身高:1.98米 位置:PF 号码:25,7,12
职业生涯:1966—1976
球队:圣路易斯/亚特兰大老鹰,波士顿凯尔特人,费城76人,布法罗勇士
场均数据:10.6分,8.6篮板,1.4助攻,0.5抢断,0.6盖帽

虽然身高只有1.98米,但这并没有妨碍吉姆·华盛顿出任大前锋乃至中锋的角色,凭借着扎实的功底,他甚至为自己赢得了很好的声誉。这位来自费城的球员在其职业生涯中先后4次场均篮板达到10+,1972—1973赛季在老鹰效力时的10.7个为其生涯之最。他的场均得分峰值则出现在1968—1969赛季效力公牛期间。

绰号: Jumpin Jimmy

441 Corey Maggette
科里·马盖蒂

生日:1979.11.12　身高:1.98米　位置:F　号码:50, 5
职业生涯:1999—2013
球队:奥兰多魔术,洛杉矶快船,金州勇士,密尔沃基雄鹿,夏洛特山猫,底特律活塞
场均数据:16.0分,4.9篮板,2.1助攻,0.7抢断,0.2盖帽

在魔术待了一年就被交易的马盖蒂,在快船的数据逐年上扬,并在2004—2005赛季达到最巅峰。进攻是他的标签,依靠强大的上肢力量、极强地制造犯规能力和万花筒般的进攻技巧,他成为了攻击杀器。易伤属性成为了他的死穴,马盖蒂职业生涯没有一个赛季保全勤。此外,他只在2005—2006赛季的快船杀入过季后赛,常年在弱队让他成为了最容易被忽视的明星。

亮点

洛杉矶之战: 2007年4月12日洛杉矶德比,处于被动的快船最多落后达到17分,但从第三节比赛的后半段开始,马盖蒂主宰了比赛,他贡献了全场最高的39分,快船以118比110完成逆转。

罚球之王: 2003—2005、2006—2008、2009—2010赛季,他的罚球数和命中数都是联盟TOP 10。2003—2004赛季是马盖蒂罚球事业的巅峰,他以526中位列罚球命中数的榜首。

442 Vernon Maxwell 维农·麦克斯维尔

生日:1965.9.12　身高:1.93米　位置:SG　号码:11, 2, 3
职业生涯:1988—2001
球队:圣安东尼奥马刺,休斯敦火箭,费城76人,奥兰多魔术,夏洛特黄蜂,萨克拉门托国王,西雅图超音速,达拉斯小牛
场均数据:12.8分,2.6篮板,3.4助攻,1.1抢断,0.2盖帽

荣誉

2次总冠军(1994, 1995)

麦克斯维尔是火箭获得1994年、1995年总冠军时的超级射手,不过在此之后的五个赛季,他成为了联盟中的旅行家。尽管如此,他的火力并没有因此而受影响,他曾在单节上演过独得30分的疯狂。和他的得分一样,麦克斯维尔的暴脾气同样令人印象深刻,1995年2月6日客场同开拓者的比赛,他就曾冲向看台追打球迷,这仅仅是因为后者询问了有关他妻子流产的事情。此外,在同年的季后赛中,在第一场比赛过后,麦克斯维尔就要求休息,他最初给出的理由是伤病,不过之后他承认,真正的原因是球队引进了克莱德·德雷克斯勒,伤了他的心。

绰号: Mad Max

单节30+: 1991年1月26日,在火箭同骑士的比赛中,麦克斯维尔单节狂砍30分,成为了史上第五位完成这疯狂演出的球员。全场,麦克斯维尔得到51分,火箭103比97获胜。

443 Michael Cage 迈克尔·凯奇

生日:1962.1.28　身高:2.06米　位置:PF　号码:44, 4, 45
职业生涯:1984—2000
球队:洛杉矶快船,西雅图超音速,克利夫兰骑士,费城76人,新泽西篮网
场均数据:10.0分,10.5篮板,1.3助攻,1.3抢断,0.9盖帽

荣誉

1次篮板王

超级篮板野兽,他曾在赛季的最后一场比赛中拿下30个篮板,令自己成为篮板王。此外,防守和串联球队也是他所擅长的。1987—1988赛季是他职业生涯的巅峰,他场均得到14.5分以及联盟最高的13个篮板。虽然得分一直以来都不是他的名片,但他的篮板球、脏活累活,以及那头神奇的发型让他成为了20世纪80年代酷的范本。

绰号: Windexman 源于他超强的抢篮板能力和在防守端的努力。

毫厘之胜: 1987—1988赛季,凯奇和查尔斯·奥克利的篮板王之争竞争到白热化,最后一场比赛,凯奇必须拿下28个以上的篮板才能胜出,最终他拿到了30个,并以场均13个篮板胜出。

444 Quentin Richardson
昆廷·理查德森

生日:1980.4.13　身高:1.98米　位置:G　号码:3,23,5,55
职业生涯:2000—2013
球队:洛杉矶快船,菲尼克斯太阳,纽约尼克斯,迈阿密热火,奥兰多魔术
场均数据:10.3分,4.7篮板,1.5助攻,0.8抢断,0.2盖帽

在快船的4个赛季里,昆廷与奥多姆、马盖蒂和达柳斯·迈尔斯组成了快船四少,无奈球队战绩一直不甚理想。在2003—2004赛季他打出生涯最佳数据,以自由球员身份加盟太阳。与纳什搭档的他表现出色,但一个赛季后却出人意料地被送往尼克斯。而这也成为了他流浪的开始,在2009年夏天,50天内他被交易了4次。

亮点

绰号: Q-Tip 棉签

德保罗之星: 理查德森是德保罗大学历史上唯一在新人赛季得分超过1000,篮板超过500,同时三分球命中超过100个的球员,同时获得了当年最佳新人和美国联盟年度最佳球员。上完大二学年他参加了选秀,并以首轮第18顺位被洛杉矶快船选中。

三分王: 2004—2005赛季,他命中226个三分球成为了联盟三分王,并在当年全明星周末上赢得三分球大赛冠军。

触影: 理查德森参演过许多银幕角色,其中令人印象最深的就是2002年的喜剧电影《留级之王》,他在剧中饰演"Q"。

445 Kermit Washington 科米特·华盛顿

生日:1951.9.17 身高:2.03米 位置:F/C 号码:24, 26, 42, 3
职业生涯:1973—1988
球队:洛杉矶湖人, 波士顿凯尔特人, 圣迭戈快船, 波特兰开拓者, 金州勇士
场均数据:9.2分, 8.3篮板, 1.4助攻, 0.8抢断, 1.1盖帽

荣誉

1次全明星

从家乡华盛顿特区的大学走出来以后, 科米特的职业生涯辗转多处。不幸的是, 他最为出名的事件就是1977年对鲁迪·汤姆贾诺维奇的那记著名挥拳, 后者为此报销了整个赛季, 而科米特付出的除了禁赛和罚款之外, 其实也搭上了彻底改变其职业生涯轨迹的代价。这位1980年的全明星曾两次入选NBA最佳防守二队, 客观说来, 他在10年的篮球生涯中, 确实开发出了一手过硬的篮板球和防守功力。

硬汉: 1975—1976赛季, 华盛顿一直在和膝盖肌腱炎做斗争, 仅出场的36场比赛里他几乎都靠止痛药支撑, 最终在赛季末对阵丹佛的一场比赛中, 他撕裂了髌骨肌腱, 医生甚至宣布了他职业生涯的终结。但在夏天, 华盛顿用更加辛勤和努力的训练奇迹般恢复过来, 并在接下去的一个赛季头25场比赛中拿下场均11.6分10.8个篮板的职业生涯最好数据。

446 Derrick Mckey 德里克·麦基

生日:1966.10.10 身高:2.06米 位置:F/C 号码:31, 9
职业生涯:1987—2002
球队:西雅图超音速, 印第安纳步行者, 费城76人
场均数据:11分, 4.7篮板, 2.4助攻, 1.1抢断, 0.7盖帽

麦基作为一名多才多艺的前锋, 1987年以新生身份就曾带领阿拉巴马大学打入NCAA甜蜜16强, 数月之后, 他就以第9顺位被西雅图超音速选中。作为当时著名的"Big Mac"之一, 麦基的全能受到大家广泛的赞赏, 尤其是其防守端的表现, 他曾两次入选最佳防守阵容二队。1993年他被交易到印第安纳, 2000年帮助步行者打入总决赛, 在经过一个精彩纷呈的系列赛之后, 他们最终败给了洛杉矶湖人。

绰号: Heavy D

世界冠军: 代表美国队获得1986年西班牙世锦赛冠军。

团队型球员: 麦基很重视团队配合, 并以防守著称, 曾两次入选最佳防守阵容二队, 是超音速20世纪八九十年代著名的"Big Mac"三人组之一, 另外两位是内特·麦克米兰和泽维尔·麦克丹尼尔。1993—1994赛季, 西雅图用麦基交换来了超音速"三驾马车"之一的施拉姆夫。

447 Keith Van Horn 基斯·范霍恩

生日:1975.10.23　身高:2.08米　位置:F　号码:44,4,2
职业生涯:1997—2006
球队:新泽西篮网,费城76人,纽约尼克斯,密尔沃基雄鹿,达拉斯小牛
场均数据:16分,6.8篮板,1.6助攻,0.8抢断,0.5盖帽

范霍恩是毋庸置疑的天才得分手,无论内线、外线还是半截篮,唯一缺乏的可能就是成就真正伟大的那一股激情。放着面前到手的合同不要而选择在30岁早早退役,这或许成了他人评说的重点,但换个角度想想,能在快乐、健康、富有的情况下急流勇退,对个人而言也不是什么坏事。

绰号: KVH

新泽西巅峰时代: 1997年基斯被76人以榜眼秀挑中并马上交换到篮网,菜鸟赛季他以场均19.7分6.5个篮板入选最佳新秀阵容。1999年他打出了职业生涯史上最好的场均21.8分,位列当赛季得分榜第5。尽管在篮网效力时间不长,但他在得分、三分、罚球、进攻篮板和防守篮板等多项技术统计上都排进了球队历史前10位。

封面人物: 基斯是电子游戏"NBA Jam 99"任天堂两个机种版本的封面人物。

东部冠军: 2002年在与波士顿凯尔特人的东部决赛第六场中投入制胜三分,基斯成为篮网进军总决赛的关键人物之一,但最终他们败给了洛杉矶湖人。同年夏天基斯被交易到76人用以换取穆托姆博。

西部冠军: 2006年基斯作为关键"第六人"帮助小牛夺得西部冠军,并在总决赛中负于迈阿密热火。

交易催化剂: 2006赛季结束后,基斯用了整整一年时间专门陪伴家人,2008年他又与小牛签了一份3年合约,成为篮网与小牛间的"贾森·基德—德文·哈里斯"重量级交易的筹码,交易完成后他在没打一场比赛的情况下被篮网裁员。

448 Cedric Ceballos 塞德里克·塞巴洛斯

生日:1969.8.2　身高:2.01米　位置:F　号码:23,1
职业生涯:1990—2007
球队:菲尼克斯太阳,洛杉矶湖人,达拉斯小牛,底特律活塞,迈阿密热火
场均数据:14.3分,5.3篮板,1.2助攻,0.7抢断,0.3盖帽

荣誉

1次全明星

在"魔术师"约翰逊退役之后,而科比·布莱恩特和沙克·奥尼尔还没有到来之前,湖人对于带领球队重回巅峰的人选一直困扰不已。在那段过渡时期中,最令人印象深刻的人之一当属塞巴洛斯,这位崇尚进攻的锋线曾代表太阳拿下1992年扣篮大赛冠军,随后便在1995年成为湖人20年里唯一单场砍下50分的人。

绰号: Ice 冰冷

扣篮王: 1992年他凭借用发带蒙住眼睛的扣篮一举夺下扣篮大赛冠军。

命中王: 1992—1993赛季以57.6%的命中率位居联盟第一,并帮助太阳打入总决赛。

得分王: 1994—1995赛季以场均21.7分列洛杉矶湖人全队得分第一,并入选当季全明星,但由于伤病,他并没有参赛。接下来的一个赛季塞巴洛斯继续以场均21.2分领跑湖人得分榜,并成为球队20年来首位在单场比赛中砍下50分以上的球员。

449 Rafer Alston
拉夫·阿尔斯通

生日:1976.7.24　身高:1.88米　位置:G　号码:11, 24, 12, 1
职业生涯:2000—2013
球队:洛杉矶快船,菲尼克斯太阳,纽约尼克斯,迈阿密热火,奥兰多魔术,新泽西篮网
场均数据:10.1分,2.8篮板,4.8助攻,1.2抢断,0.2盖帽

从小混迹洛克公园的阿尔斯通,拥有出色的运球水平和漂亮的转身步法。然而在加盟NBA后他并没得到太多的机会,直到在第四个赛季加盟猛龙后才逐渐得到机会,数据也随之上升。阿尔斯通控球和传球能力出色,但容易较劲,常成为球场上的神经刀。2010年因不满在热火的出场时间缩水而无故离队,被罚赛季停赛后没回到过NBA。

亮点

绰号: Skip To My Lou 跳动的灵魂

街球之王:2003年,And1公司推出Skip系列,让他成为史上首个拥有自己品牌球鞋的街球手。

450 Michael Brooks 迈克尔·布鲁克斯

生日:1958.8.17　身高:2.01米　位置:F　号码:7, 35
职业生涯:1980—2008
球队:圣迭戈快船, 印第安纳步行者, 丹佛掘金
场均数据:12.8分, 6.3篮板, 2.6助攻, 1.2抢断, 0.4盖帽

要不是严重的膝伤局限了布鲁克斯，他在NBA的生涯肯定会更加风光。尽管如此，他还是表现出了强有力的得分能力，这位NCAA历史得分榜第25位纪录保持者，虽然只有2.01米，但依然显示了卓越的内线得分能力，同时兼具外线杀伤力，1981—1982赛季代表快船时场均砍下15.6分是他职业生涯最辉煌的一刻。

绰号: Mike 麦克

冷战牺牲品: 布鲁克斯被任命为1980年莫斯科奥运会男篮队长，但由于美国当时正抵制苏联，球队并未参赛，那也是美国男篮奥运史上第二次令金牌旁落别家。

451 Christian Laettner 克里斯蒂安·莱特纳

生日:1969.8.17　身高:2.11米　位置:F/C　号码:32, 44
职业生涯:1992—2005
球队:明尼苏达森林狼, 亚特兰大老鹰, 底特律活塞, 达拉斯小牛, 华盛顿奇才, 迈阿密热火
场均数据:12.8分, 6.7篮板, 2.6助攻, 1.1抢断, 0.8盖帽

荣誉

1次奥运冠军(1992)
1次全明星

历史上最棒的大学球员之一，这个著名的杜克出产球员在森林狼期间是最为抢眼的，在新秀赛季就得到职业生涯最好的场均18.2分。作为当时"梦一队"中唯一的大学生球员，身高2.11米的莱特纳兼具内、外线得分能力，凭借在老鹰场均18.1分8.8个篮板的表现，他还入选了1997年全明星赛。

国家队生涯 莱特纳除了是1992年巴塞罗那奥运会"梦一队"成员之外，他还随美国队在1989年墨西哥城美洲杯中得到银牌，在1990年阿根廷世锦赛中得到铜牌，1991年哈瓦那世界大学生运动会中得到铜牌，以及在1990年西雅图友好运动会上拿到银牌。

盛名之下: 1992年选秀大会，莱特纳紧随沙奎尔·奥尼尔和阿朗佐·莫宁之后，第三位被森林狼选中(有趣的是，这三人在2004—2005赛季齐聚迈阿密热火)，之后又被提名了1992—1993赛季新秀最佳阵容，并在1997年入选全明星之后，随着一次严重的跟腱撕裂，莱特纳的上场时间和数据开始逐年下滑。

452 Dale Davis 戴尔·戴维斯

生日:1969.3.25 身高:2.11米 位置:F 号码:32,34
职业生涯:1991—2007
球队:印第安纳步行者,波特兰开拓者,金州勇士,底特律活塞
场均数据:8分,7.9篮板,0.9助攻,0.6抢断,1.2盖帽

荣誉

1次全明星

一位被埋没了的真正英雄,是90年代那个作风硬朗的步行者队中非常重要的一员。尽管戴尔·戴维斯显得默默无闻,但他的篮板和防守经常在联盟位列前茅。戴维斯只有在篮下拥有十足把握时才会出手得分,1993—1994赛季他的场均篮板达到11.7个。作为一次全明星,他为步行者偏软的中锋里克·史密斯提供了强有力的掩护。

绰号: D Square Double D

金牌: 1989年代表美国国家队赢得世界大学生运动会男子篮球冠军。

步行者篮板王: 1991年戴维斯被步行者以第13顺位选中并迅速成长为首发大前锋,是所在球队在NBA初期(步行者早期曾是ABA联盟球队)篮板榜第一名。

车迷: 2006年戴维斯成为了纳斯卡汽车赛的合伙人之一。

453 Antonio Davis 安东尼奥·戴维斯

生日:1968.10.31 身高:2.06米 位置:F/C 号码:33,34,42
职业生涯:1990—2006
球队:印第安纳步行者,多伦多猛龙,芝加哥公牛,纽约尼克斯
场均数据:10分,7.5篮板,1.1助攻,0.5抢断,1.0盖帽

荣誉

1次全明星

在他的职业生涯早期,安东尼奥·戴维斯在联盟凭借无私的球风和超强的防守而出名。在技术日渐成熟之后,他成为了更具威胁的进攻点,同时在他司职的位置上提供了更多有价值的补充。在之前仅有一个赛季场均得分上双之后,他在1999—2003赛季效力猛龙期间有4个赛季场均得到10分以上,其中最高的是在2001—2002赛季场均达到14.5分。

"戴维斯兄弟": 1990年选秀大会上第二轮被选中后,戴维斯选择在欧洲打了三年。回国后以自由球员身份加盟步行者,与戴尔·戴维斯组成著名的"戴维斯兄弟",作为球队"第六人"他却享有先发球员的工资待遇,深受印第安纳教练员和球迷们的爱戴。

世锦赛: 戴维斯分别在1998年和2002年代表美国队参加了FIBA世界篮球锦标赛,1998年他们摘得银牌,而2002年则在淘汰赛阶段负于南斯拉夫,最终无缘四强。

454 Ken Norman 肯·诺曼

生日:1964.9.5 身高:2.03米 位置:F 号码:33,3,4,5
职业生涯:1987—1997
球队:洛杉矶快船,密尔沃基雄鹿,亚特兰大老鹰
场均数据:13.5分,6.1篮板,2.1助攻,0.8抢断,0.7盖帽

这位芝加哥城前锋因其在篮圈周围顺滑的移动而得到"蛇"的外号。在伊利诺伊大学读大二时,诺曼凭借场均20.1分被提名全美第二阵容。1987年被快船首轮选中之后,诺曼最好的职业表现就是在1988—1989赛季。

绰号: Kenny 肯尼 Snake 蛇

快船明星: 肯尼职业生涯中最巅峰的一个赛季就是1988—1989赛季,随快船出战80场,场均得到18.1分,8.3个篮板,3.5次助攻,1.3次抢断和0.8次盖帽。

455 Thurl Bailey 杜罗·贝里

生日:1961.4.7 身高:2.11米 位置:F/C 号码:41
职业生涯:1983—1999
球队:犹他爵士,明尼苏达森林狼
场均数据:12.8分,5.1篮板,1.4助攻,0.5抢断,1.2盖帽

贝里是一位耐用的内线球员,是80年代那支硬朗的爵士阵中的中坚力量。尽管有2.11米的大个子,但他的球风却非常机智灵巧,可以在两翼及底线命中投篮,同时提供卓越的内线表现。他在1987—1988赛季得到职业生涯最高的场均19.6分,并在接下去一个赛季场均得到19.5分。贝里还是一位成就非凡的"火锅"专家,并在1984年被选入新秀最佳阵容。

绰号: Big T 大T

海外经历: 贝里16年职业生涯中有4年在海外度过,曾在1998年获得意大利联赛全明星赛MVP。

训练营: 贝里从1984年开始针对患有严重疾病和贫困背景的青少年开办篮球训练营,教授他们关于篮球和人生的各种课程。曾获得过NBA著名的"肯尼迪社区奖"。

多才多艺: 贝里现在不仅是犹他爵士和犹他大学篮球队的比赛解说助理,他还是一位演员、歌手兼作曲家。分别在1998年,2001年和2002年推出过3张音乐专辑。

456 Mike Woodson
迈克·伍德森

生日:1958.3.24 身高:1.96米 位置:G/F 号码:44,42,2
职业生涯:1980—1990
球队:纽约尼克斯,堪萨斯/萨克拉门托国王,洛杉矶快船,休斯敦火箭,克利夫兰骑士
场均数据:14分,2.3篮板,2.3助攻,1.2抢断,0.3盖帽

尽管在到达国王之前伍德森还效力过两支球队,但他职业生涯最成功的时光无疑是在萨克拉门托创造的。1982—1983赛季他达到职业生涯最高的场均18.2分,而且在两年之后又达到了场均17分。伍德森是位多才多艺的锋翼人物,可以命中定点,同时具备持球投篮的技术。这位未来的老鹰名帅在1987—1988赛季代表快船时,还曾砍下过一季场均18分的表现。

绰号: Woody

国王生涯: 迈克非常享受在国王的打球时光,那也是他职业生涯的巅峰,场均贡献12.2分,并跟随球队从堪萨斯搬迁到萨克拉门托。

执教经历: 1996年开始他在雄鹿担任了3年助教,随后又加盟克利夫兰教练组,2003—2004赛季底特律夺冠时,他正在拉里·布朗手下担任助教,随后便作为主教练加盟老鹰执教了6年。

457 Al Harrington
艾尔·哈灵顿

生日:1980.2.17 身高:2.06米 位置:F 号码:25,3,32,7
职业生涯:1998—2014
球队:印第安纳步行者,亚特兰大老鹰,金州勇士,纽约尼克斯,丹佛掘金,奥兰多魔术,华盛顿奇才
场均数据:13.5分,5.6篮板,1.7助攻,0.9抢断,0.3盖帽

埃尔·哈灵顿18岁就进入了联盟,像孩子一样的他直到三个赛季过后表现才有了起色,2001—2002赛季打出了13.1分6.3个篮板的表现。2004年,步行者将哈灵顿交易到老鹰,他随后开始了在NBA的流浪之旅,之后他所效力的球队,最长的效力时间只有两个赛季。

第二最佳: 2002—2003赛季哈林顿成为队中唯一全勤82场的球员,之后一个赛季,他场均拿下13.3分6.4个篮板,在最佳第六人评选中排名第二。

强力转会: 2008—2009赛季作为金州勇士球员的哈灵顿向主教练唐·尼尔森申请转会,并从2008年11月初开始以背伤为借口停止参赛,11月21日他终于如愿转会,就在宣布加盟纽约的同一天,哈灵顿宣布自己已经伤愈,下周就可以上场比赛。

球鞋商人: 他与前队友斯蒂芬·杰克逊共同开办了一个球鞋品牌名叫"Protege"。

458 Andrew Bogut
安德鲁·博古特

生日:1984.11.28 身高:2.13米 位置:C 号码:6,12
职业生涯:2005年至今
球队:密尔沃基雄鹿,金州勇士,达拉斯小牛,克利夫兰骑士
场均数据:10.0分,8.9篮板,2.3助攻,0.6抢断,1.6盖帽

荣誉

1次总冠军(2015)
1次盖帽王

2005年,雄鹿用状元签选下了博古特,他成为澳大利亚史上第一个,犹他大学校史第二个状元秀。在雄鹿的七年时间,博古特始终是球队的核心球员。但伤病却是他最大的阻碍,除新秀赛季外,他没有一个赛季打满过常规赛。2012年,博古特被交易到勇士,他见证了金州的崛起,也是球队2015年夺冠、2016年完成73胜的重要成员。

健康的恐怖:2007—2008赛季,博古特出战78场,完全健康的他得到了创生涯纪录的场均14.3分9.8个篮板1.7次盖帽,其中,盖帽排名联盟第9,篮板联盟第11,并以38次两双排名联盟第12。也是在这个赛季,他轰下了生涯最高的单场得分,29分。

459 Kenny Carr 肯尼·卡尔

生日:1955.8.15 身高:2.01米 位置:F 号码:2,7,32,34
职业生涯:1977—1987
球队:洛杉矶湖人,克利夫兰骑士,底特律活塞,波特兰开拓者
场均数据:11.6分,7.4篮板,1.4助攻,0.7抢断,0.4盖帽

荣誉

1次奥运冠军(1976)

关于卡尔的比赛没有任何特别闪光的片段。这位来自北卡州立大学的球员在内线一直兢兢业业,专心于每个篮板,从不在任何对抗中退缩。1980—1981赛季随克利夫兰场均得到15.2分,并拿下10.3个篮板。1983—1984赛季他在波特兰拿到职业生涯最高的场均15.6分,即便是在联盟效力的最后一个赛季他还是继续在证明自己内线的实力,场均抓下10.2个篮板。

460 Ron Behagen 罗恩·比哈根

生日:1951.1.14 身高:2.06米 位置:F/C 号码:11,34,1,27,14,12
职业生涯:1973—1980
球队:堪萨斯城—奥马哈国王,新奥尔良爵士,亚特兰大老鹰,休斯敦火箭,印第安纳步行者,底特律活塞,纽约尼克斯,堪萨斯城国王,华盛顿子弹
场均数据:10.3分,7篮板,1.6助攻,0.7抢断,0.4盖帽

作为1974年入选最佳新秀阵容的瘦削型内线球员,比哈根当时最令人印象深刻的可能就是代表明尼苏达大学那次与俄亥俄州立大学的打架事件。进入联盟之后,罗恩的弹跳和篮板能力都令人印象深刻,而且是一位底线稳定的得分手。他在1975—1976赛季效力爵士时打出了自己最好的数据表现,场均11.5分8.4个篮板。

461 Luol Deng 罗尔·邓

生日:1985.4.16 身高:2.06米 位置:F 号码:9
职业生涯:2004年至今
球队:芝加哥公牛,克利夫兰骑士,迈阿密热火,洛杉矶湖人
场均数据:15.0分,6.1篮板,2.3助攻,1.0抢断,0.5盖帽

从小受马努特·波尔指点的邓很早就展现出了优秀的篮球天赋。在杜克大学的一年,邓打出了非常优秀的表现,最终在2004年以七号秀身份进入联盟,加入公牛。在公牛的十年,邓展现了出色的个人进攻和优秀的防守意识,他也始终是公牛核心阵容的一员。2014年1月,公牛将邓交易到骑士。同年7月,邓与热火签约。2016年7月,邓与湖人签下了四年7200万美元的合同。

天赋新秀:尽管2004—2005赛季邓因腕伤仅出赛61场,但仍以场均11.7分入选最佳新秀阵容。

最具体育精神:出于优秀的职业道德、公平竞赛精神,场上诚信和为无家可归的孩子们提供教育与运动支持,邓分别获得了2007年NBA运动风格奖,2006—2007赛季金图标奖以及2008年联合国高级委员会颁发的年度人道主义奖。

封面人物:邓曾经出现在NBA Live游戏英国版的封面上。2011年,他的头像还被印在了英国银行发行的面值5英镑的纪念纸币上。

462 Donyell Marshall 唐耶尔·马绍尔

生日:1973.5.18 身高:2.06米 位置:F 号码:42,3,8
职业生涯:1994—2009
球队:明尼苏达森林狼,金州勇士,犹他爵士,芝加哥公牛,多伦多猛龙,克利夫兰骑士,西雅图超音速,费城76人
场均数据:11.2分,6.7篮板,1.4助攻,0.8抢断,0.9盖帽

就读康涅狄格大学期间,马绍尔曾全票当选过大东区最佳球员。1994年森林狼在第4顺位选下了马绍尔,但是只打了40场比赛,他就被交易到勇士。15年职业生涯,身为角色球员的马绍尔更换过多次主队。2009年退役后,马绍尔开始了执教生涯。如今他已成为康涅狄格大学主教练。

三分纪录:马绍尔职业生涯最辉煌的一个成就就是曾经创造过单场命中12个三分球的纪录,那是在2005年3月13日与76人的比赛中创造的。马绍尔曾经和科比、库里共同保持这一纪录,直到2016年11月7日被库里独享。

463 Brian Grant 布莱恩·格兰特

生日:1972.3.5 身高:2.06米 位置:F/C 号码:33, 44, 55
职业生涯:1994—2006
球队:萨克拉门托国王, 波特兰开拓者, 迈阿密热火, 洛杉矶湖人, 菲尼克斯太阳, 波士顿凯尔特人
场均数据:10.5分, 7.4篮板, 1.2助攻, 0.6抢断, 0.7盖帽

格兰特是最典型的4号位代表, 他只在接近篮筐的地方进攻, 争抢篮板, 并且保卫篮下禁区。他是每支球队都梦寐以求的队员, 因为他对自己的内线职责兢兢业业而且从不抱怨。他是1995年最佳新秀阵容成员, 2000—2001赛季随热火得到职业生涯最好的场均15.2分, 并在2002—2003赛季拿到职业生涯最好的场均10.2个篮板。

绰号: B.G. The General

路遇伯乐: 1999—2000赛季刚在开拓者完成一个场均7.5分5.5个篮板的平常赛季之后, 格兰特选择跳出合同成为自由球员, 并被热火总经理帕特·莱利一眼相中, 莱利坚持认为他是热火夺冠的最后一块拼图, 于是不顾外界质疑与他签下7年8600万美元的大合同。之后的一个赛季, 格兰特用场均15.2分8.8个篮板以及职业生涯最高的79.7%罚球命中率回应了所有质疑。

464 James Edwards 詹姆斯·爱德华兹

生日:1955.11.22 身高:2.13米 位置:C/F 号码:42, 40, 53
职业生涯:1977—1996
球队:洛杉矶湖人, 印第安纳步行者, 克利夫兰骑士, 菲尼克斯太阳, 底特律活塞, 洛杉矶快船, 波特兰开拓者, 芝加哥公牛
场均数据:12.7分, 5.1篮板, 1.3助攻, 0.4抢断, 0.7盖帽

荣誉

3次总冠军(1989, 1990, 1996)

作为一个身高2.13米的强力4、5号位球员, 爱德华兹在活塞89, 90两届冠军阵容中担任着生死攸关的角色。在他19年的职业生涯中, 共效力了8支球队, 总得分14800分, 抓下超过6000个篮板。

绰号: Buddha 佛像

465 Tyrone Hill 蒂龙·希尔

生日:1968.3.19 身高:2.06米 位置:F 号码:32,42,40
职业生涯:1990—2003
球队:金州勇士,克利夫兰骑士,密尔沃基雄鹿,费城76人,迈阿密热火
场均数据:9.4分,8.6篮板,0.8助攻,0.8抢断,0.5盖帽

荣誉

1次全明星

如果一个球员最好的一季也不过场均13.8分,那基本上很难入我们的法眼。但就希尔的情况来说,他的防守、篮板以及无私为球队奉献的精神令他成为每支球队都求贤若渴的对象。作为泽维尔大学出产的标准4号位球员,希尔有4个赛季场均篮板在10个以上,他不仅入选了1995年的全明星,还是2001年闯入总决赛那支76人阵中的先发球员。

亮点

绰号:T Time T时刻

纪录创造者:1994—1995赛季,希尔单季命中率60%创造了骑士队史纪录,同时这也在NBA历史单季命中率排行榜中名列第二。

音乐人:希尔在辛辛那提拥有一家名为"All Net Records"的唱片公司。

466 Jerome Kersey 杰罗米·科尔西

生日:1962.6.26 身高:2.01米 位置:F 号码:25,7,12
职业生涯:1984—2001
球队:波特兰开拓者,金州勇士,洛杉矶湖人,西雅图超音速,圣安东尼奥马刺,密尔沃基雄鹿
场均数据:10.3分,5.5篮板,1.9助攻,1.2抢断,0.7盖帽

荣誉

1次总冠军(1999)

最初,科尔西怪异的母校"朗伍德大学"比他自己的篮球技术更引人注目。可他最终成长为90年代那支硬朗的波特兰球队中的重要一员。科尔西是一名强壮的边路前锋,能够凶狠地遏制对方推进,而且还练就了一手好投篮。他数据最好的一个赛季是1987—1988,场均19.2分8.3个篮板。

亮点

后起之秀:1984年开拓者在第46顺位选中科尔西,起初他只是普通的板凳球员,但从第3个赛季开始他逐渐找到了感觉,到了1987—1988赛季,他先发了79场中的75场,场均达到19.2分8.3个篮板。

一人之下:1987年扣篮大赛中,科尔西仅次于迈克尔·乔丹屈居亚军。

辉煌时代:在波特兰开拓者效力期间,科尔西的多项数据统计都在队中名列前茅。例如参加比赛场次(第二)、上场时间(第三)、得分(第三)、篮板(第二)、助攻(第六)、抢断(第三)、盖帽(第二)等。

467 John Williams 约翰·威廉姆斯

生日:1962.8.9 身高:2.11米 位置:F/C 号码:18
职业生涯:1985—1999
球队:克利夫兰骑士,菲尼克斯太阳,达拉斯小牛
场均数据:11.0分,6.8篮板,1.8助攻,0.8抢断,1.6盖帽

威廉姆斯最早是因为在杜兰大学打假球而被起诉的事件出名,尽管最后还是得到了释放。随后他又因克利夫兰为其开出的一份2600万美元竞价合同而闻名,那在当时确实是天价。在场上,威廉姆斯从一名强硬的前场替补球员成长为称职的先发球员,在内线、边线具备得分能力,同时能保证很好的篮板和盖帽。

绰号: Hot Rod

最好一季: 1989年作为骑士"第六人"场均得到16.8分8.1个篮板和2次盖帽,他还创造了很多骑士队史纪录,包括盖帽(1200,直至2009年被伊尔戈斯卡斯所打破)和上场时间(20802分钟)等。

468 Ernie DiGregorio 厄尼斯特·狄格莱格里奥

生日:1951.1.15 身高:1.83米 位置:G 号码:15,7
职业生涯:1973—1978
球队:布法罗勇敢者,洛杉矶湖人,波士顿凯尔特人
场均数据:9.6分,2.0篮板,5.1助攻,0.6抢断

荣誉

1次助攻王

入选全美阵容的狄格莱格里奥曾在1973年带领普维敦斯学院打入NCAA四强,作为1973—1974年度最佳新秀,他场均得到15.2分,同时在助攻(8.2)和罚球命中率(90.2%)上领先联盟。由于他精湛的控球技艺和那些背后传球,狄格莱格里奥成为当时那支崇尚进攻的布法罗勇敢者队中颇受球迷们欢迎的球员。不幸的是,倒霉的膝伤在仅仅5个赛季之后就终结了他的职业生涯。

绰号: Ernie Ernie D

劲爆新人: 作为勇敢者的探花秀他第一季就以场均15.2分以及领衔联盟的罚球命中率和助攻数当选年度最佳新秀。

纪录创造者: 厄尼斯特至今仍保持着新秀单场助攻纪录(25),1976—1977赛季,他94.5%的罚球命中率也是当时的NBA纪录。

469 Johnny Davis
约翰尼·戴维斯

生日:1955.10.21 身高:1.88米 位置:G 号码:16
职业生涯:1976—1986
球队:波特兰开拓者,印第安纳步行者,亚特兰大老鹰,克利夫兰骑士
场均数据:12.9分,2.0篮板,4.5助攻,0.9抢断,0.2盖帽

荣誉

1次总冠军(1977)

当波特兰主力后卫戴夫·迪沃齐克在1977年西部半决赛第五场中倒下之后,比尔·沃顿极力怂恿主教练杰克·拉姆塞选择菜鸟约翰尼·戴维斯作为填充人选,于是戴维斯在第六场用25分埋葬了丹佛。他的速度结合了沃顿和莫·卢卡斯的篮板和传球,使得他们的快攻打得风生水起,这支开拓者又先后战胜了当时大热的湖人和76人,夺得了他们唯一的总冠军。

470 Don Nelson 唐·尼尔森

生日:1940.5.15　身高:1.98米　位置:F　号码:44, 20, 19
职业生涯:1962—1976
球队:芝加哥和风 洛杉矶湖人 波士顿凯尔特人
场均数据:10.3分, 4.9篮板, 1.4助攻, 0.3抢断, 0.1盖帽

荣誉

5次总冠军(1966, 1968, 1969, 1974, 1976)

尼尔森在自己职业生涯的头两年被深深埋没，但自从1964年加盟凯尔特人之后，他就成为了球队5次总冠军的关键人物，同时也是最伟大的第六人之一。尼尔森个人最佳数据表现是在1969—1970赛季，场均15.4分7.3个篮板。"Nellie"后来成为了NBA胜场最多的教练。

亮点

绰号: Nellie

著名一投: 1969年总决赛第七场面对老东家湖人，最后1分钟尼尔森在罚球线的跳投砸在篮圈后沿弹起1米多高然后垂直入网，凯尔特人凭借这个制胜球以103比102赢得了他们13个赛季里的第11个总冠军。

单手罚球: 尼尔森还以独特的单手罚球著称，每次罚球他都用右脚抵住罚球线，左脚拖后，然后用右手托球投出。这一标志性罚球动作令他职业生涯罚球命中率达到76.5%。

471 Al Attles 艾尔·阿特尔斯

生日:1936.11.7　身高:1.83米　位置:G　号码:16
职业生涯:1960—1971
球队:费城/旧金山勇士
场均数据:8.9分,3.5篮板,3.5助攻

一位场下彬彬有礼的绅士,但在场上就变成了一个坚持强硬防守的球员。阿特尔斯在勇士度过了全部职业生涯,1962年随队从费城搬到旧金山。他为名人堂成员威尔特·张伯伦、内特·瑟蒙德以及里克·巴里承担了几乎所有脏活。1975年当勇士4场血洗华盛顿子弹时,艾尔正是那支勇士的教练。他自从北卡A&T出来后五十多年里一直追随勇士,他还是球队的顾问、社会活动家兼友好大使。

绰号: Destroyer 毁灭者

两次总决赛: 1964年作为勇士角色球员,艾尔与张伯伦等队友杀进总决赛,最终1比4败给凯尔特人。1967年他和勇士再次进入总决赛,对手正是昔日队友张伯伦率领的76人,经过6场大战,艾尔和他的球队还是没能登顶。

教练生涯: 艾尔是NBA第一批黑人教练之一。1975年他执教拥有里克·巴里的勇士终于如愿以偿,成为历史上第二位夺得总冠军的非裔美国人教练。

472 Curtis Rowe 柯蒂斯·罗

生日:1949.7.2　身高:2.01米　位置:F　号码:18, 41
职业生涯:1971—1979
球队:底特律活塞,波士顿凯尔特人
场均数据:11.6分,7.2篮板,1.6助攻,0.5抢断,0.5盖帽

荣誉

1次全明星

柯蒂斯·罗是一位可靠、强壮的大前锋,他从不避讳内线的身体接触,他的巅峰时期是在活塞的时候,其中包括两个场均超过16分的耀眼赛季。高中早早在洛杉矶成名的罗还在UCLA赢得过3次全国冠军。另外,他在活塞的最后一年还入选了全明星。

473 Eddie Miles 埃迪·迈尔斯

生日:1940.7.5　身高:1.93米　位置:G/F　号码:14,15,42
职业生涯:1963—1972
球队:底特律活塞,巴尔的摩子弹,纽约尼克斯
场均数据:13.4分,3.1篮板,2.0助攻

荣誉

1次全明星

埃迪·迈尔斯是在名人堂成员埃尔金·贝勒之后不久从西雅图大学走出来的球员,在60年代那支不招人喜欢的底特律活塞里,他以突出的天赋而名声大噪。1965—1966赛季,这只"金臂"以场均19.6分一直领衔活塞球队得分榜,并在那个赛季入选了全明星,1967年他终于带领活塞闯入了季后赛。

绰号:the Man with the Golden Arm 金臂

474 Roy Hinson 罗伊·辛森

生日:1961.5.2　身高:2.06米　位置:F/G　号码:32,23,21,6
职业生涯:1983—1991
球队:克利夫兰骑士,费城76人,新泽西篮网
场均数据:14.2分,6.8篮板,1.0助攻,0.6抢断,1.7盖帽

在健康的前提下,辛森是位弹跳出众的前锋,用他吓人的运动能力和速度在篮下对敌人为所欲为。1985—1986赛季代表克利夫兰骑士的赛季是辛森表现最好的一季,场均19.6分外加7.8个篮板,而且命中率达到职业生涯最好的53.2%。在6个高产的赛季之后,膝伤彻底击沉了辛森的职业生涯,最终导致了他的过早退役。

475 Andrei Kirilenko
安德烈·基里连科

生日:1981.2.18　身高:2.06米　位置:F　号码:47
职业生涯:2001—2015
球队:犹他爵士,明尼苏达森林狼,布鲁克林篮网
场均数据:11.8分,5.5篮板,2.7助攻,1.4抢断,1.8盖帽

荣誉

1次全明星
1次盖帽王
1次最佳防守阵容

基里连科曾被看作全能小前锋的代表，他也是NBA历史上最优秀的欧洲球员之一。在约翰·斯托克顿宣布退役，卡尔·马龙转会湖人后，基里连科成为了爵士当家球星。2003—2004赛季他场均盖帽排全联盟第三，场均抢断第四，成为NBA历史上第二位在这两项统计中同时排进前五的球员。他还在赛季最佳防守球员票选位列第五，进步最快球员评选中位列第四。但他的伤病隐患也在这个阶段逐渐显现，2012年开始，他分别在森林狼、篮网和费城打过一个赛季，随后宣布退役。

亮点

绰号: AK-47

年轻有为: 在俄罗斯联赛征战了两年之后,基里连科于1999年被犹他爵士在首轮第24顺位选中,成为当时被选入NBA的最年轻的欧洲球员,同时也是历史上第一个被NBA首轮选中的俄罗斯籍球员。

俄罗斯明星: 被NBA选中之后,基里连科继续在莫斯科中央陆军打了两个赛季,期间他帮助球队赢得东欧篮球联盟冠军,以及连续第二次的俄罗斯超级联赛冠军。2000年他第二次参加俄罗斯全明星赛,并获得MVP。同年他率领俄罗斯国家男篮在奥运会上闯入八强。2001年在中央陆军对阵立陶宛里塔斯的比赛中,基里连科成为历史上第二位在欧洲杯里打出3双的球员,那届欧洲杯的8项数据统计中基里连科有7项排名第一。

476 B.J. Armstrong
B.J. 阿姆斯特朗

生日:1967.9.9 身高:1.88米 位置:G 号码:10,11,2
职业生涯:1989—2000
球队:芝加哥公牛,金州勇士,夏洛特黄蜂,奥兰多魔术
场均数据:9.8分,1.8篮板,3.3助攻,0.7抢断,0.1盖帽

荣誉

3次总冠军(1991,1992,1993)
1次全明星

1989年被公牛选中,阿姆斯特朗是迈克尔·乔丹和斯科蒂·皮蓬身后帮助他们拿下第一座总冠军的关键角色球员。最初作为帕克森替补的他在1992—1993赛季成为了先发主力,并在当赛季拿下联盟三分命中率第一。在没有了乔丹的公牛,阿姆斯特朗不仅打出了个人最好的一个赛季,同时也入选了全明星阵容。

绰号: The Kid 小子

逐步上位:1991—1992赛季作为公牛常年先发控卫约翰·帕克森的替补,阿姆斯特朗场均贡献9.9分3.2次助攻。而接下来的一个赛季,他彻底锁定了先发位置,场均得到12.3分4次助攻,同时以45.3%爬上联盟三分命中率榜首位置。

后乔丹时期:1994—1994赛季,他以场均将近15分排在全队得分榜第三,并在全明星票选中获得东部先发控卫的位置。

领路人:阿姆斯特朗现在是芝加哥公牛在2008年状元秀德里克·罗斯的经纪人之一。

477 Jamal Crawford
贾马尔·克劳福德

生日:1980.3.20 身高:1.96米 位置:G 号码:1,11,6
职业生涯:2001—2015
球队:芝加哥公牛,纽约尼克斯,金州勇士,亚特兰大老鹰,波特兰开拓者,洛杉矶快船
场均数据:15.3分,2.3篮板,3.5助攻,0.9抢断,0.2盖帽

2000年以八号秀身份进入联盟后,克劳福德在公牛的新秀赛季进行得并不顺利,投篮尤其挣扎。不过从第二个赛季开始,他的数据和表现都有了稳步提升。尽管公牛、尼克斯和勇士时期克劳福德均打出过出色的表现,但是真正确立他史上最优秀第六人之一地位的还是2009年开始的老鹰时期。以得分爆发力著称的他,无论在老鹰、开拓者还是快船,都成为球队核心阵容的重要成员。

最佳第六人:贾马尔分别在2010年,2014年和2016年成为最佳第六人,他也是联盟历史上唯一一位三次囊获该荣誉的球员。

478 Jeff Teague 杰夫·蒂格

生日:1988.6.10 身高:1.88米 位置:G 号码:0,44
职业生涯:2009年至今
球队:亚特兰大老鹰,印第安纳步行者
场均数据:12.6分,2.4篮板,5.5助攻,1.2抢断,0.3盖帽

荣誉

1次全明星

菜鸟赛季初期，蒂格表现糟糕，但赛季末面对冲冠热门骑士时，蒂格打满48分钟，得分24分15次助攻5个篮板，引起了关注。2011—2012赛季，蒂格的数据有了较大提高，他也成为老鹰首发控卫。2016年，蒂格被老鹰交易到步行者。

亮点

0: 被老鹰选中后，蒂格表示将和大学一样选择0号球衣。选择0号是为了向阿里纳斯致敬。因为和阿里纳斯一样，曾经有人对蒂格说，他绝没有进入职业联盟的可能。

被落在球馆: 2016年3月，在活塞比赛结束后，蒂格成为了唯一被遗忘在球馆的家伙。有球迷拍下了拿着一盒披萨，形单影只打电话联系球队的蒂格。

479 Jim Paxson Jr 吉姆·帕克森

生日:1957.7.9 身高:1.98米 位置:G/F 号码:4
职业生涯:1979—1990
球队:波特兰开拓者,波士顿凯尔特人
场均数据:14.3分,2.0篮板,2.9助攻,1.2抢断,0.1盖帽

荣誉

2次全明星

作为2次全明星,他是80年代最被忽略的高产球员之一,两个赛季场均超过20分。帕克森并不是依靠出众的身体条件或者运动能力,而是特别勤奋的那种球员,他的球风非常机智,而且具备优秀的中距离投射能力,对球队判断能力超强,善于持球投篮,也拥有一定防守能力足以给对方前锋施压。

子承父业: 作为前NBA球员老吉姆·帕克森的儿子,小帕克森在代顿大学时期就曾3次当选球队MVP以及全美最佳阵容二队。在开拓者效力的9年中,他2次入选全明星,并在1984年凭借场均21分入选NBA最佳阵容二队,当1988年转投凯尔特人时,他是带着球队历史得分纪录离开开拓者的。

480 Anthony Webb 斯伯特·韦伯

生日:1963.7.13 身高:1.70米 位置:G 号码:4
职业生涯:1985—1998
球队:亚特兰大老鹰,萨克拉门托国王,明尼苏达森林狼,奥兰多魔术
场均数据:9.9分,2.1篮板,5.3助攻,1.1抢断,0.1盖帽

荣誉

2次全明星

他的注册身高是1.70米,而实际上"土豆"韦伯应该是比这个身高还要矮一些。尽管身材上要小一号,但他的心可一点不小。凭借出众的速度,他得到了全世界范围内许多比他身高还高的球迷们的喜爱,还拿下了1986年在他家乡达拉斯举办的全明星扣篮大赛冠军。此外韦伯并不只是标新立异的代名词,1990—1995年他连续5个赛季场均得分达到两位数。

绰号: Spud 土豆

扣篮王: 自从韦伯进入联盟以来,只有两位球员比他更矮:厄尔·博伊金斯和马格西·博格斯,尽管如此,韦伯还是在1986年战胜了"人类电影精华"威尔金斯,夺得扣篮大赛冠军。

481 Shane Battier
肖恩·巴蒂尔

生日:1978.9.9 身高:2.03米 位置:F 号码:31
职业生涯:2001—2014
球队:孟菲斯灰熊,休斯敦火箭,迈阿密热火
场均数据:8.6分,4.2篮板,1.8助攻,1.0抢断,0.9盖帽

荣誉

2次总冠军(2012, 2013)

巴蒂尔在杜克的四年非常辉煌,曾两次率队打进四强赛,并在2001年夺冠。2001年,巴蒂尔和保罗·加索尔一起来到灰熊,在孟菲斯的5个赛季,灰熊年年杀入季后赛。2006年,巴蒂尔被交易到火箭。直到2011年离开前,他与科比的较量被人津津乐道,他也因此被誉为防守专家。短暂返回灰熊后,巴蒂尔在2011年与热火续约,跟随三巨头拿下两个冠军后,他在2014年退役。

亮点

绰号: Batman 蝙蝠侠

终极胶水人: 他可以胜任除中锋位置外的所有防守,善于制造进攻犯规,同时非常热衷研究对手的习惯和战术。2007—2008赛季在与马刺的一场比赛中,由于马努·吉诺比利是作为第六人的特殊主力得分手,巴蒂尔竟向主教练主动请求放弃先发位置,直到吉诺比利上场他才上场盯防。球队总经理事后表示他从没见过哪个NBA球员会为了防守对方得分而主动要求放弃先发位置的。巴蒂尔在2007—2008赛季和2008—2009赛季都入选了最佳防守第二阵容。

482 Albert King 阿尔伯特·金

生日:1959.12.17　身高:1.98米　位置:F/G　号码:55,17,15
职业生涯:1981—1991
球队:新泽西篮网,费城76人,圣安东尼奥马刺,华盛顿子弹
场均数据:12.1分,4.2篮板,2.2助攻,0.8抢断,0.4盖帽

阿尔伯特是一位出自布鲁克林、身高不足2米的锋卫摇摆人。从里克·特兰德的著作《天堂是座篮球场》中我们可以了解到这位伯纳德·金的小弟弟在球场是多么优秀的一名球员。在马里兰大学获得全美最佳阵容的殊荣,然后被新泽西篮网首轮招入阵中,尽管阿尔伯特在他9年的NBA生涯中从未有过全明星级别的数据表现,但他也在连续5个赛季场均超过12分。

483 Kelvin Ransey 凯尔文·兰西

生日:1958.5.3　身高:1.85米　位置:G　号码:14
职业生涯:1980—1986
球队:波特兰开拓者,达拉斯小牛,新泽西篮网
场均数据:11.4分,1.9篮板,5.2助攻,1.0抢断,0.1盖帽

这位1980年的4号新秀是一个速度型的后卫,兰西同时还是当季最佳新秀的候选人之一。虽然仅以1票之差排在年度最佳新秀第二位,但还是入选了最佳新秀阵容。兰西的第2个赛季是他职业生涯的最高峰,场均拿下16.1分7.1次助攻,排在联盟助攻榜第七位。兰西的运球推进非常迅速,而且在防守时也在外围表现出了足够的强硬。但他仅打了6个赛季就宣布退役,并成为了一名牧师。

484 Kevin Martin
凯文·马丁

生日:1983.2.1 **身高**:2.01米 **位置**:G **号码**:23,12
职业生涯:2004—2016
球队:萨克拉门托国王,休斯敦火箭,俄克拉荷马雷霆,明尼苏达森林狼,圣安东尼奥马刺
场均数据:17.4分,3.2篮板,1.9助攻,0.9抢断,0.1盖帽

尽管出手姿势怪异,但并没有妨碍巅峰时期的马丁拥有强大的得分能力,尤其是造犯规能力。这和他来自西卡罗莱纳这个名不见经传的学校,身体素质一般却依旧能驰骋联盟一样。2007—2008赛季,马丁还一度领跑联盟得分榜。但是,从未带队在季后赛证明自己让他步入在职业生涯中期后堕入平庸。

成长:作为国王2004年第26顺位新秀,马丁菜鸟赛季场均只有10分钟,得到2.9分1.3个篮板。第二个赛季由于邦齐·威尔斯因伤缺阵,马丁数据提升到场均10.8分3.6个篮板。由于罗恩·阿泰斯特禁赛,马丁在2006年季后赛首轮第三场作为先发前锋登场,他命中压哨球绝杀了马刺。第三个赛季,马丁把所有数据都提升到了职业生涯新高,场均20.1分4.3个篮板2.2次助攻,在年度进步最快奖评选中仅次于蒙塔·埃利斯。

骗犯规大师:2007年3月17日,马丁在客场对阵魔术的比赛中成为NBA历史第二个只命中一记投篮却得分达到20分的球员,那场比赛他有17分来自罚球。2010—2011赛季,马丁总共罚中594个罚球,居联盟第一。

---

485 Jason Williams
贾森·威廉姆斯

生日:1975.11.18 **身高**:1.83米 **位置**:G **号码**:55,2,44,3
职业生涯:1998—2011
球队:萨克拉门托国王,孟菲斯灰熊,迈阿密热火,奥兰多魔术
场均数据:10.5分,2.3篮板,5.9助攻,1.2抢断,0.1盖帽

荣誉

1次总冠军(2006)

尽管有很多人批评他的浮躁球风,但威廉姆斯还是那个将摆烂国王转变为季后赛球队的关键人物之一。他把传球上升到了艺术层次,令球迷乃至对手们都眼花缭乱,无论如何,他的职业生涯都值得肯定,而且他也是2006年热火夺冠时无可争辩的重要组成部分。

绰号:White Chocolate 白巧克力 J-Will, J-Dub

最受欢迎:威廉姆斯在被国王第7位选中后,和当时的队友克里斯·韦伯、迪瓦茨以及斯托亚科维奇一起组成了强有力的季后赛争夺阵容,威廉姆斯的新秀赛季场均得到12.8分6次助攻1.9次抢断,入选了新秀最佳阵容,他的打法写意灵动,颇具街球风范,那一年他的55号国王战袍打入了NBA球衣销售榜前五位。

总决赛最高峰:2006年东部决赛在对阵活塞的第六场比赛中,威廉姆斯11投10中得到21分。闯入决赛的热火最终击败小牛加冕总冠军,威廉姆斯在总决赛系列赛中场均贡献12分5次助攻。

486 Kerry Kittles
克里·基特尔斯

生日:1974.6.12 身高:1.96米 位置:G 号码:30
职业生涯:1996—2005
球队:新泽西篮网,洛杉矶快船
场均数据:14.1分,3.9篮板,2.6助攻,1.6抢断,0.4盖帽

基特尔斯在维拉诺瓦大学拥有梦幻般的4年大学篮球时光,手握15项校队历史纪录,包括最多得分和抢断等。作为新秀球员加入篮网后,他还创造了新秀三分纪录,这个纪录后来甚至没人能够接近。作为《扣篮SLAM》的死忠,基特尔斯还是篮网两次总决赛之旅的重要成员。

亮点

新秀纪录: 1996—1997赛季克里以赛季158个三分创造了新秀三分球命中纪录,这个纪录直到2008—2009赛季才由鲁迪·费尔南德斯打破。整个赛季克里全勤了82场比赛,场均拿下16.4分3.9个篮板3次助攻和1.9次抢断,入选了最佳新秀第二阵容。

国际赛场: 1995年他代表美国队参加世界大学生运动会并夺得金牌。

487 Kendall Gill
肯德·吉尔

生日:1968.5.25 身高:1.96米 位置:G/F 号码:13,9,12
职业生涯:1990—2005
球队:夏洛特黄蜂,西雅图超音速,新泽西篮网,迈阿密热火,明尼苏达森林狼,芝加哥公牛,密尔沃基雄鹿
场均数据:13.4分,4.1篮板,3助攻,1.6抢断,0.4盖帽

荣誉

1次抢断王

吉尔曾率领伊利诺斯大学打入1989年最终四强。1992年和1997年分别2次场均得分超过20分。1998—1999赛季他还成为了联盟的抢断王,并且在接下去一个赛季以单场11个抢断平了NBA历史纪录。如今,吉尔已经正式涉足职业拳击界。

亮点

新秀赛季: 吉尔打满了82场比赛,场均得到11分3.2篮板3.7助攻和1.3抢断,入选了最佳新秀阵容并参加了全明星周末的扣篮大赛。

另类三双: 1999年4月3日吉尔在代表篮网对阵热火的比赛中得到15分10篮板和11次助攻,平了联盟单场抢断纪录。

488 Wally Szczerbiak

沃利·斯泽比亚克

生日：1977.3.5　身高：2.01米　位置：F　号码：10，55，3
职业生涯：1999—2009
球队：明尼苏达森林狼，波士顿凯尔特人，西雅图超音速，克利夫兰骑士
场均数据：14.1分，4篮板，2.4助攻，0.6抢断，0.2盖帽

荣誉

1次全明星

他曾是大学里高效而且全能的明星球员，作为前ABA职业球员的儿子，斯泽比亚克凭借他稳定的远投能力逐步成长为NBA的全明星球员。膝盖和脚踝的伤病在他职业生涯末期严重影响了他的表现，但是他在NBA的前7个赛季还是相当抢眼的，其中就包括2005—2006赛季场均19分以及2001—2002赛季的场均18.7分。

亮点

得分纪录：2003年4月13日，斯泽比亚克砍下44分，平了球队历史单场得分纪录，这一纪录后被凯文·加内特所打破。

国际大赛：斯泽比亚克代表国家队获得1999年美洲杯冠军，还在1998年和2001年两届友好运动会中夺得金牌。

489 David Lee 大卫·李

生日：1983.4.29　身高：2.06米　位置：F　号码：42，10
职业生涯：2005年至今
球队：纽约尼克斯，金州勇士，波士顿凯尔特人，达拉斯小牛，圣安东尼奥马刺
场均数据：13.5分，8.8篮板，2.2助攻，0.8抢断，0.4盖帽

荣誉

1次总冠军(2015)
2次全明星

作为大四生，2005年参加选秀时的李并不被球队看好，他直到第30顺位才被尼克斯选中。一进入联盟，李就展现出了强大的即战力，新秀赛季就打出过得分上20分的表现。从2008—2009赛季开始，李的上场时间和表现逐渐稳定，他也成为两双球员。与进攻华丽相左，李的防守饱受诟病，2014—2015赛季，正是因为他的能力不均衡，让自己失去了在勇士的核心地位，并从此开始浪迹联盟。

全明星：2010年李代替不能出战的阿伦·艾弗森首次入选全明星，他也是纽约尼克斯自2001年阿兰·休斯敦和拉特里尔·斯普雷维尔之后首个入选全明星的球员。

大三双：2010年4月2日，李在对阵金州勇士时拿下职业生涯第一次三双：37分20个篮板10次助攻。是自1976年贾巴尔之后第一个单场达到35+20+10的球员。

490 Tree Rollins 特里·罗林斯

生日：1954.6.16　身高：2.16米　位置：C　号码：30，15
职业生涯：1977—1995
球队：亚特兰大老鹰，克利夫兰骑士，底特律活塞，休斯敦火箭，奥兰多魔术
场均数据：5.4分，5.8篮板，0.6助攻，0.4抢断，2.2盖帽

荣誉

1次盖帽王
1次最佳防守阵容

罗林斯原名韦恩·蒙特·罗林斯，1977年作为14号秀进入联盟的他，职业生涯长达18年。罗林斯以防守著称，1995年退役时，他的盖帽总数仅次于奥拉朱旺、贾巴尔和马克·伊顿，排名历史第四。1994—1995赛季，作为魔术替补中锋的他还兼任了助理教练。

绰号：Tree　大树

脾气火暴：1983年东部半决赛面对凯尔特人，据传丹尼·安吉辱骂罗林斯为"娘们"。罗林斯报复性地肘击了安吉脸部，两人陷入混战，争斗过程中，罗林斯咬破了安吉的中指，这导致在后来的一些比赛里，有球迷会在罗林斯面前举起"打不过就咬他"的标语牌。

491 Larry Hughes 拉里·休斯

生日:1979.1.23　身高:1.96米　位置:G　号码:21, 20, 32, 0
职业生涯:1998—2010
球队:费城76人, 金州勇士, 华盛顿奇才, 克利夫兰骑士, 芝加哥公牛, 纽约尼克斯, 夏洛特山猫
场均数据:14.2分, 4.2篮板, 3.2助攻, 1.5抢断, 0.4盖帽

荣誉

1次最佳防守阵容
1次抢断王

休斯是一位多才多艺的高个子后卫, 同时也具备高空作业能力, 善于抢断和中投。他有组织球队的能力, 而且在防守中的表现非常强硬。2004—2005赛季, 休斯以场均2.9次抢断成为联盟抢断王, 这位来自圣路易斯的球员共有5个赛季场均得分超过15分, 而他最为闪亮的一个赛季就是2004—2005赛季, 代表奇才场均攻下22分。

绰号: Smooth Larry King

大合同: 作为第一批辅佐"皇帝"勒布朗·詹姆斯的球员之一, 2005年克利夫兰骑士与休斯签下5年7000万的合同。2005年他的场均上场时间和得分都是队中仅次于詹姆斯的第二人。

最佳好人: 2006年休斯获得了首届"奥斯丁·卡尔"好好先生奖, 该奖项专门颁给骑士队中与媒体、社区和公众建立最佳关系的球员。

492 Sarunas Marciulonis 沙鲁纳斯·马修利奥尼斯

生日:1964.6.13　身高:1.96米　位置:G　号码:13, 30, 8
职业生涯:1989—1997
球队:金州勇士, 西雅图超音速, 萨克拉门托国王, 丹佛掘金
场均数据:12.8分, 2.3篮板, 2.2助攻, 1.3抢断, 0.1盖帽

立陶宛历史上最知名篮球运动员之一, 马修利奥尼斯的NBA巅峰出现在勇士, 他曾在1992年和1993年两次在年最佳第六人评选中排名第二。马修利奥尼斯一改美国人对欧洲球员软弱的看法, 他开启了欧洲球员赴NBA打球的先河。

欧洲步: 因吉诺比利而被球迷熟知的欧洲步, 实际上最早就是由马修利奥尼斯引入NBA的。

选秀风波: 因为和小尼尔森是好友, 担任勇士主教练的老尼尔森在1987年第六轮第127顺位选下了他。但老鹰总经理却拿出了马修利奥尼斯已年满23岁的证明, 使勇士的选秀变得无效。老鹰随后利用自身与苏联的联系, 和他签下了一份合同, 但因为苏联的反对, 老鹰最终没能将合同提交给NBA。最终, 在老尼尔森的影响下, 马修利奥尼斯在1989年和勇士签下了3年380万美元的合同。

493 Herm Gilliam 赫姆·吉列姆

生日:1961.5.2 身高:1.90米 位置:G/F 号码:30, 9, 3
职业生涯:1969—1977
球队:辛辛那提皇家,布法罗勇敢者,亚特兰大老鹰,西雅图超音速,波特兰开拓者
场均数据:10.8分,3.8篮板,3.8助攻,1.3抢断,0.2盖帽

荣誉

1次总冠军(1977)

从普度大学走出来成为了首轮新秀,赫姆·吉列姆是一个快速的投手、控球手和防守者,而且在其他方面表现得都还不赖。在经历了辛辛那提的新秀赛季以及在布法罗勇敢者的一个赛季之后,赫姆终于在亚特兰大老鹰迎来了最巅峰的两个赛季,场均拿下超过14分。1976—1977赛季,吉列姆作为板凳球员夺冠之后便结束了自己的职业生涯。

关键一役: 1977年西部决赛,吉列姆代表开拓者对阵湖人,打出了他职业生涯最优秀的一场比赛。第四节他们还以70比77落后,吉列姆得分,抢断,再得分,命中失去平衡的跳投,后撤步跳投,简直无所不能,18次出手命中12个,独得24分并帮助球队反败为胜。

494 Josh Howard 约什·霍华德

生日:1980.4.28 身高:2.01米 位置:F 号码:5, 8
职业生涯:2003—2013
球队:达拉斯小牛,华盛顿奇才,犹他爵士,明尼苏达森林狼
场均数据:14.3分,5.7篮板,1.6助攻,1.0抢断,0.5盖帽

荣誉

1次全明星

在维克森林大学打满四年,成为全家第一个大学毕业生后,约什才进入联盟。2006年初,因为防守出色,霍华德曾受到美国男篮的邀请,但他对此给予了拒绝。2010年,霍华德被交易到奇才,从此没落。

上位: 霍华德在职业生涯第二个赛季仍旧是铁打的板凳球员,直到马奎斯·丹尼尔斯因伤缺阵,顶上主力位置的霍华德在这个赛季场均32分钟上场时间里拿下12.6分6.4个篮板和1.5次抢断。第三个赛季,他的数据上升到场均15.6分和6.8个篮板,但由于伤病他只出战了59场比赛。2007年,霍华德场均得到18.9分6.8个篮板,帮助小牛拿到67胜15负的胜场纪录,由于当时姚明和卡洛斯·布泽尔的相继受伤退出,本没机会入选全明星的霍华德入选。

495 Wali Jones 瓦利·琼斯

生日:1942.2.14 身高:1.88米 位置:G 号码:24,23,12,11,9
职业生涯:1964—1976
球队:巴尔的摩子弹,费城76人,密尔沃基雄鹿,犹他星辰,底特律活塞
场均数据:9.8分,2.2篮板,3.1助攻,0.5抢断,0盖帽

荣誉

1次总冠军(1967)

新秀赛季过后,当巴尔的摩将琼斯交易到费城76人之后,他休了一个大假期以便陪伴家人,琼斯很重视他的家人,但这并不影响他成为1966—1967赛季NBA总冠军阵中的重要一员。琼斯是一位强硬的后卫,同时拥有柔软的手感和优秀的控球能力。他的职业生涯2次拿到场均13.2分,分别是在1966—1967赛季和1968—1969赛季。

亮点

绰号:Wally

冠军队主力:1966—1967赛季,在76人主力控卫拉里·科斯特洛伤停后,琼斯坐稳主力位置,并与张伯伦等队友一起拿下常规赛68胜13负的战绩,季后赛中他们轻松过关最终击败当时的八冠王凯尔特人成功加冕。

496 Cuttino Mobley 卡蒂诺·莫布里

生日:1975.9.1 身高:1.93米 位置:G 号码:5,3,32
职业生涯:1998—2008
球队:休斯敦火箭,奥兰多魔术,萨克拉门托国王,洛杉矶快船
场均数据:16分,3.9篮板,2.7助攻,1.2抢断,0.4盖帽

出自费城的精瘦型2号位球员,卡蒂诺·莫布里总是拥有旺盛的进攻欲望,而且在他的职业生涯里也一直被看作是可靠的得分武器。他在2001—2002赛季得到最高的场均21.7分,并在之后一个赛季得到19.5分。强壮而硬朗,莫布里在三分外的手感也相当稳定,换位坚决而且插上迅速及时。而且他也能在防守中利用自己的速度锁死对方的后卫球员。

亮点

绰号:The Cat 老猫

火箭双煞:莫布里和弗朗西斯在火箭成为了联盟最犀利的后场组合之一。莫布里在2001—2002赛季拿下自己职业生涯最高的场均21.7分。

497 P.J. Brown
P.J.布朗

生日:1969.10.14　身高:2.11米　位置:C　号码:42,93
职业生涯:1993—2008
球队:新泽西篮网,迈阿密热火,夏洛特黄蜂,新奥尔良黄蜂,芝加哥公牛,波士顿凯尔特人
场均数据:9.1分,7.7篮板,1.5助攻,0.8抢断,1.0盖帽

荣誉 

1次总冠军(2008)

1992年在第二轮第29顺位被篮网选中后,布朗在希腊联赛打过一年后才进入NBA。在篮网的三个赛季,布朗不仅坐稳首发,他的得分数据也在逐渐增长。1996年加入热火后,布朗在莱利的调教下防守能力大涨,他也成为热火季后赛时的防守核心,防守也成为了他职业生涯的标签。

绰号: PJ,花生酱和果冻的缩写。布朗原名科利尔·布朗,PJ是祖母送给他的绰号,原因在于他小时候喜欢吃花生酱和果冻三明治。

大满贯: 黄蜂队史上曾在三座城市设立过主场(夏洛特、新奥尔良和俄克拉荷马城),布朗是唯一在三座城市都打过球的黄蜂球员。

从影: 布朗曾在电影《爱情与香烟》中扮演过警察。

498 Thaddeus Young
赛迪斯·杨

生日:1988.6.21　身高:2.03米　位置:F　号码:21,33,30
职业生涯:2007年至今
球队:费城76人,明尼苏达森林狼,布鲁克林篮网,印第安纳步行者
场均数据:13.6分,5.9篮板,1.5助攻,1.4抢断,0.4盖帽

尽管是乐透秀,但杨在新秀赛季并没有得到重用。直到球队更换总经理,交易走凯尔·科沃尔后,他才逐渐在76人成为首发。2009年季后赛首轮,杨在与魔术的第三场比赛中投进过绝杀。2013—2014赛季,杨的得分、助攻、抢断和三分命中数均达到生涯最高,他还在联盟抢断榜上位列第三。

体育世家: 杨的父亲菲尔顿·杨1976年到1978年是杰克逊维尔大学篮球校队成员,1978年,他在NBA选秀大会上被布法罗勇敢者队在第八轮选中。

499 Tony Allen 托尼·阿伦

生日:1982.1.11　身高:1.93米　位置:G　号码:42, 9
职业生涯:2004年至今
球队:波士顿凯尔特人,孟菲斯灰熊
场均数据:8.2分,3.6篮板,1.3助攻,1.4抢断,0.4盖帽

荣誉

1次总冠军(2008)
3次最佳防守阵容

虽然阿伦不以得分见长,但是在球队需要时,他也能及时提供分数,2005年1月,生涯第一次首发,他就拿下了20分。作为防守专家,他在凯尔特人2008年夺冠过程中做出了很大贡献。2010年,阿伦与灰熊签约,现在他是灰熊的精神支柱之一。

亮点

绰号: Gucci 古驰　Grindfather 凶悍老爹

防守专家: 科比曾不只一次表示过,阿伦是他遇到过最强硬的防守球员。

坎坷经历: 大学的最初两年他只能在初级大学,巴特勒郡社区大学打球,大三时他才转学到俄克拉荷马州立大学。

500 Hedo Turkoglu 希度·特克格鲁

生日:1979.3.19　身高:2.08米　位置:F
号码:5, 14, 15, 26, 19, 8
职业生涯:2000—2015
球队:萨克拉门托国王,圣安东尼奥马刺,奥兰多魔术,多伦多猛龙,菲尼克斯太阳,洛杉矶快船
场均数据:11.1分,4.0篮板,2.8助攻,0.8抢断,0.3盖帽

特克格鲁是NBA历史上第一个在土耳其出生的球员。2009年作为魔术进攻核心,他带队杀入总决赛。2009年夏天为大合同加入猛龙成为了他职业生涯的转折点,在北境,土耳其魔术师完全失去了魔法,自此一蹶不振。

亮点

绰号: Mr.Fourth Quarter 第四节先生　The Michael Jordan of Turkey 土耳其乔丹

国际荣誉: 2001年特克格鲁代表土耳其男篮拿下欧锦赛银牌,他场均得到15.5分。2010年,以东道主球员身份参加世锦赛,土耳其以全胜战绩杀入决赛,获得银牌,特克格鲁场均得到12.3分4.2个篮板3.4次助攻。

BEST OF THE REST 未完待续

TOP 10 未来派

入选我们《NBA历史500巨星》的最基本资格是，至少在联盟完成了五个完整赛季，这让那些已经在联盟打出名堂的年轻人们和这份榜单失之交臂。我们不能让这些未来和我们再失之交臂，所以，这份榜单诞生了。

扬尼斯·阿德托昆博 1
Giannis Antetokounmpo

生日：1994.12.6　身高：2.11米
位置：F　号码：34
NBA生涯：2013年至今
效力球队：密尔沃基雄鹿
场均数据：14.9分，6.9篮板，3.6助攻，1.1抢断，1.3盖帽

雄鹿在2013年用15号签选下了阿德托昆博，作为非乐透秀的他已经成为了新一代全能控球前锋的代表。继新秀赛季入选最佳新秀阵容二队后，他在2016—2017赛季迎来大爆发，不仅第一次入选全明星，还成功跻身最佳第二阵容。

卡尔-安东尼·唐斯 2
Karl Anthony Towns

生日：1995.11.15　身高：2.13米
位置：C　号码：12
NBA生涯：2015年至今
效力球队：明尼苏达森林狼
场均数据：21.7分，11.4篮板，2.3助攻，0.7抢断，1.5盖帽

16岁时就入选多米尼加男篮的唐斯被公认是最符合现代潮流的内线球员。在肯塔基大学打过一年后，他在2015年被森林狼选中，成为状元秀。之后的赛季，唐斯成为最佳新秀，入选新秀最佳阵容。2016年全明星赛，唐斯在技巧挑战赛和伊塞亚·托马斯的比拼中胜出拿到冠军。

3 C.J.迈克勒姆 3
C.J.McCollum

生日：1991.12.19　身高：1.91米
位置：G　号码：3
NBA生涯：2013年至今
效力球队：波特兰开拓者
场均数据：15.9分，2.7篮板，2.8助攻，0.9抢断，0.3盖帽

在理海大学打满四年后，迈克勒姆以第10顺位进入联盟，他是理海大学史上第一个被NBA选中的球员。菜鸟赛季，受伤病影响，他一度被下放到发展联盟。但在阿尔德里奇离开后，迈克勒姆迅速崛起，并成为了开拓者的基石级球员，2016年，他成为了进步最快球员。

克里斯塔普斯·波尔津吉斯 4
Kristaps Porzingis

生日：1995.8.2　身高：2.21米
位置：C　号码：6
NBA生涯：2015年至今
效力球队：纽约尼克斯
场均数据：16.1分，7.3篮板，1.4助攻，0.7抢断，1.9盖帽

很多人评价波尔津吉斯的球风与保罗·加索尔类似，但他的运动能力要强于加索尔。他是NBA历史上第一个单赛季得分、篮板、三分球命中数和盖帽分别超过1000、500、75和100的新秀。除在2016年入选新秀最佳阵容外，他还拿到了2017年全明星技巧挑战赛的冠军。

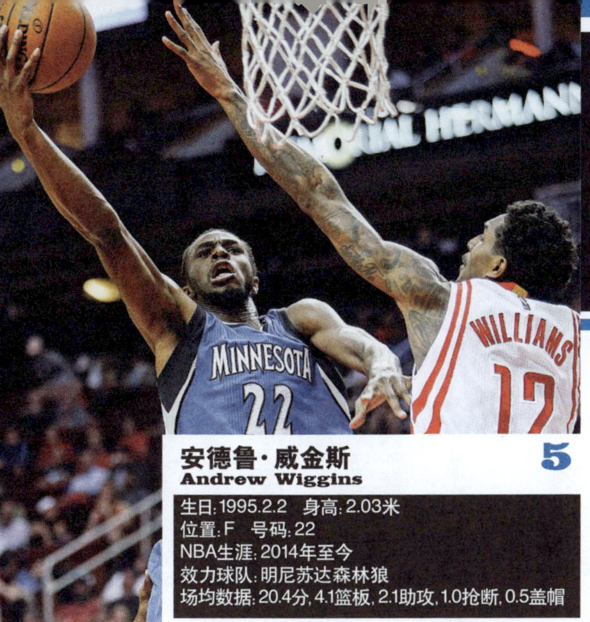

安德鲁·威金斯 5
Andrew Wiggins

生日：1995.2.2　身高：2.03米
位置：F　号码：22
NBA生涯：2014年至今
效力球队：明尼苏达森林狼
场均数据：20.4分，4.1篮板，2.1助攻，1.0抢断，0.5盖帽

威金斯从高中开始就备受关注，很多球探评价他具有历史罕见的身体素质。作为2014年的状元秀，威金斯将天赋兑现成了强大的得分能力，他也因此成为了最佳新秀，入选了最佳新秀阵容，并在2015年全明星周末拿到了新秀挑战赛的MVP。

尼古拉·约基奇 6
Nikola Jokic

生日：1995.2.1　身高：2.08米
位置：C　号码：15
NBA生涯：2015年至今
效力球队：丹佛掘金
场均数据：13.2分，8.4篮板，3.6助攻，0.9抢断，0.7盖帽

约基奇是2014年的41号秀，他直到一年后在夏季联赛打出了8.0分6.2个篮板的表现后才得到掘金的正式合同。但在进入联盟后，绰号"小丑"的他立刻大杀四方，2015年11月，在战胜马刺的比赛里，他拿到了23分12个篮板。菜鸟赛季入选新秀最佳阵容后，2016—2017赛季，他又开发出传球技术，成为了联盟组织中锋的代表人物。

迈尔斯·特纳 7
Myles Turner

生日：1996.3.2　身高：2.11米
位置：C　号码：33
NBA生涯：2015年至今
效力球队：印第安纳步行者
场均数据：12.7分，6.5篮板，1.0助攻，0.7抢断，1.8盖帽

新秀赛季受伤病影响，迈尔斯仍以10.3分5.5个篮板的表现入选最佳新秀第二阵容。第二个赛季，特纳揭幕战就打出30分16个篮板4次盖帽的表现，并将赛季场均数据提高到14.5分7.3个篮板2.1次盖帽。两年时间，他就作为非乐透秀成为了建队基石。

德文·布克 8
Devin Booker

生日：1996.10.3　身高：1.98米
位置：G　号码：1
NBA生涯：2015年至今
效力球队：菲尼克斯太阳
场均数据：18.0分，2.8篮板，3.0助攻，0.8抢断，0.3盖帽

菜鸟赛季直到布莱索在2015年底受伤，得到首发机会的布克才受到关注，依靠强大的得分能力，他入选了新秀最佳阵容。自此布克将火力提升，2017年3月24日，布克成为NBA历史上最年轻的70分先生。赛后布克拿着一张写着"70"的白纸和太阳球员合影。这使凯尔特人的杰·克劳德很不满，而布克回应，"你防不住我。"

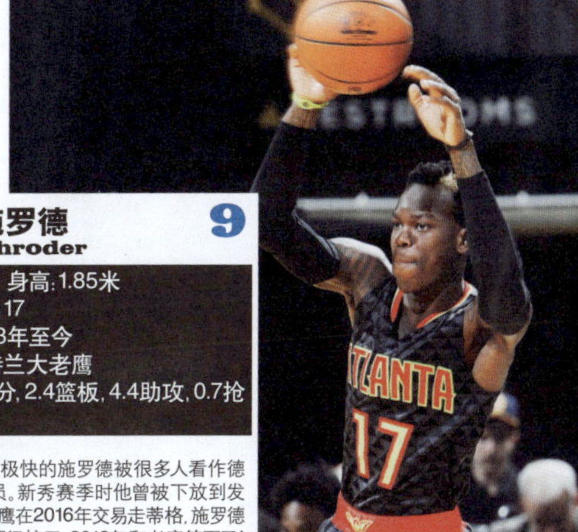

丹尼斯·施罗德 9
Dennis Schroder

生日：1993.9.1　身高：1.85米
位置：G　号码：17
NBA生涯：2013年至今
效力球队：亚特兰大老鹰
场均数据：11.4分，2.4篮板，4.4助攻，0.7抢断，0.1盖帽

突破能力强、速度极快的施罗德被很多人看作德国最有潜力的球员。新秀赛季时他曾被下放到发展联盟，但随着老鹰在2016年交易走蒂格，施罗德迅速成为了联盟顶级控卫，2016年和老鹰签下了4年7000万美元的合同就是对他最好的认可。

贾巴里·帕克 10
Jabari Parker

生日：1995.3.1　身高：2.03米
位置：F　号码：12
NBA生涯：2014年至今
效力球队：密尔沃基雄鹿
场均数据：15.8分，5.6篮板，2.1助攻，1.0抢断，0.4盖帽

在杜克，贾巴里以场均19.1分成为了队史得分最高的菜鸟，他也是杜克第一个得分和篮板是全队第一的大一生。进入联盟后，他立刻兑现了潜能，成为了2014年10月和11月的东部最佳新秀。事实上，帕克每个赛季都能取得巨大的进步，并打出惊艳表现，但伤病却成了他迈不过的阻碍。短短三年，他的左膝已经两次遭遇前十字韧带撕裂的大伤。

人名索引